安徽文化读本

安徽省政协·主编
钱念孙 唐跃 朱良志·执行主编

时代出版传媒股份有限公司
安徽教育出版社

图书在版编目(CIP) 数据

安徽文化读本/安徽省政协主编;钱念孙,唐跃,朱良志执行主编. —合肥:安徽教育出版社,2023.12(2024.7重印)

ISBN 978-7-5748-0107-3

Ⅰ.①安… Ⅱ.①安…②钱…③唐…④朱… Ⅲ.①文化史—安徽 Ⅳ.①K295.4

中国国家版本馆 CIP 数据核字(2023)第 201938 号

安徽文化读本
ANHUI WENHUA DUBEN

项目策划:安徽省政协
项目统筹:张岳峰　丁伯明
　　　　　任吉梅　陈　永
出版统筹:费世平　何换生
责任编辑:文　乾　黄晓宇
责任校对:汪　攀
装帧设计:朱　锦　朱嫣然
图片编辑:吴亢宗
责任印制:陈善军

出版发行:安徽教育出版社
地　　址:合肥市经开区繁华大道西路 398 号　邮编:230601
网　　址:http://www.ahep.com.cn
营销电话:(0551)63683012,63683013
排　　版:安徽时代华印出版服务有限责任公司
印　　刷:安徽新华印刷股份有限公司

开　　本:710 mm×1010 mm　1/16
印　　张:29.5
版　　次:2023 年 12 月第 1 版
印　　次:2024 年 7 月第 2 次印刷
定　　价:78.00 元

(如发现印装质量问题,影响阅读,请与本社营销部联系调换)

目录

- 001　引　言

- 007　学　术
  - 008　皋陶创制原始法律
  - 012　老子创立道家学派
  - 016　庄子与天地精神相往来
  - 020　刘安编著绝代奇书《淮南子》
  - 024　朱熹集宋代理学之大成
  - 027　方以智"集千古之智"
  - 030　戴震开皖派经学风气之先
  - 033　胡适发起白话文运动
  - 038　陶行知推行平民教育
  - 042　朱光潜沁人心扉的美学研究

- 045　资　政
  - 046　管仲：九合诸侯，一匡天下
  - 049　孙叔敖：春秋名相，治水专家
  - 052　曹操：挟天子以令诸侯
  - 055　包拯：让清官成为一种文化
  - 058　朱元璋：草根皇帝的皇权政治
  - 060　张氏父子：今人犹说六尺巷
  - 063　李鸿章：中国近代化第一人

066　刘铭传：台湾首任巡抚
069　孙家鼐：首开京师大学堂
072　段祺瑞：三造共和的"六不"总理

075　**革 命**

076　陈独秀：从倡导新文化运动到创建中国共产党
081　王步文：中共安徽省委首任书记
084　王稼祥：中共早期卓越领导人
088　开辟大别山革命根据地
092　震惊中外的"皖南事变"
096　江淮儿女对解放战争的贡献
099　从治理淮河到淠史杭工程
102　小岗村：拉开农村改革的序幕

105　**文 学**

106　辉映古今的"南音"及楚辞
109　中国第一叙事长诗《孔雀东南飞》
112　"三曹"开创建安文学新风
116　张籍、杜荀鹤：唐代皖籍诗人的代表
120　宋诗先驱梅尧臣
124　张孝祥慷慨赋新词
127　桐城派称雄清朝文坛
132　吴敬梓和他的《儒林外史》
137　现代通俗文学大师张恨水

141　**戏 剧**

142　"优孟衣冠"：中国戏剧表演的雏形
144　元杂剧中的安徽贡献

146 天下"时调"青阳腔
149 郑之珍的《劝善戏文》
152 谈曲论戏的朱权与潘之恒
156 徽班:流动的戏曲播种机
160 地方戏的兴起
163 一枝独秀黄梅戏

音乐舞蹈

168 上古民谣和乐舞
171 傩舞:驱邪禳灾,纳吉祈福
175 魏晋的琴声和笛声
179 白纻舞:从民间到宫廷
183 色彩斑斓的龙舞
187 凤阳歌和凤阳花鼓
191 好一个花鼓灯

书画篆刻

196 双墩陶文:七千年前的刻画符号
199 楚金文:铭于吉金的浪漫
202 汉墓中的书画世界
206 唐代"篆圣"李阳冰
209 龙眠居士李公麟
212 何震与徽派篆刻
215 渐江:新安画派的开派领袖
218 邓石如:清代第一书家
221 黄宾虹:山水画的一代宗师

225　建　筑

- 226　中国原始聚落第一村：尉迟寺遗址
- 229　运兵道和观稼台：魏晋军事建筑
- 232　漫山深处佛国城：九华山佛教建筑群
- 236　唐诗与江淮建筑
- 240　时空交汇中的江淮宋塔
- 244　徽州人物与建筑
- 247　明中都皇故城与皇陵
- 249　一蓑烟雨梦徽州：徽派建筑
- 254　淮上"庄台"

257　传统工艺

- 258　宣纸：纸寿千年有奥秘
- 262　歙砚：砚国明珠甲天下
- 265　宣笔：千万毛中拣一毫
- 268　徽墨：信有人间翰墨香
- 271　徽州漆器："宋嵌"的流年溢彩
- 274　徽州三雕：精雕细刻里的岁月
- 279　万安罗盘：经天纬地，包罗万象
- 282　芜湖铁画：铁为肌骨画为魂
- 286　徽派盆景：深山里的景中景
- 288　界首彩陶：大俗大雅三彩陶

291　考　古

- 292　繁昌有个人字洞
- 296　淮河文明的曙光：双墩和禹会村
- 301　凌家滩的繁华与精美

- 305 　台家寺的青铜世界
- 309 　六安王墓：汉代六安也是国
- 313 　大运河安徽段的前世今生
- 317 　埠里地下有遗存
- 321 　濉溪长丰街遗址：猎猎酒旗风

325　科　技

- 326 　中国铜都：炉火照天地
- 330 　在古代仰望星空
- 334 　中国珠算之父程大位
- 337 　宣城有个梅文鼎
- 341 　千里共同途：杨振宁和邓稼先
- 345 　将"量子纠缠"进行到底
- 349 　"科学岛"上的国之重器

355　商　业

- 356 　江淮第一古商都：亳州
- 358 　涡河东西和漕运南北
- 362 　经济重心的转移：从淮北到江南
- 365 　徽商：纵横商界数百年
- 372 　老字号里的老故事
- 377 　四城记：合肥、安庆、芜湖、蚌埠

385　医　药

- 386 　华佗的发明和创造
- 389 　亳州药都繁华千年
- 393 　张杲：新安医学第一人
- 396 　汪机：既是名医家，也是出版家

399	徐春甫：编古今医书，开医会先河
402	《野菜博录》和《本草蒙筌》
405	江氏父子与《名医类案》
408	郑氏喉科与《重楼玉钥》

411　饮　食

412	祁红屯绿，名扬世界
416	皖西茶：瓜片、黄芽与翠兰
420	对酒当歌，水果飘香
424	徽菜：中国八大菜系之一
427	从南到北，特色美味
431	八公山豆腐及豆制品
433	养生珍品：石斛与葛根

437　宗教民俗

438	中国禅宗的发源
441	点亮临济禅的灯盏
444	灵山开九华
447	高峰耸立的居士佛教
450	追求太平与长生的道教
452	齐云山：江南第一道教名山
455	欢天喜地：年味与婚俗
459	形形色色的节会

462　后　记

引　言

安徽位处中国中东部，面积约 14 万平方公里，清康熙六年（1667 年）建省，其名称取当时所辖安庆府和徽州府首字而成。

安徽境内长江东去，淮河奔流，天然地把全省划分为淮河以北、江淮之间和皖南地区三大区域。作为繁衍生息在这片厚土上江淮儿女的伟大创造，安徽文化受地理环境的影响，三大区域在中华文明浩荡奔腾的历史长河中，各以自己的个性风貌和突出成就挥动如椽巨笔，在江淮大地的岁月年轮上写下彪炳史册的豪迈诗行，也为中华文明的巨幅长卷绘就震古烁今的精彩华章。

淮河以北地势平坦，辽阔无垠，自古以来就是重要的粮油棉生产基地，也是孕育中华文化茁壮生长的一方沃土。从春秋早期辅佐齐桓公成五霸之首的管仲，到春秋战国时期大思想家兼文学家老子和庄子；从名垂千古的无神论倡导者桓谭，到统一中国北方的一代枭雄曹操；从闻名遐迩的医学家华佗，到开创魏晋风骨的建安文学……广袤的淮北大地在中华文明的演进过程中，耸立起许多令人仰望的文化景观。

江淮之间丘陵舒展，沃野绵延，不仅是我国有名的鱼米之乡，还是唐宋以降中华文化发展的繁盛之地。从佛教禅宗二祖、三祖，到深刻反映人民苦难的唐代大诗人张籍；从执法如山的北宋名臣包拯，到宋代诗词风气开拓者张孝祥；从扫平群雄创立大明王朝的开国皇帝朱元璋，到激荡清朝文坛两百余年、名家辈出的桐城文派；从古代讽刺小说代表作家吴敬梓及其《儒林外史》，到活跃在晚清政坛和疆场的名臣李鸿章及淮军；从中国现代美学泰斗朱光潜，到通俗文学巨匠张恨水……美丽富饶的江淮之间，在我们伟大民族跋涉前行的历程中，演奏了中华文化高亢激昂的进行曲。

皖南地区山峦起伏，群峰竞秀，不仅以黄山为代表的自然风光闻名中外，独具特色的徽州文化更彰显中华文化的深厚积淀。从驰骋中国商界数百年、享有"无徽不成镇"之誉的徽商，到徽州一府六县儒风昌盛、被誉为"东南邹鲁"；从新安理学、皖派经学对诸多文化领域的广泛影响，到新安画派、新安医学、徽州刻书、徽派建筑、徽州园林、徽州三雕等全面繁荣；从胡适力倡白话文，到他与陈独秀一起掀起新文化运动；从大教育家陶行知，到一代国画大师黄宾虹……皖南地区壮丽的文化景观，在熠熠生辉的中华文化历史长廊中，留下了多少青史流芳的动人故事和伟岸身影。

安徽地理版图仿佛一片手掌形的树叶，上部北边的淮北、宿州、亳州、阜阳等市，与中华文明早期发展的核心区域河南、山东接壤，具有明显中原文化和齐鲁文化的因素和风情。中部西边的六安、安庆与湖北毗邻，东边的滁州、芜湖、马鞍山与江苏相连，楚文化和吴文化在这里不乏遗风和色彩。下部南边的宣城、黄山、池州等市与浙江、江西交界，其文化也自然包含越文化和赣文化的成分及要素。特殊的地理位置，使安徽既处于华夏文明由北向南辐射迁移的中心地带，又是东部沿海向西部内陆过渡的桥梁纽带；不仅南北文化在这里碰撞交流，东西文明也在这里汇聚演变。这使安徽文化得以吸取多种文化优长而演进发展，展现出多元组合的丰富性和多样性。

在整个中华文明漫长演进的历程中，由于独特的地理环境和文明积淀，安徽这方热土既是中华文明的重要发祥地，又是中华文化的传承复兴地。安徽文化一方面在不同时代轮番担负起承接转移和交流汇通的重任，一方面又在吮吸各方先进文化营养中不断变革创新、开拓前进。这使安徽文化在中华文明砥砺前行的历史征程中，常常立时代潮头，领风气之先，呈现出生生不息、繁茂昌盛的壮丽景观。简略说来，安徽文化发展呈现四个鲜明特点。

其一，绵延不断，代有高峰。中华文明是世界上唯一以国家形态延续发展至今的伟大文明。安徽文化堪称中华文明突出连续性的浓缩版，是不同时期轮番演奏中华文明精彩乐章的重要舞台。遥远的新石器时代，有巢氏在巢湖地区筑巢而居，还有蚌埠双墩遗址、含山凌家滩遗址、潜山薛家岗遗址、蒙城尉迟寺遗址等大量考古发现，说明江淮大地是中华文明起源的重要区域之一。步入有文字记载的先秦时期，安徽这片热土可谓朝霞绚丽，涌现出管子、老子、庄子等文化开派大师，魏晋时期的"三曹"和建安文学，唐宋时期的张籍、梅尧臣、包拯、朱熹等均建立丰功伟绩，及至明清和近现代更是异军突起、光彩夺目，除徽商创造"无徽不成镇"的传奇、桐城派执文坛之牛耳以外，更有陈独秀、胡适等发起新文化运动，直接催生中国共产党的诞生，启动旧中国向新中国迈进的步伐。

其二，敢闯敢试，勇于创新。正如中华文明是革故鼎新、辉光日新的文明一样，安徽文化层峦迭出的连续性也是以敢闯敢试、勇于创新为支撑的历史进步过程。从公元前209年陈胜、吴广在大泽乡发出"王侯将相宁有种乎"的呐喊，到1978年凤阳小岗村农民按下红手印拉开中国农村改革的序幕，再到当今合肥成为全国首个科技创新型试点城市，以及安徽在量子科技、可控核聚变等众多领域走在国际前列等，无不表明江淮儿女厌弃僵化保守、墨守成规，崇尚不惧挑战、敢为人先的进取精神和创新品格。

其三，兼收并蓄，开放包容。中华文明是由多元文化汇聚而成的共同体，承认差异、和而不同、化解矛盾、凝聚共识，是中华文明具有突出包容性的重要特征。安徽域跨南北、地接东西，不仅本身包含和融汇皖北、皖中、皖南三大不同区域的多元文化，而且在中华文明南北互动和东西会通中长期发挥枢纽要津的作用。这使安徽文化在发展中形成既热爱家乡，又超越乡土意识，具有多元并存和文明交流互鉴的理念，形成对海内外文化兼收并蓄、开放包容、海纳百川、有容乃大的情怀。

其四，崇文重教，经世致用。安徽历史悠久，人杰地灵，文化底蕴深厚。早在春秋时期，管子就十分重视教育，提出"十年树木，百年树人"的思想；明清以降，徽州、桐城等地读书兴学之风尤为炽烈，常常"城里通衢曲巷，夜半诵声不绝；乡间竹林茅舍，清晨弦歌琅琅"。江淮儿女学有所成后，具有明显的知行合一、经世致用的价值取向。这不仅反映在为官者身处其位，力谋其政，恪尽职守，兴利除弊，务期"分国之忧，除民之患"，于国计民生具有强烈的使命感，还表现在为学者注重面向实际，摈弃空谈，讲求有益世道人心。曹操统一北方后，明令主张"为表不必三让，又勿得浮华"；方学渐之著述，《四库提要》称其"一扫虚无空寂之说"；至于管仲助齐、陈独秀对救国自强之路的探索等，无不洋溢着治国安邦的济世情怀和担当精神。

安徽不仅以山水之胜闻名天下，更以人文之盛辉耀古今。

安徽文化的特色风貌和精神内核，可以从不同层次上展开研究和解说。它需要类似上述高屋建瓴和简明扼要的概括提炼，也需要对一些重大史事的特征予以归纳和总结，如对徽商的特点用"贾而好儒，以义谋利"来描述，对桐城派的特点以"崇文重教，经世致用"作阐发等。但安徽文化的厚重底蕴和绚丽多彩，更鲜活而具体地体现在一位位彪炳史册的杰出人物及其所创造的丰功伟业上，闪耀在一个个惊心动魄的历史事件及其所蕴含的丰赡意义上，呈露在一处处传耀千古的文物古迹及其形态英姿和精湛工艺上。只有通过对安徽文化的丰富内容进行系统梳理和具体描绘，才能更好展现徽风皖韵的独特魅力与时代价值。

基于以上认识，安徽省政协在开展安徽文化专题研究的过程中，决定编纂一本梳理安徽文化脉络和人文优势的普及读物，以对外宣传安徽文化的丰富内涵和深厚底蕴，对内增强广大读者对安徽文化的了解和喜爱。摆在大家面前的《安徽文化读本》，就是朝着这个方向的一次努力。

《安徽文化读本》按照主题分门别类，以学术、资政、革命、文学、戏剧、音乐舞蹈、书画篆刻、建筑、传统工艺、考古、科技、商业、医药、饮食、宗教民俗15个文化专题，从不同方面爬梳和描述安徽文化亮点与成就，合起来大体呈现安徽文化的整体状貌。每个专题篇章内，依照历史发展顺序或文化资源的重要程度选择6至10个最具代表性的人物、事件或成果，介绍其来龙去脉，阐发其特色价值，通过一个个具体的历史人物、重要事件和成果影响，呈现安徽悠久的历史文化、璀璨的文明成就和深厚的人文底蕴，展示博大精深的中华文化在江淮大地上的精彩表现。

文化是文明的记录和呈现，是一种包含人的生活方式、创造成果和精神价值的体现，因而文化涉猎的范围广泛。就《安徽文化读本》而言，15个专题显然无法覆盖安徽文化的全部，甚至无法囊括应予关注的所有方面。比如，教育、军事及名胜等，似都可以列为专题而加以悉心盘点和陈述。由于不同专题之间的人物和事件等容易出现交叉和重复，如管子既是重要的学术大家，又是资政篇无法忽略的人物；陈独秀作为中国共产党的创始人是革命篇不得不写的内容，而他发起新文化运动又是学术篇难以舍弃的章节等，这必然导致不同专题之间的人物和事件等常有撞车现象。综合考虑上述问题，即许多教育家同时又是学问家或艺术家，许多军事上的重要人物和战役在革命篇、资政篇已有涉及，因而全书仍定为15个专题，以避免篇幅过度扩张而耗费读者的宝贵时间。

《安徽文化读本》定位于安徽文化的传播普及，力求在有限的篇幅内，做到系统性、完整性与要点化、简明化兼顾，做到知识性、学术性与通俗性、趣味性结合，以帮助广大读者轻松便捷地了解和体悟徽风皖韵的多彩多姿与精神气质。

安徽文化是江淮儿女性灵智慧和才情气概的结晶，也是先辈留给我们的珍贵财富。学习和继承这份文化遗产，我们先辈几千年积累的丰富知识和宝贵经验，就会像滚滚江河奔腾而来，灌溉和滋润我们的心田。它能使我们开阔视野、增长见闻、获得启示，激发我们文化自强和文化自信，唤起我们热爱祖国、建设家乡的豪情与干劲。

  这部《安徽文化读本》是我们研习安徽文化的心得，也是传承安徽文化的尝试。"后之视今，亦犹今之视昔。"希望我们的微薄努力，也如滴水融入大海，成为悠远浩博安徽文化的组成部分。于此，我们荣幸之至。

学术
XUESHU

作为中华学术文化的重要组成部分,安徽学术仿佛浩瀚天际升起的一道耀眼的彩虹,不仅闪烁着江淮儿女杰出人物的睿智光芒,而且为中华学术的浩博精深和绚丽多姿增添了别具风貌的胜景。安徽学术人物灿若星汉,学术思想丰富多彩,学术成就厚重辉煌——从皋陶创立原始法律到老庄构建道家学派,从刘安编著绝代奇书《淮南子》到朱熹集宋代理学之大成,从方以智被誉为百科全书式学者到戴震开皖派经学风气之先,从胡适倡导白话文到陶行知推行平民教育,以及朱光潜沁人心扉的美学研究等,安徽学术在中华文化的演进历程中,书写了震古烁今的华章,至今仍给人以智慧和力量。

皋陶创制原始法律

中国司法鼻祖

在安徽省六安市城东 7.5 公里处，有一座皋陶墓，墓前有清同治年间安徽布政使吴坤修书写的"古皋陶墓"碑刻。皋陶墓不远处有皋陶祠，里面有唐代诗人皮日休、宋代文豪欧阳修、苏轼等为皋陶墓撰写的诗文。

皋陶活跃于三皇五帝时期，是东夷部落首领少昊之后。伴随东夷部落向南迁徙，皋陶带领其部落在现安徽六安一带定居。在皋陶去世后，夏朝首位帝王大禹把六安作为其后人的封地。这也是皋陶墓、皋陶祠均在六安的原因。

关于皋陶，有很多记载和传说。如他曾辅佐虞舜、夏禹两位君王理政、治水和发展生产，为夷夏融合和社会进步做了许多好事。如他在舜为君王之时，担任掌管司法的大理、士师的职务，为上古社会早期的司法建设作出很大贡献，人们尊称他为中国司法鼻祖。

《尚书·虞夏书·大禹谟》："帝曰：'皋陶！惟兹臣庶，罔或干予正。汝作士，明于五刑，以弼五教，期于予治。刑期于无刑，民协于中。时乃功，懋哉。'"这意思为，舜帝讲：皋陶啊！臣属庶民没人违背我的德政。你掌管刑狱，申明五种刑罚，辅佐五伦教化，来帮助我治理政务。使用刑罚是为了有一天不用刑罚，民众行为顺应正道。这是你的功绩，应予鼓励啊！

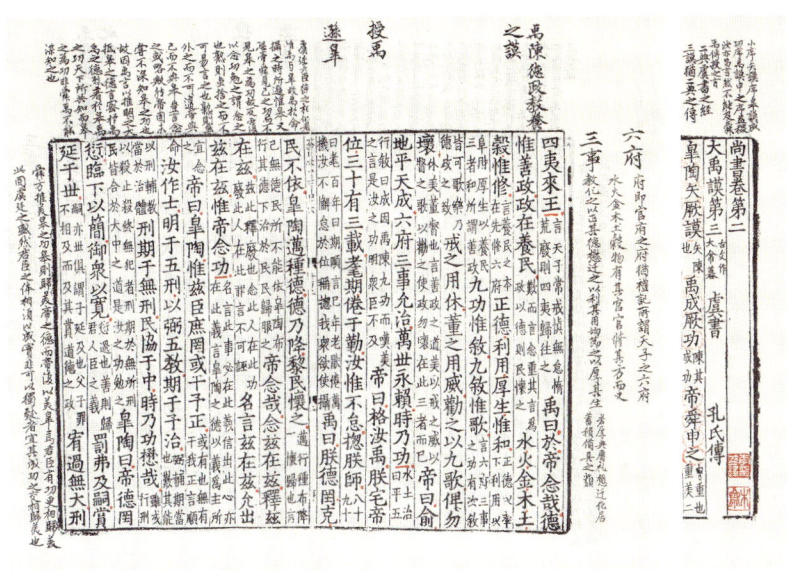

《尚书》有关皋陶的记载

不仅舜帝对皋陶的司法工作褒奖有加,大禹对他的工作也推崇备至。《尚书·虞夏书·大禹谟》还载录大禹的话:"皋陶迈种德,德乃降,黎民怀之。"这就是说,皋陶全力宣扬法律布施德行,德行普及百姓,民众莫不怀念感激他。因此,孔子有言:"昔者,舜左禹而右皋陶,不下席而天下治。"这是说,过去舜帝有大禹和皋陶一左一右两位得力助手,从而把天下治理得井井有条。

因事设律形成"习惯法"

对于"皋陶创制法律"的说法,有些学者持比较谨慎乃至反对的态度。他们认为在上古时代,连较为规范的文字都没有,如何创制法律?其实,我们不能以当今法律的内容和形式作为标杆,去衡量和评判原始法律的有与无。

皋陶生活的上古时代,只能是因事设律,因制施罚,不可能有比较系统、分门别类的法律条文存在。从迄今发现的殷商时期的甲骨文来看,已有少量关于"囚禁""拘捕""狱"的字样,从中可以推知当时虽然司法已经存在，但并没有相对完整的法律可供依循。比殷商时期早得多的皋陶，也只能在他担任大理、士师职务时，于一次次具体案件的审判实践中，积累判例，演为刑制，形成后来常说的"习惯法"形态。所谓"皋陶制律"，或曰皋陶创制原始法律，应该就是指这种原始"习惯法"的萌生和发展。

先秦史籍《竹书纪年》载："帝舜三年，命皋陶作刑。"西汉陆贾的《新语·道基》也有记载："皋陶乃立狱制罪，悬赏设罚，异是非，明好恶，检奸邪，消侵乱，民知畏法。"这些古老的典籍记载，都可印证皋陶在氏族社会末期为适应部落联盟治理的需要，因事立案，因案设律，循例判案，逐步形成对部落成员行为规范具有普遍强制约束意义的习惯法。

中国法制史的开端

法学界对我国古代法制史的研究，一般都从夏朝奴隶制国家形成开始，更具体地说，就是从大禹的儿子启当君主时开始。稍微细致查考便知，从皋陶离世到启称帝立国相隔时间极短，这么短的时间，启在丝毫没有积累和借鉴的情况下陡然建立起一套法律制度，是难以想象的。比较可能且符合实际的情形是，皋陶在担任大理、士师时因时制宜创立的一些法律措施和规范，既是氏族社会原始习惯法的积淀和总结，又开启了往后更加完整的法律规范的先河。

千万别小看原始习惯法的作用和影响。据《左传·昭公十四年》记载，晋国的邢侯与雍子因田地疆界发生争讼，本是雍子的过错，但他为在官司中获胜，便把女儿嫁给审理此案的大法官叔鱼。庭审中，由于叔鱼偏袒雍子，邢侯受到指责，不禁大怒，当堂杀了叔鱼和雍子。主持朝政的韩宣子向晋国元老叔向请教，此事该如何处置。叔向答道：雍子侵占他人田地已是错误，还想行贿获取非法利益，叔鱼接受贿赂枉法办案，邢侯当堂杀人，这三人都有罪。已经有罪还想掠取美名，这叫昏；贪得贿赂败坏官守，这叫墨；擅自杀人无所畏忌，这叫贼。《夏书》记载，凡犯有昏、墨、贼三种罪行的一律处死，这是皋陶定下来的刑法，就照此办理吧！于是，韩宣子杀了邢侯，对已死的雍子和叔鱼也戮尸处理。

《左传》里记载的这个案子，距离皋陶去世已有千年，但当时办理案件仍遵循"皋陶制律"的习惯法执行，足见皋陶创制原始法律的深远影响。

《尚书》作为我国现存最早著录夏商周文献的典籍，其中"皋陶谟""大禹谟"以及"尧典""舜典"等所载的刑制内容，包括刑事责任、刑事种类和诉讼原则等，大体可以反映出"皋陶制律"的梗概。这比西方考古学家在伊朗发掘出的古巴比伦《汉谟拉比法典》，还要早许多。皋陶创制原始法律的意义和价值，应予更好挖掘和阐释。

老子创立道家学派

标举自然无为

安徽省亳州市涡阳县被誉为"老子故里,天下道源",这里有道教祖庭天静宫(又称老子庙)。亳州城区还有老子布道之处道德中宫(又称老祖殿)。关于老子生平,《史记·老子韩非列传》记载:老子姓李,名耳,字聃,是春秋战国时期"楚苦县厉乡曲仁里人"。楚国苦县,一说在今河南鹿邑县东,一说在今安徽涡阳县西北。鹿邑本与涡阳接壤,古时属于亳州管辖,因而说老子是安徽亳州人似可肯定。

老子自幼勤奋好学,步入中年,因学识渊博而名扬海内,任周朝"守藏室之史",即管理朝廷藏书的史官。这使他有机会接触大量商周典籍,从中吸取精华,形成自己对社会和人生的独特见解。《史记》等典籍中有孔子问礼于老子的记载,并简略叙说了两者的对话要点,从中可以窥见老子和孔子对社会人生及世间万物的深刻思考,尤其可以见出老子思想的独到之处。

孔子一见老子,就谈论他所推崇的"六经",见老子面露不屑神色,赶紧收住话题说:"我讲的内容,可用两个字概括,就是'仁义'。我是想用仁义来引导人心向善。"

老子微笑道:"请问,什么叫仁义呢?"

孔子答:"愿万物安乐而无怨,泛爱众人而无私,这就是仁义的要义。"

老子摇摇头说:"噫,你的话可真是扰乱人心啊!你要引导人心向善,那就要人不失其本性。人本来是无私无欲的,一切顺自然而行。无知,也就不知道诈巧;无欲,就没有额外的追求。无诈、无求,就没有贪欲和罪恶。而你却要救世,要讲仁义,到处游说,这本身就违反人的本性。只有守静,无知无欲,才能使人的朴实本性得以实现。这就是我说过的'少私寡欲,绝学无忧'。"

孔子听了迷惑不解,忍不住问道:"我讲求仁义,引导人心向善,参与治理天下,怎么是扰乱人心呢?"

老子沉思片刻,说:"白鹤不必天天洗才白,乌鸦不必天天染才黑。它们的黑白本性,无需人为而存在。治理国家和天下,道理也一样。只有无为,才能无所不为。治理天下的人,要以不骚扰人民为治国之本。古人就说过:我无为,人民就自然顺化;我好静,人民就自然纯正;我不扰民,人民就自然富足;我没有奢欲,人民就自然淳朴。"

孔子这时已届不惑之年,对社会和人生已形成自己独立的看法。对于老子非议救世、鄙薄仁义、标举自然、崇尚无为的观点,当然不以为然;但又深感其中蕴含着难以反驳的道理,自己一时无言以对,只得暂存分歧,返回客舍。

这段孔子问学于老子的故事,集中体现了儒家学派和道家学派不同的社会观点和人生态度。儒家热心救世,倡导仁义;而道家则强调自然无为、返璞归真。

处无为之事,行不言之教

老子认为世间的各种战乱、纠纷,都是人们好胜逞强、争权夺利造成的。他对这种纷争十分痛心,却又无力改变,因而他尽量躲避尘嚣,清静自守。到了晚年,他见诸侯并起,战火连绵,周王室日益衰败,便决意弃官辞职。传说他骑一头青牛,告别周都洛邑,悠悠西去。临出函谷关,他遇到关令尹喜,两人畅论世事,切磋学术,甚为投合。

尹喜认为老子是绝世高人,对其关于社会和人生的见解,佩服之至,请求他写下来流传后世。按老子本意,他不愿留下任何文字,但

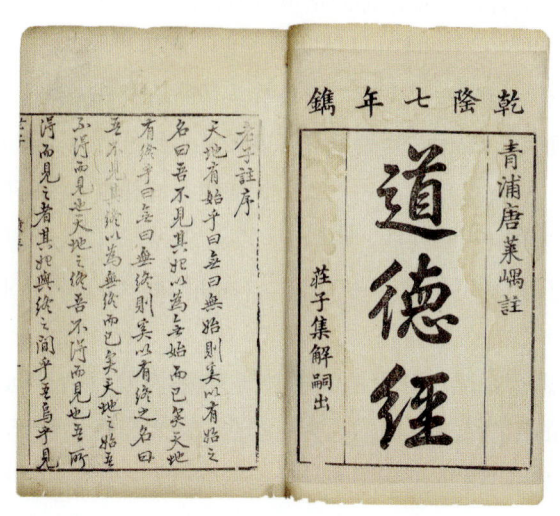

《道德经》

经不住尹喜的劝说,终于在函谷关住下,认真总结自己的思想,写下五千言,分上下两篇。一篇以"道可道,非常道,名可名,非常名"起首,被后人称为"道经";另一篇以"上德不德,是以有德;下德不失德,是以无德"开头,被后人称为"德经",合称《道德经》,又名《老子》。

老子在《道德经》中,认识到一切事物都含有矛盾,并且会互相转化:"物或损之而益,或益之而损","祸兮,福之所倚;福兮,祸之所伏",这些都包含了深刻的辩证法思想。他还说:"天地不仁,以万物为刍狗;圣人不仁,以百姓为刍狗。"这是讲,天地无所谓偏爱,让万物自然生长;圣人也是如此,任凭百姓自由生活,这样才能"处无为之事,行不言之教"。与之相反,"有为"则是一种违背自然、带有私欲的行为。"民之饥,以其上食税之多,是以饥;民之难治,以其上之有为,是以难治。"这里既有对统治者强制妄为的批评与否定,也体现了同情下层百姓的进步观念。

老子说:"五色令人目盲,五音令人耳聋,五味令人口爽;驰骋畋猎,令人心发狂;难得之货,令人行妨。"这是说,缤纷的色彩使人眼花缭乱,繁复的音乐损伤人的听觉,贪恋美味最终败坏人的口味；整天纵马打猎使人心思发狂；贪恋珍稀物品让人行于不轨。他认为欲望扰乱了人平和宁静的心灵，使社会纷纷扰扰、争斗不止，人在欲望的海洋中泅渡，最终难免被淹没。

老子的理想是倒回到"小国寡民"的早期社会形态，"使民复结绳而用之；甘其食，美其服；安其居，乐其俗。邻国相望，鸡犬之声相闻，民至老死，不相往来"。在他看来，要做到这一点，就要绝学弃智，因为"民之难治，以其智多，故以智治国，国之贼；不以智治国，国之福"。他的这些思想启示我们思考，究竟应该如何在"有为"和"无为"之间取得平衡，张弛有度地管理国家和治理社会。正因如此，老子思想不仅在我国古代学术史上占有重要地位，也对中国人的心灵和性格塑造产生了极为深广的影响。

庄子与天地精神相往来

相对主义的是非观

老子在函谷关写下《道德经》,于流布中为庄子所窥。庄子觉得老子所言深得其心,于是倾毕生精力阐发老子学说,为老子思想在延续拓展中逐步形成道家学派,作出不可磨灭的贡献,同时也使他自己成为中国文化史上独具风貌的一代大家。

庄子(约前369—前286),姓庄,名周,《史记》说他是"蒙人",《汉书》说他是"宋人",其实他是宋国蒙城(今安徽蒙城)人。庄周年幼时家里贫穷,为了糊口,曾以编织草鞋为生。街坊邻里,有些人瞧不起他,可他毫不介意,一有闲暇,他便埋头苦学。时至青年,虽然家中仍然穷困,他却以学富五车、知识渊博而闻名遐迩。

庄子对当时多种学说有异议,唯独对老子表示崇敬。司马迁说他:"其学无所不窥,然其要本归于老子之言。故其著书十余万言,大抵率寓言也。作《渔父》《盗跖》《胠箧》,以诋訾孔子之徒,以明老子之术。"

庄子的思想主要见于《庄子》一书。他认为"以道观之,物无贵贱",即从道看来,万物平等,无贵贱之分;他还提出"因是因非,因非因是"的是非观,认为是非莫辨。他对社会政治抱悲观的态度,认为那些达官显贵,吃得好,是从老百姓口中抢来的;穿得好,是从老百姓身上剥来的。别看他们今天处死这个小偷,明天杀死那个强盗,仿佛是在主持正义,其实他们自己恰恰是真正的大盗,即人们常说的

庄子

"窃钩者诛，窃国者为诸侯"。

他还觉得，那些诸侯，今天联络这国，明天攻打那城，互相之间，又拉又打，说的是为国为民而战，实际上乃是为了满足自己掠夺扩张的野心。君王之间、大臣之间，都是在争权夺利、相互欺骗，充满了尔虞我诈的行径。

于是，庄子鄙薄利禄，厌弃做官，虽满腹经纶，却自甘清静。公元前339年，楚威王听说他是位贤人，特地派两位大夫带着厚礼，请他到楚国为相。其时，庄子正穿着蓑衣，在河边钓鱼。他得知两位大夫的来意，头也不回地笑着说：

> 千金，重利；卿相，尊位也。子独不见郊祭之牺牛乎？养食之数岁，衣以文绣，以入太庙。当是之时，虽欲为孤豚，岂可得乎？子亟去，无污我。我宁游戏污渎之中自快，无为有国者所羁，终身不仕，以快吾志焉。

庄子隐居南华山时，妻子死了，他非但不悲伤，反而坐在地上敲着盆唱歌。老朋友惠施前来吊丧，见状大为恼火，责怪庄子说："她和你相濡以沫，过了一辈子，她辞世你不哭倒也罢了，反而鼓盆而歌，这太不像话了！"

庄子闻言反驳道："唉！惠施，看来你还不懂其中的道理。人死了，生命就离形体而去，这是自然的变化。妻子从自然中而来，现在又回到自然里去，这如同春夏秋冬四季流转，完全是顺乎自然之事。我如在这里哭嚎，那真是不通达天命呢。"

庄子快死时，弟子们认为，老师是旷世奇人，一定要厚葬。但庄子怎么也不同意，坚持要弃尸野外。他说："我以天地为棺椁，以日月作双璧，将星辰当珠玑，用万物做殉葬，难道我的葬具还不齐备吗？"

弟子们说："那老师的贵体被乌鸦吃掉怎么办呢？"庄子听后笑了起来，狡黠幽默地反问道："可是我埋于地下，不也要被蝼蚁吃掉吗？你们为什么要偏袒蝼蚁而怠慢乌鸦呢？"

以寓言阐发深刻道理

庄子写文章也和他为人处事一样，超凡脱俗、狂傲不羁，具有自己特异的风貌。他尤其擅长运用寓言故事，以生动的形象、奇特的想象、浓郁的诗意，来表达自己对社会和人生的精湛见解。表面看来，这些寓言故事似乎并不直接阐明某种观点，其实却蕴含着极深刻的思想。

庄子来到黄河岸边，时值深秋，河水滔滔。他触景生情，文思泉涌，顷刻之间，写成一篇名为《秋水》的散文。其大意是说：秋水暴涨，许多小河之水，都汇聚到黄河之中，黄河顿时变得特别宽阔。于是黄河之神河伯沾沾自喜，以为普天之下，唯己独尊。结果他顺流东行，来到北海，看见大海无边无际，才感到十分惭愧，不禁向北海之神感叹道："听了许多道理，便自以为是，觉得谁也不如自己，我就是如此之人啊！现在看到你这样一望无际，才感到天下广阔无边。"北海之神对河伯说："井中之蛙，无法和它谈论大海，因为它受环境的限制，根本不知道什么是海。夏天之虫，不可能让它明白冰是什么，因为它受时令的限制，天一冷就要死去，根本不知道何为寒冬腊月。孤陋寡闻之人，难以同他谈大道理，因为他受教育程度的限制，根本不懂得什么是真理。"

《秋水》全篇约 2000 字，主要由黄河之神与北海之神的对话组成，行文有时如风行水上，虽波澜起伏，却自然流畅；有时如巨眼喷泉，虽汪洋恣肆，却妙趣横生。既有激动人心的形象和情感，又有令人沉思的哲理和思想，使人在获得艺术享受的同时，自然而然地接受了文章的观点。庄子用河伯望见大海时的惊叹，含蓄地传达了这样的观点：一些自以为是的人，其实见闻很狭窄，宇宙间的"道"，难以穷尽，包含了很深的思想和寓意。今天活跃在人们口头的"望洋兴叹""北海难穷""大方之家""贻笑大方""井蛙之见"等成语，都出自《秋水》，可见其影响之深远。

据《汉书·艺文志》记载，《庄子》共 52 篇，但现存只有 33 篇。其中最后一篇《天下》，是《庄子》全书的自叙，除总结了先秦各家学派的得失外，其夫子自道，最为亲切。陈述如下：

> 以谬悠之说，荒唐之言，无端崖之辞，时恣纵而不傥，不以觭见之也。以天下为沉浊，不可与庄语。以卮言为曼衍，以重言为真，以寓言为广。独与天地精神往来，而不敖倪于万物。不谴是非，以与世俗处。其书虽瑰玮，而连犿无伤也；其辞虽参差，而诙诡可观。彼其充实，不可以已。上与造物者游，而下与外死生、无终始者为友。

这段文字，可以说是庄子对自己思想和文章风格的自述，也可说是中国最早关于浪漫主义文学特征的精彩描绘。庄子为文，常常凌空虚设，恣肆自由，恢宏壮丽，幽默诙谐。大鹏展翅万里（《逍遥游》）、北海虚怀若谷（《秋水》）、盗跖声色俱厉（《盗跖》）、庄周梦化蝴蝶（《齐物论》），凡此种种，无不表明他善于用丰富的想象、离奇的夸张以及大量比喻和拟人的手法，富有魅力地写意抒怀。

刘安编著绝代奇书《淮南子》

《淮南子》的由来和内容

刘安（前179—前122），西汉思想家、文学家，汉高祖刘邦之孙，袭父封为淮南王，治所在寿春（今安徽寿县）。好读书鼓琴，善为文辞，才思敏捷，曾"招致宾客方术之士数千人"，编写《鸿烈》，后称《淮南鸿烈》，亦称《淮南子》。

刘安贵为王侯，却远离声色犬马，不仅勤勉于学，还广召饱学之士修身问道，颇有嘉誉。《汉书》写道：

> 淮南王安为人好书、鼓琴，不喜弋猎狗马驰骋，亦欲以行阴德拊循百姓，流名誉。招致宾客方术之士数千人，作为《内书》二十一篇，《外书》甚众，又有《中篇》八卷，言神仙黄白之术，亦二十余万言。时武帝方好文艺，以安属为诸父，辩博善为文辞，甚尊重之。

这里所说的《内书》，就是流传至今的《淮南子》，其所说的《外书》和《中篇》早已亡佚。《淮南子》原名《鸿烈》，"鸿"意为大，"烈"意为明。西汉末年刘向校理典籍，为该书加上"淮南"二字，称为《淮南鸿烈》。班固编撰《汉书·艺文志》，将儒家至小说家分为诸子十家，并于诸子之书名后加"子"字，改称《淮南子》，相沿至今。

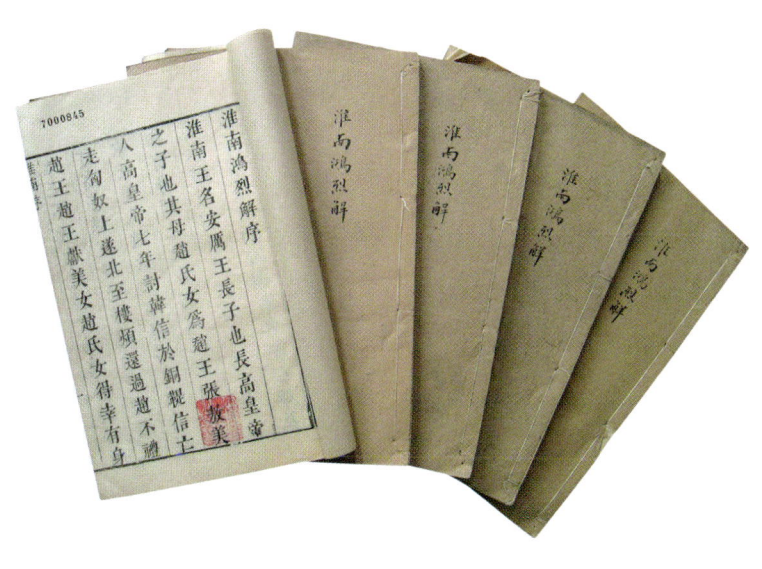

《淮南鸿烈解》

　　《淮南子》全书 21 篇,每篇主要讨论一个问题。如《原道训》《俶真训》论道及宇宙、历史的演进,颇受老庄道家思想的影响;《天文训》《地形训》论天文、地理,糅合先秦阴阳家学说和当时自然科学成就而成;《时则训》论四时节气变化,部分内容见于《吕氏春秋·十二纪》;《览冥训》论天地人生的深奥道理;《精神训》论养生之道;《本经训》论圣人之德,近于道家思想;《主术训》整合道、法、儒各家,阐述君王执一统众之术;《缪称训》杂引譬喻论证义理,思想近于道家;《齐俗训》采庄子多元之旨,反对文化专制;《道应训》以历史事件为老子思想作注;《泛论训》谈论治乱兴衰之道;《诠言训》阐述道家保生治国之道;《兵略训》论军事;《说山训》《说林训》为故事、格言汇编;《人间训》论祸福,近于道家;《修务训》论进学,近于儒家荀子;《泰族训》对全书思想作总结,以仁义为道德之本,有以儒家学术融合道家思想的倾向;最后一篇《要略》是全书的综述和提要。

　　《淮南子》不是刘安个人的著作,而是他召集文人雅士集体著述的。东汉末年高诱为该书作注,对其编著情况曾作记叙:"天下方术之士，多往归焉。于是遂与苏飞、李尚、左吴、田由、雷被、毛被、伍被、晋昌等八人，及诸儒大山、小山之徒，共讲论道德，总统仁义，而著此书。"这里提到参与著书有名有姓者八人，后人便称之为"八公"，并将他们的主要活动地称为八公山，而其山脉原名淮山，又名寿春山，反倒较少为人所知了。

高诱在《淮南子叙》中还对全书内容简明概括道："其旨近《老子》，淡泊无为，蹈虚守静，出入经道。言其大也，则焘天载地；说其细也，则沦于无垠，及古今治乱存亡祸福，世间诡异瑰奇之事。其义也著，其文也富。物事之类，无所不载。然其大较，归之于道，号曰《鸿烈》。鸿，大也；烈，明也，以为大明道之言也。故夫学者，不论《淮南》，则不知大道之深也。是以先贤通儒述作之士，莫不援采以验经传。"

一种学术综合

《淮南子》的主要思想来源于儒、道两家，以道家学术为主，但也有一些篇章儒学占上风。从秦汉学术发展的总体态势看，该书堪称先秦诸子学术在汉代的总汇，是学术史由分到合过程中的一种综合。如《淮南子·要略》所说："夫作为书论者，所以纪纲道德，经纬人事，上考之天，下揆之地，中通诸理，虽未能抽引玄妙之中才，繁然足以观终始矣。"

刘安召集并率领众多宾客及方术之士编著《淮南子》，目的是向朝廷奉献治国理政的大典。汉初，统治者吸取秦王朝苛征暴敛及楚汉战争中人民受苦难的教训，采取轻徭薄赋、与民休养生息的政策，与之相适应的黄老之学自然得到统治者的认同和推崇。

《淮南子》批判继承老子"无为而治"的思想，认为无为而治并非消极地顺从自然，而是要排除主观成见，遵循客观规律，因势利导地去办事立功。同时，强调一个人的能力有限，而众人的力量无穷，"夫乘众人之智，则无不任也；用众人之力，则无不胜也"，因此，君主治国要善于调动臣下的才智，只要君主掌握大权，臣下尽心办事，就可以无为而无不为，无治而无不治。

《淮南子》把养生视为重要问题。它概括全书宗旨说："欲一言而寤，则尊天而保真；欲再言而通，则贱物而贵身；欲参言而究，则外物而反情。"认为人由气、形、神构成，所以养生就要养气、养形、养神。这三个方面以养神为主，又相互联系，因为人只有"形神相扶"，才能善得始终，"形劳"则会"神乱"，故养神也要靠养形来促进。人通过养气、养形、养神，就能达到"真人"境界而与"道"合为一体。

这是对先秦老子的"长生久视"、庄子的"神人"思想的继承，同时也开启后来的道教神仙之学。刘安本来还写有《中篇》，所言即"神仙黄白之术"，这与他炼丹求长生不老之术的生命观是一致的。他的许多想法在现实中无法实现，只好寄托于虚无缥缈的神仙世界。

朱熹集宋代理学之大成

"理一分殊"如月印万川

朱熹（1130—1200），字元晦，号晦庵，南宋徽州婺源人，婺源古属新安郡，所以他常常自署"新安朱熹"。

朱熹的父亲朱松任官时曾上书朝廷，反对秦桧与金廷议和，被贬斥出朝，在朱熹14岁时病故。朱熹由父亲挚友刘子羽精心抚养成人，19岁便考取进士，曾任泉州同安县主簿、秘书阁修撰等职，但他前后为官仅10余年，一生主要在福建、江西一带讲学，孜孜于撰述研究和教育授徒工作。

作为宋代理学的集大成者，朱熹为学勤奋，博览群书。《宋元学案》称他："自经史著述而外，凡夫诸子、佛老、天文、地理之学，无不涉猎而讲究也。"他编撰著作30余种，后人辑其文集100卷、讲学语录140卷。其主要著作有《论语集注》《孟子集注》《大学章句》《中庸章句》《周易本义》《诗集传》《书集传》《仪礼经传通解》等。这些著述，展现了朱熹"致广大、尽精微、综罗百代"的理学见解。

作为哲学家，朱熹觉得"二程"（程颢、程颐）的理论偏重理，忽略了气；而张载的理论侧重气，忽略了理。他认为两者不可偏废，需要对理与气的关系作出新的解答。他在《答黄道夫》一文中说：

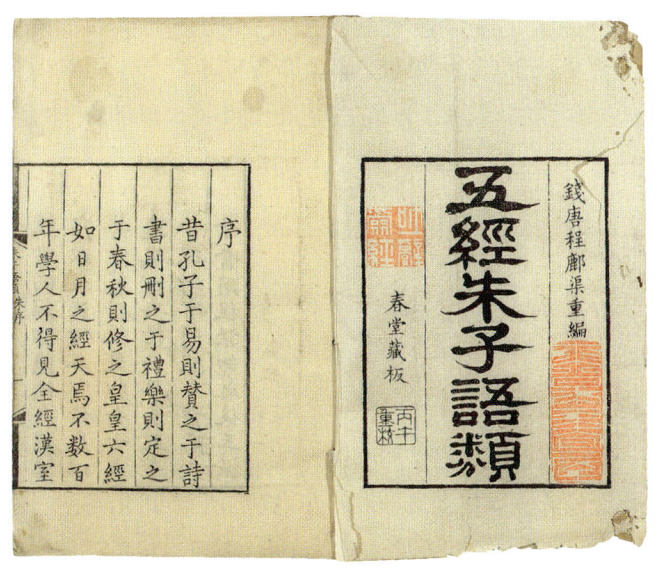

《五经朱子语类》

  天地之间,有理有气。理也者,形而上之道也,生物之本也。气也者,形而下之器也,生物之具也。是以人、物之生,必禀此理,然后有性;必禀此气,然后有形。

  这里所谓"理",属于形而上范畴,指万事万物所蕴含的内在规律与本质;所谓"气",属于形而下范畴,指万事万物具体可见的呈露形态和样式。宇宙间万事万物都遵循这一哲学道理,表现各自的外在形态与形状,并遵循各自运行的内在规律。

  为了清晰解答这些问题,朱熹巧妙地运用"月印万川"比喻。他说:"本只是一太极,而万物各有禀受,又自各全具一太极尔。如月在天,只一而已,及散在江湖,则随处而见,不可谓月已分也。"这也就是他所说的"理一分殊"。在朱熹看来,"理一"固然重要,但在日常生活中,则要重视"分殊","盖能于分殊中事事物物,头头项项,理会得其当然,然后方知理本一贯"。

  这体现在朱熹的认识论和修养论中,就是他尤其重视格物致知。他说:"格,至也。物,犹事也。"即强调格物要从事上入手,如果从理上入手就会落入空谈而难以把握,也就是说,要从"分殊"去体悟"理一"。所以他说,格物便要对事物一一理会,"上而无极、太极,下而至于一草、一木、一昆虫之微,亦各有理。一书不读,则阙了一书道理;一事不穷,则阙了一事道理;一物不格,则阙了一物道理"。

孔子之后,一人而已

朱熹在讲学或与人论辩时,也经常被人诘问:如何才能从一个个具体事物的理上升到那个普遍的理?他的回答很有意思,说只要用功久了,便会豁然贯通。由此便可彻上彻下,体悟一切,即所谓"下学而上达"。但这种"功到自然成"的观点,无法掩饰其内含的两大困难:一是个别究竟如何抵达一般和普遍?二是知识论问题与道德论问题之间界限何在?朱熹没有完满解答这两个问题,却为后来"陆王(陆九渊、王阳明)心学"的兴起埋下伏笔。

朱熹理学还包括诸多问题,如关于人性论、道德论的探讨,尤其是关于"天理"与"人欲"的阐释等,曾引起许多争论乃至误解。他主张"存天理,灭人欲",认为"天理存则人欲亡,人欲胜则天理灭"。这话说得过于绝对,难免招人非议。实际上,他所说的"人欲"并非指人类求生繁衍的正当欲望,而主要指不正当的耳目口舌男女之欢。他明确说:"饮食者,天理也;要求美味,人欲也。"他所反对的只是过度纵欲,而远非像有些断章取义者所说的禁欲。

朱熹在世时,虽然于士林学界颇有影响,但并不得志。他的学说被朝廷列为"伪学",受到排斥和打压。他去世9年后,即嘉定二年(1209年),宋宁宗为其平反,赐谥"文",称"朱文公"。此后,朱熹理学成为中国封建社会后期声势日隆的官方显学,从宋末至元、明、清约700年间,一直被统治者奉为正统思想。

朱熹把儒家经典《论语》《孟子》《大学》《中庸》合编为"四书"并作解读,改变了中国经学的面貌,也被后世科举考试定为必备之教科书及思想规范。朱熹在中国思想史上地位很高,有人称赞他为"孔子之后,一人而已",明清时期甚至流传"宁道孔圣误,讳言程朱非"的说法。这里的"程",指北宋程颢、程颐兄弟,"二程"创立"道学",朱熹吸收"道学"营养发展形成"理学"。朱熹理学不仅在中华文化发展史上发挥了重大作用,还对东南亚文明的演进产生了广泛影响。

方以智"集千古之智"

生不逢时的一代才子

"博学清操垂百世,名山胜水共千秋。"这是位于安徽省枞阳县浮山镇的方以智墓碑上的一副对联。这副对联大体概括出明末清初思想家、哲学家、科学家方以智一生的成就与名望。

方以智(1611—1671),字密之,号泽园主人、龙眠愚者、曼公;流寓岭南时,化名吴石公;出家后名大智、弘智、行远,号无可、药地等,安徽桐城人。他出生于桐城一户颇有家学的官宦人家,属桐城桂林方氏家族。据不完全统计,桐城桂林方氏一门,明清两代有31人高中进士,涌现了方佑、方学渐、方大美、方大镇、方孔炤、方以智、方苞、方观承等众多名人,门祚绵延700余年。

方以智曾祖父方学渐为明代中叶著名学者,精研易学,著有《易蠡》《迩训》《桐彝》《性善绎》《桐川语》《心学宗》等传世。祖父方大镇为万历十七年(1589年)进士,任大理寺少卿等职。父亲方孔炤为万历四十四年(1616年)进士,授嘉定州知州,累官至湖广巡抚,著述颇丰,影响较大者有《全边略记》和《周易时论》。这种既有家学渊源又累代官宦的家庭背景,对方以智一生的政治态度和人生追求产生了重要影响。

方以智自幼聪慧过人,并受过良好的家庭教育,除熟稔蒙学读本外,还广涉琴棋书画等多方面才艺。13岁时他曾随父亲在京城学习生活两年,扩大了眼界。《桐城耆旧传》说他,"年十五,群经子史

方以智书法立轴

略能背诵，博涉多奇"。青年时代的方以智，才华横溢，风流倜傥，还有些恃才傲物、放浪形骸，当时有人把他同侯方域、陈贞慧、冒辟疆一起称为"复社四公子"，名噪一时。

崇祯十三年（1640年）春，方以智入京参加会试，中二甲进士，授翰林院检讨。恰在此时，远在湖广的父亲因所部被农民义军击败，遭督师杨嗣昌挟嫌参劾，蒙冤下狱。方以智为营救父亲，四处奔走，却求告无门。无奈之下，他怀揣血书，跪呼于朝门外，求百官上达父冤，却无人伸出援手。幸亏此事被崇祯知晓，一纸诏书结束了冤案。

明王朝的最后几年，方以智关心国是，屡次上书朝廷，陈述救危方略和治国良策，如授权督抚、卫军兴屯、招商海运、用人练才等。但就在他显露过人的治国才能之时，崇祯十七年（1644年）李自成攻破北京城门，明王朝大厦轰然崩塌，其济世抱负和报国热忱也彻底被埋葬。

此后半生，方以智一直在逃避抓捕、流亡迁徙、出家为僧的颠沛流离中度过。他隐身于佛陀世界，想以此保全气节，静心治学，安度余生。但即便这样，清王朝因畏惧其在士绅和佛门的强大影响，康熙十年（1671年），还是将他从江西青原山押解至更加偏远的岭南。十月初七，行至江西万安时去世。

百科全书式学者

方以智在学术上取得了惊人的成绩。他学问博洽，涉猎广泛，《桐城耆旧传》说他，"凡天人、礼乐、律数、声音、文字、书画、医药，下逮琴剑、技勇，无不析其旨趣"。他著述宏富，多达百余种，存世30余种，400多万字。他的哲学著作有《通雅》《东西均》《一贯问答》《性故》《药地炮庄》《象环寱记》等；易学著作有《易余》《周易图象几表》；医学著作有《医学会通》《内经经络》；诗词集有《博依集》《流寓草》《流离草》《无生寱》《借庐语》《建初集》《鸟道吟》《合山栾庐诗》《禅乐府》等；文集有《膝寓信笔》《浮山文集前编》《浮山文集后编》《浮山此藏轩别集》；语录有《冬灰录》《青原愚者智禅师语录》等。

方以智早年在京为官时，曾与西方传教士汤若望等交往，有机会了解西方科学技术成就及其意义。他清醒地认识到，西方科学所具备的实证精神，可以治疗中国传统学术模糊笼统等弊端，主张将西学与中国固有传统"会通"，改变中国学问重人文伦理而轻自然物理的倾向，这对中国学术史的发展具有重要价值。其《通雅》及《物理小识》，便是吸取西方成果，以描述和阐发大量自然科学知识为主，并予以哲学方法论的总结的著作。《四库总目提要》认为方以智开国朝顾（炎武）、阎（若璩）、朱（彝尊）考据之风。民国之后、五四以来，学者多推崇方以智开近世科学之风，梁启超则推重方以智"尊疑、尊证、尊今"的治学方法，称其"有许多新理解，先乾嘉学者而发明"。侯外庐认为方以智是"中国的百科全书派大哲学家""笛卡尔思想的中国版"。当代学者多认为，方以智是与顾炎武、黄宗羲、王夫之比肩的杰出思想家。

戴震开皖派经学风气之先

乾嘉考据学派的代表

清朝乾隆年间一位学术大师横空出世。他讥讽宋代以后的理学多凿空之言,而主张通过音韵、名物、典章制度的训诂和考证来讲求义理,使传统学术方法为之一变。这位促使新安理学向皖派经学转向的学术大师,正是开皖派经学风气之先的戴震。

戴震(1724—1777),字东原,又字慎修,休宁人。传说他出生时电闪雷鸣,其啼哭声却盖过外面的雷声,因哭声震耳欲聋,父亲为他取名"震"。戴家原是仕宦之家,但到其祖父一辈时已家道败落。父亲戴弁是个贩卖布匹等杂货的小商人。章太炎说戴震幼时随父亲"负贩千里"。段玉裁《戴东原先生年谱》说他"家中乏食,与面铺相约,日取面为饔飧,闭户成《屈原赋注》"。

戴震生性爱钻研,"读书好深湛之思"。洪榜《戴先生行状》载:他10岁读《大学章句》时,就对朱熹如何知道近2000年前孔子、曾子的"微言大义",提出怀疑和訾议。但他拙于背诵科举八股文章,一生六次进京参加会试,均名落孙山。乾隆四十年(1775年),他再次参加会试,仍然落第。鉴于纪昀等已经推荐他任四库馆编修及其学术影响,乾隆特许其与当年贡生一起参加殿试,赐同进士出身,授翰林院庶吉士。仅两年后,他因编校《四库全书》一丝不苟、倾心竭力,积劳成疾,病逝于四库馆。

作为名震朝野的一代大学者，戴震的著述很多，涉及音韵、训诂、天文、地理、方志、算术、几何、哲学等诸多方面。主要有《孟子字义疏证》《尚书义考》《毛郑诗考正》《考工记图》《中庸补注》《原善》《原象》《声韵考》《方言疏证》《续方言》《水地记》《声类表》《策算》《勾股割圆记》等。此外，他还校订有《水经注》《仪礼集释》《大戴礼记》《方言》等。

清代学者治学，大多从整理研究经书典籍入手，戴震沿着这一路径攀缘并到达考据学的巅峰。他认为研究古籍，首先要遇到读音的问题，而在天文、地理、典制、名物等诸多方面，学者必须具备广博的知识才能有所成就。除了在音义考证上成绩斐然，解决许多前人未解之难题外，他还深入探讨经典的思想内容，重视"义理之学"。其治学方法可以概括为"以字求词，由词求道，由道求义"。他在《与是仲明论学书》中说道："经之至者，道也；所以明道者，其词也；所以成词者，字也；由字以通其词，由词以通其道。"正是循着由文字、音韵、训诂之学迈入义理之学的道路，戴震的学术成果扎实而厚重、语浅而意深，代表着乾嘉考据学派的最高水准。

近代启蒙思潮的先驱

戴震治学颇有批判精神。新安理学集大成者朱熹有关"存天理，灭人欲"的观点，发展至清代，已产生了诸多弊病。有鉴于此，戴震抨击是"以理杀人"。在他看来，"凡事为皆有于欲，无欲则无为矣，有欲而后有为，有为而归于至当不可易之谓理，无欲无为又焉有理？"他认为："圣人顺其血气之欲，则为相生养之道。于是视人犹己，则忠；以己推之，则恕；忧乐于人，则仁；出于正，不出于邪，则义；恭敬不侮慢，则礼；无差谬之失，则智；曰忠恕，曰仁义礼智，岂有他哉！"朱熹视为神圣不可侵犯的"天理"，如仁、义、礼、智及忠、恕等，在这里被戴震彻底抹去光环，还原为生活的本来面目。

戴震在中国学术史上另一不可磨灭的贡献，是挽救诸多几近散佚的珍贵典籍。唐代以前，算学颇受朝廷重视，科举考试有"明算"一科，但宋代以后逐渐成为冷门绝学。如《九章算术》这部数学经典，

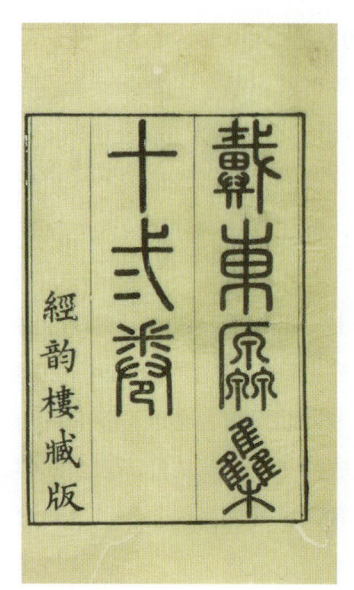

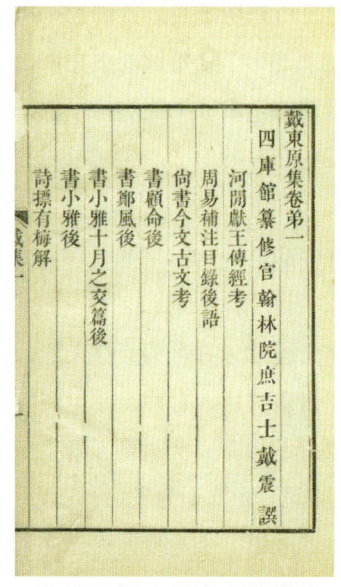

清　经韵楼刻本《戴东原集》十二卷

明清之际大数学家王锡阐、梅文鼎竟寻访一生而不得见。此类古数学书仅存于明《永乐大典》抄本中，世人很难得窥其貌。戴震从浩瀚、离散、错出的材料中细心辑佚，编排成章，并考订注解，使《周髀算经》《九章算术》《海岛算经》《孙子算经》等10部古数学书得以重见天日。现代学者编撰中国数学史，无不仰仗这些史料。

戴震批评朱熹理学，当时曾遭到翁方纲、方东树、章学诚等名人的反对。方东树的《汉学商兑》从维护程朱理学道统出发，甚至说戴震所张扬的义理是"亘古未有之异端邪说"。但即使攻击他甚力的学者如章学诚，也承认他学问做得好，堪称"一代巨儒"。辛亥革命前后，戴震学术思想逐渐得到充分肯定。梁启超、胡适等还于1924年发起全国性的纪念戴震诞辰200周年活动，一时间众多名儒耆旧纷纷撰文，报纸期刊争出专辑，这使得戴震作为中国近代启蒙思潮的先驱者、一代思想家和学问家的崇高地位得到确认，并产生持久的影响。

胡适发起白话文运动

○ 学术

《文学改良刍议》

汉字及汉语已经绵延使用3000多年，其中伴随时代更迭虽屡有微调和渐变，但基本语体一直未发生根本位移和变迁。20世纪初萌发的以白话文代替文言文的运动，是我国语言的一次重大变革，由此才产生今天与口语相近的明白晓畅、清雅易懂的白话文语体。

白话文的昌兴并非一蹴而就，它虽自明清戏剧小说的流行已呈露星点草芽，但一直在文言文这巨大磐石的压抑之下难以生长。以大无畏的气概撬开这磐石，让白话文如雨后春笋般拔节生长者，正是被誉为倡导、推广白话文第一人的胡适。

胡适（1891—1962），原名嗣穈，学名洪骍，后改名适，字适之，安徽绩溪人。他的父亲胡传精明能干，1891年被派往上海担任"淞沪厘卡总巡"，其母冯顺弟随往，因而胡适出生于上海。胡适的童年和少年时代在家乡徽州度过，由此与徽州结下终生不渝的情缘：其一生爱吃"徽州锅"，珍视徽州"同乡缘"，自署"徽州同乡后辈"，自砺"努力做徽骆驼"，夫人江冬秀也是徽州人。

胡适在徽州接受"九年的家乡教育"后，1904年春负笈上海寻求"新学"。他先后在上海的梅溪学堂、澄衷学堂、中国公学、中国新公学四所学校学习。受严复翻译赫胥黎《天演论》中"物竞天择，适者生存"的影响，经他二哥提议，胡适将名字"洪骍"

胡适

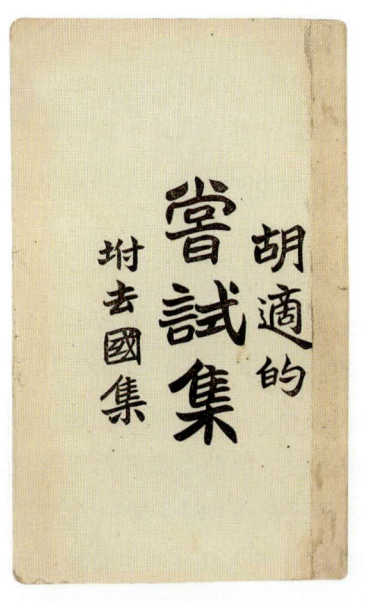

《尝试集》

改为"适之"。1910年他考取官费生赴美国留学,正式使用"胡适"之名。从胡适的改名,也可见出他年轻时积极寻求"新学"的思想走向。

1910年,胡适先在美国康奈尔大学读农学,后改读文科,1915年入哥伦比亚大学研究院,师从实用主义哲学家杜威。此时,正值陈独秀在沪上创办《青年杂志》(第二卷起改名为《新青年》),远在美国的胡适关心国内时事,与陈独秀开始书信交往。两位安徽老乡虽远隔重洋,但志同道合,相谈甚契,这为他们日后共同擎起新文化运动大旗奠定了基础。

1917年1月,陈独秀主编的《新青年》二卷五号发表胡适的一代雄文《文学改良刍议》,此文被看作中国文学史上白话文运动的开篇宣言。文章不仅阐述白话文应为文学的正宗,还认为建设新文学"须从八事入手":"一曰须言之有物,二曰不摹仿古人,三曰须讲求文法,四曰不作无病之呻吟,五曰务去烂调套语,六曰不用典,七曰不讲对仗,八曰不避俗字俗语。"作为开一代风气之先的大师,胡适提出的"八事",既包括文学内容方面的革命,也包括文学形式方面的革命,后被名为"八不主义",成为新文学倡导的方向。

就内容方面言,他批评"吾国近世文学之大病,在于言之无物",指出文学关键要有"思想"和"情感";又批判旧文学存在严重的"摹仿古人"的倾向,主张文学应当"实写今日社会之情状";还抨击旧文学时常"无病呻吟"、矫揉造作,提出文学要有"奋发有为"的精神,要发挥"服劳报国"的作用。

就形式方面说,他着重申述三点:其一,"今日之中国当造今日之文学,不必摹仿唐宋,亦不必摹仿周秦也"。其二,"今人犹有鄙夷白话小说为文学小道者,不知施耐庵、曹雪芹、吴趼人皆文学正宗,而骈文律诗乃真小道耳"。其三,"以今世历史进化的眼光观之,则白话文学之为中国文学之正宗,又为将来文学必用之利器,可断言也"。

千百年来,文言文一直被认为是文学的正宗,白话文被视为"君子弗为"的小道末技,长期被排斥于正宗之外。胡适的《文学改良刍议》把这种关系完全颠倒过来,强调白话文才是中国文学的正宗,"而骈文律诗乃真小道耳"。这堪称石破天惊的时代强音,得到陈独秀的热情肯定,他为胡适之文加按语说:"白话文学,将为中国文学之正宗,余亦笃信而渴望之。吾生倘亲见其成,则大幸也。"

白话文的蓬勃兴起

《文学改良刍议》发表后,陈独秀紧跟着于1917年2月在《新青年》二卷六号上推出《文学革命论》,为胡适观点"声援",明确提出"三大主义",即"推倒雕琢的阿谀的贵族文学,建设平易的抒情的国民文学;推倒陈腐的铺张的古典文学,建设新鲜的立诚的写实文学;推倒迂晦的艰涩的山林文学,建设明了的通俗的社会文学"。随后,胡适又在《新青年》上连续发表《历史的文学观念论》《建设的文学革命论》等文。

一场声势浩大的文学革命和白话文运动由此迅速展开：不仅许多报刊如《湘江评论》《星期评论》《建设》《少年中国》《新生活》等纷纷采用白话，胡适的《尝试集》、郭沫若的《女神》等白话诗集风行一时，而且1920年1月北洋政府教育部颁发训令，要求全国各学校先将一、二年级国文改为语体文，使白话进入课堂成为"国语"，同时白话文也在日常应用和文学创作中逐步取代文言文。

陈独秀在《文学革命论》中指出："文学革命之气运，酝酿已非一日，其首举义旗之急先锋，则为吾友胡适。"文学革命的发端是提倡白话文，而胡适是文学革命"首举义旗之急先锋"，实质就是肯定胡适是倡导白话文的第一人。

"我辈对于先生鼓吹白话文学，于文章界兴一革命，使思想借文字之媒介，传于各级社会，以为所造福德，较孔孟大且十倍。"这是中国民主革命先驱孙中山通过廖仲恺转给胡适的信中的一段话，对胡适倡导白话文和文学革命给予充分肯定和高度评价。由此也可见出以白话文为先导的五四新文化运动，对现代中国所产生的巨大影响。

尝试建构新的学术框架

胡适对白话文不仅口头倡导，而且身体力行。1917年2月，他在《新青年》上发表《蝴蝶》《月》等白话诗词。1920年3月，他对陆游诗句"尝试成功自古无"反其意而用之，认为"自古成功在尝试"，将自己陆续写成的白话诗编为《尝试集》正式出版。作为我国现代文学史上第一部白话新诗集，胡适出版它不单是出于白话通俗易懂的原因，还因他认定"白话实在有文学的可能"。他的宗旨是："要求今日的文学大家，把那些活泼泼的白话，拿来锻炼，拿来琢磨……出几个白话的嚣俄（雨果），和几个白话的东坡。"可见他的尝试并非简单地以白话代文言，而是主张对白话进行加工提炼，是基于艺术追求来提倡白话诗文的。他的白话诗尝试，是态度严肃的文学探索。

作为创作和理论兼擅的一代大家，胡适还开创性地写出《白话文学史》。该书打破前人研究中国文学史的惯例和限制,将视野扩展到经典作家作品以外的广阔领域,从白话文角度梳理中国古代文学发展演变的线索和规律,不仅拓展了中国文学的研究范围,也使大量各种形态的民间文学引起人们重视。

胡适还是颇有影响的哲学家和思想家。他在美国哥伦比亚大学研究院追随实用主义哲学家杜威学习时,便撰写出博士论文《先秦名学史》。1919年2月出版《中国哲学史大纲》(上卷),引进西方近代哲学的体系和方法,重新整理和归纳中国哲学的发展历程,对中国哲学史上许多重要人物和学术观点予以重新定位和评价,受到学术界的普遍重视。他1919年7月发表《多研究些问题,少谈些"主义"》,引起"问题与主义"的论争。1924年起他从事禅宗史研究,于1930年出版《神会和尚遗集》。

胡适学识广博,一生获得36个博士头衔,在文学、哲学、史学、考据学、伦理学、红学等诸多领域均有突出研究成果。他的《中国章回小说考证》《五十年来中国之文学》《红楼梦考证》,以及他对《水经注》的研究等,均产生广泛影响。

陶行知推行平民教育

"生活即教育"的思想

"捧着一颗心来,不带半根草去。"安徽歙县小北街陶行知纪念馆中悬挂的这副遗联手迹,充分反映陶行知作为伟大教育家,将自己一生献给社会和人民的炽热情怀。

陶行知(1891—1946),安徽歙县黄潭源村人。他原名陶文濬,因推崇明代哲学家王阳明"知行合一"的学说,改名"知行";后随着阅历的加深,他认识到"行是知之始,知是行之成",遂再改名为"行知"。陶行知幼年家境寒微,无力供其上学,幸赖家乡私塾先生和友人帮助,读完私塾后,先就读于英国传教士办的歙县最早的"洋学堂"崇一学堂,后入南京汇文书院、金陵大学,1914年夏以金陵大学文科总分第一的成绩毕业。同年9月,他远渡重洋,进入美国伊利诺伊大学攻读市政,1915年9月转入哥伦比亚大学师范学院,师从著名教育家杜威。

1917年9月,陶行知回国受聘南京高等师范学校,1918年任教务主任,后南京高等师范学校并入新组建的东南大学,他又任东南大学教授、教育系主任。此时,正值新文化运动蓬勃开展,陶行知以极大的热情投入到教育改革之中,决心用平民教育为"中国教育寻觅新的曙光",提出并践行"生活即教育"等一系列革新主张。

中国传统教育主要是"学而优则仕"的士大夫教育模式。读书的目的是为了做官,常常与生产劳动相脱节,甚至书读得越多,越看不起劳动人民。针对这一弊端，陶行知吸取其老师杜威思想中的合理因素，把杜威"教育即生活""学校即社会"的观点，改造为"生活即教育""社会即学校"的理论。他认为，没有生活做中心的教育只能是死的教育，没有生活做中心的书本只能是死的书本。而旧教育就是脱离生活的、以死书本为基础的死教育。结果，在旧教育制度下，生活与教育必然相互分离，无法实现统一。学生一方面过着少爷的生活，一方面又在天天读劳动的书；一方面过着迷信的生活，一方面又在天天讲科学；一方面过着开倒车的生活，一方面又在天天空谈革命。因此，这样的教育，既非生活，又非教育。

为了贯彻"生活即教育"的思想，陶行知进一步提出"社会即学校"的观点。在他看来，学校的教育之所以太枯燥，主要是因为学校与社会生活相脱离。如同鸟的世界不是鸟笼而是树林一样，学生的世界也不是学校而是社会，所以要扩大教育的范围。他说：凡生活的场所都是教育的场所，"自有人类以来，社会即是学校"。他把自己理想中的学校描述为：以青天为顶，大地为底，二十八宿为围墙，人类都是同学。

"教学做合一"的方法

依照上述思想，陶行知把其教学方法概括为"教学做合一"。他认为，教、学、做是一件事，不是三件事，其中"做"是一切教育活动的中心，"做是学的中心，也就是教的中心"。他指出：我们要在做上教，在做上学；在做上教的是先生，在做上学的是学生。从先生对学生的关系说，做便是教；从学生对先生的关系说，做便是学。他说"教学做合一"的目的在于通过"在劳力上劳心"，使学生从旧教育关于升官发财的诱惑下解脱出来，做到与大众同甘苦共休戚，以找到整个中华民族教育之出路。

陶行知的可贵之处在于，他并非坐而论道，而是起而行之。从1923年开始，他把主要精力投入平民教育运动中，邀请晏阳初、黄炎培、胡适、袁观澜等人发起组织"中华平民教育促进会"。为了全身心推行自己心目中平民教育的宏大计划，他辞去东南大学教育系主任之职，放弃每月400块银圆的高薪。这期间，民国政府邀他出任武

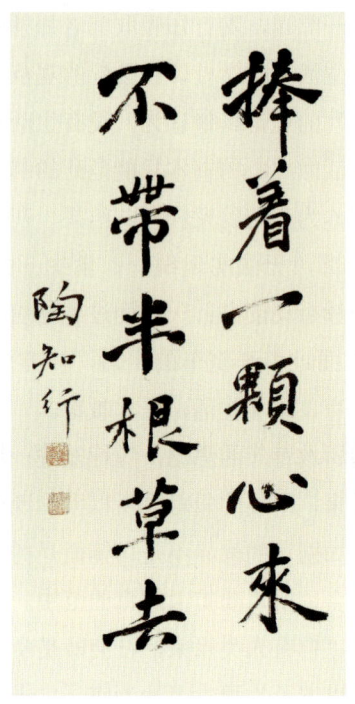

陶行知书法

昌高等师范学校（即后来的武汉大学）校长，金陵大学也要聘他当校长，他都予以谢绝。他不仅与朱经农合编了一套4册96课的《平民千字课》课本，还风尘仆仆地奔走于全国十几个省市，把平民教育送到各地工厂、农村、军营、旅店、庙宇，甚至监狱中去。短短几年时间，平民教育在全国20多个省市蓬勃开展，仅《平民千字课》课本就发行300多万册，使千百万未识字者深受惠益。

晓庄师范学校的意义

平民教育运动方兴未艾之时，陶行知敏锐意识到，"中国以农立国，一百个人当中有八十五个住在乡村里，平民教育是到民间去的运动，也就是到乡间去的运动"。1926年1月，他提出"师范教育下乡运动"，"要筹募一百万元基金，征集一百万位同志，提倡一百万所学校，改造一百万个乡村"，认为"乡村师范学校负有训练乡村教师，改造乡村生活的使命"。

经过一年的奔波筹备，陶行知创办的晓庄试验乡村师范学校，于1927年3月15日在南京劳山下举行开学典礼。这所以培养农村教师为目标的新型师范学校，按照陶行知"生活即教育，社会即学校"，以及"教学做合一"的教育理念，把教育与生产劳动、社会生活结合起来，学生在指导员指导下过生活、学本领，取得良好的教育效果和社会声誉。之后，学校迅速扩大，在最初开办的小学师范院、幼稚师范院的基础上，又增设晓庄中心小学、中心幼稚园、民众夜校、劳山中学、晓庄医院等。陶行知主张把晓庄学校办成"自由园地"，学校的中共地下党、团组织及师生参加反帝爱国斗争，声援下关工人罢工运动等，他都积极支持。这引起国民党政府的极大不满，密令教育部停办学校，逮捕相关学生，并给陶行知扣上"勾结叛逆，图谋不轨"等罪名四处通缉。陶行知先避居上海，后流亡日本。

晓庄师范学校虽然只存在三年多一点时间就被查封，但它在劳山脚下灿然升起的"生活即教育，社会即学校"的曙光，在中国教育史上将永远闪烁光芒。

作为著名教育家和爱国志士，陶行知还有许多可歌可泣的事迹：创办"山海工学团"；九一八事变后奔走海外26个国家宣传抗日；抗战时期在当时的重庆合川县创办育才学校；受周恩来、董必武、吴玉章托请，创办重庆社会大学，"用生活教育之原理和方法，培养难童中之优秀儿童，使成为抗战建国之人才"；等等。

1946年7月25日清晨，他因劳累过度，突发脑出血，年仅55岁即溘然长逝。

朱光潜沁人心扉的美学研究

中西融汇,古今贯通

朱光潜是中国现代美学最杰出的开拓者和建设者,被誉为"美学老人""美学大师"。中国现代学术史,尤其是现代美学史中,不论沙尘蔽日之际,还是云灿星辉之时,朱光潜任凭风云变幻,坚守美学领地,开疆拓土,深耕细作,从未流于偏激,却处学术先锋,其披荆斩棘之作用、中流砥柱之地位,仿佛屹立万里波涛中的航标灯塔,导引中国现代美学巨轮破浪前行。

朱光潜(1897—1986),字孟实,安徽桐城人。他6岁起接受严格的私塾教育,后入桐城中学及武昌高等师范学校学习;1918年考取北洋政府选送生资格,到香港大学教育系学习,获学士学位;1925年至1928年在英国爱丁堡大学学习,获硕士学位;1929年至1933年在英国伦敦大学和法国斯特拉斯堡大学学习,获博士学位。他前后在西方人主办的大学里攻读13年,是同辈文人学者中留学时间最长、学习西方文化最为深广者。1933年夏回国后,朱光潜先后任北京大学教授、四川大学文学院院长兼英文系主任、武汉大学教务长兼外文系主任;抗战胜利后返回北大任西语系主任。中华人民共和国成立后,他一直在北京大学西语系任教授,也曾在北京大学哲学系讲授美学。1980年6月在昆明举行的第一届全国美学会议上,他当选中华全国美学学会会长。

朱光潜

作为一代美学大师，朱光潜学贯中西，博通古今，著述宏富，成果丰硕。安徽教育出版社出版的首套《朱光潜全集》，厚厚20册，700多万字。除大量翻译作品外，其主要著作有《给青年的十二封信》（1929）、《变态心理学派别》（1930）、《谈美》（1932）、《悲剧心理学》（1933）、《变态心理学》（1933）、《文艺心理学》（1936）、《诗论》（1943）、《谈修养》（1943）、《谈文学》（1946）、《克罗齐哲学述评》（1948）、《美学批判论文集》（1958）、《西方美学史》（1963—1964）、《谈美书简》（1980）、《美学拾穗集》（1980）等。

这些享誉当时并影响至今的著述，尽管广泛运用了西方的理论和方法，但所阐述的美学和文艺学问题，绝不只是对西方理论的简单照搬和介绍，而是处处注意结合中国文艺和审美实际，在两者相互对照比较中探寻美学和文艺学规律。中西融汇，古今贯通，这是朱光潜治学的重要方法，也是他治学的突出特点。

《文艺心理学》是我国第一部系统探讨美感经验和审美心理生成过程的专著，自20世纪30年代出版以来一直广受赞誉。该著虽然以现代西方美学理论为立论基础，但朱光潜用中国传统的"静观自得""物我两忘"思想来阐释意大利美学家克罗齐的"直觉说"，用中国文人推举的"超然物表""潇洒出尘"的人生境界来解析英国心理学家布洛的"距离说"，用老子和庄子崇尚的"天人合一""物我同一"的观念来论证德国心理学家立普斯的"移情说"，等等，无不表现出强烈的打通中西、古今共治的色彩。

《谈美》从人生和艺术的结合上谈论美感形成规律，探讨"人生艺术化"的意义。该书从标题到具体论述，处处把西方美学理论与中国传统美学思想冶于一炉，其两者互释互融，几乎达到玉润珠圆的境界。如他谈艺术与实际人生的距离，所用标题为"当局者迷，旁观者清"；谈宇宙的人情化（即移情作用），所用标题为庄子的典故"子非鱼，安知鱼之乐"；谈艺术与游戏的关系，所用标题为孟子的名句"大人者不失赤子之心"；谈诗歌创作与格律的关系，所用标题为孔子的格言"从心所欲，不逾矩"；等等。仅从这里，我们足可领略朱光潜治学融汇古今、贯通中外的神采。

构建中国现代美学大厦

学术研究贵在创新，贵在对研究对象有独到的感悟和发现。《诗论》作为朱光潜自认"比较有点独到见解"的成果，是中国诗学从传统偶感随笔形态转向系统理论形态的一部具有开创意义的名著，它"用西方诗论来解释中国古典诗歌，用中国诗论来印证西方著名诗论"，在比较文学方面开拓了中西诗学互相阐释的先河。

中国古代虽有丰富的美学思想，却没有建立起美学学科。王国维、蔡元培等人最早构思美学蓝图，但他们筚路蓝缕，更多是打桩奠基，中华美学大厦远未耸立地表。朱光潜于20世纪30年代出版的《悲剧心理学》《文艺心理学》《谈美》等，堪称中国第一批详备系统的美学专著。他在北京大学和清华大学讲授相关美学课程，开中国杏坛美学课之先河。他翻译介绍的西方美学名著卷帙浩繁，从古希腊柏拉图的《文艺对话录》到德国黑格尔的《美学》和歌德的《歌德谈话录》，从德国莱辛的《拉奥孔》到意大利克罗齐的《美学原理》和维科的《新科学》等，几乎完整展示了西方美学演化嬗变的历史长卷，其用力之勤和功绩之伟，至今无人望其项背。

综观朱光潜的学术人生，他深谙中华传统，精研西方学术，为构建中国现代美学大厦，孜孜以求，锲而不舍，"焚膏油以继晷，恒兀兀以穷年"。他的学术人生，"以出世精神，做入世事业"，既轰轰烈烈又静穆隽永，既清澈似水又凝重如山，似一部浅近而深奥的大书。

资政
ZIZHENG

安徽襟江带淮,山河壮丽,地腴物丰。数千年来,这片辽阔的土地上涌现出无数英杰,他们或为重臣,或为帝王,以非凡的才略在中华历史中刻下了万古不磨的印迹。他们之中以春秋时期齐国政治家管仲、孙叔敖启其端,从一代枭雄曹操到著名清官包拯,从明朝开国皇帝朱元璋到清朝"父子宰相"张英、张廷玉,直至晚清重臣李鸿章、刘铭传等,诸多皖籍政治人物积极进取,辅国匡政、立业兴邦,为济世安民贡献出卓越的政治智慧,创造了不朽的历史功绩。

管仲：九合诸侯，一匡天下

辅春秋五霸之首

管仲（？—前645），姓姬，名夷吾，字仲，安徽颍上人，周穆王的后代，著名政治家和军事家，春秋时期法家代表人物。

管仲出生在春秋时期。这是古代中国史上一个天翻地覆的大时代，诸侯起来了，周天子失势了；卿大夫起来了，诸侯又没落了。经过长年战乱，周初分封的几百个诸侯国，剩下了100多个，其中较为强大的有齐、晋、楚、秦、鲁、卫、燕、宋、陈、蔡、郑、曹、吴、越等十几国，都想称霸天下。管仲在齐国为相，帮助齐国凭借优越的地理条件，积累财富，富国强兵。"九合诸侯，一匡天下"，管仲辅佐齐桓公第一个成就霸业，使其成为春秋五霸之首。

管仲相齐，反对空谈主义，注重经济和农业生产。他认为"国多财则远者来，地辟举则民留处，仓廪实则知礼节，衣食足则知荣辱"。齐桓公尊管仲为"仲父"，让他主持一系列政治和经济改革：在全国划分政区，组织军事编制，设置官吏管理；建立人才选拔制度，按土地分等征税，禁止贵族掠夺私产；发展盐铁业，铸造货币，调剂物价。他建立了一整套行政管理系统："叁其国而伍其鄙。"将国都划分为二十一乡，士居十五乡，工居三乡，商居三乡。工商之乡不参与作战，作战的是士乡。五乡为一帅，一帅11000人，由齐君率为中军，两个上卿各率五乡为左右军，是为三军，也就是"叁其国"，这使行政组织结构精细化，士农工商各就其业，有效地维护了社会稳定。所谓"伍其鄙"，就是将国都之外的广大地区分为五属，一属有十连，一连有四里，一里有十轨，一轨有五家。轨中的五家世代居处在一起，利害祸福相同，"守则同固，战则同强"，这是一种社会与军事相结合的战斗体制，为后来大规模的战争作了准备。

当时，管仲推行一种粮食"准平"政策，即"民有余则轻之，故人君敛之以轻；民不足则重之，故人君散之以重。凡轻重敛散之以时，则准平……故大贾畜家不得豪夺吾民矣"。"准平"制不仅是一种平衡粮价的政策，也间接承认了农民自由买卖粮食和私田的合法性。他还在齐国设立了专门的货币机构，由政府统一铸造货币。因所铸货币呈刀形，俗称"齐刀"。

在外交上，管仲打出"尊王攘夷"的大旗，以诸侯长的身份，"挟天子以伐不敬"。

华夏第一相

从政治到经济，从军事到外交，从吏治到人事，管仲建立了一套完整的行政管理制度，在诸侯纷争、烽火连绵的年代，对外大打经济战，削弱他国的经济实力，以达到"不战而屈人之兵"的目的。因此，管仲被誉为"华夏第一相"，成为古代中国"相制"的开创者。孔子后来感叹说："微管仲，吾其被发左衽矣！"意思是说，如果没有管仲，恐怕我们到现在都还披头散发，左开衣襟，是个野蛮人。"被发左衽"是当时的夷狄之俗。

管仲所著《管子》86篇，今存76篇，包含道、儒、名、法、兵、阴阳等家的思想以及天文、舆地、经济和农业等方面的知识，内容极其丰富。

管仲衣冠冢，俗称"管仲墩"，高七八尺许，原在颍上县北关之外、防洪堤内，紧挨着颍河右岸。旧时，墩上松柏密植，禾秋满地，绿杨城郭，青草池塘，游鱼往复于菱叶杂草之间。管仲墩东有管鲍祠，历史上曾三毁三建，现存正殿三间，供奉管仲和鲍叔牙二人牌位。20世纪80年代末，管鲍祠被列为"安徽省重点文物保护单位"，得以重修。

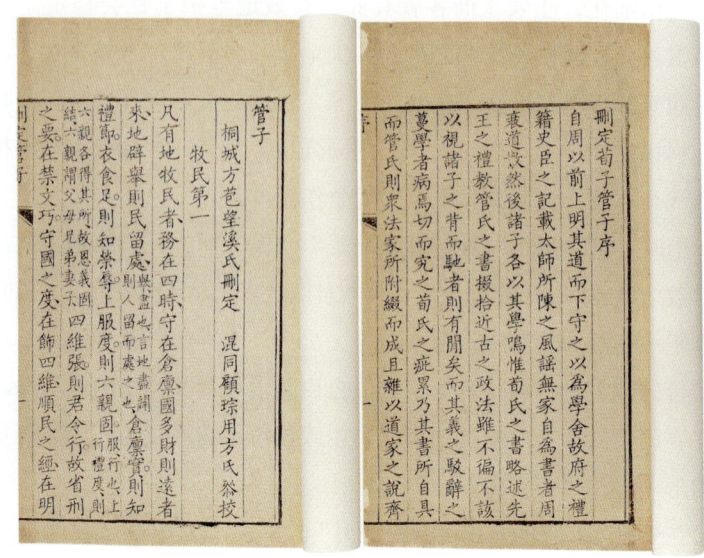

《管子》

　　管仲故里颍上，地处淮河上中游，南沿淮河，境内沟洫纵横，湖洼罗列，素有"七十二水归正阳，七十二湖布颍上"之说。2000多年前，管仲曾在这片土地上，对水的作用和意义进行过全方位的思考："水者何也？万物之本原也，诸生之宗室也。"他的这一思想，比古希腊著名哲学家、思想家、天文学家泰勒斯早了至少100年。而老子也正是在管仲等前哲的基础上，提出了"上善若水"的哲学理念。

孙叔敖：春秋名相，治水专家

○ 资政

春秋第一循吏

孙叔敖（约前630—前593），名敖，字孙叔，楚国寿春（今安徽寿县）人。初为楚国大夫，楚庄王十五年（前599年）拜为令尹，春秋时期著名的政治家、军事家、水利学家。令尹是当时楚国的最高军事行政长官，为楚国所独有。到了战国时期，各国多以"相"为"百官之长"，唯有楚国仍沿春秋旧制，宰辅之任仍名"令尹"。

孙叔敖相楚，施教导民，宽刑缓政，止戈休武，发展经济，以民为本，农商并举，繁荣文化。孙叔敖为官清廉，《庄子》称他"三为令尹而不荣华，三去之而无忧色"。虽为令尹，但他轻车简从，妻不衣帛，马不食粟，临终时，连买棺椁的钱都没有。春秋名相中，若以功业和品行论，孙叔敖毫无疑问排第一位。因此，司马迁在《史记》中把他列为第一循吏。"循"含有清正廉明的意思。

《史记》称，孙叔敖"三月为楚相，施教导民，上下和合，世俗盛美，政缓禁止，吏无奸邪，盗贼不起。秋冬则劝民山采，春夏以水，各得其所便，民皆乐其生"。

大约在楚庄王十七年（前597年），孙叔敖在寿春主持兴建了中国最早的大型蓄水灌溉工程——芍陂（què bēi）。寿春地处淮河以南，北通徐鲁、南达闽越、东连三吴，进可攻，退可守，不仅是北上南下的军事要道，也是楚国的粮食主产地。为图谋北方，问鼎中原，成就

寿县安丰塘

霸业，同时基于政治上的考虑，楚国把寿春作为称霸中原的大后方来重点经营和建设。

芍陂泽被两千年

芍陂，因流经"白芍亭"而得名。工程位于大别山北麓岗丘与平原的过渡带上，东、南、西三面地势较高，北面地势低洼，向淮河倾斜。每逢夏秋雨季，山洪暴发，极易形成涝灾；少雨年份又常出现大面积干旱。当时，这里是楚国北疆的农业区，其粮食产量对楚国的军需民用影响极大。孙叔敖根据这一带的地形特点，组织民力将东面积石山、东南面龙池山和西面六安龙穴山的河溪，汇集于广阔的琵琶形地带中，形成一个"周百二十里"，陂面约100平方公里的水利工程。同时修建5个水门，以石质闸门控制水量，"水涨则开门以疏之，水消则闭门以蓄之"，使旱涝保收。后来又在西南开了一道子午渠，上通淠河，以增加芍陂的灌溉水源，使之达到"灌田万顷"的规模。

中华文明，历来重视治水，有"治水如治国"之说。历朝历代，经济的发展与停滞，社会的安定与动荡，都或隐或显或大或小与治水相关联。芍陂建成后，这一带每年都出产大量粮食，楚国因此迅速强大，并打败了当时实力雄厚的晋国，楚庄王也一跃成为"春秋五霸"之一。300多年后，楚国被秦国打败，考烈王迁都寿春，这固然是出于军事上的考虑，但也是因水利奠定了当地强大的经济基础。楚国在寿春虽只有短短19年，但岁稔年丰，国库充盈，百姓安居乐业，获得了短暂的安定与富足。1949年以后，楚国金币"郢爰"在各地均有发现，但70%出土于寿县，这说明楚国在寿春积累了大量的财富。

芍陂经历代整治，一直发挥着巨大的作用，东晋时因灌区连年丰收，改名"安丰塘"。如今，安丰塘已成为淠史杭灌区重要的调节水库，灌溉面积达60万亩，发挥着不可替代的巨大效应。

曹操：挟天子以令诸侯

文章相业，千古独步

曹操（155—220），字孟德，小名阿瞒，沛国谯（今安徽亳州）人。东汉末年杰出的政治家、军事家、文学家，初为东汉丞相，后封魏王，其子曹丕称帝后，追尊为武皇帝，庙号太祖，史称"魏武帝"。

挟天子以令诸侯，是曹操身上最显著的政治标签。

东汉末年，天下大乱，群雄并起。经过反复权衡，曹操决定以"奉戴天子"作为自己的政治优势。公元196年，曹操迎奉汉献帝刘协至许昌，这是他一生中所做最重要的决定，让他从一个地方军阀一跃而为国家政权中举足轻重的人物。

曹操是一个集才情、诗情和豪情于一身的综合体。作为政治家，他统一中国北方，创魏、蜀、吴三国鼎立的局面；作为文学家，他上马临阵，下马赋诗，以诸多慷慨悲壮的诗作彰显了"梗概多气""志深笔长"的建安风骨。求事功与好经传的性格，令曹操的政治生涯与文学创作相融；与施政严格同一取向，他的文章展示出清峻风格，其公文性质的"表""令"所具有的简约严明、豪横通脱特点，最能体现曹操的政风和文风。政治与文学才华之外，他还尤其气粗胆壮，像"设使天下无有孤，不知当几人称帝，几人称王"这样的皇皇大言，"宁教我负天下人，休教天下人负我"这样的惊世之语，不仅是其敢言勇气的外显，也开启了魏晋一代的特立独行之风气。

曹操

建安十三年（208年）是曹操人生中又一道重要的分界线，这一年曹操兵败赤壁。同年，曹操废三公，恢复丞相制度，并自任汉丞相。建安十七年（212年），汉献帝仿高祖赏赐萧何之事，许曹操"赞拜不名，入朝不趋，剑履上殿"。

顺应民意，实现统一

凭借"挟天子以令诸侯"的政治地位，以及杰出的政治军事才能，曹操征讨四方，对内消灭二袁、吕布、刘表、韩遂等割据势力，对外降服南匈奴、乌桓、鲜卑等"边扰"势力，一举统一了中国北方。

在统一北方之后，曹操实行了一系列恢复经济生产和社会秩序的政策，扩大屯田，兴修水利，奖励农桑，安置流亡人口，使中原社会渐趋稳定。曹操所处的时代，兵连祸结，民不聊生，实现国家的统一、建立正常的社会秩序，是百姓的迫切愿望和需求。曹操顺应时代和民心，削平群雄、抑制豪强、整顿吏治，充分体现了他的行政魄力和政治谋略。在军事上，曹操精通兵法，著有《孙子略解》《兵书接要》等军事著作，《孙子略解》开创整理注释《孙子》13篇的先河，丰富和发展了中国古代军事理论。在战略战术上，曹操灵活多变，出奇制胜，追求兵不厌诈。陈寿《三国志》说他"运筹演谋，鞭挞宇内，揽申、商之法术，该韩、白之奇策"；毛泽东称他为"了不起的政治家、军事家，也是个了不起的诗人"；《剑桥中国秦汉史》则评价曹操是"给予汉王朝的致命一击却留给了中国历史上最引人注目的人物之一"。

曹操与孙权在今合肥一带发生了多次激烈的战争，曹操也四次亲临此地，部署作战。今天，合肥老城区的逍遥津、教弩台、回龙桥、飞骑桥、筝笛浦、藏舟浦、斛兵塘等，就是双方在30多年的拉锯战中，散落下来的"遗迹"。而曹操逐鹿中原，争霸天下，也一直以他的家乡亳州为后方基地，所以在这座皖北小城里，至今留有东西观稼台、南曹寺和北曹寺、拦马墙等遗迹，以及传说中的"曹操运兵道"。

包拯：让清官成为一种文化

○ 资政

铁面无私包青天

自汉武帝"罢黜百家，独尊儒术"后，儒家思想一直是中国社会的统治思想。"修身、齐家、治国、平天下"既是儒家的内圣外王之道，也是统治阶级治国理政的基本路径。儒家主张以德治国，以德修身。清官之德，核心在于"清廉"二字，"清廉"乃为官之本。隋唐至宋元，经过700多年探索，文官制度日趋完善和成熟，清官文化也得以快速发展，其杰出代表人物，就是北宋的包拯。

包拯（999—1062），字希仁，一字兼济，庐州合肥人，出身于官宦世家。他因执法严明、刚正不阿，被民间呼为"包青天"，尊为"包公"。

包拯29岁中进士，授建昌知县，因孝养双亲，未去赴任。几年后，他出任天长知县，此后，历任端州知州、池州知州、扬州知州和庐州知州。包拯于北宋庆历三年（1043年）入京，任监察御史，可上疏言事、弹劾官员、评论朝政。三年后，包拯调任三司户部判官，不久升任三司户部副使。三司是主管国家财政的部门，号称"计省"，三司使统称"计相"，地位仅次于宰辅。三司下设盐铁、度支、户部，各部分设副使一人。包拯51岁时，受任为天章阁待制、知谏院。任上两年，包拯弹劾了不少高官，如接替范仲淹担任参知政事的宋庠。参知政事无宰相之名，而有宰相之实。但宋庠久居相位，无所作为，包拯愤而

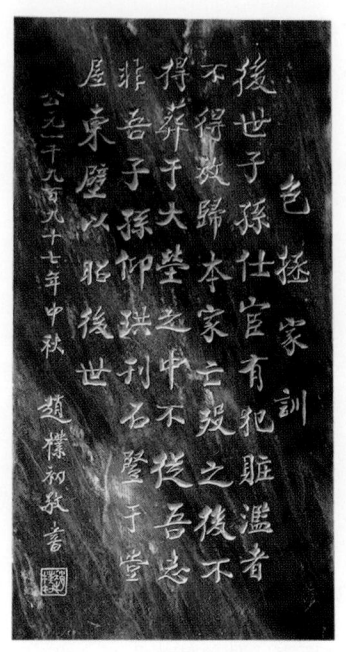

包拯家训碑

弹劾,宋庠遂被罢免。

"开封有个包青天"是电视剧《包青天》的主题歌首句,这部电视剧曾于20世纪90年代在全国热播。嘉祐元年(1056年)十二月,包拯权知开封府,也就是人们口中的"开封府尹",此时他已经57岁。北宋时开封府尹这个职务并不常设,并且根据规定,只有亲王才有资格担任。非亲王任职开封府,只能是"权知",这里"权"是暂时、代理的意思。

孝肃集中无风月

开封为北宋都城,城中比包拯位高权重的人很多,但就是在开封府尹任上,包拯出了名。他做的两件事至今仍广为传颂。一是根据开封府旧制,凡是告状的人不能直接进入公堂,要先把诉状交给门吏,然后才能上呈,这叫"牌司"。有了这道门槛,老百姓要想告状,先得贿赂门吏，而门吏也可乘机敲诈勒索。包拯到任后，革除了"牌司"，让告状的老百姓直接上堂。二是横贯开封的惠民河与东南漕运连接，最是拥堵，一些达官贵人却在河边大建亭台水榭以供享乐，汛期造成河水泛滥。包拯奏报朝廷，来了一个"大拆违"，得罪了大批朝中权贵，京中百姓却无不拍手叫好。

北宋王朝历经太祖、太宗的励精图治，在仁宗的休养生息下，国力日盛。东京开封更是天下第一大都会，酒肆林立，繁华喧闹，景象一如《清明上河图》。宋代文人多诗酒风流，倚红偎翠，与包拯同朝为官的晏殊、张先等人，"一曲新词酒一杯"，行为放诞，生活奢侈。而包拯作为朝廷要员，"孝肃集中无风月"，平日无私人信件，不与同僚饮宴，甚至断绝了与亲戚的交往。就连与他政见不合的欧阳修，也感叹他"少有孝行，闻于乡里；晚有直节，著在朝廷"。

包拯以对自身的严苛，实现了底层民众的政治向往；而民间传说所激发出的"包公系列"故事，则放大了民间的"青天情结"，一定程度地影响了中国法制建设。

据说包拯告老还乡时，宋仁宗钦赐庐州府护城河一段，供他颐养天年，包河因此而得名。河中生长的"黑鲤鱼"和"无丝藕"，象征包拯的"铁面无私"，成为合肥这座城市经久不衰的传说。

朱元璋：草根皇帝的皇权政治

明王朝的创立

1328年，元朝在建立半个多世纪后，走向了衰颓。吏治的腐败、社会的黑暗令百姓深陷水深火热之中，人民纷纷揭竿而起。元曲《醉太平》即是当时社会状况的真切写照："堂堂大元，奸佞专权。开河变钞祸根源，惹红巾万千。官法滥，刑法重，黎民怨。人吃人，钞买钞，何曾见？贼做官，官做贼，混愚贤。哀哉可怜！"

这一年，朱元璋出生在濠州钟离（今安徽凤阳）一个贫苦农民家庭，乳名重八，参加农民起义军后改名元璋。幼时因贫穷，曾为地主放牛。元至正四年（1344年）入皇觉寺为僧，25岁参加郭子兴领导的红巾军。因作战勇敢、屡战屡胜，深受郭子兴赏识。至正十五年（1355年），郭子兴病逝，在诸将的要求下，朱元璋逐渐成为这支队伍的领导者。

至正二十三年（1363年），朱元璋与陈友谅在鄱阳湖展开决定双方存亡的大战。陈友谅战船为高大的楼船，连锁为阵，旌旗楼橹，望之如山。朱元璋战船形制较小，难于仰攻，因而战事起初对朱元璋非常不利。后来他采用部将郭兴的建议，以7艘小舟载满芦苇、火药等易燃物品，采用火攻，烧毁陈友谅上百艘战船。陈友谅兵败如山倒，退出历史舞台。

至正二十七年（1367年），朱元璋击败张士诚。至正二十八年（1368年），朱元璋正式称帝，国号大明，年号洪武。

朱元璋登基后，勤于政务，崇实贱虚，整顿吏治，肃贪亲廉，实行休养生息的政策，农业生产得到快速恢复和发展。

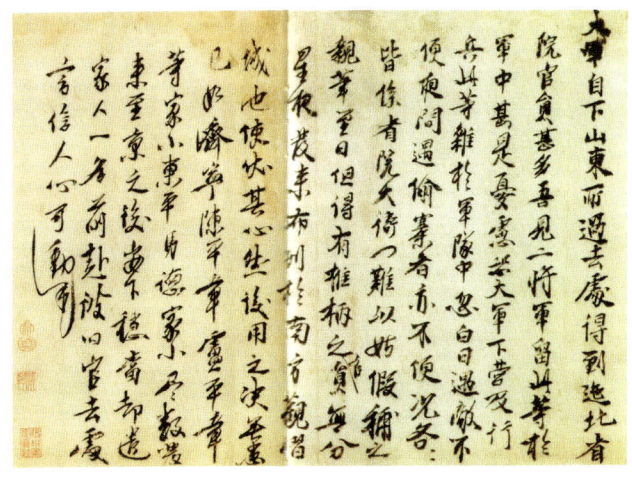

朱元璋致部将信《论不必渡海》

内阁学士接替宰相

洪武十三年（1380年），朱元璋思及此前朝代的皇权与相权之争，以胡惟庸案为契机，废除中书省和丞相，设立协助皇帝处理政务的内阁，由皇帝直接统领六部。这就是明朝内阁制的雏形。专制皇权由此发展到新高度。

废除丞相之后，朱元璋又对各级地方政府的权力予以分解，比如省级地方大权，就改由新设置的承宣布政使司、提刑按察使司、都指挥使司三个机构来分掌行政、司法、军事。这三个地位平等的机构互不统辖，都单独向中央负责，这就避免了地方官员由大权独揽渐至割据一方，与中央分庭抗礼。此外，朱元璋还通过建立一系列军事制度，把军权牢牢控制在自己手上。为了巩固皇权，他还设置了情报和特务机构。

内阁制到明成祖时已基本成型，之后权力渐重。明宣宗授内阁大学士以"票拟"权，而在明宪宗时形成内阁首辅。所谓"票拟"，也叫票旨、条旨、调旨，即来自全国各地各个方面的奏章，在送呈皇帝之前，由内阁学士"小票墨书"，把批阅建议写在纸上，实际上就是代拟"御批"，供皇帝采纳。内阁拥有"票拟"权，这就使内阁对皇帝权力的限制，超过了过去的宰相。万历前期，张居正所呈"票拟"，差不多都转化为皇帝的"批朱"，其阁权之重、阁职之隆，前所未有。

张氏父子：今人犹说六尺巷

让他三尺又何妨

在安徽省桐城市老城区，有一条古老的巷道，宽不过六尺，长不过百米，却绵延着张氏父子谦恭礼让、谨言慎行的家风。这就是"六尺巷"，张氏父子即张英和张廷玉，民间谓之"大小张相"。

张英（1637—1708），字敦复，号乐圃，康熙朝文华殿大学士兼礼部尚书。张英为官勤勉谨慎，康熙皇帝曾赞他"始终敬慎，有古大臣风"。张英的家教是"务本力田，随分知足"，平日里布衣蔬食，"性不爱观剧"。他60岁大寿时，夫人计划雇一个戏班子唱一场堂会，设宴款待前来贺寿的亲朋好友。张英得知后，极力劝说她放弃这一计划，用这笔钱"制作衣绔百领，以施道路饥寒之人"。

张英桐城老家的族人，与邻居吴家在宅基问题上发生争执，因两家都是祖业，且又年代久远，对于宅界谁都不肯相让。双方将官司打到了县衙，县官哪里敢轻易断案？于是张家人千里传书到京城求助。张英收到家书后回诗一首：

千里修书只为墙，让他三尺又何妨。
万里长城今犹在，不见当年秦始皇。

张家人豁然而悟，退让了三尺，吴家见状也让出三尺，遂成今日"六尺巷"。

桐城六尺巷

桐城张氏家族中，张英、张廷玉、张若霭祖孙三代，侍值内廷，深受朝廷倚重，可谓"合家顶戴，满门朱紫"。尤其是张廷玉，历康熙、雍正、乾隆三朝，居官五十载，位极人臣，风光无限。

张廷玉（1672—1755），字衡臣，号砚斋，张英次子，29岁中进士，点翰林。雍正皇帝登基后，见他"气度端凝，应对明晰"，升他为礼部尚书。雍正皇帝很少中意科举出身的汉族大臣，但与张廷玉君臣相得13年，凡有谕旨均出自张廷玉之手，他累迁保和殿大学士、首席军机大臣，兼管吏、户两部。雍正皇帝还特别立下遗诏，许张廷玉身后配享太庙。

秉承"礼让"家风

张廷玉官历康雍乾三朝，而雍正一朝无疑是其政治生涯的巅峰。那么，张廷玉有什么过人之处，可以历三朝仍全身而退，独享尊荣？原因在于他才华与精力过人，也在于他能秉承"礼让"家风。

雍正皇帝曾这样评价张廷玉："尔一日所办，在他人十日所不能也。"但更为关键的是，张廷玉一生行事谨慎，无声色犬马之好，为官几十年，从未遭到贪渎指控。雍正十一年（1733年），其子张若霭高中一甲探花，张廷玉闻知后"惊惧失措"，立刻面见雍正，称世受皇恩，请求皇帝降低其子的名次。这与其父张英的六尺巷"让墙"一脉相承。经他再三恳请，雍正帝将张若霭改为二甲第一名，并布告天下，以表彰张氏的公忠体国。

张廷玉幼承庭训，深得其父的为官为人之道，他身上突出的特点，是"柔"与"顺"。他有一句名言："万言万当，不如一默。"他一生谨小慎微，缄默持重。而这一特点直接遗传自父亲张英，《清史稿》称"英性和易，不务表襮，有所荐举，终不使其人知。所居无赫赫名"。作为朝廷重臣，张廷玉"薄暮还寓，则宾客门生，车驾杂沓，守候于外舍者如鲫矣"。但他坐看花开花落，从不轻易介入人事。乾隆皇帝说："张廷玉则善自谨而近于懦者。"

张氏府邸位于桐城老城区西南隅，北墙外为"六尺巷"，而"六尺巷"的精神内核，就是"礼让"二字。

李鸿章：中国近代化第一人

○ 资政

常以一身当其冲

李鸿章（1823—1901），字少荃，晚清名臣，安徽合肥人，世人多称"李中堂""李合肥"，因为行二，民间又称"李二先生"。他是淮军和北洋水师的创始人、洋务运动领袖，官至武英殿大学士、文华殿大学士、北洋通商大臣、直隶总督。

1895年签订中日《马关条约》之后，在"国人皆曰可杀"的舆论压力下，李鸿章被解除了直隶总督兼北洋大臣职务。此后的五年，他居住在北京贤良寺，深居简出，终日枯坐，"随意看《通鉴》数页，临王《圣教》一纸"。

1900年，农历庚子年，八国联军进犯北京，慈禧太后再次任命李鸿章为直隶总督兼北洋大臣，令他出山收拾乱局。

晚清政局朝局，列强环伺，山河破碎，风雨飘摇，一夕数惊。即便大厦将倾、独木难支，李鸿章仍然勇于任事，忍辱负重。《清史稿》说李鸿章"自壮至老，未尝一日言退。尝以曾国藩晚年求退为无益之请，受国大任，死而后已"；又说他"独主国事数十年"，"常以一身当其冲"。

当此"三千年未有之大变局"，国家积贫积弱之时，李鸿章以一介书生投笔从戎，匡扶行将倒塌的帝国大厦。他强烈地感受到了西方先进科学技术和军事装备对中国的威胁，因此鼓吹天下穷则变，变则

李鸿章

通,他的"变局观"比康有为、梁启超都早。虽然彼时李鸿章被称为"东方俾斯麦",是世界公认的外交家,然而弱国贫国无外交,他所有的外交实践,几乎都是代表中国政府在屈辱的城下之盟上签字。

创造多个"中国第一"

在合肥李鸿章故居的淮军陈列馆里,陈列和展示了李鸿章创造的多个"中国第一":第一家机器制造局、第一家机器织布局、第一家电报局、第一个海军基地、第一支远洋海军、第一支洋枪队洋炮队、第一家外文翻译馆、第一条铁路、第一批官派留学生,甚至连中国的第一面国旗"黄龙旗",也是由他奏请朝廷,由原兵船的旗帜改制而来。

怀着富国强兵、国家中兴的愿望,李鸿章投身于清政府几乎所有新兴的、冒险的事业。他倡行的被后来的史学界称作"洋务运动"的

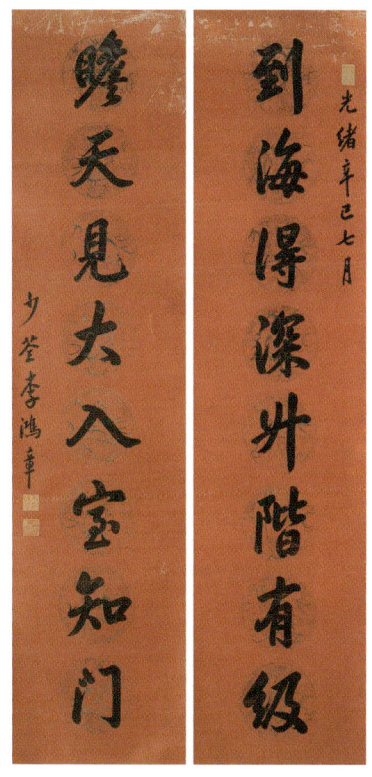

李鸿章八言联

新政，给中国近代社会带来巨大的冲击，西方甚至将它视为中国近代化的起点。和湘军的"功成军散"不同，淮军在完成镇压太平军和捻军的任务后，仍然保留了一支具有相当实力和现代化水准的军队，投入到抵御外侮的战争中。

近代政治一个引人注目的现象，是政治集团的兴起。晚清湘系集团和淮系集团的崛起，标志着封建末世中央专制皇权的衰落。李鸿章和他的淮系集团就是从安徽起步，从地方走向全国，从内地走向沿海，由地域性集团发展为全国性集团，改变了中国近代政治的格局。淮系中的许多人，后来都走上了实业救国和教育救国的道路。

梁启超说："吾敬李鸿章之才，吾惜李鸿章之识，吾悲李鸿章之遇。"和曹操、朱元璋一样，李鸿章是战争不断的江淮大地陶冶出来的政治枭雄，具有皖派政治人物非凡的组织才能和政治手腕。

刘铭传：台湾首任巡抚

中法战争，临危受命

刘铭传（1836—1896），字省三，自号大潜山人，因行六，且脸上有麻子，人称"刘六麻子"，安徽合肥人。清末淮军重要将领，洋务派代表人物，台湾省首任巡抚。

清光绪十年（1884年）6月23日，法国一支700人的队伍，强行进抵谅山北黎的观音桥，中法两国之间的战争一触即发，而主战场就在中国台湾。观音桥事变又称"北黎事件"，是中法战争第二阶段的起点。观音桥事变的第四天，清廷任命刘铭传督办台湾事务。这一天，法国政府也宣布建立中国海域舰队，任命孤拔为总司令。

接到朝廷任命时，刘铭传在肥西大潜山下的刘老圩子，已经隐居了13年。这13年间，国事日益衰败，外患日益严重，刘铭传常中夜彷徨，不得安眠。1884年7月16日，刘铭传抵达基隆，第二天即巡视要塞炮台，检查军事设施，增筑炮台，加强台北防务。他到达基隆的第15天，战争爆发；8月4日，法舰直逼基隆。经过多场鏖战，在刘铭传的带领下，中国军民英勇抵抗。到1885年3月，法国妄图侵占台湾的战争宣告失败。

光绪十一年（1885年），清廷命刘铭传为首任台湾省巡抚。刘铭传抚台六年间，修铁路，开煤矿，创电讯，办邮政，兴办航运，促进贸易，发展教育，台湾防务也日益巩固。台湾史家连横在《台湾通

合肥刘铭传故居

史》中称,刘铭传在台"倡淮旅,练洋操,议铁路,建台省,实创中国未有之奇","溯其功业,足与台湾不朽"。作为台湾首任巡抚,刘铭传在台湾开创了数个第一:第一个自办电报业、第一个新式邮政总局、第一条海底电缆、第一张查田丈单、第一所新式学校、第一个驻外招商局、第一份对外招商引资合同、第一条自管铁路、第一座也是当时亚洲最长铁路大桥"淡水大桥"。因此,他被称作"台湾近代化之父"。

刘铭传的诗文,亦有可观,如"英雄有抱负,举止自天真",充分表现了他忧心国家、以身报国的雄心壮志。翁同龢曾誉之为"武臣中之名士",信不谬言。

筑堡于大潜山北

19世纪中叶,太平军数次攻打庐州,清军自顾不暇,合肥西乡纷纷结寨自保。一时间群雄并起,遍地团练:张树声筑堡于周公山下股家畈,刘铭传筑堡于大潜山北,董凤高筑堡于大潜山南,唐定奎、唐殿魁兄弟筑堡于大潜山西南，周盛波、周盛传兄弟筑堡于紫蓬山北，解先亮、叶志超等筑堡于紫蓬山南，周世臣筑堡于紫蓬山东北。在方圆百里的范围内，形成了以周公、大潜、紫蓬"三山"为中心的团练圩堡群。这些人后来都追随李鸿章，成为淮军著名将领。

刘老圩子是同治七年（1868年）刘铭传回乡所建。1871年到1884年，刘铭传一直隐居在此，吴汝纶、马其昶、薛福成、陈宝琛等洋务派人士，都曾是这里的座上宾。这期间，刘铭传大量购置西方报刊译作，积极主张废科举、兴学堂。之后，中法战争爆发，刘铭传从这里走出，奉命渡海入台，谱写了他从赳赳武夫到封疆大吏、"足与台湾不朽"的人生传奇。

虽经过了100多年风雨浸染，但经过几次大规模的修整和扩建，现在的刘老圩子，圩外濠水环绕，圩内绿树葱茏，其中遍植的广玉兰，似乎在向世人诉说刘铭传的卓越功勋。

孙家鼐：首开京师大学堂

中国近代教育的开端

孙家鼐（1827—1909），字燮臣，自号澹静老人，安徽寿州（今寿县）人。清咸丰九年（1859年）状元，与翁同龢同为光绪帝师，累迁内阁学士，历任工部、吏部、礼部尚书。光绪二十六年（1900年），他被授予文渊阁大学士、学务大臣，身后谥"文正"。

光绪二十四年（1898年）7月3日，清政府总理各国事务衙门上报《奏筹办京师大学堂并拟学堂章程折》获批，同时，光绪皇帝任命时任吏部尚书、协办大学士孙家鼐为管理学务大臣。管学大臣既担负创建京师大学堂的重任，又兼负管理全国新式学堂的职责，因此孙家鼐既是京师大学堂第一任校长，也是中国第一位教育部部长。京师大学堂不仅是全国最高学府，也是全国最高教育行政机构。

甲午战争之后，中国危机重重。1897年德国强占胶州湾，俄国强占旅顺、大连，帝国主义列强瓜分中国的危机日甚一日。光绪皇帝不甘心做亡国之君，在康有为、梁启超等维新派人士的影响与支持下，决心变法图强。1898年（光绪二十四年）6月11日，光绪皇帝下《明定国是诏》，并亲临天安门，宣布实行变法维新。在这份仅有400多字的纲领性谕旨中，创建京师大学堂占了三分之一篇幅。

在设置大学堂课程时，孙家鼐把学科分为"天、地、道、政、文、武、农、工、商、医"十类，将农务、制造、测算之学，置于律例、

京师大学堂匾额

公法、商务的同等地位。也因此京师大学堂分设的十科,并不作中学西学之分,其中有六门学科涉及科学和技术,内容包括基础科目与应用技术,例如制造、格致(化学和物理)等学,就被列入"工学科"之中。这是中国近代教育的开端,有力地冲击和改变了传统的教育观念和人才标准。

为了更有效地推动新式教育,在1898年8月9日上呈的《奏筹办大学堂大概情形折》中,孙家鼐还推荐美国人丁韪良为西学总教习。他请求光绪皇帝赏给丁韪良二品顶戴。丁韪良1850年来到中国,先在宁波传教,由于熟谙汉语,善操方言,1865年被聘为同文馆教习。一个月后,孙家鼐又上奏请求在京师大学堂开设中西医学专业,也得到光绪皇帝的赞同。

孙家鼐兴办大学堂,既不完全仿照中式旧学堂,也不完全仿照西式学堂,而是将二者结合起来,分科立学,"以中学为主,西学为辅;

中学为体，西学为用"。在孙家鼐的苦心经营下，京师大学堂终于在1898年12月31日正式开学。

"戊戌维新"唯一保留的成果

1898年是中国农历戊戌年，这一年风云变幻，一日数惊，前路莫测。孙家鼐担任管学大臣，始自1898年7月3日，止于1899年7月17日，前后仅一年，却经历了"戊戌维新"和"戊戌政变"两个截然相反的大动荡。而孙家鼐能在瞬息万变、步步惊心的极度混乱中，把京师大学堂从无到有开办起来，并使京师大学堂成为"戊戌政变"后，"戊戌维新"唯一保留下来的成果。他的同僚和政治对手翁同龢说："孙燮臣沉潜好学，服膺王阳明之书，立志高远，凝厚而开张。"亲历晚清50年的英国人李提摩太说："孙家鼐是所有中国官员中最有教养、最具绅士风度的人之一。"京师大学堂能够成功开办，得益于孙家鼐立身君子的个人修为和低调内敛的行事风格。

由于在义和团运动中，京师大学堂和孙家鼐府第均屡遭破坏，相关史料荡然无存，学界对孙家鼐的历史贡献一直认识不足。其实，"戊戌政变"发生，后党把持朝政，新政多被废除，独京师大学堂赖孙家鼐之力得以保全。京师大学堂不仅是中国近代第一所国立综合性大学，还是中国现代高等教育兴起的标志。

1912年5月，京师大学堂改名为北京大学，严复任第一任校长。

段祺瑞：三造共和的"六不"总理

三造共和，收复外蒙

段祺瑞（1865—1936），原名启瑞，字芝泉，安徽合肥人。民国时期著名政治家，皖系军阀首领，中国现代化军队的第一任陆军总长和炮兵司令。曾四任总理、四任陆军总长、一任参谋总长、一任国家元首。段祺瑞在民国政坛上叱咤一时，号称"北洋之虎"。1936年11月2日，因宿疾复发，他在上海宏恩医院逝世。

在清末民初扑朔迷离的政治舞台上，段祺瑞曾逼迫清帝退位、抵制袁世凯称帝、讨伐张勋复辟，享"三造共和"之盛誉。

一造共和：1911年10月10日，武昌起义爆发，袁世凯急令段祺瑞为第一军统领兼湖广总督。段祺瑞因早年出国留学，接受了西方民主共和思想，知共和乃大势所趋，便接连电告清廷内阁、军咨府、陆军部，声言："共和思想已深入将士之心，将领颇有不可遏之势。压制则立即暴动，敷衍亦必全溃。"1912年1月26日，段祺瑞与46名将领联名，致电清廷内阁、军咨府、陆军部，一致要求"明降谕旨，宣示中外，立定共和政体。清廷如不速断，则江海尽失，势成坐亡"。2月5日，段祺瑞再率第一军全体将领致电清廷。2月12日，清帝退位。

二造共和：1915年，段祺瑞反对袁世凯称帝，因五次劝阻，三次被拒，两次遭避而不见，愤而辞职。袁世凯死后，段祺瑞推举黎元洪任大总统，恢复了国会和《中华民国临时约法》。

段祺瑞

三造共和：1917年2月16日，因对德宣战问题，府院发生激烈冲突，段祺瑞主张宣战，黎元洪反对，双方争执不下，段祺瑞去职。1917年7月1日，安徽督军张勋率"辫子军"入京，拥立溥仪复辟。段祺瑞立即在天津组织军队讨逆，自任总司令并举行马厂誓师，发出讨伐张勋的通电。7月12日，段祺瑞率军攻入北京，仅用了12天时间，就恢复共和，结束了"复辟"闹剧。

其时，中国国力衰微，军阀割据，而沙俄帝国虎视眈眈，通过各种政治、经济和军事渗透，扶植亲俄代理人，企图将外蒙从中国分离出去。为了保卫这180万平方公里北疆领土，1919年10月，段祺瑞派遣大将徐树铮率8000人马出击漠北。从出兵到外蒙撤销"自治"，仅用了22天，外蒙全境重新被置于北洋政府的管辖之下。此举沉重打击了沙俄的侵略企图，维护了中国领土主权的完整。

拒当傀儡，清廉自守

1933年1月，在北洋政府两度执政的段祺瑞突然移居上海，住进霞飞路（现淮海中路）1517号陈调元公馆，并在此度过了余生。1926年退出政坛后，段祺瑞长期寓居天津租界，为何于古稀之年，拖衰病之躯，千里迢迢南下上海呢？

1931年九一八事变后，日寇侵占东三省，觊觎华北，同时谋划成立傀儡政权。而日寇在京津的主要争取对象，就是段祺瑞。1932年底，日本关东军特务机关长土肥原，数次到津密晤段祺瑞，胁迫他出面组织华北傀儡政府。为拒绝日本人，段祺瑞举家迁居上海，公开表明自己不与日本人合作的政治态度。

段祺瑞一生，"不抽、不喝、不嫖、不赌、不贪、不占"，人称"六不"总理，这在贪腐成风的民国政坛上，实属罕见。段祺瑞死后，他的学生，也是他的主要政敌吴佩孚，亲自为他执绋致祭，挽曰：

天下无公，正未知几人称帝，几人称王，奠国著奇功，大好河山归再造；

时局至此，皆误在今日不和，明日不战，忧民成痼疾，中流砥柱失元勋。

段祺瑞具有非凡的组织才能，善用军事手段和政治手腕。在民国历史上，他曾六次主政，几上几下；数次组阁，几进几出，是北洋军阀中少有的铁腕人物。梁启超曾这样评价段祺瑞："其人短处固所不免，然不顾一身利害，为国家勇于负责，举国中恐无人能比。"

革命
GEMING

安徽具有悠久的革命传统。从新文化运动高擎思想启蒙的猎猎大旗,到1978年拉开农村家庭联产承包责任制的序幕;从翻天覆地的新民主主义革命进程,到波澜壮阔的社会主义建设事业,再到改革开放突飞猛进的发展,无数优秀江淮儿女为民族独立和人民解放,为国家强盛和人民富裕,前赴后继,顽强奋斗,为中华民族的伟大复兴贡献了举足轻重的安徽力量。

陈独秀：从倡导新文化运动到创建中国共产党

《新青年》拉开新文化运动序幕

陈独秀（1879—1942），字仲甫，谱名庆同，安徽怀宁人。他早年考取晚清秀才，1901年因从事反清宣传活动，遭清政府通缉，从安庆逃亡日本。1903年回国后，组织安徽爱国会，在芜湖创办《安徽俗话报》，组建反清秘密组织岳王会。1913年陈独秀作为安徽省都督府秘书长，参加孙中山领导的讨伐袁世凯的"二次革命"，失败后作为"要犯"遭到袁世凯爪牙倪嗣冲的通缉。他再次逃亡日本，协助章士钊创办启蒙刊物《甲寅》。

1915年6月，陈独秀从日本回到上海。由他主编和主撰的《青年杂志》（一年后更名《新青年》）于9月在上海创刊，拉开新文化运动的序幕。他在创刊号上推出《敬告青年》《法兰西人与近世文明》两篇重磅文章，宣传欧洲近代三大学术，即天赋人权论、进化论和社会主义，向僵化的中国封建正统文化发起"总攻击"。他认为，振兴和改造中国的重任，绝不可能依靠腐朽的封建传统，"惟属望于新鲜活泼之青年"。这在"二次革命"失败后死水微澜般的中国思想界，不啻投下激起千层浪的巨石。

如何做一个"新鲜活泼之青年"？在陈独秀看来，关键是要倡行"新道德"。他在《敬告青年》中提出作为"伦理的觉悟"的六条新道德，即："自主的而非奴隶的，进步的而非保守的，进取的而非退隐的，世界的而非锁国的，实利的而非虚文的，科学的而非想象的。"

《青年杂志》

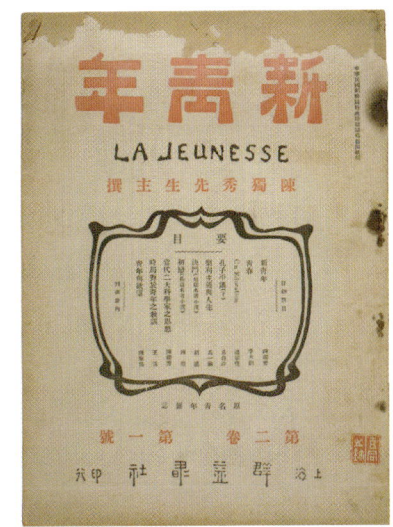
《新青年》

陈独秀以"睁眼看世界"的眼光,"重新估定一切价值",引进"青春活泼"的西方近代文明,对"老弱病残"的中国传统进行输血、抢救、调理和激活,渴望沉睡已久、遍体鳞伤的东方巨龙能够腾空而起。

陈独秀的崭露头角,仿佛夜空中跃出的一轮明月,使原来耀眼的许多星星黯然失色。曾经风靡一时的康有为、梁启超、严复、章太炎等人,在新思潮冲击传统道统,使中国知识分子安身立命的人伦礼教趋于土崩瓦解的新形势下,都畏首畏尾甚至却步后退了。康有为、梁启超成了保皇党,严复跻身筹安会,章太炎回归"国粹"。而陈独秀以敏锐的洞察力和大无畏的气魄,把明清以来时隐时现的近代化启蒙思想推向一个新的境界。他所倡导的"民主科学",是"继康有为大同学说、孙中山三民主义之后,又一高举起来的革新旗帜"。他堪称中国旧民主主义革命的断后大将,又是新民主主义革命的开路先锋。

移师北大获得更大发展

1916年12月26日,蔡元培作为辛亥革命元老、文教界领袖,被任命为北京大学校长。他曾留学法国,奉行"兼容并包,思想自由"的办学方针,认为"北大的整顿,自文科起",首在引进品学兼优的教研人才。他的一位老友将一叠《新青年》送上，推荐陈独秀为文科学长。蔡元培阅读陈独秀的一系列文章后，激动不已，遂决定聘请陈独秀。恰好此时陈独秀到北京办事，蔡元培前去旅馆拜访，诚邀他"共图大业"。陈独秀开始还犹豫，但蔡元培"差不多天天去看他"，并让他把《新青年》搬到北京来办，他终于被感动。

1917年1月13日，蔡元培宣布："本校文科学长夏锡祺已辞职，兹奉令派陈独秀为北京大学文科学长。"此时距蔡元培执掌北大不到一年，除陈独秀外，新文化运动一批大将如胡适、李大钊、鲁迅、周作人、钱玄同、刘半农、高一涵等亦先后入聘，北大立刻无可争议地成为新文化运动的大本营。《新青年》由此兵强马壮，并改为同仁杂志，由陈独秀总负责，编委会成员轮流编辑。在陈独秀的领导下，《新青年》对中国古代农业宗法社会所衍生出来的纲常名教和宗教迷信等，以西方现代启蒙思想进行最有力度的清算，推动中国传统社会的政治经济，尤其是思想文化向现代转型。

1919年1月，陈独秀发表《本志罪案之答辩书》，代表《新青年》同仁郑重宣布："要拥护那德先生（民主），便不得不反对孔教、礼法、贞节、旧伦理、旧政治；要拥护那赛先生（科学），便不得不反对旧艺术、旧宗教；要拥护德先生又要拥护赛先生，便不得不反对国粹和旧文学。"他说："若因为拥护这两位先生，一切政府的迫压、社会的攻击笑骂，就是断头流血，都不推辞。"这种勇猛精进、无私无畏的思想和精神，震惊了整个时代的青年。一时间，许多探究中国出路和人生意义的热血青年，都把《新青年》当作良师益友、指路明灯。

"南陈北李，相约建党"

作为五四新文化运动的旗手，陈独秀是马克思主义在中国的积极传播者，也是中国共产党的主要创始人之一。1919年初，中国外交在巴黎和会上的失败，使陈独秀对走西方启蒙之路产生挫败感。他开始研究马克思列宁主义和俄国十月革命，并希望借鉴十月革命经验，推动"我等学生、商人、劳工、军人等""直接行动，以图根本之改造"。他在《新青年》上撰文，直接承认"列宁的劳动专政"，主张

陈独秀

用"阶级战争"和"政治法律的强权"去打破资产阶级旧的政治体制。这一切都为他随后和李大钊相约建党,并在上海创建共产党组织奠定了思想基础。

1919年5月4日,五四运动爆发。6月9日,陈独秀起草《北京市民宣言》,请胡适作了英文翻译后,第二天即在社会各界密集散发。他要唤醒社会广大民众支持五四学生运动,在全社会掀起更大风潮。11日下午,陈独秀在散发《北京市民宣言》时被警察逮捕。经社会各界营救,由胡适担保,陈独秀被关押96天后,于9月16日被保释出狱。

4个月后,胡适推荐陈独秀前往武昌文华大学作学术演讲。1920年2月5日,湖北报纸对陈独秀的演讲作了报道,北京警察得知陈独秀违反保释条例擅自离开北京,准备对他重新监禁。陈独秀9日早上刚回北京,得知消息,赶到胡适家商议,决定离开北京,前往上海。两人合计,请对京津一带路况较熟悉的李大钊护送。第二天,李大钊赶着一辆骡车,扮成伙计;陈独秀抱着几本账册,扮成年关收账者,从朝阳门出走天津。

据高一涵回忆,陈独秀与李大钊在路上从马克思主义谈到俄国革命,再谈到在中国创建马克思主义政党。李大钊提出名称就叫"共产党"。1920年2月19日,陈独秀到达上海,李大钊返回北京。"南陈北李,相约建党"由此拉开大幕。

1920年5月,陈独秀在上海发起组织马克思主义研究会;8月,成立中国第一个共产党早期组织——上海共产党发起组,联络和指导各地共产主义小组进行建党活动;11月,共产党发起组拟定《中国共产党宣言》,建党筹备工作紧锣密鼓地展开。

1921年7月,中国共产党第一次全国代表大会在上海召开,陈独秀因故没有出席大会。因为在建党过程中作出的突出贡献和在新文化运动中产生的巨大影响,他仍被选为中央局书记。从中共一大到五大,陈独秀先后担任中央局书记、中央执行委员会委员长、中央局委员、中央总书记等职务,是中国共产党早期主要领导人。在陈独秀和中国共产党的推动下,第一次国共合作正式建立,随即掀起声势浩大的反帝反封建革命运动。

伴随革命运动的深入开展,陈独秀受到共产国际的影响,在指导思想上产生右倾错误,放弃对农民、城市小资产阶级和民族资产阶级的领导,尤其是放弃对武装力量的领导权。这导致蒋介石发动四一二反革命政变时,党组织猝不及防,革命力量遭受重大损失。

1927年8月,党的八七会议进行中央政治局改组,陈独秀离开中央领导岗位。他晚年虽遭受国民党政府逮捕,但出狱后仍积极参加抗日活动,在生活困顿情况下拒绝国民党政府的资助,表现出难得的气节和风骨。

古老的中国迈入20世纪,经历一段风云激荡、艰苦卓绝的岁月,也是中华民族从封建社会走向现代国家的时代。陈独秀领导波澜壮阔的五四运动,开天辟地地创建中国共产党,不仅被人们誉为五四新文化运动的精神领袖、五四运动的"总司令",还成为党的早期领袖。他的两个儿子陈延年、陈乔年,也展现出为真理宁折不屈的英雄气概,积极参加革命活动,为中华民族解放事业献出年轻的生命。他们的历史功绩永远值得人们崇敬和怀念。

王步文：中共安徽省委首任书记

○ 革命

创立安徽党团组织

1931年4月6日，中共安徽省委第一任书记王步文，因叛徒出卖而不幸被捕。面对敌人的威逼利诱和严刑拷打，他坚贞不屈。王步文就义时从容不迫，慷慨激昂地对难友说："共产党员是杀不完的，让我的鲜血去浇灌自由之花吧。"王步文牺牲后，有人写下挽联："是革命家，是教育家，怀如此奇才，生而无愧；为革命死，为大众死，仗这般大义，死又何妨！"这充分展现了共产党人的英勇气概和大义情怀。

王步文（1898—1931），字伟模，曾化名朱华、王华、王自平等，安徽岳西人。1918年，他以优异成绩考入省立安庆六邑中学。次年，五四运动爆发，他和周新民等人积极开展声援活动，联络3000多名学生参加示威游行，被选为安徽省学生联合会副会长，成为安徽早期学生运动领导人之一。

1920年8月，共产党早期组织在上海成立后，向全国各地学生组织分发社会主义青年团章程，要求各地建立青年团组织。1921年春，蔡晓舟、刘著良、方乐周、许继慎、舒传贤、王步文等人，在怀宁学宫义务小学召开会议，讨论建立安徽社会主义青年团；4月，以上诸人加上新发展的团员，在安庆菱湖公园召开会议，再次讨论安徽省社会主义青年团成立事宜；10月，正式成立安徽社会主义青年团。1922年5月5日，中国社会主义青年团在广州成立，全国有17个地方建立青年团组织，安徽是其中之一。

岳西王步文雕像

1923年春，柯庆施受陈独秀委派来安庆建立中共组织。当年10月，王步文加入中国共产党。同年冬，柯庆施、王步文等人在安庆北门万安局一号濮家老屋召开会议，成立安徽城市的第一个党支部——中共安庆支部。王步文负责组织工作，不久后遭地方当局通缉。他潜入上海并进入上海大学社会系学习，1925年6月赴日本留学，任中共东京特别支部委员。

1927年春，王步文奉命回到上海，任上海总工会青年部部长，参加上海工人第三次武装起义，随后返回安徽。5月，在陈延年的推动下，中央批准成立中共安徽省临时委员会，柯庆施任书记，王步文等6人为委员。8月，中共安徽省临时委员会在芜湖建立机关，决定设立常委会，柯庆施、王步文、王心葵3人担任常委，王步文负责组织工作，兼怀宁中心县委书记。

指导六霍起义

中共安徽省临时委员会成立后，王步文负责领导安庆、桐城、庐江、潜山、太湖、宿松、望江等地党的活动和革命斗争。1929年3月至9月，他担任党中央巡视员，只身到桐城、庐江、六安等地巡视工作。在他的指导下，党组织得到迅速发展。仅桐城就成立了2个区委、

9个特支、11个支部，党员发展到162人。7月下旬，王步文出席并指导了当时的六安县第三次党代表大会，研究组织农民起义问题，决定成立六霍起义总指挥部，舒传贤任总指挥。这次会议，为著名的皖西六霍起义作了积极的组织和思想准备。11月，六霍起义爆发，点燃了皖西工农武装起义的星星之火，初步建成以金家寨为中心的皖西苏区。

中共安徽省临时委员会领导安徽人民，积极贯彻八七会议精神，恢复党的组织，开展群众运动，组织武装起义，为安徽土地革命高潮的到来奠定了重要基础。

最后的心愿

1931年2月15日，中央批准成立中共安徽省委。书记候选人原为方英，因方英未到职，王步文代理省委书记兼宣传委员。3月，正式担任中共安徽省委第一任书记。

4月16日，王步文在芜湖柳春园主持中共安徽省委工作会议，因叛徒何冰心、张照明出卖而被捕，随后被押往安庆饮马塘监狱关押。国民党安徽省主席陈调元亲自出面，对王步文许以高官厚禄企图收买，被严词拒绝后，继以种种酷刑折磨，但王步文始终坚贞不屈。1931年5月31日清晨，王步文在安庆集贤门外英勇就义，年仅33岁。

临刑前，他给妻子和父亲各写了一封信。给妻子方启坤（化名复苏）的信中说："复苏爱妻：我为革命而死了，你不要悲哀，不要难过。应抚养爱生，以继予志。我的财产由你承继。"给父亲的信说："父亲：我为革命死了，你媳复苏应承继我的一切财产权，使她教养爱生，以继予志。"

王步文在两信中都强调财产权，隐藏着一个心愿。此时，他编写的《社会运动辞典》已经出版，稿费也已由出版社支付。妻子方启坤去监狱探望他，他一字一顿地对妻子说："当用则用，家里少用，特别要帮助穷苦兄弟解决困难。"外人听来，就是普通的交代，但方启坤一听就明白，所说"当"，其实是指"党"，就是要把稿费交给党用，用它来救助受难同志。这是他最后的心愿！

只有一个真正的革命者才有这般豪迈大义的情怀！

王稼祥：中共早期卓越领导人

遵义会议上的"关键一票"

群山环抱、溪水潺潺的宣城市泾县桃花潭镇厚岸村，村口有一排简洁而大气的粉墙黛瓦式民居建筑，这就是中国共产党早期卓越领导人王稼祥的故居。建筑前有一纪念广场，古松翠柏和鲜花草坪环绕中竖立着王稼祥半身铜像。在风景如画的芜湖市第十一中学内，坐落着王稼祥纪念馆，里面陈列着大量照片、遗物和书籍，展示着王稼祥对中国革命和建设的重大历史贡献。

王稼祥（1906—1974），原名嘉祥，安徽泾县人。1924年他以优异成绩考入芜湖圣雅各中学（今芜湖市第十一中学），因多次领导同学开展反帝爱国运动，被学校除名。1925年冬，他在党组织安排下去苏联莫斯科中山大学学习，1928年2月加入中国共产党。1930年3月，他回到上海，任中共中央宣传部干事。1931年1月，王稼祥任中央党报委员会秘书长，兼任《红旗》《实话》报刊总编辑。

1931年4月，王稼祥作为中共中央代表，被派往江西中央苏区工作，不久任中国工农红军总政治部主任、中央革命军事委员会副主席。他参与领导中央苏区第二、三、四次反"围剿"斗争，1933年4月在第四次反"围剿"战争中负重伤。他与毛泽东、周恩来、朱德并称"中国工农红军的四大领袖"。1934年1月，在中共六届五中全会上被增选为中央委员、中央政治局候补委员。

王稼祥

1934年10月,王稼祥躺在担架上随军参加长征。途中他和已被"赋闲"的毛泽东交谈,认识到党内"左"倾路线导致红军第五次反"围剿"失利,以及踏上长征之路的被动局面。湘江战役后,红军由开始的8万多人锐减到3万多人。红军的前途何在?是继续寻求与红二、六军团会合,直接往蒋介石布置好的铁桶包围圈里钻,还是改变原计划,向敌军力量相对薄弱的贵州地区进发?王稼祥意识到,前者将有全军覆灭的危险,只有选择后者才有出路。为此,他提议召开一次会议,慎重讨论红军何去何从。

1935年1月,改变中国命运的遵义会议召开。王稼祥忍着伤痛参会,旗帜鲜明地表示,第五次反"围剿"失败是因为军事上犯了严重错误。他坚定站在毛泽东一边,提议把毛泽东同志增补为中央政治局常委,以便扭转错误路线,更好地发挥他的领导作用。

伍修权后来回忆说:"客观地讲,促成遵义会议的召开,起第一位作用的是王稼祥同志。"毛泽东后来也高度评价王稼祥对遵义会议的贡献:"他是从教条宗派中第一个站出来支持我的,他在遵义会议上投了'关键的一票'。"

首倡学习"鲁迅精神"

到达延安后,由于工作繁忙,王稼祥旧伤复发,且引发腹膜炎。经全力抢救病势稍缓后,中央决定送他去苏联治疗。他于1936年12月离开延安,1937年6月18日在宋庆龄帮助下,搭乘前往苏联的轮船。临走的前两天,就抗日民族统一战线的政策问题,他提笔给中央写了一封建议信。

王稼祥提出,在工作方式、工作作风等问题上,应该学习鲁迅先生的精神:"鲁迅在其作品中所揭发的中国知识分子的弱点及他所号召的斗争精神是值得我们看重与学习的。中国知识分子因过去士大夫阶级的遗传,爱门面,夸大,在斗争中虚张声势,拳头无力,对于思想的坚持性及殉难精神缺乏,因此鲁迅要求'韧'、'打落水狗'、'壕堑战'与'一口啮着不放'等等。我想这些知识分子的弱点对于我们不是完全没有影响,鲁迅的斗争精神与方法值得我们应用到政治斗争中来。回想在立三路线及其以后的时代,惯于把力量与胜利说大些,在斗争中,喊声洪大,外表堂皇,而在实际上留着一个大漏洞给敌人来利用。埋头苦干、实事求是的精神缺乏,这给予我们多大的损害。"

王稼祥强调学习"鲁迅精神"的必要性,既抓住鲁迅思想的精髓,又切中当时革命干部队伍和许多工作方面存在的精神弊端。1940年1月9日,毛泽东在陕甘宁边区文化协会第一次代表大会上作《新民主主义论》的长篇讲演,提出"鲁迅的骨头是最硬的,他没有丝毫的奴颜和媚骨"等论断,这显然与王稼祥的观点有直接联系。

首提"毛泽东思想"

王稼祥还是正式提出"毛泽东思想"这一科学概念的第一人。

1943年6月下旬,延安整风运动正深入开展。一天下午,毛泽东来到枣园王稼祥住处。坐下寒暄后,毛泽东说:"党成立22周年纪念日快到了,是不是请你抽空儿写一篇纪念性的文章?""是,我完全可以写一篇。"王稼祥说,"纪念党成立22周年,又正值抗战6周年。我们在各方面都取得了巨大的成绩,这不是轻而易举取得的,是马列主义与中国具体情况相结合的结果。"

听到王稼祥的回答，毛泽东说："我看可以从总结经验教训这个方面作为文章的中心内容，党的历史是一部不平坦的斗争历史，针对世界局势、全中国的局势，可以抓住几个问题来谈。你以前和我交换过的那些意见，我看都可以写进去。"

据当时的警卫员张志回忆，王稼祥接受了毛泽东建议后，就开始忙着翻阅书刊，查找资料。那段时间他差不多每晚都要工作到凌晨两三点，有时直到天大亮才休息。那时延安生活条件很艰苦，一盏小油灯忽明忽暗，时间一长，窑洞里烟雾弥漫。虽然伤口在苏联得到了较好治疗，但伤痛仍隐隐发作，王稼祥经常一边捂着肚子上的伤口，一边伏案疾书。

一周过后，王稼祥将稿子送给毛泽东审阅。第二天，1943年7月8日，王稼祥为纪念建党22周年所作的《中国共产党与中国民族解放的道路》一文在《解放日报》上发表。

"中国民族解放整个过程中——过去、现在与未来——的正确道路就是毛泽东同志的思想，就是毛泽东同志在其著作中与实践中所指出的道路。毛泽东思想就是中国的马克思列宁主义，中国的布尔什维主义，中国的共产主义。""中国共产主义，毛泽东思想，便是马克思列宁主义与中国革命运动实际经验相结合的结果。"

王稼祥在文章中，首次提出"毛泽东思想"概念，概括了毛泽东思想的形成过程及其对中国革命的指导作用，奠定了党对指导思想的表述方式，可谓功莫大焉。

开辟大别山革命根据地

皖西三大起义

一寸山河一寸血,一抔热土一抔魂。在艰苦卓绝的革命战争年代,安徽人民奋不顾身,英勇战斗,尤其是以"红军故乡,将军摇篮"闻名的金寨及皖西的儿女,以大无畏的英雄气概和牺牲精神,参与开辟鄂豫皖革命根据地,创造"二十八年红旗不倒"的奇迹,为中国革命事业立下彪炳史册的丰功伟绩。

1927年大革命失败后,面对国民党反动派的残暴屠杀,共产党人没有被吓倒。中国共产党在农村发动武装起义,开展土地革命,成功走出了一条建立农村根据地、以农村包围城市的革命道路。

安徽民众在党组织的领导下,从1927年底至1930年冬,共举行几十次大大小小的武装起义,实行土地革命,建立苏维埃政权。其中最著名的就是发生在皖西南的立夏节起义、六霍起义和请水寨起义。

立夏节起义发生在1929年5月6日。金寨县南溪镇丁家埠村(当时属河南省商城县管辖)有庆祝立夏节的习俗,中共秘密党员周维炯于这天傍晚大摆宴席,将当地民团团丁灌醉后举行武装起义。随后,周边各乡村起义队伍纷纷行动起来。各起义队伍于5月9日会集斑竹园,宣布成立中国工农红军第十一军第三十二师。

六霍起义发生在1929年11月8日。这天,六安县独山镇(今属六安市裕安区)数千农民手持大刀长矛,在中共六安中心县委的领导

六安大别山革命历史纪念馆

下,从四面八方包围民团驻地马氏祠堂。接着,西河口、龙门冲,以及霍山燕子河、长山冲、漫水河等地农民也揭竿而起。中共六安中心县委将六霍起义队伍整编为安徽红军第一、第二游击纵队。1930年1月20日,两个纵队改编为中国工农红军第十一军第三十三师。

请水寨起义发生在1930年2月4日。为打击地方反动派的嚣张气焰,中共潜山县委决定这天在后北乡请水寨(今属岳西县)举行农民武装起义,并将农民协会武装整编为红军潜山独立师,后改编为中国工农红军第十一军第三十四师。

皖西革命形势大好,中共中央决定派许继慎回到家乡六安,于1930年6月组建中国工农红军第一军,统领大别山区的各路起义武装,许继慎任军长。与此同时,中央决定建立鄂豫皖边特委,创建鄂豫皖革命根据地。

八月桂花遍地开

立夏节起义成功后,各地纷纷建立苏维埃政府。但在庆祝大会上,大家都只会唱《国际歌》,十分希望有一首自己的歌来表达胜利的喜悦。1929年的农历八月,红三十二师党委书记李梯云、政治部主任漆禹源等人，找到金寨县果子园乡佛堂坳模范小学校长、共产党员、擅长写诗作歌的罗银青，请他编写一首歌曲。

立夏节起义后，人民群众拥护自己的政权、纷纷参军保卫根据地的情景，一幕幕呈现在罗银青眼前。此时正是桂花盛开的季节。一个旋律突然哼出嘴边，一首曲词突然跃进脑海。这个旋律就是当地民歌"八段锦"，这首曲词就是至今仍在传唱的《八月桂花遍地开》（原名叫《庆祝成立工农民主政府》）。

在斑竹园长岭岗举行的第一区苏维埃政府成立大会上，《八月桂花遍地开》配舞首唱十分成功，受到热烈追捧。欢快的旋律是根据地人民在土地革命后心情舒畅的反映，也体现了人民对红色政权的衷心拥护。这支歌曲不仅在鄂豫皖根据地流传，后来还在全国各个革命根据地传唱，并成为今天的红色经典。

《八月桂花遍地开》的诞生，表明革命根据地既抓革命武装斗争，也抓革命文化建设，并注重用革命文化来激励人民。

辉煌的苏家埠战役

国民党对工农红军蓬勃发展的态势十分恐惧，在重兵"围剿"中央苏区的同时，也对鄂豫皖根据地展开疯狂的"围剿"。红军在接连粉碎国民党军队第一、第二次"围剿"之后，红四方面军面对来势汹汹的第三次"围剿"，精准谋划，出奇制胜，打出了红军作战史上围点打援的经典战例——苏家埠大捷。

1932年3月，国民党派重兵在六安与霍山之间，以苏家埠、青山店、韩摆渡等集镇为据点，沿淠河东岸经苏家埠至霍山构筑防御阵地，形成一字长蛇阵，以阻止红军向东发展。苏家埠处于正中间，因而成为长蛇阵的枢纽。

国民党军构筑了坚固的防御工事，几个集镇也都寨墙高筑、壕沟阻挡，易守难攻。红四方面军总指挥徐向前等经过反复研究，决定采取围点打援的战术。3月21日晚，红军悄然渡过淠河，将敌军6个团分割包围在3个据点。31日，国民党军第四十六师从六安城前来救援，在平岗头、樊通桥一带，遭到预先埋伏的红军部队的痛击，被消灭一个团。红军借此扩大战果，攻克青山店。

经此一战，六安、霍山两地敌军再也不敢出动。4月下旬，据点内的敌人已被红军围困一个多月，粮草将尽，军心日渐不稳。在红军政治攻势面前，许多士兵开始趁黑夜携枪投诚。针对这种形势，徐向前等红军领导人判断，如果敌军此时增援，最有可能的是合肥之敌，路线肯定是从东面戚家桥一线过来。于是，红军主力部队在陡拔河两岸准备伏击。

果然，蒋介石任命国民党军第七师代师长厉式鼎为皖西"剿共"总指挥，率领15个团2万余人，从合肥赶来解围。

5月2日拂晓，敌军进入伏击圈，红军予以猛烈攻击。战至下午5时，2万多名敌人援军全部被歼，厉式鼎被活捉。敌人在内无粮草、外无救兵、突围无望的情况下，只好于8日选择缴械投降。

苏家埠战役历时48天，歼灭国民党军32000多人，俘虏总指挥1人、旅长5人、团长12人、团以下官兵18000多人，缴获长短枪15000多支、机枪250挺、各种炮44门、电台5部，击落敌机1架。苏家埠战役历时之长、战法之精、收获之丰、影响之大，都是空前的，因而成为工农红军战史上围点打援的经典战例。此战不仅彻底粉碎了国民党军对鄂豫皖苏区的第三次"围剿"，也为鄂豫皖根据地蓬勃发展创造了有利条件。

震惊中外的"皖南事变"

新四军的由来和战绩

"千古奇冤,江南一叶;同室操戈,相煎何急!"这是 1941 年 1 月 18 日重庆《新华日报》发表的周恩来亲笔题诗,与该诗同时发表的还有他以无比悲愤的心情写下的"为江南死国难者志哀"的题词。周恩来的题诗和题词,是对国民党顽固派掀起又一次反共高潮的愤慨和谴责,也是对震惊中外的"皖南事变"中死难烈士的痛惜和哀悼。

1936 年 12 月,"西安事变"和平解决,国民党与共产党再度合作,团结抗日。这拉开了红军游击队改编而创建新四军的序幕。

从 1937 年 2 月开始,中共代表团与国民党政府在西安、杭州、庐山、南京等地,就两党关系和工农红军及游击队改编等问题进行多次谈判。1937 年 8 月 1 日,中共中央发出《关于南方各游击区域工作的指示》,提出红军游击队在保存和巩固革命武装,保证党对武装的绝对领导的原则下,可以与国民党当地政府谈判,改变番号,取得合法地位。经过多次商谈,国共双方达成一致,将南方八省的红军游击队整编为一个军,即国民革命军陆军新编第四军,简称"新四军"。1937 年 10 月 12 日,国民政府军事委员会正式颁布新编第四军的番号,军长由北伐名将叶挺担任。

新四军的成立,标志着皖、浙、苏、湘、鄂、赣、闽、粤等南方各游击队的斗争转入抗日救国战争的新阶段。1938 年初,新四军的军部机关先落脚歙县岩寺,后移驻太平县麻村,再移驻南陵县土塘

泾县新四军军部旧址

村，于 1938 年 7 月进驻泾县云岭村。八省红军游击队会聚成新四军，各支队分别在大江南北开展敌后抗战，摧毁敌伪组织，历经大小战斗千余次，歼敌 10 余万人，成为一支坚强有力的抗日武装。全国各地许多抗日志士和大批江淮儿女奔赴云岭，时有"北投延安，南投云岭"之民谚。

1940 年 10 月 4 日，日军调集第十五师团、第一一六师团等共 1 万多人，对新四军皖南部队进行历时一周的大"扫荡"。新四军皖南部队在叶挺军长指挥下，在驻皖国民党军队的协助下，发起保卫云岭的左坑争夺战、枫坑口阻击战、泾县城争夺战等数十次战斗，击毙击伤日军近 3000 人，日军被迫撤离。新四军的勇猛抗击，打击了日寇的嚣张气焰，谱写了江淮大地义薄云天的抗战史。

新四军驰骋江淮大地，始终把人民的利益放在第一位，视百姓如父母，爱人民如手足。新四军严守纪律，秋毫无犯，千方百计帮助老百姓春耕秋收，并送医送药、兴修水利、救荒赈灾、剿匪反霸等，与老百姓同甘共苦，生死与共，有盐同咸，无盐同淡；江淮儿女衷心拥护、全力支持新四军，为他们立下"德政碑"，祈祷新四军多打胜仗。"吃菜要吃白菜心，当兵要当新四军"，出现了许多父送子、妻送郎、兄弟争相上战场的感人场面。毛泽东曾说，新四军"成了华中人民的长城，成了华中人民血肉不可分离的一部分。要把它消灭，要把它赶走，日本人办不到，任何什么反动派也是办不到的"。

萁豆相煎，亲痛仇快

作为中国共产党领导下的抗日队伍，由南方八省红军游击队集中改编的新四军，自1938年初组建后迅速发展。到1940年末，新四军兵力比原来增长13倍，且作战英勇，缴获甚多，兵强马壮，威震四方。

新四军的迅速壮大增强了抗日力量，却成了蒋介石的心头之患。1940年10月19日，他指使何应钦、白崇禧以国民政府军事委员会正、副参谋总长的名义，向八路军总司令朱德、副总司令彭德怀和新四军军长叶挺发出"皓电"，污蔑八路军、新四军"不守战区范围自由行动""不遵编制数量自由扩充""不服从中央命令破坏行政系统""不打敌人专事并吞友军"等，限令黄河以南的八路军、新四军由50万人缩编为10万人，于一个月内全部开赴黄河以北地区。

对国民党顽固派发动的新的反共高潮，中共中央坚持"表面和缓，实际抵抗，有软有硬，针锋相对"的方针，要求长江以北的部队暂时免调不动，皖南部队作出让步、逐步北移。11月9日，中共中央以朱德、彭德怀、叶挺、项英的名义复电，驳斥国民党的反共污蔑和无理要求，同时表示为顾全大局、坚持团结抗日，新四军驻皖南部队将开赴长江以北。

12月8日，何应钦、白崇禧再电朱德、彭德怀、叶挺、项英，宣布调防是军令，必须执行，黄河以南八路军和新四军必须迅疾全部开赴黄河以北。12月10日，蒋介石又在国民党内秘密下达《剿灭黄河以南匪军作战计划》和《解决江南新四军方案》，密令第三战区司令长官顾祝同、第三十二集团军总司令上官云相等调兵"围剿"北迁的新四军。

1941年1月4日，奉命北移的新四军军部及其所属皖南部队9000余人，从泾县云岭驻地出发前往长江以北。6日，部队途经泾县茂林地区时，突遭国民党军7个师8万余人的包围袭击。新四军各部奋战7个昼夜，终因弹尽粮绝，寡不敌众，除2000余人冲出重围外，大部分壮烈牺牲或被俘。军长叶挺在同国民党谈判时被扣押，政治部主任袁国平身负重伤自杀而亡，副军长项英突围后被叛徒杀害。

蒋介石一手制造震惊中外的皖南事变后，竟以国民党军事委员会的名义于1月17日发布"通令"和"谈话"，反污新四军为"叛军"，宣布撤销其番号。如此黑白颠倒地确定皖南事变的性质，不仅把一场发生在皖南的军事冲突，演变为国共两党合作抗日即将破裂的政治问题，引起国内外舆论的广泛关注。

1月20日，毛泽东以中共中央军委发言人的名义发表谈话，揭露国民党当局的反共阴谋，抗议其作出让亲者痛、仇者快的袭击新四军的罪行，要求国民党取消1月17日的反共命令，严惩祸首，释放叶挺，废止国民党一党专政，实行民主。周恩来也领导中共中央南方局通过召开座谈会、发表题诗题词、散发传单等方式，向社会各界公开皖南事变的真相，揭露国民党顽固派的反共真面目。

随着皖南事变真相的不断被披露，国民党顽固派的反共暴行遭到国内外舆论的强烈谴责，其政治形象和影响力受到贬损。与之相反，事变后的共产党获得国内外舆论的广泛支持，政治形象和影响力也明显提升。

同时，中共中央军委发布重新组建新四军军部的命令，任命陈毅为代理军长，刘少奇为政治委员，张云逸为副军长，赖传珠为参谋长，邓子恢为政治部主任。1941年1月25日，新的新四军军部在苏北盐城成立，随即将全军9万余人整编为7个师和1个独立旅，继续在大江南北坚持抗战。

江淮儿女对解放战争的贡献

小车推出淮海战役的胜利

从 1948 年秋开始,解放战争进入战略决战阶段。11 月 6 日,淮海战役打响,1949 年 1 月 10 日结束,经过 66 天的浴血奋战,中国人民解放军在徐州碾庄全歼国民党黄百韬兵团,在淮北双堆集全歼国民党军黄维兵团,在豫皖边区全歼杜聿明兵团,取得战役的胜利。

当时,人民解放军华东野战军、中原野战军以及部分地方武装共 60 万人,以徐州为中心,在东自江苏海州、西至河南商丘、北起山东临城、南达淮河的广大地区,发起规模空前的淮海战役。而国民党政府也以徐州为中心集结大量兵力,原苏皖"剿总"总司令刘峙所部,加上从华中赶来增援的黄维兵团共 80 万人,部署于津浦铁路临城段和蚌埠段,以及陇海铁路海州段和郑州段,企图以重兵防守的办法,阻止解放军南下,以达到控制徐州、巩固江淮、屏障南京、挽回败局的目的。

然而,解放军硬是以 60 万人,战胜国民党军 80 万人。

淮海战役总前委委员陈毅后来向苏联驻华大使尤金解释说,从数字上看确实如此,但我们 60 万后面有几百万人民的直接支援,"淮海战役的胜利,是人民群众用小车推出来的"。

事实确实如此。在淮海战役中,江淮和苏鲁豫地区,出动民工 160 万人,担架 12.5 万副,筹集粮食 2.1 亿斤,柴草 5.3 亿斤。在

萧县淮海战役总前委旧址

刚解放的宿萧地区，虽仅有人口 21 万，但在短短 20 天中，就筹集面粉 25 万斤、杂粮 15 万斤、柴草 50 万斤、棺木 1000 口，出动担架 2600 副、大小车 2500 辆、牲口 1500 多头，10 人中就有 1 人上了前线。

国民党军第十八军军长杨伯涛被俘后，在被押往后方的路上，他看到沿途车水马龙熙熙攘攘，一辆辆大车满载猪肉。想到前不久他们经过这儿时，门户紧闭、村镇寂静，连一头猪也没看到，他惊讶得仿佛到了另一个世界，感慨地说："（国民党军）失败，非战之罪，是因为反共反人民，在人民群众的大海里淹没了。"

小船划出渡江战役的大捷

淮海战役胜利结束，即将彻底失败的蒋介石寄希望于长江防线，妄图倚仗长江天险划江而治。国民党军撤往江南时，搜尽沿江所能找到的船只，除毁坏者外，全部挟持到江南。

解放军要打过长江去，解放全中国，必须要有足够的渡船，必须要有足够的船工运送大军。刚刚获得解放的江北各地老百姓站了出来。据安徽沿江各县不完全统计，渡江战役打响时，解放军征集到的船只和船工分别是：含山县 110 多条，1002 人；无为县 5000 多条，2000 多人；枞阳县 1956 条，近 3000 人；怀宁县 1073 条，2416 人；望江县1030条，3030人；宿松县1077条，2001人。刚解放不久的皖北地区也支援了1万条船只。

运送解放军渡江作战，每条船都需要两到三名船工。他们常常比船上的战士要冒更大的生命危险，因为在掌舵、划桨、撑篙、升帆过程中，都需要直立在船上，因而更容易遭到枪弹的攻击。然而，英勇的江淮儿女奋不顾身、勇敢向前，在渡江战役船工中涌现了许多可歌可泣的英雄事迹。

1949年4月20日午夜，渡江作战最先在无为县发起。仅无为县就涌现了特等渡江英雄车胜科、胡业奎，特等渡江功臣王德金，一等功臣马毛姐等296人，二等功臣429人，三等功臣937人，四等功臣499人。渡江战役全线展开，西线李家三口的英雄事迹至今仍广为传诵。

21日23时，由秦基伟率领的第十五军在望江县司阁村的华阳河入江口，开始大兵团渡江。运送第四十四师突击队渡江的一家三口，李恒高是哥哥，李启高是弟弟，李全开是李恒高的儿子。三人冒着枪林弹雨前仆后继为渡江战士驾船，全部壮烈牺牲。年仅16岁的李全开在被一颗子弹打中腹部后，一面抓住船舵，一面向邻船的船工喊道："精华叔叔，我不行了，带上我的船前进，把那面红旗插到对岸山顶上，一定，一定。"直到刘精华的船从后面顶着他的船前进时，他才松开握舵的手，倒在父亲和叔叔的遗体旁。他们一家三口倒下了，但他们用生命运送的解放军战士，将"打过长江去"的红旗插上了对岸的香山顶。如今，这面旗帜和插旗的照片都陈列在国家博物馆，展示着中华儿女英勇无畏的革命精神。

刘伯承曾概括解放战争胜利的原因："我们所依靠的是人民，蒋介石所依靠的是碉堡"，这是"全部人民解放战争胜利的关键"。2020年8月22日，习近平总书记考察位于合肥的渡江战役纪念馆时指出："淮海战役的胜利是老百姓用小推车推出来的，渡江战役的胜利是老百姓用小船划出来的。"

从治理淮河到淠史杭工程

把利国利民的好事做好

淮河古称淮水，与长江、黄河、济水并称"四渎"，是中国主要大江大河之一。淮河发源于河南桐柏山区，中段经安徽北部流入江苏洪泽湖，在安徽境内长达430公里、流域面积6.7万平方公里。淮河两岸是我国重要的粮食生产基地和煤炭能源生产基地，也是京沪和京九铁路等交通大动脉的必经之地。历史上，淮河年久失修，洪涝灾害频发，给两岸人民的生命财产带来巨大损失。

中华人民共和国成立后，中央人民政府于1950年10月14日发布《关于治理淮河的决定》，随后毛泽东主席又发出"一定要把淮河修好"的号召。皖北人民以极大政治热情和冲天革命干劲，投入声势浩大的治淮工程中。

为治理好淮河，从1952年至1959年，在革命老区金寨、霍山两县境内，相继修建佛子岭、梅山、响洪甸和磨子潭四大水库。佛子岭水库是亚洲第一座钢筋混凝土连拱坝大型水库，其他三个水库也是调控淮河水流量的重要水库，整个工程总库容为57.4亿立方米。1958年，淠史杭工程开工建设，充分利用治理淮河的成果，建设跨长江、淮河流域的特大型灌区，实现水资源综合利用。千百年来肆虐的大别山洪水，由此开始听从调度，由为害人民变成为人民造福。

当时，江淮分水岭地区因为特殊的地理环境，夏秋时节容易形成

霍山佛子岭水库

旱涝同时发生的现象。"洼地洪水滚滚流,岗上滴水贵如油;一方盼水水不来,一方恨水水不走。"四大水库修建后,由于众多水源被截流,许多河流下游出现断流现象,许多岗地夏季出现干旱。仅1958年,六安地区作物受旱面积就达419.86万亩,其中45.46万亩作物颗粒无收。

所以,必须完善四大水库水利配套建设,防御皖西地区旱涝灾害。1958年,中共六安地委毅然决定动工兴建淠史杭总灌区:利用四大水库以及杭埠河上游的龙河口水库作为灌区的源头,在淠河和史河分别兴建横排头和红石嘴两座引水枢纽,开挖淠河总干渠和史河总干渠,在龙河口水库下游杭埠河开挖庐舒干渠和杭北干渠。

建成后的淠史杭灌区的水渠总长1000多公里,有效灌溉面积达到1100多万亩,保障了沿线地区人民的饮水安全和经济社会发展的用水需求,成为新中国著名的大型灌区之一,被人们称赞为"中国水利建设史上的一颗光辉灿烂的明珠"。

时任中共六安地委书记杜维佑后来深情地写道:"几十万民工自

带着口粮、蔬菜,用手推车、拉车、木船、竹筏载着各种物质和器材,从陆路,从水上,四面八方汇聚至各个工地,就像当年支援大军过江、解放全中国的阵势,这种情景多少年来只要一想起就震撼和激荡着我的心。"

一座奋斗奉献的丰碑

在淠史杭工程修建过程中,上堤民工最多的时候达到 80 万人。所需的工棚、工具,以及为了提高工效、改善施工条件、减轻体力劳动所需要的各种各样的运土车架、筐担、绳索、竹木等,全是各县人民公社自备的;有的农民把自己家的门板和盖房用的木料、织布机、棺材板都献了出来。淠史杭工程如果没有人民群众这种奉献牺牲,"将一事无成"。

广大民工们还开展了广泛的劳动创造。没有高标号的水泥就自制土水泥(实际是一种烧黏土),钢钎不够用就自锻土钢,没有黄色炸药就自己扫土熬硝制造黑色炸药。在切岭开河时,常常要面对直上直下数层楼高的土坡,民工们制作出一种叫作"倒拉器"的运土工具:在高坡倒土处安装一个滑轮,绳子一头系着车头,然后从滑轮穿过,一人往上推车,一人肩背穿过滑轮的绳子往下拉。上百斤重的一车土石,就这样被很快地送上了高坡。这种劳动创造是江淮儿女智慧和艰苦奋斗精神的充分体现。

整个工程完成近 6 亿立方米的土石方,如果把这些土石方垒成高宽各 1 米的长堤,可环绕地球 10 余周。一项真正为民的工程,必然会得到人民的衷心拥护,调动起人民的积极性和创造性。人民群众无穷的力量和智慧,以及甘愿奉献牺牲的精神,也将随之迸发。这是淠史杭工程给我们留下的启示。

小岗村：拉开农村改革的序幕

茅屋里的壮举

1978年11月24日，一个伸手不见五指的夜晚，安徽凤阳县梨园公社小岗生产队18位农民，顶着凛冽的西北风，悄悄聚集到严立华家破败的茅草屋里。他们以按红手印的方式，立下大包干的"生死契约"。这件发生在一户普通农家的"小事"，不仅拉开了中国农村改革的大幕，也成为整个中国改革开放事业的先声，充分反映了安徽人民不畏艰难、敢为人先的开拓精神。

由于多年来农村工作中"左"的政策影响，"文化大革命"结束时，全国仍有2.5亿人没有解决温饱问题。面对严峻的农村经济形势，许多地方大胆进行农村改革摸索。江淮儿女以勇于探索的精神，再次走在前面。1977年11月，安徽省委通过《关于当前农村经济政策几个问题的规定》，提出允许生产队根据农活建立不同的生产责任制，尊重生产队的自主权，减轻社队和社员的负担，允许和鼓励社员经营自留地和家庭副业，开放集贸市场等。这是粉碎"四人帮"后，首份允许生产队建立生产责任制的文件。

1978年夏秋之际，百年一遇的特大旱灾降临江淮大地：安徽大部分地区连续七八个月未降一场透雨，全省受灾农田高达6000多万亩。面对灾情，为了赶上秋季小麦播种，安徽省委再次大胆作出决定：允许各地尝试"借地度荒"，即凡是集体无法耕种的土地，借给社员种麦子；鼓励多开荒，谁种谁收，国家不征统购粮，不分配统购任务。

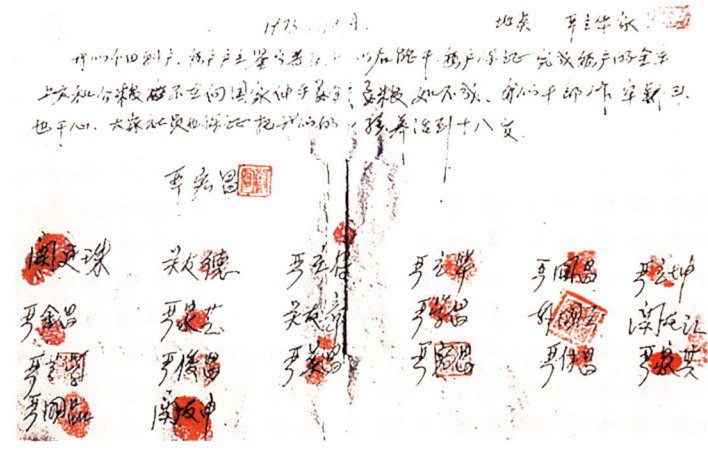

凤阳小岗村大包干"红手印"

作为凤阳县穷乡僻壤的小岗村该怎么干？小岗生产队的两位队长严俊昌和严宏昌，已经萌生"包干到户"的大胆设想。他俩决定召开一次村民会议。严宏昌曾在外地当过"包工头"，会上，他决绝地说："既然现在这样的包干到组也能磨洋工，咱这次要干，就干脆一步到台口——包干到户。该给国家的给国家，该给集体的给集体，剩下的都是自己的。土地和耕牛全分到户，不再由队里统一安排、统一分配。这样户与户之间不再会出现干多干少、出工多与少的攀比与争吵，也可以防止我们队干部贪污挪用、多吃多占。"

家庭联产承包责任制由此呱呱坠地。

签订"生死契约"

当时中央文件仍明确规定"不许包产到户""不许分田单干"。18个参会的人也十分担心。面对大家的忧虑和担心，严俊昌拍板："定个协定：第一，我们分田到户，瞒上不瞒下，谁也不许对外讲；第二，每年午秋两季上交粮油时，该给国家的给国家，该给集体给集体，到时谁也不准装孬种！"

老农关延珠补充一条："我们也得替队干部着想，加一条，如果队干部为此蹲班房，全队社员将他们的小孩养到18岁。"

有人嚷道:"空口无凭,要立字据。"严宏昌在一张临时找来的纸上,挥笔写下现存于国家博物馆的那份著名的大包干契约书。参加会议的18条汉子,一一郑重地摁下手印。

历史留下了这18位农民的名字:严俊昌、严宏昌、严立学、严国品、关友江、关友申、严家其、严付昌、严学昌、韩国云、关友章、严家芝、关延珠、严立坤、严立华、严立富、严美昌、严金昌。

一年后,小岗村就迎来大丰收。1979年,全队粮食总产量达到13.3万斤,向国家贡献粮食6.5万斤、油料2万斤。队里除还贷款800元外,还留有部分公积金,留储备粮1000多斤,人均收入400多元。小岗村由原来的"讨饭村",一跃而成为远近闻名的"冒尖村"。

求真务实敢担当

纸包不住火,公社党委书记知道了,县委书记也知道了。要不要整改退回去?凤阳县委书记陈庭元只好去一探究竟。

他们悄悄来到小岗村的小麦地边,见一些人在锄地,便走过去一边察看庄稼长势,一边问他们今年收成会怎样。大家都忙着干活,没有人抬头,只是简短地回答:"你们自己看,能差得了吗?"

严宏昌一听县里来人了,立即赶来。他动情地说:"这么多年,我们要不吃返销粮,要不出去要饭,我们这么做,不就是想甩掉这顶穷帽子吗?"

陈庭元听到了农民的心声,也看到了实情。他本是凤阳包干到组的推行者,小岗村的做法无非就是把县里的做法再向前推进了一步。他对公社党委书记张明楼说:"就叫他们干一年试试看吧!"面对公社干部的疑虑,陈庭元说:"他们穷得已经这样了,还能搞什么资本主义,最多也就是想多打点粮食,解决吃饭问题。"

历史不应该忘记像陈庭元这样的基层领导者,他们不唯上、不教条,显示了共产党人实事求是的作风和勇于负责的历史担当。

发端于20世纪70年代末的中国农村改革,由此冲破禁区,迈出大胆而坚实的一步。中国改革开放的航船在这里扬帆起航,开启了波澜壮阔的新征程。

文学
WENXUE

在安徽这片热土上,文学创作历史悠久,成就辉煌。不论辉映古今的文人佳构还是丰富多彩的民间创作,不论独树一帜的文学主张还是异彩纷呈的思潮流派,在很多时代和领域,都涌现出不同凡响的作家和作品。这些作家的杰出作品,是安徽不同历史阶段社会生活的生动反映,既构成熠熠生辉的安徽文化标识,又是弥足珍贵的中华文化瑰宝,在中国文学演进历程中产生不可低估的推动作用和重要影响。

辉映古今的"南音"及楚辞

《候人兮猗》开南音之始

谈到中国最早的文学作品,学术界有人认为是一首名为《弹歌》的"断竹,续竹,飞土,逐宍(肉的古体字,指禽兽)"。这首描述原始打猎过程的猎歌,载录于《吴越春秋》的《勾践阴谋外传》中。不过,也有学者提到,中国最早的文学作品是一首恋歌《候人兮猗》,这首恋歌与安徽淮河两岸广为流传的大禹治水典故密切相关。

《候人兮猗》在《吕氏春秋·音初》中有明确记载:

> 禹未之遇而巡省南土,涂山氏之女乃令其妾候禹于涂山之阳,女乃作歌,歌曰"候人兮猗",实始作为南音。

所谓"南音",是指诞生于南方并具有南方地域色彩的歌乐。中国第一部诗歌总集《诗经》,开篇"国风"中的《周南》《召南》25首诗歌,便是"南音"民歌的最早集辑。

这些民歌大体流行于今天河南、江淮和湖北地区,是对西周至春秋中叶这一地区社会生活的生动反映。《诗经·小雅·鼓钟》还有描写淮水风光的佳句,如"淮水汤汤""淮水湝湝""淮有三洲"等,这足以证明早在西周时期安徽地区的文学创作已经引人注目。

淮水汤汤

南音与楚辞

"南音"与随后兴起的"楚辞"关联紧密,或者说"南音"就是后来的"楚辞"。楚国疆域最大的时候,东有吴越旧地,西有滇黔,北与韩魏接壤,南及湘沅。这片区域产生的歌辞,从地理位置说,称之"南音";从楚国属地说,称为"楚辞"。就历史发展过程言,这些歌辞在楚国势力未达到淮河流域之前,叫作"南音";楚国势力控制淮河流域以后,多称"楚歌"或"楚辞"。

"南音"与"楚辞"一脉相承,尤其是诗句中"兮"字的用法,表现十分明显。"沧浪之水清兮,可以濯我缨;沧浪之水浊兮,可以濯我足。"孔子在楚国北部听到这首歌谣,发出"小子听之,清斯濯缨,浊斯濯足,自取之也"的感慨,表达了君子处世,遇治则仕、遇乱则隐的思想。对此,《孟子·离娄》和《史记·楚世家》里都有记载。这里的"兮"字用法与作为南音之始的"候人兮猗"比较,显然具有类同关系。

著名的垓下之战发生在皖北平原,项羽被刘邦大军围困,听到

"四面楚歌",不禁悲从心来,发出英雄末路的慨叹:"力拔山兮气盖世,时不利兮骓不逝。骓不逝兮可奈何,虞兮虞兮奈若何?"项羽的这首《垓下歌》,也是承南音而具有鲜明的楚歌风调。

楚辞曾"声满江淮"

学术界多认为,楚辞主要起源于楚国湘鄂旧地。其实,楚辞承南音并与南音多有交叉和重叠,在当时也是"声满江淮"的。班固《汉书·地理志》条列各地风俗时说:

> 始楚贤臣屈原被谗放流,作《离骚》诸赋以自伤悼……而淮南王安亦都寿春,招宾客著书。而吴有严助、朱买臣,贵显汉朝,文辞并发,故世传《楚辞》。其失巧而少信。初淮南王异国中民家有女者,以待游士而妻之,故至今多女而少男。本吴、粤与楚接比,数相并兼,故民俗略同。

这里把屈原《离骚》诸篇所写风俗归于包括今天苏浙皖地区的吴国境内,而不是湘鄂等楚地大本营,堪称深明楚辞渊源的卓见。

"南音"一词始见于《吕氏春秋》,"楚辞"一词始见于《汉书》。前者成书年代远早于后者,因而可说中国诗歌,尤其是南方诗歌的发轫,"南音"导其源,"楚辞"盛其流。从"南音"到"二南",从"二南"到"楚辞",它们一脉相传,彼此多有重合,从中可以见出,"南音"的滥觞与江淮大地直接相关,涂山女作《候人兮猗》,实为"南音"之始。

中国第一叙事长诗《孔雀东南飞》

动人的爱情悲剧

中国文学发展到汉代，乐府民歌繁盛一时。这类民歌一般都叙事简洁，篇幅短小，其中一首却如平地凸起一座高山，长达357句，1785字。如此鸿篇巨制，不仅在汉乐府民歌中首屈一指，就是在整个中国古代诗歌史上，也属第一叙事长诗。

这首诗，就是我国古代叙事诗中的伟大诗篇——《孔雀东南飞》。作品通过叙述主人公焦仲卿和刘兰芝美好爱情的悲惨遭遇及其原因，对封建礼教的愚昧和罪恶作了无情控诉，对忠贞不渝的爱情予以热情歌颂。

该诗最早见于南朝徐陵选编的诗歌集《玉台新咏》，原题为《古诗为焦仲卿妻作》。后人多取诗作的首句作为题目，名之为《孔雀东南飞》。这首诗的前面，有一段小序：

> 汉末建安中，庐江府小吏焦仲卿妻刘氏，为仲卿母所遣，自誓不嫁。其家逼之，乃投水而死。仲卿闻之，亦自缢于庭树。时人伤之，为诗云尔。

由此可知，《孔雀东南飞》大致创作于汉献帝建安年间（196—220），叙述的是当时庐江郡一桩实有其事的婚姻悲剧。据《汉书·地理志》和《后汉书·郡国志》记载，当时的庐江郡管辖区域为今天的桐城、潜山、怀宁、太湖一带。《怀宁县志》载:"小吏港者,以汉庐江小吏焦仲卿得名。"小吏港又称焦吏港,位于皖河岸边,是一个古老的集镇,今属怀宁县管辖,故事就发生在这一地区。

作品女主人公刘兰芝,是个勤劳、善良、能干、美丽的女子。"十三能织素,十四学裁衣,十五弹箜篌,十六诵诗书",17岁长大成人,嫁给焦仲卿,夫妻恩爱有加,情深意笃。在焦家,刘兰芝一面"奉事循公姥",进止不敢自专,一面"鸡鸣入机织,夜夜不得息"。

然而,这样一个好媳妇,焦母却对她故意挑剔指责:"三日断五匹,大人故嫌迟","此妇无礼节,举动自专由"。面对焦母的虐待,刘兰芝在忍无可忍之下,终于向丈夫申诉道:"非为织作迟,君家妇难为。妾不堪驱使,徒留无所施。便可白公姥,及时相遣归。"

在封建社会,被男人休弃是一个女子最羞愧和最伤心的事。但刘兰芝在告别婆婆的时候特意打扮得整整齐齐、漂漂亮亮:

　　足下蹑丝履,头上玳瑁光。
　　腰若流纨素,耳著明月珰。
　　指如削葱根,口如含朱丹。
　　纤纤作细步,精妙世无双。

这里,表面是写刘兰芝精致的衣着打扮和美丽非凡的仪表,实际上曲折地反映了她不忍离去、反复拖延的复杂心情。

谁知返回娘家,更大的不幸在等着她。性格暴躁、贪图钱财的兄长,逼她改嫁太守的儿子,拒绝不成后,她既不哀求,也不争辩,表面平静地装作顺从,内心却决定以死反抗。婚期的前一天,刘兰芝与焦仲卿私下相见:"同是被逼迫,君尔妾亦然。黄泉下相见,勿违今日言。"因此在婚礼当天,刘兰芝"揽裙脱丝履,举身赴清池"。焦仲卿听到噩耗,也"徘徊庭树下,自挂东南枝"。一个投水,一个自缢,双双殉情而死。

刘兰芝和焦仲卿的悲剧震惊乡里,两家决定将这对夫妻合葬:

　　东西植松柏,左右种梧桐。
　　枝枝相覆盖,叶叶相交通。

中有双飞鸟，自名为鸳鸯。
仰头相向鸣，夜夜达五更。
行人驻足听，寡妇起彷徨。
多谢后世人，戒之慎勿忘。

诗篇这个富有浪漫色彩的收场，表达了人们对美好爱情的珍惜和颂扬，对后代叙事诗的结尾也产生了一定的影响。经典民间故事《梁山伯与祝英台》末尾的化蝶传说便带有这种影响的印记。

汉乐府民歌的杰作

作为中国第一叙事长诗，《孔雀东南飞》代表了汉乐府民歌的最高成就。它不仅生动刻画了刘兰芝外柔内刚和坚贞不屈的性格，使之成为中国古典文学中最为闪光的女性形象之一，而且在对汉代乐府诗多方面技巧兼收并蓄的基础上，于人物刻画和心理描写等多有创新和突破。

诗篇写的是一出悲剧，但它又是一首颂歌——歌颂了忠贞美好的爱情，更歌颂了对封建礼教的大胆反叛和对理想生活的执着追求。从内在精神到表现手法，诗篇都显示出强烈的浪漫主义色彩。这种浪漫主义色彩和现实主义叙事相结合，使诗篇更加完美动人，更加富有艺术魅力。

"三曹"开创建安文学新风

"改造文章的祖师"

曹操不仅是胸怀大略的政治家、叱咤风云的军事家,还是一位杰出的文学家。《三国志·武帝纪》说曹操:"创造大业,文武并施,御军三十余年,手不舍书,昼则讲武策,夜则思经传,登高必赋,及造新诗,被之管弦,皆成乐章。"范文澜在《中国通史》中也说:"他是拨乱世的英雄,所以表现在文学上,悲凉慷慨,气魄雄豪。特别是四言乐府诗,立意刚劲,造语质直,《三百篇》以后,只有曹操一人号称独步。"

汉献帝初平元年(190年)春,关东(函谷关以东)各州郡起兵讨伐董卓,但在会师后,除曹操率部奋勇拼杀外,其余豪强各怀私心,临阵不前。后来,渤海太守袁绍、河南尹袁术等军阀,为了争权夺利,又自相残杀,弄得中原大地生灵涂炭、一片凄凉。曹操在征战途中,目睹这种惨景,悲愤万分,禁不住吟出一首乐府古题《蒿里行》:

关东有义士,兴兵讨群凶。
初期会盟津,乃心在咸阳。
军合力不齐,踌躇而雁行。
势利使人争,嗣还自相戕。
淮南弟称号,刻玺于北方。
铠甲生虮虱,万姓以死亡。

亳州谯望楼

白骨露于野，千里无鸡鸣。

生民百遗一，念之断人肠。

这首80字的短诗，凝练诉说了当时军阀混战产生的原因及后果，把白骨遍野、千里无人的惨景展现在人们面前，表现了诗人同情人民、伤时悯乱的情感。

建安十二年（207年），曹操率军抵达渤海之滨的碣石山（位于今河北昌黎县）。他迎着萧瑟秋风，眺望浩渺无垠的大海，不禁诗兴大发，吟出千古名篇《步出夏门行》之一《观沧海》：

东临碣石，以观沧海。

水何澹澹，山岛竦峙。

树木丛生，百草丰茂。

秋风萧瑟，洪波涌起。

日月之行，若出其中。

星汉灿烂，若出其里。

幸甚至哉，歌以咏志。

曹操站在碣石山的顶峰，只见山岛耸立，草木茂盛，海风呼啸，浪涛飞涌，茫茫沧海连天接地。他觉得，日出日落、月圆月缺、耿耿银河、灼灼群星，都包容和运行在壮阔无边的大海里。这气势磅礴的诗句，表面描写的是雄伟浩大的沧海景色，实际抒发的是作者囊括宇宙、吞吐日月的豪情壮志。

曹操的《步出夏门行》之四《龟虽寿》也堪称流芳百世的佳作。

诗人抒发"神龟虽寿，犹有竟时；腾蛇乘雾，终为土灰。老骥伏枥，志在千里；烈士暮年，壮心不已"的豪情，表现他老当益壮仍欲建功立业的奋发精神。诗作表现了诗人在有限生命中追求无限的存在，富有理趣，意味深长，可谓诗情与哲理结合的典范，千百年来为人称颂。

曹操还是写散文的高手。他的散文多是应用性文字，大致分"表"（给皇帝的上书）、"令"（公告、命令）、"书"（一般书信文章）三大类。他明令主张"为表不必三让，又勿得浮华"，打破东汉以来散文刻意词藻、讲究对偶的骈俪化倾向。他不论是写表、令，还是写书信文章，都直抒胸臆，简洁精练。如著名的《求贤令》《与王修书》《让县自明本志令》等，都写得率直流畅、质朴浑重，在当时的文坛上独树一帜。鲁迅在《魏晋风度及文章与药及酒之关系》中，曾说曹操"是一个改造文章的祖师"，这是对他崇高而又中肯的评价。

开创建安文学时代

曹操在文学上的功绩，还表现在他开创了文学史上一个新的时代——建安文学时代。

"建安"是汉献帝的年号，起止时间为196年至220年。文学史上的建安时期，比这更长一些，一直延续到魏国初年。《文心雕龙·时序》谈建安文学说："观其时文，雅好慷慨，良由世积乱离，风衰俗怨，并志深而笔长，故梗概而多气也。"建安文学的重要特点，是直面与描写社会现实，"梗概而多气"。这一时期，文学能够在长期战乱的社会背景下得以勃兴，与曹氏父子的重视和推动是分不开的。

曹操及其子曹丕、曹植，文学史上多名之为"三曹"。曹操"登高必赋"，被苏轼赞为"酾酒临江，横槊赋诗，固一世之雄也"。曹丕的名作《燕歌行》是最早的成熟的七言诗，对七言诗的形成和发展作出开创性贡献。他在《典论·论文》中把文学提到"经国之大业，不朽之盛事"的高度，使文学从经学等中分离出来，走向"文学的自觉时代"。曹植"才高八斗"，五言诗在他笔下扩大了描写范围，抒情、写景、赠答、说理等都可以五言诗表达。其著名的《七步诗》便是面对刁难而瞬时吟咏的说理诗名作，对五言诗的发展作出了重要贡献。

"三曹"除自己创作了不少优秀作品外，还将各地有名的文人，如"建安七子"（孔融、王粲、陈琳、徐幹、阮瑀、应场、刘桢）及蔡琰等招致身边，提倡文学，互相唱和，因而形成了文学繁荣昌盛的局面。正如刘勰在《文心雕龙·时序》中所说："魏武（曹操）以相王之尊，雅爱诗章；文帝（曹丕）以副君之重，妙善辞赋；陈思（曹植）以公子之豪，下笔琳琅。并体貌英逸，故俊才云蒸。"

今天亳州的谯望楼上，建有建安文学馆，向人们展示建安文学的成就。

张籍、杜荀鹤：唐代皖籍诗人的代表

张籍：开唐代乐府之先河

唐代是中国诗歌鼎盛的时代。安徽这方厚土，在唐代也涌现出不少诗人。如宣城泾县人汪遵，懿宗咸通七年（866年）进士，《全唐诗》存其诗1卷。宣城泾县人许棠，晚年中进士，《全唐诗》存其诗2卷。安庆潜山人曹松，昭宗天复元年（901年）进士，《全唐诗》存其诗2卷及补遗9首。池州人张乔，咸通年间进士，《全唐诗》存其诗2卷。

在唐代众多安徽籍诗人中，以中晚唐的张籍、杜荀鹤成就最为突出。

张籍（约767—约830），字文昌，原籍苏州（今属江苏），少年寓居和州（今安徽和县）。他于唐德宗贞元十五年（799年）登进士第，但仕途并不畅达，一直担任太常寺太祝、秘书郎、水部员外郎、国子司业一类的散官，故世多称其"张水部"或"张司业"。

张籍性格狷直，热心济世，具有浓厚的忠君爱国思想。安史之乱平息后，地方势力坐大，藩镇割据日益严重。当时李师道作为平卢淄青节度使，割据一方，其势炙手可热。他为扩充权势，极力拉拢中央官吏和知名文人，一些人也顺水推舟，委身投靠。张籍与那些趋炎附势者不同，他面对李师道的笼络，挥笔写下《节妇吟寄东平李司空师道》以表心志：

> 君知妾有夫，赠妾双明珠。
> 感君缠绵意，系在红罗襦。
> 妾家高楼连苑起，良人执戟明光里。
> 知君用心如日月，事夫誓拟同生死。
> 还君明珠双泪垂，恨不相逢未嫁时。

这首诗表面看是抒发一个女子忠于爱情，"事夫誓拟同生死"的情感和决心，实际上是运用比兴的手法，委婉拒绝李师道的"厚币礼聘"，显示了作者"富贵不能淫，贫贱不能移，威武不能屈"的政治操守和高贵品格。诗作以明丽生动的形象和委婉巧妙的言辞，表达坚定的政治意志和倾向，颇为难能可贵。

唐诗发展到中唐以后已达顶峰。如何开拓新路？张籍继承汉乐府的传统，在用通俗语言反映社会矛盾、表现民生疾苦方面下功夫，取得公认的成就。白居易称赞他"尤工乐府诗，举代少其伦"。元稹和白居易后来旗帜鲜明地倡导新乐府运动，声势浩大，成绩斐然，其开先河之功，当归于张籍用乐府歌吟民生疾苦的创作实践。请看他的乐府名篇《征妇怨》：

> 九月匈奴杀边将，汉军全没辽水上。
> 万里无人收白骨，家家城下招魂葬。
> 妇人依倚子与夫，同居贫贱心亦舒。
> 夫死战场子在腹，妾身虽存如昼烛。

这首诗描写战乱之惨之苦之痛，句句惊心动魄。最后写丈夫战死沙场，妻子却有遗腹子在身，感到自己孤苦无依，虽苟活世上，也如同白昼点烛毫无意义。"昼烛"之喻，新颖独到，将主人公对未来绝望的沉痛心情表达得深刻有力。

张籍作诗除擅长比兴外，还善于细腻刻画人物及其心理状态。如《秋思》：

> 洛阳城里见秋风，欲作家书意万重。
> 复恐匆匆说不尽，行人临发又开封。

这首七绝描绘日常生活中寄家书的片段，把一个做客他乡的游子对家人的思念之情刻画得细腻真实，"临发又开封"的形象传神动人。

张籍不仅才华横溢，还乐于奖掖青年。晚唐诗人朱庆馀赴京应考进士，写了一首《近试上张籍水部》："洞房昨夜停红烛，待晓堂前拜舅姑。妆罢低声问夫婿，画眉深浅入时无？"这首诗表面写"闺意"，实是试探张籍对他文章的看法。张籍鼓励后进，提笔和诗一首："越女新妆出镜心，自知明艳更沉吟。齐纨未足人间贵，一曲菱歌敌万金。"范摅《云溪友议》云："朱公才学，因张公一诗，名流于海内矣。"

杜荀鹤：晚唐现实主义诗人

杜荀鹤（846—904），字彦之，池州石埭（今安徽石台）人，因移居九华山下，自号九华山人。他出身寒微，虽颇有诗名，但屡试不中，直到中年（891年）才登进士第。身处唐王朝从危乱走向灭亡的乱世，他继承张籍、白居易等人的现实主义诗风，对当时军阀混战、民不聊生的现实作了有力刻画。请看他的名篇《山中寡妇》：

> 夫因兵死守蓬茅，麻苎衣衫鬓发焦。
> 桑柘废来犹纳税，田园荒后尚征苗。
> 时挑野菜和根煮，旋斫生柴带叶烧。
> 任是深山更深处，也应无计避征徭。

再看《乱后逢村叟》：

> 经乱衰翁居破村，村中何事不伤魂。
> 因供寨木无桑柘，为点乡兵绝子孙。
> 还似平宁征赋税，未尝州县略安存。
> 至今鸡犬皆星散，日落前山独倚门。

这两首诗，前者写因战争失去丈夫孤苦伶仃的寡妇，后者写因抓兵勇失去儿孙无依无靠的村叟。他们住的是茅棚，穿的是麻苎粗衣，吃的是野菜；村落破败不堪，田园荒芜，鸡犬无存。但官府对百姓的剥削压迫丝毫没有减弱——"还似平宁征赋税""也应无计避征徭"。在死亡线上挣扎的寡妇和在夕阳残照中孤独倚门的村叟，他们的悲惨遭遇和凄凉处境，被表现得深切感人。

杜荀鹤的诗，语言直白平易，风格清新晓畅，世称"杜荀鹤体"。

宋诗先驱梅尧臣

穷而后工

北宋初期诗歌，主要延续晚唐五代纤弱佻巧的诗风。以杨亿、刘筠、钱惟演等人为代表的"西昆体"，标榜学习李商隐，从"历览遗编，研味前作"里寻找"芳润"，一味堆砌典故，雕章琢句，"时人争效之"，导致诗风柔靡浮艳。

改变这种诗风，使"西昆体"错彩镂金、华丽浅薄之风得到根本扭转者，则是宋诗先驱梅尧臣。刘克庄《后村诗话》说："本朝诗惟宛陵为开山祖师，宛陵出，然后桑濮之哇淫稍熄，风雅之气脉复续。"

梅尧臣（1002—1060），字圣俞，宣州宣城（今安徽宣城）人，宣城古时名为"宛陵"，世人又称他"宛陵先生"。他出身寒门，父亲梅让只是一介农夫，但叔叔梅询进士及第，官至翰林侍读学士。梅尧臣从12岁起，一直跟随叔叔梅询苦学，博通古今，尤擅诗词，但科举屡试不第。他26岁时，以梅询的"门荫"，补太庙斋郎，后任桐城县（今安徽桐城）主簿。

宋仁宗天圣九年（1031年），他被调到离洛阳很近的河南县任主簿，在这儿他认识了欧阳修，并与之结下终生不渝的友谊。皇祐三年（1051年），宋仁宗赐他同进士出身，改任太常博士。嘉祐五年（1060年），汴京城里蔓延流行病，梅尧臣不幸感染，于该年四月二十五日病逝，年仅59岁。

梅尧臣的一生，虽然仕途失意，但在诗坛上享有盛名。欧阳修在为梅尧臣的诗集写的序言（《梅圣俞诗集序》）中，开篇就谈到作家坎坷经历对创作的影响：

> 盖世所传诗者，多出于古穷人之辞也……内有忧思感愤之郁积，其兴于怨刺，以道羁臣寡妇之所叹，而写人情之难言，盖愈穷则愈工。然则非诗之能穷人，殆穷者而后工也。

这段"穷而后工"的议论，非常精彩。其大意是诗人墨客很少有显达的，他们多半仕途曲折，穷愁潦倒，"忧思感愤"，郁积在胸，于是发而为诗，把一腔怨刺，寄托于"羁臣寡妇"的喟叹之中。往往人生遭遇越曲折，写出的诗歌越深刻感人。

梅尧臣就是这样一个人。他虽然胸怀奇才，诗文早已名扬天下，但一生困顿于州县，可谓"英俊沉下僚"。正由于怀才不遇，忧愤郁闷，才需要借助诗歌来抒怀，所以作诗在他绝非无病呻吟或消遣娱乐，而常常是情不自禁，欲罢不能。对梅尧臣来说，作诗就是他的一种生存需要，是他生活中不可缺少的一部分。他不论春夏秋冬，每天至少吟诗一首。《宋诗纪事》即说："梅圣俞日课一诗，寒暑未尝易也。"

唯造平淡难

作为宋代诗风的先导，梅尧臣对诗歌创作有自己的独到见解。他认为"作诗无古今，唯造平淡难"。这里的"平淡"，不是平庸和浅薄，而是以朴素的语言去反映和描绘复杂的社会生活。这种"平淡"特点，如他自己所说："得前人所未道者，斯为善也。必能状难写之景如在目前，含不尽之意见于言外，然后为至矣。"他的创作实践，很好地诠释了这一点。请看其《陶者》：

> 陶尽门前土，屋上无片瓦；
> 十指不沾泥，鳞鳞居大厦。

泾县桃花潭

这首五言绝句,只用事实对照,不加丝毫评论,将社会严重不平等的现象鲜明托出,与杜甫名句"朱门酒肉臭,路有冻死骨",实有异曲同工之妙。

再看他的名篇《鲁山山行》:

适与野情惬,千山高复低。
好峰随处改,幽径独行迷。
霜落熊升树,林空鹿饮溪。
人家在何许?云外一声鸡。

这首描写云游深山的诗作,前三联极写山林盛景和山行乐趣,形象生动,兴味盎然;尾联"人家在何许?云外一声鸡",余味无穷,最为精妙。杜牧《山行》"白云生处有人家",是看见人家;王维《终南山》"欲投人处宿,隔水问樵夫",写看不见人家,询问樵夫。这里则是另一番情景:诗人也不见人家,于是自言自语:"人家在哪里呢？"恰在这时，云外传来一声鸡叫，仿佛有意回答诗人的提问："这里就有人家，快来休息吧！"简短两句诗，就将山行者望云闻鸡声的神态及喜悦心情，刻画得栩栩如生。

嗜诗成癖

梅尧臣写过一首诗歌，是他"嗜诗成癖"的自供状：

> 人间诗癖胜钱癖，搜索肝脾过几春。
> 囊橐无嫌贫似旧，风骚有喜句多新。
> 但将苦意摩层宙，莫计终穷涉暮津。
> 试看一生铜臭者，羡他登第亦何频。

哪管行囊羞涩、穷愁潦倒，只要沉浸在诗歌天地里，得到像《诗经》《离骚》一样的诗句，就足以快意平生。梅尧臣倾心诗歌，情深意笃，可敬可叹！

梅尧臣诗歌的最大特色是朴实自然、意境新颖。他善于用浅近平淡的语言，描画出清新别致的景物形象，达到状物鲜明、意蕴深远的艺术境界。如"野凫眠岸有闲意，老树著花无丑枝"（《东溪》），"不上楼来知几日，满城无算柳梢黄"（《考试毕登铨楼》）等，都是意新语工的佳句。

当然，他的诗歌也有不足之处。由于受韩愈"以文入诗"的影响，梅尧臣的创作有时存在议论化、散文化的倾向。这种弊端，可视为纠正华而不实"西昆派"诗风时，所付出的矫枉过正的代价。宋代诗歌过分散文化的倾向，在梅尧臣诗歌中也有体现。在这个意义上，可以说梅尧臣得风气之先，为宋诗的发展开辟了道路。

张孝祥慷慨赋新词

"击楫誓中流"的爱国情怀

词自晚唐五代以后,笔触所及多离不开娱宾遣兴、离别相思,内容狭窄,体制短小,形式上多在裁花剪叶、香艳新巧上下功夫。苏轼"一扫绮罗香泽之态,摆脱绸缪宛转之度",开创豪放词风,一新天下耳目。不过,苏轼的豪放词风开始并不为人们接受,其同辈词家往往将其视为"异端",以至苏门弟子,包括"苏门四学士"皆不学其词风。苏轼身后四五十年间,也没有出现有影响力的豪放词人,婉约词仍占据词坛统治地位。

着意学习和继承苏轼豪放词风,并以卓著成就在南宋词坛独树一帜者,正是张孝祥。

张孝祥(1132—1170),字安国,号于湖居士,和州乌江(今属安徽和县)人,出生于明州(今浙江宁波),后迁居芜湖。他自幼聪慧过人,"读书一过目不忘,下笔顷刻数千言"。绍兴二十四年(1154年),高中进士,宋高宗以"议论确正,词翰俱美",亲擢其为第一。历任秘书省校书郎、礼部员外郎、起居舍人、中书舍人等,先后任平江知府、建康知府、静江知府、潭州知府等,并领江东、广西、湖南、湖北安抚使。宋孝宗乾道六年(1170年),卒于芜湖,年仅38岁。

张孝祥为官政绩显著,为人风流倜傥,长于书、工于画、能诗文,尤擅长于词。他的词"大抵激于爱国热情,发抒忠义之气",颇多忧

马鞍山采石矶

国愤时之作,其风格豪放、清旷飘逸处,直近苏轼。

绍兴三十一年(1161年),金主完颜亮率大军企图从采石(今安徽马鞍山采石矶)渡江,继续侵占江南地区。在此万分危急之际,奉命到采石犒军的中书舍人兼参谋军事虞允文,不顾个人安危,毅然重整江北败退散军,在当涂民众的配合下,与金兵激战于长江之畔,挫败其渡江计划,获得采石大捷。这是宋室南渡以来对金军打的第一个大胜仗。张孝祥得到喜讯,兴奋不已,写下著名的《水调歌头·闻采石战胜》:

雪洗虏尘静,风约楚云留。何人为写悲壮,吹角古城楼。湖海平生豪气,关塞如今风景,剪烛看吴钩。剩喜燃犀处,骇浪与天浮。

忆当年,周与谢,富春秋。小乔初嫁,香囊未解,勋业故优游。赤壁矶头落照,淝水桥边衰草,渺渺唤人愁。我欲乘风去,击楫誓中流。

此词从"闻采石战胜"的喜悦心情起笔,歌颂抗金将士的丰功伟业,抒发自己剪烛试刀、欲北战中原的激情。作者将采石大捷与历史上的赤壁大战、淝水之战相比较,"小乔"两句,英雄气加儿女情,刚健中含婀娜;"赤壁"两句,景物萧瑟,笔调顿挫,慷慨激昂中蕴有深深的沉郁。结句"击楫誓中流",运用祖逖统兵北伐渡江击楫发誓的典故，表现作者豪迈的爱国情怀。全词虽然洋溢着打胜仗的喜悦，但又暗含对中原河山的怀念和对异族入侵的悲愤，可谓喜中寓愁、豪中带悲，读后令人感慨万千。

豪放词的承前启后

豪放词开创于苏轼，至辛弃疾而登高峰，文学史家多称之为"苏辛词派"。而张词寄慨处有苏词之风，悲壮处则启辛词之端。请看下面这首《雨中花慢》：

一舸凌风，斗酒酹江，翩然乘兴东游。欲吐平生孤愤，壮气横秋。浩荡锦囊诗卷，从容玉帐兵筹。有当时桥下，取履仙翁，谈笑同舟。

先贤济世，偶耳功名，事成岂为封留？何况我、君恩深重，欲报无由。长望东南气王，从教西北云浮。断鸿万里，不堪回首，赤县神州。

词作开篇描绘在烟波浩渺的江面上，一艘乘风破浪的船顺风东下。船头立一男子，斗酒酹江，壮气横秋，欲吐平生孤愤。壮阔的景象，烘托出词人心系失地、矢志报国的高大形象。词的下片，作者以张良自许，洋溢君恩深重、为国尽忠的济世情怀。"长望东南气王，从教西北云浮。断鸿万里，不堪回首，赤县神州。"这是说，朝廷偏安东南，中原大片疆域被金人占领，每当孤雁从万里外归来，都让人不堪回望那沦陷的中原大地。这首词，昂扬格调中蕴含慷慨悲歌，写得沉郁顿挫，颇为感人。

苏轼以诗为词，辛弃疾以散文入律，张孝祥的词基本承续苏轼，也偶以散文入律，恰为辛词留下拓展的空间。张孝祥在豪放词发展史，以至整个词史上发挥的作用，于此可见一斑。

桐城派称雄清朝文坛

桐城派的由来

波涛翻卷的中国文学长河奔流至清朝,出现一个壮观的景象,那就是桐城派崛起于清朝文坛并激荡繁盛200余年。从康熙朝戴名世、方苞启其端,到乾隆朝刘大櫆、姚鼐兴其盛,到道光朝曾国藩及其弟子续其波,到光绪朝吴汝纶、马其昶等护其尾,一个文学流派能够历经这么长的时间而存在,这不仅在清代本朝绝无仅有,就是放到整个中国文化史上看也堪称凤毛麟角。

作为清朝文坛的最大散文流派,"桐城派"名称首见于曾国藩的《欧阳生文集序》:

> 乾隆之末,桐城姚姬传先生鼐,善为古文辞,慕效其乡先辈方望溪侍郎之所为,而受法于刘君大櫆,及其世父编修君范。三子既通儒硕望,姚先生治其术益精。历城周永年书昌为之语曰:"天下之文章,其在桐城乎?"由是,学者多归向桐城,号"桐城派"。

曾国藩对"桐城派"名称由来及师承脉络的描述是符合事实的。姚鼐在《刘海峰先生八十寿序》里记述:

> 曩者,鼐在京师,歙程吏部、历城周编修语曰:"为文章者,

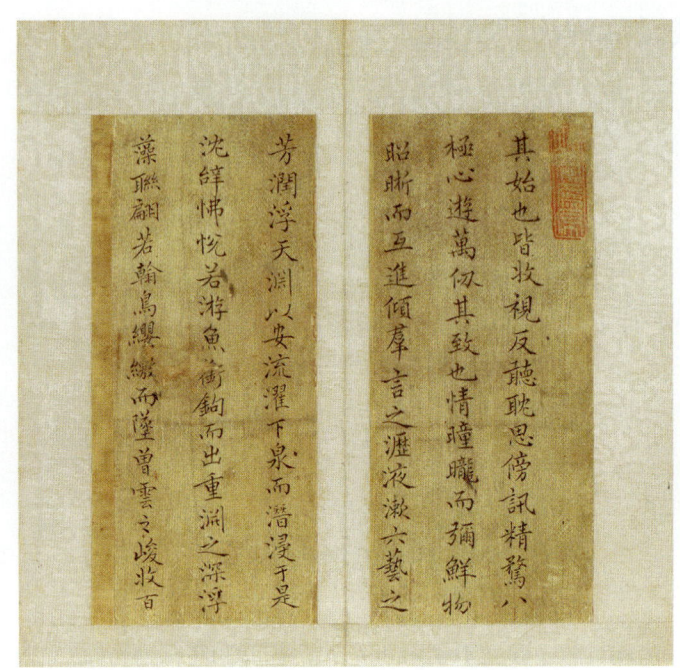

方苞书法作品

有所法而后能,有所变而后大,维盛清治迈逾前古千百,独士能为古文者未广。昔有方侍郎,今有刘先生,天下文章,其出于桐城乎?"

由这两段论述桐城派的经典话语,并对照桐城派发展史实可知:一、"桐城派"名称的由来,主要缘于其代表性作家如方苞、刘大櫆、姚鼐等都是桐城人;二、桐城派虽然以地域命名,但其成员构成并非局囿于一地之疆界,而是五湖四海,不论何处何地,"学者多归向桐城"。

在这里,曾国藩引述周永年之语:"天下之文章,其在桐城乎?"姚鼐也自信放言:"天下文章,其出于桐城乎?"此等话语,虽口气颇大,却并非虚言。据刘声木《桐城文学渊源考》及其补遗不完全统计,桐城派鼎盛之时,天下文士争相归之,其有名有姓者多达900余位。以安徽桐城为中心,桐城派成员远及江苏、山东、江西、河北、

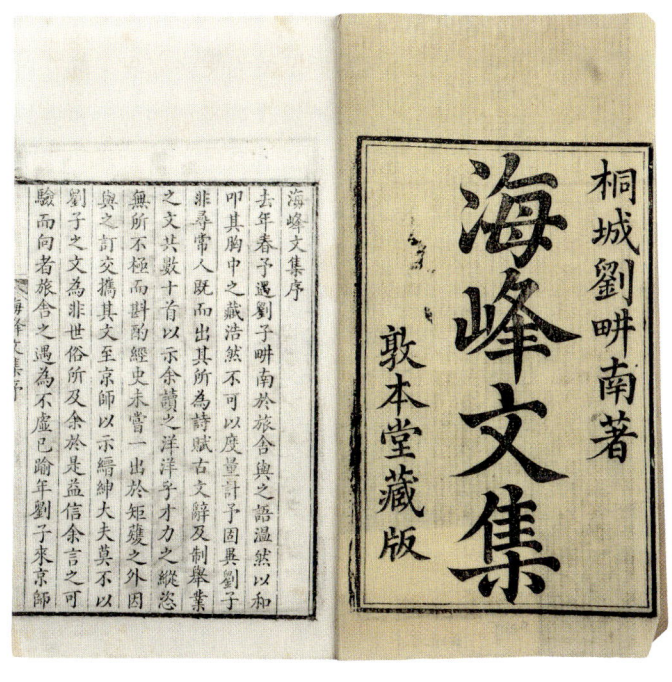

刘大櫆《海峰文集》

湖南、广西、天津、上海等地，确实颇有四海之内皆归于桐城派的气象。

桐城派绵延长久的原因

桐城派能够绵延长久，并产生广泛的影响，有多种机缘促成。

首先是它构建了一套可供遵循和传承的写作古文的理论体系。桐城派为文的核心是讲究义法。方苞的"义法说"，主要阐发"本经术而依事物之理"的思想规范，以及作文的谋篇布局之法度。刘大櫆补之以"神气说"，从品藻音节入手探测古文起承转合的气脉，以及字句音节和谐呼应的为文津梁。姚鼐在方、刘古文理论的基础上，综合分析天与人一、道与艺合、文与质备、古与今宜，以及阳刚阴柔、神理气味、格律声色等艺术范畴，整理建构出桐城派古文理论的话语系统。由此，桐城派循沿"有所法而后能，有所变而后大"之途径，使其理论更加具备普遍的指导意义和覆盖范围，因而产生广泛而持久的

姚鼐草书轴

影响。

桐城派为文恪守思想的正统性，是其能够长期发展的另一重要原因。清朝统治者从维护自身统治出发，自康熙起就尊奉程朱理学。桐城三祖方、刘、姚，皆崇尚程朱理学。不仅"望溪先生之文，体正而法严，其于道也，一以程朱为归"，姚鼐也明确说："明道义，维风俗以昭世者，君子之志；而辞足以尽其志者，君子之文也。"曾国藩作为晚清"中兴第一名臣"，于桐城派处颓势之时出手强力振兴，也是看中桐城派秉持正统思想及其所拥有的强大影响，有助于维护清王朝的统治。清代科举以八股取士，而桐城派思想切合此道，因而受到文人士子的欢迎，这也是桐城派文士主持的书院和学校常常生徒众多的缘由所在。

桐城派人才济济、俊彦辈出，是其能够保持长久兴旺的又一关键因素。桐城派奠基人方苞的文章，曾被袁枚誉为"一代正宗"。刘大櫆小方苞30岁，他以布衣到京师时，便被方苞称为"今世韩欧"。姚鼐比刘大櫆小34岁，自幼才华出众。刘大櫆晚年有《寄姚姬传》诗说他："君时甫冠带，已具垂天翼。"姚门四杰梅曾亮、管同、方东树、姚莹，年龄均比姚鼐小四五十岁，不论是理论阐释还是创作实践，皆有突出成就。其后的曾国藩及其四大弟子张裕钊、黎庶昌、薛福成、吴汝纶，又比曾国藩小很多。此后还有吴汝纶弟子马其昶、姚永朴、姚永概等卓有成就的大家。从清初到清末，桐城派始终人才辈出，这为其生命之树常青、不断开枝散叶，增添了源源不绝的营养。

桐城派重视教育，扬"派"有术，是其保持生机活力和扩大影响的核心手段。桐城派主要成员中虽不乏为官者，但绝大多数以教书为职业，有些甚至自愿摘下官帽而谋取教职。方苞20多岁开始教书，后为官内阁兼教皇子读经。刘大櫆当过教谕，终身以教书为业。姚鼐中年辞去京官，先后主持梅花、紫阳、敬敷、钟山等书院40年，其弟子数以千计。姚门弟子梅曾亮曾主讲扬州书院，另一弟子方东树历任海门、韶阳、庐阳、泖湖、松滋、东山等书院讲席。吴汝纶曾弃官执掌莲池书院，后任京师大学堂总教习。据《桐城文学渊源考》记载，桐城派中以教书为主要职业或从事过教学活动者达百余人。

桐城派不仅推重教育，还注重编选读本和教材。方苞编纂《古文约选》，刘大櫆编有《历朝诗约选》《唐宋八家古文约选》，姚鼐编有《古文辞类纂》《评选海峰诗集》，曾国藩编有《经史百家杂钞》等。这些读本和教材，不仅起到提供范文、树立偶像、学有标杆的效果，更为编织派别传承谱系、拓展派别影响发挥了良好作用。

吴敬梓和他的《儒林外史》

吴门的"不肖子孙"

清朝初年，在安徽全椒县襄河湾，住着一户远近闻名的"累代书香"之家。这户人家的曾祖父辈兄弟五人，有四人高中进士；祖父辈和父辈，在全国科举考试中，也榜上有名。前后60年间，贡生、秀才不计在内，这家出了进士、举人及出仕官员15人，可谓科甲鼎盛、家门显赫。中国讽刺文学巨匠、《儒林外史》的作者吴敬梓，就出生在这个名门望族里。

吴敬梓（1701—1754），字敏轩，号粒民，因他的书斋取名文木山房，人们又称他为"文木先生"。吴敬梓自幼喜读书，记性好，诸子百家、稗官野史，无不烂熟于心；作文赋对、写诗填词，无不援笔即成。

雍正元年（1723年），吴敬梓的生活发生了重大变故。先是父亲离世，接着，平日友善和睦的叔伯兄长们，借口吴敬梓是嗣子，争相侵夺他的家产，并为了钱财互相辱骂殴打。吴敬梓看清了封建家族伦理道德的虚伪，决心叛逆家族，与那些依靠祖业和门第的庸俗之人分道扬镳。

他叛逆的第一步，就是挥霍家产。他平时就轻财重义、遇贫好施，这时更是挥金如土。他与朋友往来，遇谁有难，从来都是慷慨解囊，不计偿还。不到30岁，他就把"两万余金"挥霍一空了。这时，从富贵的族人到势利的乡邻，无不责骂他、歧视他、嗤笑他、冷落他，认为他是吴门的不肖子孙。

家乡待不下去了，33岁那年，他满怀愤慨，离开全椒，移居南京，住在秦淮河畔，开始贫苦的卖文生涯。时任安徽巡抚赵国麟知道他是个"文澜学海""落笔千言"的高才之士，曾推荐他赴京参加"博学鸿词科"廷试。这在别人眼里可是个千载难逢的获取功名的良机，可是他以病辞行，甘于清贫的生活，直至乾隆十九年（1754年）客死于扬州旅舍。

吴敬梓在诗、词、文、赋、经、史等方面，均有著述，可惜多半都散佚了，仅有《文木山房集》四卷传世。《儒林外史》是他最重要、最有影响的作品，写于他饱经世态炎凉、移居南京之后，成书于50岁以前。

《儒林外史》

抨击科举制度

《儒林外史》的思想核心是抨击封建科举制度，以及由这一制度造成的种种弊端和危害。它从描写封建士大夫被扭曲的生活和精神状态入手，进而揭露封建官吏的昏聩无能、贪赃枉法，鞭挞土豪劣绅的专横暴虐、吝啬刻薄，讽刺了附庸风雅的名士们的游手好闲、卑劣虚伪，以及整个封建制度的腐朽不堪和难以救药。

作品一开始，就向读者展现了两个深受封建科举制度摧残的人物——周进和范进。

周进连年应考，直考到60岁，腰弯背驼、胡子花白了，还是个老童生（未考取秀才的读书人，不论年龄多大，都称为童生）。他无可奈何，只得到薛家集去教村塾，新进秀才梅玖奚落他，举人王惠鄙视他，使他连教书的饭碗也弄丢了。有人写了这样一首宝塔诗，来形容他的狼狈相：

呆，
秀才，
吃长斋，
胡须满腮，
经书不揭开，
纸笔自己安排，
明年不请我自来。

后来，周进的姐夫金有余，看他穷得叮当响，就带他到省城去做买卖，请他帮着记账。到了省城，一日他去参观省城的贡院（培养贡生的学院，也是举行科举考试的场所），看到一排排号房，大半生科举的辛酸一下子涌向心头，以至"一头撞在号板上，直僵僵不省人事"，被人救醒后，又满地打滚，放声痛哭。可是，他一旦中举，顿时平步青云，"不是亲的也来认亲，不相与的也来认相与"。曾经奚落过他的梅秀才，也冒认是他的学生，对他毕恭毕敬。他早年在村塾中写的对联，也被作为"周大老爷的亲笔"，被揭下来精心装裱。作者通过描写这个人物发榜前后的不同遭际和命运，一针见血地刻画了科举制度盛行下的世态炎凉。

范进也是一个连考20余次，已经"花白胡须"的老童生。发榜那天，家里无米下锅，他只得抱着正在下蛋的鸡到集上去卖。听到中举的消息，他起初不敢相信，后来拍手发笑，昏倒在地；接着又满街乱跑，"一脚踹在塘里，挣起来，头发都跌散了，两手黄泥，淋淋漓漓一身的水"。他的丈人胡屠户见他高兴得发疯了，狠狠打了他一个耳光,才使他清醒过来。从此,他由一个原来处处被人鄙视甚至憎恶的可怜虫,一下子变成了人人讨好献媚的对象。而范进中举以后,开始堕落变坏,跟着张静斋到高要县去招摇撞骗。不到三个月,田产房屋、奴仆丫鬟便都有了。在这里,作者不仅生动地表现了当时知识分子被八股科举弄得神魂颠倒的丑态,而且深刻地揭露了士大夫们热衷科举,并非为了追求知识学问,而完全是为了升官发财。

《儒林外史》在批判科举制度和贪官污吏的同时,也猛烈抨击了土豪劣绅的恶劣品行。

文痞加恶棍的严贡生,嘴里说"从不晓得占人寸丝半粟的便宜",行动上却把邻居家的猪占为己有,邻居来要,竟行凶打断人家的腿。他根本没有借给别人钱,却硬向人家要利息。他讹诈船家,租船不付租金,反要送船家到县衙门里打板子。

他的兄弟严监生,家里"钱过百斗,米烂成仓,僮仆成群,牛马成行",平时却舍不得多花一分钱,以至临死时说不出话了,还因为灯盏里多点了一根灯芯费油,"伸着两根指头",迟迟"不肯断气",直到家人灭了那根灯芯,才一命归天。在这里,作者通过对严氏兄弟的描写,入木三分地刻画了土豪劣绅虚伪、凶残、吝啬的特征。

讽刺艺术的杰作

《儒林外史》卷首载有一篇署名"闲斋老人"、写于乾隆元年(1736年)的序文,大概出自吴敬梓本人之手。其中有几句话,颇能概括全书的主题:

> 其书以功名富贵为一篇之骨:有心艳功名富贵而媚人、下人者;有倚仗功名富贵而骄人、傲人者;有假托无意功名富贵,自以为高,被人看破、耻笑者;终乃以辞却功名富贵,品地最上一层,为中流砥柱。

这表明吴敬梓对其所描写的人物持贬斥或肯定的态度,完全是以他们对待功名富贵的态度而定的。他认为,只有那些"辞却功名富贵"者，才是"品地最上一层"的"中流砥柱"。

因此，《儒林外史》肯定的理想人物都有着共同的特点，即轻视功名富贵，讲究做人的品行和学问。如满腹学问、慷慨好施、轻视功名、孤标傲世的杜少卿，道德高尚、心地纯洁、待人真诚、才识过人的虞育德，不讲条件、精心照料陌生路人的甘露寺老僧，朋友有难视为己事、鼎力相助的鲍文卿等，都是作者无比同情和倾心歌颂的正面人物。这些人物形象，不仅与庸俗丑恶的儒林仕宦人物恰成对比，透露了作者鲜明的爱憎；而且扩展了作品的表现对象，从更多方面反映了封建末世的社会真相。

《儒林外史》的艺术特色主要是讽刺。

"讽刺"是以冷嘲热讽的笔调来描写人物和事物的艺术表现手法。在封建社会里，许多知识分子受科举制度的毒害，终日沉迷科举仕进，狂热追求功名利禄。吴敬梓以敏锐的目光、难得的勇气，将人们司空见惯、惧以言说的事实加以集中、概括、提炼，用卓越的细节刻画和恰到好处的夸张描写，栩栩如生地活画出了一幅封建社会末期的儒生群丑图。作品出版后，许多读书人都从中看到了自己的影子，对自己的命运悲叹万分。

《儒林外史》的讽刺艺术，既奠定了中国古代讽刺小说的基础，也代表了古代讽刺小说发展的高峰，对后代文学产生了深广的影响。晚清谴责小说《官场现形记》《二十年目睹之怪现状》等，都曾从其中吸取了大量营养。鲁迅曾评价说："迨吴敬梓《儒林外史》出，乃秉持公心，指摘时弊，机锋所向，尤在士林；其文又戚而能谐，婉而多讽，于是说部中乃始有足称讽刺之书。"

现代通俗文学大师张恨水

杰出的高产作家

近现代安徽文学,不仅有陈独秀、胡适这样开一代风气之先的领袖人物,还涌现了一大批杰出的诗人作家。湖畔诗社代表汪静之,革命文学先驱蒋光慈,文坛多面手阿英,时代鼓手田间,乡土文学杰出作家吴组缃,女性文学重要作家苏雪林,"未名四杰"——韦素园、台静农、李霁野、韦丛芜等,都曾在中国现代文学史上绽放光芒,留下让人难忘的作品。不过,若论在中国现代文学史上影响最大、作品数量最多的安徽作家,则毫无疑义应推通俗文学大师张恨水。

张恨水(1895—1967),安徽潜山人,原名心远,青年时取南唐李后主《相见欢》词中名句"自是人生长恨水长东"之意,以"恨水"作为笔名发表作品而名满天下。他自幼聪慧,7 岁入私塾就显露出能诗擅文的才能。一次偶然接触到《残唐演义》后,被其中曲折离奇的故事所吸引,他一下成了小说迷,青少年时期几乎读遍《三国演义》《水浒传》《封神演义》《东周列国志》等古典小说。他曾几次离家求学,可都因家中变故,如祖父、父亲相继去世,以及时局动荡等,被迫中断学业返回乡里。1919 年 2 月,他再次外出谋生,经友人介绍,来到芜湖就任《皖江日报》编辑,并在报上连载早期习作《紫玉成烟》《南国相思谱》等,从此走上编辑与写作的道路。

作为新闻记者,张恨水目睹官僚和军阀横行霸道及花天酒地的奢

张恨水

靡，也看到平民百姓在生存线上挣扎的苦难，决心以自己手中之笔刻画五彩斑斓的社会生活。他在50余年的写作生涯中，创作了120余部中长篇小说，5000多篇散文杂文，3000多首诗词，总字数近3000万。这在中国现代文学史，乃至整个中国文学史上，都堪称鹤立鸡群，无人出乎其右。

　　张恨水创作不仅数量多，而且影响大。他的代表作之一《春明外史》，承续晚清谴责小说的创作路数，对当时官场丑闻和社会怪事进行无情揭露、嘲讽和抨击，赢得读者广泛好评。这部小说100多万字，在《世界晚报》副刊《夜光》上连载，从1924年4月16日开始，直到1929年1月24日才结束。

　　他的另一代表作《金粉世家》，以北洋军阀内阁总理金铨家族为背景，以金铨之子金燕西与平民女子冷清秋从恋爱、结婚到反目、离异的婚姻为主线，对官僚及其妻妾子女空虚的精神世界和堕落的腐朽生活作了深刻揭露，既描写了当时豪门贵族让人唏嘘感叹的兴衰史，又树立了以冷清秋为代表的不慕荣利而自立自强的女性形象。该小说80余万字，112回，在《世界日报》副刊《明珠》上从1927年2月

14 日开始连载，到 1932 年 5 月 22 日结束，每天都有不少读者为先睹为快，提前在报馆门前排队。

张恨水的又一代表作《啼笑因缘》，叙述旅居北平的江南大学生樊家树和天桥唱大鼓的姑娘沈凤喜之间的恋爱悲剧，其间穿插大家闺秀何丽娜对樊家树的执着追求，艺人关寿峰之女秀姑对樊家树的深挚暗恋，军阀刘德柱仗势欺人霸占民女，以及豪侠仗义的关氏父女锄强扶弱等情节。该作 1930 年 3 月在上海《新闻报》副刊《快活林》连载后风靡一时，达官贵人与普通民众往往见面便说《啼笑因缘》。该作的发表不仅使报纸发行量大增，连载完后立刻就有全本书面世，还被改编成电影、戏剧、曲艺等多种文艺形式。

俗中见雅，浅中见深

张恨水是千年难遇的文艺奇才。小说、散文、诗词、歌赋、绘画、二胡、古琴等多种文艺门类，他皆能操持得像模像样，甚至能够同时写六七部小说并在不同报刊连载，这在现当代文学史上可谓高标独致，至今无人企及。20 世纪 30 年代，他最忙的时候有《春明外史》《春明新史》《金粉世家》《青春之花》《天上人间》《剑胆琴心》等六部长篇小说在不同报刊同时连载，其中人物、情节、场景、进程各不相同，不仅部部异彩纷呈，而且绝无雷同混淆之处。据说，一天晚上，他正在和朋友打麻将，排字工人赶来要第二天见报的连载稿子，他让工人替他打两圈，自己在一旁即兴挥毫，倚马千言。如此超群出众的写作才能，至今仍让人赞叹。

雅俗共赏是张恨水小说的突出特征。他曾说，自己的小说是为"匹夫匹妇"写的，是供读者茶余饭后消磨时光的。当然，这是他的自谦。他的作品通俗而不庸俗，有趣而不低级，常常能够俗中见雅，浅中见深。他将传统文人士大夫的情怀和雅趣融注于大众世俗生活，在跌宕起伏的故事情节和引人入胜的娱乐描写背后，既有对社会生活的深刻体察和对个体生命的真切关怀，又有对文人闲情雅趣及中华文脉深厚底蕴贴切而富有韵味的生动表达。他的作品，将言情小说和社会小说融为一体，形成"社会为纬，言情为经"的社会言情小说模式，堪称高雅化的通俗小说，或曰通俗化的大众精品。

张恨水的小说，不仅拥有广泛的大众读者，也得到许多著名作家、学者及政治人物的赞赏。茅盾曾说："在近三十年来，运用'章回体'而能善为扬弃，使'章回体'延续了新生命的，应当首推张恨水先生。"老舍曾称誉他是"国内唯一的妇孺皆知的老作家"。周恩来曾夸奖他的《八十一梦》对揭露社会黑暗势力发挥了一定作用。鲁迅曾叙述，他的母亲多次催他买张恨水小说看。国学大师陈寅恪双目失明后，就让好友吴宓读张恨水小说以作消遣。及至今天，张恨水的《金粉世家》《啼笑因缘》等作品，仍是图书市场的常销书，也是影视、戏剧舞台上反复上演的热剧。

戏剧
xiju

安徽戏曲历史悠久，积淀丰厚，是名副其实的戏曲大省。2500多年前，孙叔敖与优孟衣冠的故事拉开了中国戏剧表演的帷幕。孟汉卿创作的《魔合罗》是元杂剧公案戏的翘楚。风靡天下的青阳腔映照着明代安徽戏剧的高光时刻。徽班走遍大半个中国，成为流动的戏曲播种机。"四大徽班"进京后，徽、汉合流形成京剧，从而将安徽戏曲乃至中国戏曲一举推上了巅峰。伴随着"花雅之争"的进程，安徽各路地方戏破土而出，蓬勃兴起。中华人民共和国成立后，黄梅戏一飞冲天，成为中国戏曲史上一道光彩夺目的亮丽风景。

"优孟衣冠"：中国戏剧表演的雏形

优孟扮演孙叔敖

与音乐、舞蹈等艺术门类相比，戏剧的出现要晚很多。中国戏剧最早可以追溯到先秦和汉代。《史记》中记载了一个"优孟衣冠"的故事，后世认为，发生在安徽这片土地上的这则故事，可谓中国戏剧表演的端倪。

故事大意是：春秋时楚庄王的丞相（令尹），安徽寿春人孙叔敖是个清正廉洁的好官。他在得病将死之时对儿子说："我死后你肯定会变贫困，那时你就去见一个叫孟的优人，告诉他你是孙叔敖的儿子。"过了几年，他的儿子穷困到以打柴为生，路上遇见优孟，对他说："我是孙叔敖的儿子。我父亲临终的时候嘱咐我，在穷困潦倒的时候来见你。"优孟听后，拿走了孙叔敖的衣服和帽子，反复模仿他的动作，练习他的讲话方式。过了一年多，楚庄王举办寿宴，优孟穿着孙叔敖的衣服、戴着他的帽子来祝寿。楚庄王大惊，以为孙叔敖复活了，又想以他为相。优孟说："请给我三天时间，回家与夫人商量一下。"楚庄王同意了。三天后优孟来了，告诉楚庄王："我夫人说楚国的丞相不能当。当年孙叔敖为楚国丞相，忠诚、廉洁地治理楚国，兢兢业业辅助楚王成就霸业。现在他死了，他的儿子竟然无立锥之地，穷困得要砍柴谋生。如果我像孙叔敖那样，还不如自杀呢。"然后，优孟又唱起了歌，诉说起民间老百姓的苦难，告诉楚庄王要善待老百姓。楚庄王深受感动，如梦方醒，向优孟表达谢意，并召来孙叔敖的儿子，封他薄田四百户，使其过上了富足的生活。

"优孟衣冠"的故事不仅反映了当时人们对孙叔敖的怀念和敬重，更具有多重戏剧因子和元素，比如当众、扮演、劝喻等，是中国戏剧表演的滥觞。

"以歌舞演故事"的初始形态

王国维在《宋元戏曲考》中说中国戏曲是"以歌舞演故事也"，除了歌的部分，舞的比重也很大。由于年久失传，古人歌唱的情景早已不复存在。但是舞的部分以多样的形态直接或间接地保留下来。《舞回回》就是千年之前舞蹈的遗存。

早在晋代，《舞回回》已在北方流传，唐代称"醉胡腾""醉胡子"，唐代诗人李端有"醉却东倾又西倒，双靴柔弱满灯前"之咏，元稹也有"胡腾醉舞筋骨柔"的描绘。这种具有简单情节的舞蹈，在戏曲兴起后的北方业已失传，却在安徽池州傩舞中奇迹般地保存着。就《舞回回》的表演形式而言，贵池不同宗族、不同村落的呈现略有差异。刘街太和章村表演的是双人舞，只舞不唱，古朴而风格独特。演出时不登台，两个戴有"回回"面具、手持酒具的舞者在台下的空地上饮酒，不仅自己饮，还邀请围观的观众同饮，先站着饮，后坐着饮，竟至卧地而饮，醉后两人扭打，刀剑相向。刘街山里姚村与清溪碧岩江村表演的是四人舞，两人戴"小回子"面具，穿大红道袍，两人戴"老回子"面具，分别穿黑色道袍和蓝色道袍，四人均穿灯笼裤、黑布鞋。演出时载歌载舞，四人从台后侧上场，分别在四角站定，右手握腰刀，左手提衣襟，按正方形顺时针方向走"提襟步"换位，到位后做"小刀花"，再按十字路线走"跳搓步"，穿插对舞，到位后再做"小刀花"，面向台中大声喊断，如此反复，气氛活跃。

元杂剧中的安徽贡献

此汉卿非彼汉卿

对于"元杂剧四大家"第一人的关汉卿,人们耳熟能详。在当时的安徽大地上,与他同名不同姓的孟汉卿,也是威名赫赫的元杂剧英杰。由此,安徽戏剧正式登上历史舞台。

可惜的是,我们对孟汉卿的了解实在有限,他的生卒年月不得而知,家庭和职业也不详。据钟嗣成在《录鬼簿》中记载:"孟汉卿,亳州人,著有《张鼎智勘魔合罗》。"朱权在《太和正音谱》中也提到孟汉卿和他创作的杂剧《魔合罗》,并将其列入"词势非笔舌可能拟,真词林之英杰也"的"俱是杰作"的150人之中。后人推断,孟汉卿大约生活于元代至元年间。

元杂剧现存160部左右,其中公案戏就有22部之多。作为其中极具代表性的作品,《魔合罗》因为成功塑造了张鼎这一正直、干练、真实的人物形象,情节曲折且合情合理,布局细密,没有落入元代一般公案戏的窠臼而流传甚广。这是一部反映当时生活的优秀作品,奠定了孟汉卿在安徽乃至中国戏曲史上的地位。

"魔合罗"里藏玄机

《魔合罗》剧中的主人公张鼎,是元代的真实人物。魔合罗,梵语音译，又称作"摩诃罗""磨喝乐"等。宋元习俗，用土、木或玉雕成小孩模样，在七月七日供养，称"魔合罗"。魔合罗作为贯穿全剧的道具，既为戏剧冲突埋下了伏笔，又为澄清冤案提供了证据。剧中张鼎的职务是六案都孔目，即衙门里总管各类案件文书档案的官员，职位虽低，却有条件接触和复查案情。

故事叙述河南府一家绒线铺老板李德昌，因卜卦说自己有百日之灾，便外出经商躲避灾难。期满回家，不料途中遇雨，病倒在五道将军庙里，他只得托卖魔合罗的小贩高山给妻子刘玉娘送信。李德昌堂弟李文道先得到口信，他早有霸占堂嫂及堂兄家产的心思，便抢先一步赶到庙中毒杀李德昌。高山将信送给刘玉娘，又赠了一个魔合罗给刘玉娘的儿子。等刘玉娘奔到将军庙时，李德昌已经不能说话了，归家后便去世。李文道反诬堂嫂与奸夫合谋毒死亲夫，逼迫刘玉娘嫁给自己。刘玉娘不从，告上官府。李文道又行贿令史，对她严刑逼供，刘玉娘被屈判为死刑。六案都孔目张鼎发现了案中疑点，要求复审，上司限他三日内审清此案。他从刘玉娘口中了解到送信时间和送信人，找到破案的关键线索魔合罗，最终惩治了元凶李文道，昭雪了冤案。

赵熊：佳作失传的杂剧名家

除了亳州的孟汉卿，宣州人赵熊也是元代的杂剧名家。

赵熊（约1301—1330），字子祥，大约生活于元成宗大德后期至元文宗至顺前期。他出生于刑名世家，20多岁成为池州青阳路椽曹，后担任县典史。赵熊与江浙提学、太常博士杨翮关系很好。杨翮的《佩玉斋类稿》有《送赵子祥序》。钟嗣成的《录鬼簿》中也录有赵熊杂剧三种：《崔和担土》《风月害夫人》《太祖夜斩石守信》，可惜前两种剧本都已失传，只有《太祖夜斩石守信》有明代天一阁藏抄本。元末明初杂剧作家贾仲明对赵熊推崇有加，他将赵熊的剧作《风月害夫人》《崔和担土》与关汉卿、白朴的剧作相提并论，足见其作品在当时流行之盛。朱权在《太和正音谱》中评价赵熊的作品："赵子祥之词，如马嘶芳草。"由此可见，赵熊实为元杂剧名家，可惜因为代表作的失传，影响了他在元代杂剧史上应有的地位。

天下"时调"青阳腔

为什么在青阳

随着南戏四大声腔传入安徽并流行,尤其是由其演变而成的本土声腔青阳腔风靡天下,成为"时调",安徽戏曲在明代达到空前繁荣。这是安徽戏曲在中国戏剧史上的高光时刻!

青阳腔,因其产生于古池州府辖青阳县境内而得名。青阳县历史悠久、山川秀丽,拥有百戏杂陈、兼容并包的良好戏剧氛围。境内的九华山为佛教地藏王菩萨的道场,历唐、宋、元、明、清,至今佛事昌盛、香火不绝。每逢宗教节日,青阳各地竞相搬演以劝善彰孝为主题的目连戏。

明初,南戏四大声腔——海盐腔、余姚腔、弋阳腔和昆山腔相继进入皖南,在池州府、太平府一带广为流行。大约在明代嘉靖年间,青阳戏曲艺人以本地佛俗说唱、歌曲等为基础,吸收了弋阳腔锣鼓伴奏、一唱众和的演唱形式,继承了余姚腔杂白混唱、以曲代言的歌唱方法,通过对旧戏文、新传奇的"改调歌之",最终形成了以"滚调"为鲜明声腔特征的青阳腔。

青阳腔是在弋阳腔的基础上创新发展而来的新腔。青阳腔的诞生,将中国古典戏曲的发展向前推进了一大步。

青阳腔剧照

"滚"出来的明代流行乐

青阳腔最大的艺术特色在音乐。青阳腔的剧目很少有自己原创的,大多是对元明南戏和文人传奇的"改调歌之"。绝大部分盛行文场歌台的明传奇都被青阳腔移植演出,还有相当一部分的青阳腔剧目直接来自元明的南戏剧目。与剧目相比,青阳腔的音乐价值更大。在众多新兴南戏声腔中,青阳腔无疑是明代万历前后流传最为广泛、影响最为深远的声腔了。

从音乐体制上看,"滚调"是青阳腔最显著的特征,也是其声腔标志。所谓"滚调",是指在作品原有曲文、道白之前增加五言、七言诗句或惯用成语,以流水板快唱,因其声情激越、酣畅淋漓,累累如贯珠,故而得名。"滚调"的运用一方面可以为剧中角色作情感蓄势,另一方面能通俗地向观众解释曲文之意。清代王正祥在《新定十二律京腔谱·凡例》中概括了何时用"滚":"如系闺怨、离情、死节、悼亡,一切悲哀之事,必须畅滚一二段,则情文接洽,排场愈觉可观矣。"这也从侧面证明了"滚调"具有宣泄情感、畅达人情的功效。这样一种韵散相间、腔滚合一的新式演唱方法,打破了此前戏曲的曲牌联套体音乐结构,把戏曲文学从"曲有定句,句有定字,字有定音"

的严格规范中解放出来，使唱腔富于变化，唱词通俗易懂，从而极大地提高了戏曲声腔的可塑性和表现力，也大大提升了青阳腔的流行度和传唱力，为青阳腔风靡天下打下了坚实的基础。因此，明代万历年间刊刻的青阳腔选本多以"滚调"为标志来吸引读者。

在演唱上，青阳腔传承了早期民间戏曲"一唱众和"的传统，具有鲜明的特色。岳西高腔作为现存的青阳腔余脉，也保存了这种表演方式。

海内时调，布满天下

在明代安徽的土地上产生了诸如徽州腔、青阳腔、太平腔、石台腔等新兴南戏声腔，其中以青阳腔影响最大。一时之间，青阳腔足迹几遍天下，被誉为"海内时尚滚调"。

王骥德在《曲律》中说："数十年来，又有弋阳、义乌、青阳、徽州、乐平诸腔之出，今则石台、太平梨园几遍天下。"明代李维桢在《大泌山房集》中记载："数十年间，不知从何出有青阳调，布满天下。"明代中叶以后，青阳腔北到山东、山西、河南，西到湖南、湖北、江西、四川，东南及浙江、福建、广东，直接影响到岳西高腔、清戏、柳子戏、湘剧高腔、辰河高腔等诸多剧种及其声腔的形成，影响深远。

当时的书商敏锐地觉察到这一点，及时刊刻出各种青阳腔专集和青昆合集，如《词林一枝》《八能奏锦》《时调青昆》《徽池雅调》等，从而将当时青阳腔的繁盛成果以文字记录下来固化为书籍，流传后世，这也标志着青阳腔受到社会的广泛认同。

郑之珍的《劝善戏文》

从科场"弃子"到目连戏大家

除了风靡天下的青阳腔，祁门人郑之珍编撰了《新编目连救母劝善戏文》（简称《劝善戏文》），也是明代安徽戏曲繁盛的杰出代表。

郑之珍（1518—1595），明代徽州府祁门县人。他出生于一个徽商家庭，一生历经正德、嘉靖、隆庆、万历四朝。郑之珍自幼颖异不凡、胸怀大志，但他困顿科场30年，屡试不中，无奈只能寄情山水、著书明志。郑之珍父亲名云，字天丽，号西庵，嗜读书，精卦算，人称"西庵先生"。郑之珍的母亲鲍氏对他的成长影响极大，或许这也是他在《劝善戏文》中用矛盾而复杂的笔墨来刻画目连之母刘青提的原因。郑之珍所生活的徽州地区历来是目连戏演出的重镇，流传至今的歙县韶坑村的目连戏中还有大量宋金戏剧遗存。耳濡目染的郑之珍对民间广为流传的目连故事进行整合和加工，以儒家精神为内核，创作出了名留青史的《劝善戏文》。此外，他还创作有戏曲《五福记》，可惜今已失传。

目连戏的集大成之作

郑之珍的《劝善戏文》是一部以"目连救母"为核心情节、内容丰富且体制恢宏的戏曲作品。

明　《新编目连救母劝善戏文》书版

目连，全称"摩诃目犍连"，又称目犍连、大目犍连，是古印度摩揭陀国王舍城人，属婆罗门种姓。皈依佛教后，在佛祖十大弟子中以"神通第一"而闻名。南北朝时期，伴随佛教传入，目连事迹也传入中国。北宋时，目连故事已经有了戏剧的表现形式。元代到明中叶，目连戏演出屡有记载。到明万历年间，目连戏更被广泛收入各戏曲散出选本中。而郑之珍编撰的《劝善戏文》与之前的数种刊本均不同。

郑之珍的《劝善戏文》形成了"刘氏开荤堕地狱"——"目连西行寻佛"——"目连地狱寻母救母"三大情节板块，全剧分上、中、下三卷。上卷34出，写善人傅相乐善好施，死后升天。其妻刘青提受弟刘贾唆使，罢斋开荤，且以狗肉馒头斋僧，又烧毁斋房赶走僧道。傅相之子傅罗卜一心向善，苦谏母亲反被驱走。傅罗卜在外遭难，为观音搭救后返家与母团圆。中卷36出，写刘青提死后，堕入地狱，受尽折磨。她托梦给傅罗卜，向其求救。傅罗卜得观音指点，一头挑经一头挑母，前往西天礼佛。一路历经种种艰险，终于到达西天，见佛团圆。佛祖嘉其孝行，赐以大目犍连法号。下卷34出，写目连（即傅罗卜）入地狱寻母，遍寻十殿终于母子相见。后刘青提变犬回阳。

目连于七月十五日中元节广招僧尼，超度母亲升天。

此外，全剧构建了拼盘式的叙事框架，将流传已久的其他零散目连故事及各类民间小戏和世俗闹剧，如《尼姑下山》《和尚下山》《拐子相邀》《匠人争席》《哑背疯》《观音戏目连》等缀串其中，进一步丰富并拓展了作品的表现空间。这些小戏虽与目连救母的核心情节链并无多大关联，却反映出目连戏与民间世俗生活密切相关的特质。

劝善宣教书

郑之珍在编撰《劝善戏文》时，有意识地删去了民间目连戏演出中的各种仪式及与情节发展无关的一些技艺性场子，将演出时间控制在三天以内。经过规范，《劝善戏文》得以从安徽流传到浙江、江西、湖南、四川、福建等省，并在搬演过程中又融入各地的民俗民情、各类技艺，使得各地目连戏的演出呈现出千姿百态的个性特征。

为了达到劝人向善的目标，郑之珍按照儒家文化的观念对原有的故事进行改造，突出了传统儒家所倡导的"忠孝节义"等伦理观念。通过对目连救母故事的精神内涵的扩充，这个妇孺皆知的宗教题材故事被改造成了寄托作者伦理指向和社会理想的教化工具。郑之珍希冀借助戏曲这一艺术形式，为当时世风日下、人心不古的社会开出一剂良药。

谈曲论戏的朱权与潘之恒

皇子出身的戏曲家

明代安徽戏曲的辉煌成就与朱氏皇族的参与密不可分，这其中最耀眼的一颗明星便是明太祖朱元璋第十七子朱权。朱权（1378—1448），自号大明奇士，又号臞仙、涵虚子、丹丘先生。其兄朱棣即位后，朱权屡遭猜忌和冷遇，只得韬光养晦以求免祸，他每日鼓琴著书、学道修仙。朱权涉猎广泛，一生论著极丰，但真正让他名留青史的，是其杂剧创作和以《太和正音谱》为代表的戏曲理论创作。

朱权以丹丘先生为名，在《太和正音谱·群英所编杂剧》中录有自己创作的12种杂剧名目——《瑶天笙鹤》《白日飞升》《独步大罗》《辩三教》《九合诸侯》《私奔相如》《豫章三害》《肃清瀚海》《勘妒妇》《烟花判》《杨娭复落娼》《客窗夜话》，但是存世的仅有《私奔相如》和《独步大罗》两种。

《私奔相如》写司马相如与卓文君私奔事。朱权将笔墨集中在描写二人私奔，这就将本剧与其他同题材作品区别开来。因为寡妇再醮、私奔是封建礼教所不能容忍的离经叛道行为，深受儒家思想熏陶的朱权在处理"私奔"主题时有意识地用儒家道德观念来加以改动，使之符合封建伦理纲常的规范。

《独步大罗》全名《冲漠子独步大罗天》。剧中朱权以冲漠子自代，写冲漠子一心修道，吕洞宾和张真人奉东华帝君之命前去度脱。

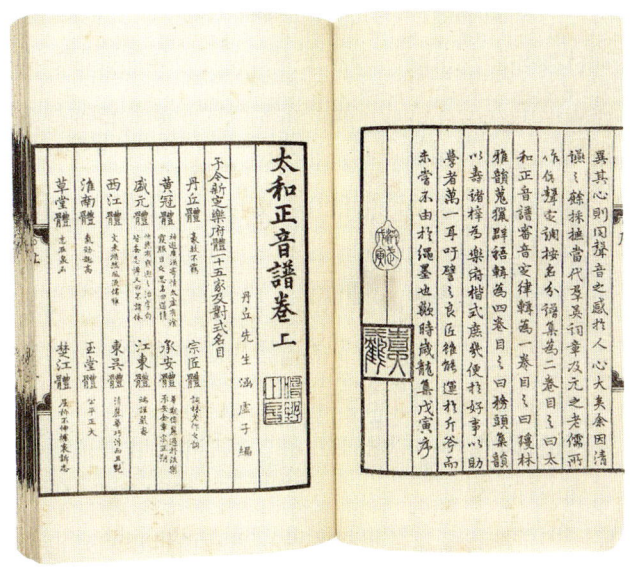

明写本《太和正音谱》

此剧以皈依道门、修道成仙为主旨,但缺乏戏剧冲突,是作者希望解脱苦闷生活的无奈写照。

杂剧曲谱与曲论

相对于杂剧创作,朱权在戏曲理论上的建树更高。他所著《太和正音谱》,既有珍贵的文献价值,又有广泛的实践价值,实现了戏曲理论的历史性跨越,是我国第一部真正意义上的曲论著作,更成为后世研究元曲和元曲家的重要典籍。

《太和正音谱》作于明洪武三十一年(1398年)。其时朱权深受朱元璋喜爱,生活安定。朱权认为只有在太平盛世才有"礼乐之和",才有"人心之和",不赞同把戏曲视作"小道"或"末流"而加以污蔑和禁毁,认为戏曲艺术能让人愉悦心和,有益于盛世统治。这种认识对促进戏曲艺术的发展和繁荣无疑是有积极意义的。

《太和正音谱》分上下两卷:上卷包括《乐府体式》《古今英贤

乐府格势》《杂剧十二科》《群英所编杂剧》《善歌之士》《音律宫调》《词林须知》《乐府》等八章，内容涉及戏曲源流、创作方法、主要流派、演唱方法、宫调性质、杂剧分类、杂剧作品目录、戏曲作家创作风格品评等。下卷收有北曲曲牌335支，依照黄钟宫、正宫、大石调、小石调、仙吕宫、中吕宫、南吕宫、双调、越调、商调、商角调、般涉调等北曲十二宫调加以分类，每支曲牌举一首例曲，严格标明句数、字数，注明四声平仄，标清正字衬字。这不仅是对元曲格律的首次总结和研究，也开创了"曲谱"这种理论形态，为后来陆续问世的各种曲谱编制提供了范例。

《太和正音谱》中"杂剧十二科"，是中国戏曲批评史上首次对元杂剧题材进行分类。

朱权还将传统诗学意象批评方法引入戏曲批评，确定了"曲话"这种戏曲理论形态，对后世的戏剧批评方法产生了重要影响。后来，吕天成的《曲品》、祁彪佳的《远山堂曲品》、王世贞的《曲藻》、凌濛初的《谭曲杂札》、王骥德的《曲律》、李调元的《雨村曲话》等均受其影响。

鸾啸品评表导演

潘之恒（1556—1622），字景升，号鸾啸生、亘生、庚生、天都逸史、山史等，明代南直隶徽州府歙县人。潘之恒出身于徽商世家，醉心于戏曲艺术，一生著述颇丰，有《新安山水志》10卷、《黄海》60卷、《亘史钞》91卷，另有《三吴杂志》等10余种。其中，关于戏曲表演和导演艺术等方面的理论阐述则集中在《亘史钞》和《鸾啸小品》两书中。具体来说，潘之恒的戏曲理论大致包括戏曲表演论、戏曲导演论及戏曲鉴赏论三个方面的内容，具有相当的广度和深度。潘之恒是当之无愧的中国戏曲表导演理论奠基者。

关于戏曲表演论。潘之恒认为，演员自身的素质是否全面，是戏曲表演能否传神、生动的先决条件。他将演员必备的素质分成"才、慧、致"三个方面，指出一个优秀的演员应该三者兼备。"才"是对演员外形、嗓音等外部素质的要求，"慧"是对演员记忆力、理解力、想象力、感受力等方面的要求,"致"是对演员表演时从容合节、富有表现力的要求。只有才、慧、致合一,灵、颖、闲兼备,演员才能在舞台上光彩照人,进行出色的表演。同时,潘之恒认为,演员只有准确把握角色的情感内核,与角色同悲共喜,产生情感共鸣,才能在舞台上塑造出成功的艺术形象。

关于戏曲导演论。虽然中国古典戏曲中没有导演这一行当,但是承担导演工作的大有人在,或为有经验的曲师,或为家班班主,或为主要演员……而潘之恒就是较早地对戏曲导演经验进行总结的理论家之一。在《鸾啸小品》中,潘之恒记载了友人吴越石教习其家班的成功经验。

吴班主为人"博雅高流""有逸兴",具备了作为导演必备的素养。同时,吴越石还有一套科学的演习方法:先请知名文士为演员解说剧本,帮助他们了解情节结构,领会作家的创作意图,把握角色的思想感情,从而加深对作品的理解;又请词曲行家为全剧定腔定谱,为演员授曲教唱,帮助他们掌握曲调唱腔;再请通晓曲律和表演的教师为演员设计舞台动作,包括身段、步法、手势、表情等各方面,并通过排演加以规范,最终完成对舞台形象的塑造。

潘之恒还阐述了戏曲导演中"拘"与"放"的辩证关系。所谓"拘",是为了让演员学习程式、遵守程式,从而有章可循;所谓"放",则是引导演员灵活运用程式,大胆突破程式,以避免被程式束缚而失去了创造力。潘之恒对"拘"与"放"辩证关系的论述,构成了其戏曲导演理论的精华。

徽班：流动的戏曲播种机

"戏窝"里走出的京剧之父

徽剧过去叫作"徽调"或"徽戏"。1956年，时任中国戏剧家协会主席、文化部戏曲改进局局长的田汉建议成立安徽省徽剧团，以示与京剧的区别。从此，"徽调"或"徽戏"正式定名为徽剧。

明代中期，徽州、池州、安庆等地先后成为皖、赣一带经济、文化的中心。这里东连昆山腔、余姚腔的发祥地苏、浙，南与弋阳腔、乐平腔的流行区域赣东为邻，北望盛行秦腔的中原，西倚汉调兴盛的湖北，是"徽池雅调"（徽州腔、池州腔）的故里。安庆的石牌、枞阳（今属铜陵市）一带更拥有"戏窝"之称。当时的流行戏曲声腔如余姚腔、弋阳腔传播到这一带，与当地民间音乐结合，于明代晚期形成青阳腔、徽州腔、四平腔等多种新的声腔。明末清初，四平腔在安庆怀宁的石牌一带流行时演变为委婉柔和的吹腔；同时，西秦腔等乱弹声腔流入安徽，也在石牌一带与青阳腔等融合，演变成为高亢激越的高拨子腔。吹腔和高拨子腔合称"吹拨"，也称石牌调，或称安庆梆子，是构成徽调的两种主要声腔。随着主要声腔的出现，徽剧作为一个独立的剧种正式形成。

传统徽剧一般分为文戏、武戏两大类，演出重排场、擅武功、讲功架，风格朴实粗犷，有着一套完整的唱、念、做、打表演体系，俗称"四功五法"。其做工和武打技艺高超，追求高难度，尤其擅长使用真刀真枪表演武戏，世称"苏州曲子安徽打"。1993 年安徽省徽剧团赴日本演出《吕布与貂蝉》时部分打戏即采用真刀真枪，让日本观众大为赞叹。

徽剧角色行当齐全，其传统的服饰基本沿袭明代服饰的式样和规制，后来清装及旗服亦成为戏衣的一部分。徽剧的乐队分为文场、武场。文场主要乐器有徽胡、三弦、月琴、竹笛、唢呐等，武场主要乐器有单皮鼓、牙板、大锣、大鼓、大钹、小锣、小钹等。徽剧的脸谱构图独特，常以象形、指事、会意、假借等方法来表现人物的性格特征，一般黑色为刚、白色为奸、红色为忠、蓝色为猛、黄色为智、绿色为怪……

徽剧规范了中国古典戏曲的基本样式，开创了戏曲崭新的表演形式，综合了戏曲唱、念、做、打的表演技巧，创出新腔二簧腔，使得中国戏曲由曲牌体大步迈入板腔体，让戏曲演唱艺术进入能够尽情发挥的自由王国，扩大了戏曲流行版图。伴随着徽商、徽班的脚步，顺着长江、大运河等黄金水道，徽剧迅速走出安徽，广为流行，一举成为有全国影响力的古典戏曲剧种。后来，随着徽调二簧腔与汉调西皮腔的合流，产生了皮簧腔，最终演变形成了后来的国剧——京剧。

流动的戏曲播种机

徽剧的兴盛离不开徽商的扶持。自明代中期至清代中期，富裕起来的徽商们有了精神文化追求，为了欣赏戏曲纷纷解囊组建戏班，世称徽班。徽班除了演唱徽调，也会演唱昆腔、汉调、梆子等诸腔。当时不少士大夫、徽商都养有家班，每逢迎春、秋收、祭祀、庙会、寿庆等场合都有戏班演出。

说来有趣，徽班的发达居然与祝寿有着不解之缘。为了娱悦老母，清代户部尚书、歙县雄村人曹文埴在乾隆四十二年（1777 年）组建了"华廉科班"。1790 年，为庆祝乾隆皇帝八十大寿，曹文埴将"华廉科班"改名为"庆升班"，并亲自带班赴京演出，大受乾隆皇帝称赞，获赏丰厚。与此同时，"三庆""四喜""春台""和春"等徽班先后进京，史称"徽班进京"。徽调由此进入全盛时期，徽班一时成为京城剧坛的主流。

"四大徽班"中第一个进京的是三庆班,组建于安庆怀宁县的石牌镇。乾隆五十五年(1790年),当时的班主高朗亭在徽州盐商江鹤亭的资助下率班进京献艺。三庆班以排演连台大戏著称,人称"三庆的轴子"。

四喜班始建于乾隆中叶,后在扬州唱红,大约在嘉庆六年(1801年)夏天进京。四喜班兼演徽、昆,世称"昆乱梆子俱谙",尤以昆曲见长,因排演全本昆腔大戏《桃花扇》而名满京华,人称"四喜的曲子"。

春台班于乾隆中叶由当时两淮盐商之首的徽州人江春在扬州组建,大约在嘉庆初年进入北京。该班因拥有一支充满活力的年轻演员队伍而名声大震,人称"春台的孩子"。

和春班组建于扬州,由庄亲王府招聘入京。嘉庆八年(1803年)新春期间首演于京城。和春班擅长武戏演出,常演有激战厮杀等火爆场面的剧目,靠惊险刺激的武打和杂技来吸引观众,在京师众多戏班中独树一帜,人称"和春的把子"。

从徽班进京伊始到道光年间,在京徽班兼收并蓄,精益求精,以无可比拟的优势赢得京城观众的青睐,成为雅俗共赏的"时调","京都第一"的戏班。不仅如此,在大江南北,徽班就像流动的播种机一样,一路行走,留下无数徽剧的种子,开出了绚丽的戏曲之花。婺剧、绍剧、赣剧、盱河戏、粤剧、潮剧、西秦戏、闽剧、梅林戏、桂剧、邕剧、琼剧、湘剧、祁剧、汉剧、荆河戏、川剧、滇剧、柳子戏等全国十多个省份的几十个剧种皆与之有亲缘关系。

"色艺最优"的梨园名伶

安徽出演员,尤其出好演员,是有传统的。清代安徽籍名伶星光灿烂,熠熠生辉。郝天秀、高朗亭、程长庚、何桂山、杨月楼、王鸿寿、汪桂芬、夏月珊、杨小楼等,皆为其中杰出代表。而他们中最著名的,要数程长庚。

程长庚(1811—1880),名椿,字玉山(亦作玉珊),号荣椿,

程长庚画像

寓号四箴堂,长庚为其乳名,安徽潜山人。道光二十五年(1845年)为三庆班掌班,咸、同年间成为誉满京城的徽班名伶,执掌三庆、四喜、春台三大徽班,并为行业组织"精忠庙"庙首几十年。程长庚尤工文武老生,与四喜班张二奎、春台班余三胜一起合称"老生三鼎甲"。他是京剧的奠基人之一,为京剧的形成作出了彪炳青史的重要贡献,被誉为"徽班领袖""京剧鼻祖"。他扶危济困、关心同行,被后人誉为伶界的"大成至圣先师"。

地方戏的兴起

皖中有个"倒七戏"

鸦片战争后,伴随着社会的激烈动荡,中国的戏剧发展历经风雨,发生了巨大变化。在地跨南北、连接东西的安徽大地上,各种地方小戏如雨后春笋般纷纷破土而出,皖中一带流行的庐剧也在此时登上戏剧舞台。

对于庐剧,大家更熟悉的称呼是"倒七戏",合肥等地一般称之为"小倒戏"。20世纪50年代,合肥地方倒七戏剧团改为合肥庐剧团,庐剧的称呼才确定下来。

庐剧形成于清末,已有近200年历史。庐剧是在皖西大别山一带的山歌、合肥门歌、巢湖民歌、淮河一带的花灯歌舞的基础上,吸收了锣鼓书、端公戏、嗨子戏等的唱腔发展而成的,并由此形成西路、中路、东路等不同流派。西路庐剧主要活动于大别山地区及淮河流域,以六安为中心,辐射周边,擅长花腔杂调,唱腔粗犷、奔放、高亢,山歌风味极浓,亦称"山腔";中路以合肥为中心,流行于肥东、肥西、舒城等地,唱腔以二凉、寒腔为主调,吐字行腔抒情委婉,且在唱句落尾,饰以假音;东路以巢湖一带为中心,流行于原巢县、含山、和县、庐江、无为,以及江南的芜湖、南陵、繁昌、当涂等地,唱腔柔和流畅,服饰华艳。

庐剧唱腔分主调和花腔两个部分。主调【二凉】【寒腔】【三七】

庐剧《三孝口》剧照

等适于叙事，也可抒情，适合表现较复杂的人物感情。花腔曲调绝大部分是民歌小调，曲式固定，反复演唱。庐剧唱腔高亢，常用小嗓子（假声），有着极浓的山歌味、民歌味。而庐剧曲牌中的悲调如【寒腔】【端公调】在表现剧中人物的哭诉时极具感染力。

庐剧的代表性剧目主要有小戏《借罗衣》《讨学钱》《观画》《打桑》，大戏《休丁香》《秦雪梅》《陷巢州》《妈妈》等。

皖北那个"拉魂腔"

有这样一句俗语："听了拉魂腔，酒肉都不香。"拉魂腔，就是泗州戏，流行于淮河以北的皖北地区。

泗州戏起源于清代乾隆年间，至今有200多年历史。据传发源于苏北海州，那里流传着"太平腔""猎户腔"两种民间曲调，经过民间艺人邱氏、葛氏、张氏三人收集、整理，再编出简单的小段子，便是初始的拉魂腔。后来，三人分头传艺，张氏留在苏北，葛氏到山东，邱氏到安徽，从而形成了今天的江苏淮海戏、山东柳琴戏、安徽泗州戏这几个同根同源的不同剧种。拉魂腔传到皖北，在泗县、灵璧一带流传最广,唱拉魂腔的艺人也最多,后来人们就将当地的拉魂腔称为泗州戏。

泗州戏的音乐曲调没有严格规式,一般只是根据男女唱腔的不同速度产生不同的"板"。"板"为梆子,它在泗州戏音乐唱腔中占有相当重要的地位,演员唱腔的变化、感情的抒发和控制,特别是节奏的变化,都和打梆子有着密切的关系。泗州戏的唱腔因此千变万化,女腔的变化尤为丰富,显得优美、委婉而朴实。演员在演唱时,可以根据剧本规定的情景,结合人物情绪,对曲调作一定的变化处理。这种自由咏唱,可以较好地发挥演员的才能,被称为"怡心调"。

泗州戏的表演明快、生动、质朴,台步、身段明显留有花鼓灯风格。其剧目大多来自民间,故事情节完整,唱腔优美,语言风趣,常用大量谚语和歇后语,深受老百姓喜爱。

"地摊子"开出"皖南一枝花"

被誉为"皖南一枝花"的皖南花鼓戏,它的诞生充满了血和泪。

皖南宣城一带山清水秀、人杰地灵,自东晋以来一直被视为东南膏腴之地、诗歌之乡。这里又是著名的戏曲之乡,自明朝以来,青阳腔、昆腔、徽调、目连戏、傩戏先后在此流行。但清代咸丰三年(1853年)太平天国定都南京后,皖南宣城、宁国、广德、郎溪及苏南高淳、溧阳等地,成为太平军与清军反复拉锯争夺的战场,造成当地田园荒芜、瘟疫流行、十室九空。战争结束后,在清政府减免租税、休养生息的政策下,湖北、河南、皖北、苏南、浙西等周边地区民众大量移民进入这一地区垦荒耕植。他们将湖北的花鼓调、淮北的凤阳花鼓调和河南信阳、光山、罗山一带的灯曲等,一并带来并汇聚在这一地区。于是,在清朝同治、光绪时期,一种最初在广场、空地上当众演出的、民间称为"地摊子"的演唱形式在安徽东南部的宣城、广德、宁国、郎溪一带形成,这就是皖南花鼓戏的雏形。中华人民共和国成立后,这个剧种被正式命名为皖南花鼓戏。

皖南花鼓戏的主腔主要有【陶腔】【四平】【北扭子】【悲腔】四种,还有许多专曲专用或一戏多曲的花腔。

一枝独秀黄梅戏

谁料皇榜中状元

如果要评选全中国乃至全世界传唱度最高的戏曲唱段,黄梅戏《天仙配》里的"满工对唱"无疑是一枝独秀!

黄梅戏原称黄梅调、采茶调、黄梅采茶戏等,清代乾隆年间滥觞于皖、鄂、赣三省交界之处。初期的黄梅戏基本上是一种小农经济下自娱自乐的形式,属于典型的农业文明社会的乡土戏剧,是一种"农闲时唱戏,农忙时歇戏"的季节性半职业班社的演出。在清代咸丰年间开始首演整本大戏,光绪时期始有正式班社出现,具体可考的最早的黄梅调戏班,是创建于光绪二十一年(1895年)的彭小佬戏班。算起来,黄梅戏的历史不过短短100多年。但是,"谁料皇榜中状元",黄梅戏占尽了地利:它诞生在孕育了青阳腔、徽调等戏曲声腔的中国"戏窝"之一——安庆。当年,为逃水灾顺江而下的湖北灾民怀着希望、唱着家乡的黄梅调来到当时的安徽省会安庆谋生。安庆当地开放的社会风气、肥沃的戏曲土壤以及软糯而极富音乐感的语言,与外来的黄梅调不期而遇,逐渐融合成为一种荡人心魄的乡间小戏——黄梅戏。

黄梅戏最大的优势是好听、好唱。黄梅戏的传统唱腔有主调、三腔、花腔三大类。主调是黄梅戏正本大戏常用的唱腔,分为平词、平词对板、八板、火攻、二行、三行等;三腔指彩腔、仙腔、阴司腔;

黄梅戏《天仙配》剧照

花腔是花腔小戏的总称,以演小戏为主,曲调朴实欢快,具有浓厚的生活气息和民歌小调色彩。黄梅戏唱腔优美动听,语言通俗易懂,表演载歌载舞,内容贴近平民百姓,生活气息浓郁,深受人们喜爱。

架上累累悬瓜果

中华人民共和国成立后,随着一批新文艺工作者的加入,黄梅戏驶入了发展的快车道:舞台剧佳作不断涌现;与影视"联姻",黄梅戏电影、电视剧风行全国,甚至在海外引起了一波又一波黄梅歌、黄梅调电影热;发唱片、录磁带,黄梅戏唱片、磁带发行量双双创造历史。短短的几十年间,黄梅戏发展之迅疾、流传范围之广、观众喜爱之甚,在全国各戏曲剧种中堪称一绝。

黄梅戏由于历史不长,"家底"并不丰厚,传统剧目有"36大本、72小出"。黄梅戏的传统小戏从内容上来看,主要有三大类:一是反映普通老百姓(主要是农民和小工商业者)的日常生活,二是反映普通人对爱情的向往及追求，三是对丑恶现象的揭露和鞭挞。其中以《打猪草》和《夫妻观灯》最为著名。《打猪草》表现的是村姑和牧童纯洁无瑕的心灵及两小无猜的情谊。随着欢快、优美的唱腔，载歌载舞的表演，人们陶醉在"郎对花姐对花，一对对到田埂下"这充满了浓郁泥土芳香的田园风光中。它与《夫妻观灯》一起成为黄梅戏乡土戏剧的标志性作品。

黄梅戏大戏优秀剧目主要是中华人民共和国成立后改编或新创的剧目，包括《天仙配》《女驸马》《罗帕记》《红楼梦》《徽州女人》等。此外，还有黄梅戏电影《天仙配》《女驸马》《牛郎织女》等，黄梅戏电视剧《郑小娇》《潘张玉良》等。

树上的鸟儿成双对

黄梅戏丰硕成果的取得离不开优秀人才的贡献。正是因为拥有严凤英、王少舫、时白林、陆洪非等一代黄梅戏艺术大师，黄梅戏才出现了风靡全国的盛景。

严凤英（1930—1968），安徽桐城人。严凤英是黄梅戏发展史上一位具有里程碑意义的表演大师。她的唱腔亮丽沙甜，委婉动听，韵味浓郁，吸收了京剧、越剧、评剧、评弹、民歌等唱腔之长，并融会贯通，自成一家。她以天赋的嗓音、超强的艺术感悟力，塑造了黄梅戏舞台上众多栩栩如生的形象，奠定了黄梅戏以旦角戏为主的艺术风格，为黄梅戏开创了一个无与伦比的辉煌时代。

作为黄梅戏一代表演大师，王少舫（1920—1986）原本是唱京剧的，江苏南京人。他首先将京剧的演唱及伴奏融入黄梅戏，丰富、发展了黄梅戏艺术。他的嗓音宽厚洪亮，极富特色，表演细腻、精湛，与严凤英一起创造了黄梅戏的辉煌。

时白林（1927—2022），安徽蒙城人。作为一代黄梅戏音乐大师，他的创作几乎贯穿了当代黄梅戏音乐史的全过程。《天仙配》《女驸马》等耳熟能详的唱段主要出自他手。黄梅戏音乐之所以风靡天下，以时白林为代表的一代黄梅戏音乐家功不可没。时白林规范并提升了黄梅戏音乐的表现力，对黄梅戏传统唱腔进行了审美改造。他与严凤英、王少舫等表演艺术大师一道,形成了黄梅戏唱腔优美动听的艺术风格。他还为黄梅戏发现、培养了一批承上启下的优秀作曲人才。

陆洪非(1923—2007),安徽望江人,著名黄梅戏编剧和理论家。他与严凤英、王少舫、时白林等共同创造了一个属于黄梅戏的艺术时代。他整理、改编和创作的剧本有《天仙配》《女驸马》《春香闹学》《宝英传》《桃花扇》等。1985年,他撰写了第一部黄梅戏史著作《黄梅戏源流》,为黄梅戏研究奠定了基础。

音乐舞蹈
YINYUE WUDAO

从情感表达的本能需求到享受生活中的快乐并安抚心灵,从随性的并不规范的曲调、动作到充满韵律与美的艺术,音乐和舞蹈在内容上和形式上的这些变化,反映了人类文明的发展和进步。安徽这块土地上的音乐和舞蹈也走过同样的历程。涂山女的恋歌,是脱口而出的情感表达;而凤阳歌能够流传天下,则因为携带了太多的生活感受和心灵感悟。傩舞的动作质朴、粗犷,只是对神灵和鬼兽的简单模拟;而花鼓灯能成为汉族民间舞蹈的代表性样式,则因为包含了数百种舞蹈语汇,极为典型地体现了中国民间歌舞艺术的审美品格。安徽的音乐和舞蹈随着时代发展前行,为安徽人民的生活增添了乐趣和美感。

上古民谣和乐舞

涂山女的恋歌

4000多年前,中国出现了第一首恋歌,虽然歌词只有4个字,却妙不可言,成为后世恋歌的典范。这首歌的名字为《候人兮猗》。

在《吕氏春秋》中,我们看到了有关《候人兮猗》的记载,大意是大禹以治理水患赢得世人的尊重,他在奔走治水的途中,与涂山(今属安徽蚌埠)的一位女子一见钟情,还没有来得及谈婚论嫁,又到南方巡视灾情。涂山女每天让侍女站在涂山的南面,迎候大禹归来;她自己则创作了等待重逢的四字恋歌:"候人兮猗",并每日每夜深情歌唱。

这首歌的歌词只有一句,其中的实词就两个字"候人",另外两个感叹词,相当于"啊""呀",却构成意义完整的歌曲。涂山女的心中有一种强烈的感情要喷涌出来,她不满足平常说话的语调,她要张扬人性,她要脱口而出,她要不加任何修饰地直接表达,还要带上拖音唱出来。虽然只有4个字,深深的爱恋、焦急的等待却都包含在其中。有些人以为《候人兮猗》不是一首完整的歌,但事实上,在原始的歌唱中,歌词常常就是同一呼声或同一言辞的重复。从此,中国有了第一首恋歌。

在中国音乐史上,这首《候人兮猗》还被视为"南音"的开山之作。

执籥秉羽，歌功颂德

夏禹治水成功后，为了欢庆胜利、记载功绩，命令皋陶创作了一部名为《大夏》的乐舞作品，该作经常在盛大的祭祀活动中演出。这部乐舞共有9个段落，表演时以"籥"作为主奏乐器和主要道具，所以也称《夏籥》。

"籥"，本作"龠"，是一种以竹、苇等材料制成的单管吹奏乐器。根据许多历史典籍的记载，到了周代，"籥"的功用得到发扬光大，使用也更加广泛：周武王伐殷时，祀庙谒祖有"龠人"；周穆王西游时，大奏广乐有"籥"器；而在宫廷大司乐中，更有专门的课程设置，由"籥师"教授公卿大夫的子弟们吹籥和舞羽。从此以后，"执籥秉羽"，也就是左手拿着"籥"，右手拿着羽毛，边唱边舞，成为表演文舞雅乐的标配。

相传春秋时期，吴国有个名叫季札的贵族，非常喜爱音乐。有一次，他作为吴国使臣，到鲁国访问，听说鲁国保存了很多西周宫廷中的著名乐舞，就请求参观学习。鲁国很热情地为他演出了《大夏》等古乐。季札看后，深深地被作品的内容和表演所感动，深情地说："真的很美啊！像这样勤劳而又有道德的人，除了夏禹，谁还能比得上呢？"季札的话，虽然有过誉的成分，但也说明，这种乐舞用来歌功颂德，的确发挥过很大的作用。

不知道从什么时候开始，"籥"的演奏方法失传了，成为只舞不吹的道具，明代的乐律学家朱载堉很有感触地说，后来的文舞表演，只能看到舞者手中执籥，却看不到有人吹籥，看来是没有人知道怎么吹了。他希望有志于复古的音乐人站出来，找到吹籥的古法。有意思的是，经过当代学者的研究，"籥"的吹法在宫廷中虽然失传，却在皋陶后裔封地的江淮之间，一直以斜吹的方法存在于民间，这种历史极为悠久的古老吹奏乐器，今天有望重现风采。

夏启"上天得乐"

夏禹和涂山女有个儿子，叫夏启。启继承了禹的王位，一生四处征战，消除了各种反对势力，同时也有"荒于音乐和饮食"的传说。

在《山海经》的《海外西经》《大荒西经》中，分别有着关于"夏启上天得乐"的神话描述：他乘驾两条蛟龙，耳朵上穿有两条青蛇，飞腾在三重云雾之上。他左手握着羽毛做成的华盖，右手拿着玉环，腰间还佩挂着玉璜，三次到天宫做客，并且在"大乐之野"舞蹈《九代》，在"天穆之野"歌唱《九招》，又把《九辩》和《九歌》带回了人间。

这些描述虽然具有荒诞、怪异的色彩，但与《山海经》中许多对上古帝王的描述一样，可以得到相关史籍的印证，所以不无史实成分。此外，这些描述还能得到相关出土文物的印证。1978年，湖北随县擂鼓墩出土了举世闻名的曾侯乙编钟，随同出土的还有一件布满彩绘图案的"五弦琴"，可能是用于编钟调律的音高标准器。经过学者研究，琴底后部的彩绘内容就是"夏启得乐图"，所绘长发人形，上肢屈曲，下肢作蹲坐状，两耳各穿一蛇，胯下有双龙缠绕，与《山海经》中描述的夏启形象完全吻合。

夏启生于涂山，长于涂山，继承了母亲的音乐天赋，具有创作、表演乐舞的才能，对后世宫廷乐舞和南方音乐创作产生了深远影响。例如《九招》，直到周代，宫廷仍然以《九韶》的名称经常演出，形成"凤凰来仪，百兽率舞"的表演盛况。又如《九歌》，后来被战国时期的屈原写成一组抒情诗歌，我们今天阅读时，总会被诗中那奇伟、浪漫的神秘色彩和虚幻、美妙的人神恋歌所吸引。

傩舞：驱邪禳灾，纳吉祈福

跳给谁看

傩舞原为中国古代傩祭仪式的组成部分，源远流长。在漫长的发展历程中，傩舞在全国各地都有流传。安徽江南一带，也是傩舞的流行区域，特别是贵池傩舞和祁门傩舞，最有代表性。

傩舞源于巫术，是人们希望借助外界的神秘力量，替自己消除疾病的危害、虫蛇猛兽的侵袭、干旱和洪涝的灾难的重要形式。最初的形式为，巫师很神圣地穿着红色裙子，象征太阳神的使者，口中念念有词，手之舞之，足之蹈之。其他参与者佩戴面具，有的模拟神灵，有的模拟鬼兽，一边歌舞，一边呼号，表现请神、降神、礼神的过程，借神灵的力量驱邪禳灾，纳吉祈福。这种融入巫术仪式的舞蹈以人体为神灵的载体，显然是为了娱神，是跳给神看的。

而后，驱赶巫术与图腾崇拜、祖神崇拜、土地崇拜、英雄崇拜以及信仰习俗相融合，形成历史悠远、遍及各地的巫风傩俗，并于宋代以后逐渐向世俗化的方向发展。许多傩舞请出的判官、钟馗、门神、灶君、土地、魁星、六丁六甲等神祇，都是民间信仰中的常见形象，与普通百姓的日常生活有密切的关系。有些傩舞成为民间传说的浓缩，把传说故事中的人物神化，在礼神时请他们降临，帮助人们实现幸福、吉祥的生活愿望。这时，傩舞从人的神化转向神的人化，从娱神转向娱人，虽仍说是跳给神看，但实际上是跳给人看的。

傩戏《高跷马》

《童子舞伞》：孩儿也是神

  《童子舞伞》是贵池傩舞的常演节目，又称"伞舞"。有学者认为"伞舞"是明代以来的称谓，与先秦的"绂舞"、汉代的"灵星舞"、隋代的"拂舞"、宋代的"竹竿拂子"一脉相承。

  表演角色叫作"伞孩儿"，舞蹈时戴面具，穿大红镶黑边对襟上衣，深蓝印白云纹灯笼裤，黑色布鞋；披粉、绿、黄、金四色绸条拼成的披肩，绸条尖上缀有小铜铃；系大红腰带，双手持万民伞。伞柄长约五尺，竹篾骨架，伞顶及四周糊纸，绘有蝙蝠图案；四周直贴多层五色纸条，上面写有"国泰民安""风调雨顺""五谷丰登"等吉祥语。

  舞蹈动作有扛伞、转伞、担伞、逗伞等，并按东西南北、上下左右的方位变换动作，称作"拜四门"。表演时只见伞孩儿持伞舞动，忽而扛在肩上，忽而举在头顶，忽而像车轮滚动，忽而像转盘旋转，忽而像矛戟刺杀。在伞孩儿的手中，万民伞的神圣性与世俗性不断更替：伞倒地时，孩儿蹑手蹑脚，恐惧不安；伞旋转时，孩儿又大胆放肆起来，尽情地戏耍和玩弄。这柄万民伞，既是驱鬼逐疫、纳吉祈福的神器，又是孩儿手里的玩具。最后，有长老上场，用力握住伞孩儿的双手，使其停止舞蹈。否则，伞孩儿便停不下来，因为他此时已经成神了。据传，这位童子是玉皇大帝的得力侍卫，武艺超群，能捉到其他神祇无法捉拿的妖魔鬼怪。

《打赤鸟》：五谷丰登的愿景

《打赤鸟》也是贵池傩舞的常演节目，或称"打翅鸟"。传说中的赤鸟，是仙人下凡所化专吃害虫的神鸟，到了人间以后它却吃食谷物，损害禾苗，于是又一位仙人下凡，射杀了赤鸟，使农民得到丰收。傩舞虽然以神灵为主角，但初衷是要解决现实生活中遇到的问题，先是驱赶邪恶和灾难，也就是驱邪禳灾，后来要求渐渐提高了，希望满足现实生活中的期待和理想，也就是纳吉祈福，其中最大的吉祥和幸福便是五谷丰登，得到一个好的年成。

舞蹈为两人对舞。一人戴白色"杨兴"面具，扮作赤鸟，穿红色道袍、灯笼裤、黑布鞋，右手举外包红布、露出鸟头的瓷质或木雕赤鸟。另一人戴黑色"赵公明"面具，扮作弓手，穿马褂、战裙、灯笼裤、黑布鞋，右手举弓箭。表演时两人同做"晃手跳蹉步""花梆步"，按横排、斜线的线路相对穿跳，作打鸟状。动作幅度大，力度强。表演中伴有喊断词，其中一段喊道："赤鸟赤鸟，年年害我禾苗，今日当胸一箭，打你家去过元宵啊。"

贵池位于吴头楚尾，有学者认为，这个傩舞应当是楚文化的遗存。根据《史记》等古籍记载，东周楚昭王时期，曾出现过"赤鸟蔽日，三日不绝"的怪异现象，当时流行的谚语说："赤鸟蔽日，祸在荆楚。"也有学者认为，"赤鸟"应当是"赤乌"的错写，"赤乌"是太阳的别称，楚人引弓搭箭射日，为的是驱旱祈雨、庄稼丰收。

《魁星点斗》：五子登科的祝祷

《魁星点斗》不仅贵池傩舞常演，各地的傩舞也常演，只是节目的名称不完全相同，呈现样式略有差异。在中国古代，读书是做官的前提，郑重祭拜魁星，祈求考运亨通，祝愿五子登科，可谓是极为普遍的民间信仰。

舞蹈为独舞，舞者戴墨绿底色、配以红色火焰眉毛的"张龙"面具，裸露上身，披云肩，腰系靠甲，穿紫红色灯笼裤，赤脚。右手握笔，左手持一红布包着的大印，称作"斗"。表演时用"魁星步"向四个方向做"走四门"，每门做三次"点斗"动作，每做一门，跳上台后方桌做魁星造型，配以喊断，喊完一段跳下做下一门。动作健壮有力，节奏强烈凝重。喊断词的内容寄托了科举中榜的美好祝福，如"三更灯火五更鸡，正是男儿立志时，一举首登龙虎榜，十年身到凤凰池啊"之类。

古人把魁星视为天上文曲星下凡，奉为文运之神，所以傩舞中的魁星右手执笔，左手捧斗，朱笔点元，允准某人科甲连登。把"魁"字拆开，有"鬼"，也有"斗"，所以，魁星不但戴有凶神面具，显得面目狰狞，而且赤膊赤足，粗野狂放，摆出一副不畏寒冷的架势。

至于魁星为什么成为文运之神，有多种传说。一种说法是，魁星是个才子，曾经连中三元，却因相貌丑陋惊吓了皇后，被乱棍逐出了皇宫，愤而跳入东海。玉皇大帝怜悯其人，赐朱笔一支，命他掌管人间科举文运。另一种说法是，魁星高中进士，在殿试的时候，皇帝见他相貌丑陋，又是麻脸，又是跛脚，就问他脸上为什么长了这么多斑点，魁星答"麻面满天星"，皇帝又问他的脚为什么跛，魁星则答"独脚跳龙门"。魁星对答如流，皇帝龙颜大悦，就点他做了状元。于是，天下人供奉魁星，图个吉利，以期高中。还有一种说法：魁星才高八斗，却因为相貌极丑，连续三次科考都不成功，于是一怒之下，踢倒装书的木斗，投江而死。魁星虽然三元不中，民间百姓却仰慕其才华，将他塑造为神，借"魁星踢斗"之题，以求文运高照。

魏晋的琴声和笛声

千古绝响《广陵散》

《广陵散》,又名《广陵止息》,是中国十大古琴曲之一。全曲共有45个乐段,分开指、小序、大序、正声、乱声、后序6个部分。说到《广陵散》,就必须说到嵇康,《广陵散》因嵇康而愈加慷慨激昂,嵇康因《广陵散》而愈加惊世骇俗。

嵇康(223—262),字叔夜,谯郡铚县(今属安徽涡阳)人,三国时期思想家、文学家、音乐家,"竹林七贤"之一。嵇康多才多艺,不仅拥有杰出的古琴演奏技艺,还擅长创作琴曲。他创作的《长清》《短清》《长侧》《短侧》,合称"嵇氏四弄",在中国古代琴曲创作史上倍受推崇。此外,他撰写的《声无哀乐论》,表达了不同凡响的音乐思想。从形式上看,这篇论文非常别致,通过两个虚拟人物的辩论,巧妙提出中心论题。从见解上看,文章认为音乐是客观存在的声响,悲哀和快乐是人们受到触动以后产生的情感,两者并无因果关系。嵇康这样说,意在反对把音乐视为政治附庸的传统观念,反对统治者利用音乐控制舆论、解释得失。嵇康的思想还强调了音乐本身的形式美,体现出较为科学的审美观。

关于嵇康与《广陵散》,许多历史典籍中有着大同小异的介绍:嵇康好琴,一次晚宿月华亭,夜不能寐,起坐抚琴,惊动了一位耄耋老人。那老人弹起一支琴曲,开始的音调刚劲有力,似乎要讲述动人

明　仇英《竹林七贤图》

心弦的故事；随后响起一阵浑厚深沉的低音，有如炽热的岩浆在火山中翻滚，就要喷薄而出；继而变化为坚定、铿锵的旋律，使人感到惊心动魄、热血沸腾。应嵇康的请求，老人把这支琴曲传授给他，并告诉他，曲名叫作《广陵散》，讲述了战国时期聂政刺韩相的故事。老人还与嵇康约定，此曲不得教人，说完转身不知去向。

嵇康才华横溢，性情刚烈，而且崇尚老庄，向往出世，不愿为官，对于当时掌权的司马氏采取不合作态度，因此颇招忌恨。嵇康获赠《广陵散》后，有感于其中表现的勇敢精神和战斗意志，经常弹奏，抒发情怀。嵇康39岁那一年，因事触怒司马昭，被下令处死。临刑前，嵇康并不伤感，只是叹惋生前没能把这支琴曲传授给他人，以致成为绝响。他要过一架七弦琴，面对着前来送行的人们，在高高的刑台上再一次弹奏起《广陵散》，铮铮的琴声，昂扬的曲调，铺天盖地，激荡着每个人的心灵。

戴氏父子以琴自娱

东晋时期，谯郡铚县出了琴棋书画无所不精的戴逵。

戴逵（？—396），字安道，在绘画艺术和雕刻艺术上都取得了非凡成就，古琴弹奏水平在当时独步天下。他无意仕途，淡泊名利，立志做个隐士。戴逵兄长戴逯在淝水之战中立下大功，官升数级，太傅谢安问戴逯：你们兄弟俩人的志向为什么相差那么远呢？戴逯回答说：我忍受不了那样的清苦，而家弟也改变不了他的乐趣。

相传，官为太宰的武陵王司马晞听说戴逵琴弹得好，请他到王府演奏。戴逵素来厌恶司马晞的为人，不愿前往。司马晞找到戴逵的一个朋友再次请他，并附上厚礼。戴逵深感受辱，取出心爱的琴，当着朋友的面摔得粉碎，并大声说：我戴安道绝非王门艺人，休得再来纠缠。

戴逵的两个儿子戴勃、戴颙，都继承了父亲的琴艺，并像父亲一样无心功名利禄，遁迹山林，以琴书自娱。戴逵辞世后，他们不忍弹奏父亲所教的琴曲，以免闻曲思人，伤心感怀，于是各自创作了一些新曲，改编了《三调游弦》《广陵止息》等传统名曲，并很快流传。戴颙还把汉代歌曲《何尝》和《白鹄》合为一支琴曲，起名《清旷》，充满玄学意味。

戴氏兄弟纵情于山水，游历到剡县（今浙江嵊州）时，中书令王绥带着宾客前去拜访，戴氏兄弟正在吃饭。王绥说：你们善于弹琴，我想听一听。兄弟俩就像没听见一样，不予理睬，继续吃自己的豆粥。他们后来游历到桐庐山，被秀丽的山色吸引，在此居住下来。不久，戴勃染病，戴颙上书当朝，请求出任海虞令，以便获取俸禄，改善生活拮据、医药不足的现状，为兄治病。事情快要办成的时候，戴勃去世，戴颙也就打消了做官的念头。

从桃叶渡飘来的《梅花三弄》

东晋名将桓伊，出身将门，有军事才干，而且具有极为深厚的音乐造诣。

桓伊，字叔夏，小字野王，谯郡铚县人。擅长吹笛，笛声奇妙，名满天下。东汉蔡邕曾用柯亭的竹子制成"柯亭笛"，声音清越嘹亮，成为传世名笛。桓伊得到此笛，经常用以演奏，被誉为江南吹笛第一人。桓伊在建康（今南京）做官时，住在秦淮河畔的桃叶渡不远处。这里有许多梅花，每逢冬春之际，暗香浮动，清雅袭人，这激发了他的创作灵感，促使他谱写出扣人心弦的笛曲《梅花三弄》。《梅花三弄》笛曲描写了梅花结蕾、绽放和凋谢的过程，层层递进，环环相扣，回环往复。

据说，一日，东晋名士、书法家王徽之应召来到建康，行舟至桃叶渡，正值桓伊乘车从岸边经过。王徽之知道桓伊善吹笛，非常想听，顾不得两人并非熟识，吩咐仆人请桓伊吹奏一曲。桓伊也久闻王徽之的美名，于是欣然答应，随即坐在渡口，吹起《梅花三弄》，奏完便上车而去。王徽之也没有下船，在水上静静地倾听，听完后继续前行。自始至终，两人没有交谈一句，但两颗心已有深入沟通。

又有一日，被桓伊笛声迷倒的王徽之请教太傅谢安：桓伊的笛声为什么那样动听？谢安脱口答道：因为笛声中寄托了桓伊对音乐的一往情深！此后，"一往情深"从桃叶渡传向四方。再往后，笛曲被改成琴曲，成就了《梅花三弄》的千古流传。

白纻舞：从民间到宫廷

白纻山的由来

自宋代类书《太平御览》以降，诸多历史典籍中都有白纻山更名的记载，其中以清代康熙年间《太平府志》的记述最为翔实："白纻山在郡治东五里，高一百二十丈，周一十五里，本名楚山，晋桓温携妓游此，歌《白纻词》，故名。山椒有桓公井、饮马泉、挂袍石诸迹。"这就是说，姑孰（今安徽当涂）原本有一座楚山，因为东晋大司马桓温驻守此地时，经常在山上观赏、演出白纻歌舞，楚山因此改名为白纻山。北宋著名诗人王安石的诗作《白纻山》也说："歌舞不可求，桓公井空在。"世事沧桑，白纻山上的舞榭歌楼早已不存，而以桓温命名的千年不竭的古井犹在，这古井正是对当年舞姿歌容的永久眷念。

桓温（312—373），字元子，东晋谯国龙亢（今属安徽怀远）人，政治家、军事家。桓温担任荆州刺史后，一方面迫切希望建功立业，取得军事上的更大成功；另一方面拥兵自重，与朝廷若即若离。桓温发动第三次北伐前夕，朝廷两次阻止，召其入朝参政。桓温谢绝，移师姑孰，继续准备征讨，同时兴建城池，享受歌舞，寻欢作乐。桓温蓄养了一支规模可观的歌舞表演队伍，在楚山上举行宴饮，从而把当地本已流行的白纻歌舞推向盛行。白纻舞逐渐为贵族豪门喜爱，从民间的自娱自乐演变为宫廷的常备节目。

质如轻云色如银

白纻山,因白纻歌舞在此盛行而得名;而白纻舞,则因舞蹈时身着白色纻麻舞衣而得名。按照南朝梁文史学家沈约所撰《宋书·乐志》的说法,白纻舞最早出现于三国时期的吴国。当时,吴国统治着长江中下游一带,出产纻麻,并用纻麻织布制衣。那些昼夜从事剥纻、洗纻、晒纻、织纻、制衣的女工们,用一些简单的舞蹈动作来赞美自己的劳动成果,创造了白纻舞的最初形态。姑孰自古属于吴地,出产优质纻麻,自然是白纻舞的流传地域。东晋桓温到此驻守,喜欢上了这里的白纻舞,进而大规模地组织观赏、表演活动,使其更加风行。

晋代有人写过《白纻舞歌诗》,用"质如轻云色如银,爱之遗谁赠佳人。制以为袍余作巾,袍以光躯巾拂尘"的诗句描写白纻舞的服饰之美。可以想象,妙龄舞女们身着质地细腻、色彩洁白的纻麻舞衣,手执同样材质做成的舞巾,舞动起来,如同蓝天上轻轻飘动的白云,那是何等的清丽灵动、婉转多姿。但是,到了南朝的梁陈时期,豪门大宅里演出的白纻舞,已经不穿用纻麻织成的素雅舞衣,而是穿起带有各种花纹图案的丝织舞服,全身上下还佩饰着珠翠,连舞鞋上也缀有明珠,在红烛的映照下一派珠光宝气。民间流传的白纻舞的质朴气息,此时已经荡然无存。

长袖飘飘的舞姿

白纻舞衣质地轻软,但袖子很长,这最能体现白纻舞的动作特点。舞女双手举起,长袖飘曳生姿,形成轻盈飘荡的姿态。舞袖的动作多种多样,有"掩袖""拂袖""飞袖""扬袖"等。掩袖是在舞女倾斜着头,缓缓转身之际,用双手微掩面部,半遮娇态。拂袖与掩袖大致相同,仿佛是不经意间地一拂而过。飞袖比较迅疾,是在节奏加快以后,舞女急挥双袖,如同雪花散落,上下翻飞。扬袖比较舒展,是在节奏较缓时双袖徐徐扬起。除了手与长袖配合而成的各种动作外,白纻舞还讲究眼睛的神态,要求舞女用眼神配合或急或缓的舞姿,在

白纻舞

精神上与观赏者取得交流。

　　白纻舞的表演节奏，是从徐缓转而急促的。舞蹈开始时，舞女的身体只是轻轻地移动，似乎不是在走动，而是被推引着行进。节奏加快后，舞步和动作随之加快，但仍然保持轻快的动态，构成飘逸的舞蹈基调。要在迅疾的速度中表现绰约的舞姿，需要很高的技巧，也很费体力。一段舞蹈跳下来，舞女都是"流津染面散芳菲"，也就是汗流满面了。

　　白纻舞早先在民间流传时，风格清新淳朴。后来走进宫廷富室，受到绮靡奢华的贵族风尚熏染，风格变得妖艳起来，正如唐代杨衡《白纻辞》所说："芳姿艳态妖且妍。"舞女们的妖冶舞姿，令朱门王侯四座欢乐，而她们的心中，却埋藏着年华流逝、供人消遣的悲哀情绪。她们的低回叹息，被许多敏感的诗人捕捉到，于是就有了"琴瑟未调心已悲，任罗胜绮强自持"之类的悲凉诗句。

歌辞更长久

　　魏晋南北朝时期，白纻舞的风格虽然有所变化，但以舞为中心、以歌辞相伴的演出体制一直没变。唐代中期以后，白纻舞的表演渐渐淡出历史舞台，而白纻歌辞的创作却长盛不衰，持续1000多年，数量1000多首，形成中国诗歌史上的独特现象。

宋人郭茂倩编纂《乐府诗集》，收录从晋代到唐代的白纻歌辞51首。《晋白纻舞歌诗》为现存最早的白纻歌辞，描写了白纻舞的姿态、神情和服饰，抒发了"人生苦短，及时行乐"的感慨，可作舞蹈伴唱所用。南朝和隋代多见君臣唱和的白纻歌辞，如梁武帝与沈约、隋炀帝与虞茂世等，风格绮艳，接近宫体。到了唐代，李白、张籍、柳宗元、元稹等著名诗人都有白纻歌辞创作，主题多为讽谏，格调重回民间，并可明显见出歌舞分离的倾向。从宋代开始，及至元明清各个朝代，白纻歌辞成为诗歌创作的一种特色题材，既有忧民的情怀，也有读史的感怀，还有日常生活中闲情逸致的抒发和表达。

色彩斑斓的龙舞

耍龙灯：耍出个风调雨顺

龙舞，俗称"耍龙灯"，是中国代表性民间舞蹈，因舞蹈者持传说中的龙形道具而得名。根据诸多史籍的记载，汉代已有形式完整的龙舞：在祈求雨雪的祭祀活动中，春季舞青龙，夏季舞赤龙或黄龙，秋季舞白龙，冬季舞墨龙，每次舞五至九条龙不等，龙长可达数丈。安徽南北各地都有龙舞流行，尤以江南地区为盛，而且形态多样、各具特色，历史可以追溯到宋代。

关于龙舞的起源，有一则传说很有意思。说是很久以前，海里龙王生病，变成老人模样到人间求治，遇到一位名医。名医为老人切脉后感到奇怪，说老人的脉不同于其他人。老人只好承认自己的龙王身份。名医说，你既然是龙王，必须恢复龙的模样才好诊断病因。龙的形象原本不能轻易示人，但龙王为了治病，便答应了名医要求。到了约定时间，龙王从海里露出头来，海边的名医查出病因，对症下药。为了表达谢意，龙王让名医回家后按照它显形的样子扎成游龙，每年挥舞，保证风调雨顺。龙的形象源于图腾崇拜，被老百姓视为能够行云布雨、消灾降福的神物。这则龙舞起源的传闻，说明古代的人们非常希望得到龙的帮助，过上年成丰盛的幸福生活。

汉代百戏中有"鱼龙曼衍"之戏，鱼舞之后，便是翻腾飞翔的龙舞；宋代词人辛弃疾的《青玉案》描述当时元宵节的盛况，有"凤箫声动，玉壶光转，一夜鱼龙舞"的句子。到了明清时期，大江南北都要过灯节,耍龙灯的风俗更为风行,正如清代一首灯歌所描绘的那样:"艳说年丰五谷登,龙蟠九节彩云蒸,瞥如声涌惊涛沸,火树千条抢滚灯。"我们不妨设想一下,成百上千条巨龙同时舞动起来,时而高腾,时而俯冲,时而盘旋,时而穿梭,那是怎样一种激动人心的壮观场面!多少年来,通过无数劳动人民的创造,龙舞已经发展成为具有高度艺术技巧的民间舞蹈。如今,每逢喜庆祥和的节日,城乡四处的人们都要舞龙,他们手握木把,举起蜿蜒起伏的飞龙,向着高处跳跃,向着远处奔跑,向着美好的愿景激情前行。

草龙:与火共舞

草龙是安徽南部普遍流行的一种龙舞。龙形用稻草、青藤、柳枝等捆扎而成,龙身插满香火,也称"香火龙"。通常在春节、中秋节期间表演,营造热烈欢快的节日气氛。有些地区还在夏季傍晚的田间场院舞耍,舞起来星火点点、香烟缭绕。草龙的闪光能够吸引许多小飞虫落附,或者追逐在周围,舞到最后时,猛然把龙身插到水塘中,小虫都被淹死,具有驱除虫害的作用。

泾县榔桥镇及附近地区的草龙表演从正月初一开始,以正月十五为盛,一直延续到二月二结束。将草龙焚烧,称为"龙上天"。舞队出发时草龙居中,前有牌灯和龙门架,后有伴灯和锣鼓乐队。遇到较大场地时停下来表演,草龙从龙门架舞出,时而跃空,时而潜底。

祁门县桃源村的草龙表演在中秋节进行。晚上7点左右,村中5个支祠各有一条草龙出发,称为"起龙",到总祠"叙五祠"门前广场集中,表演盘龙、穿龙、滚龙等套路,而后穿街绕巷,往返游舞。草龙经过时,各户鸣炮迎接。晚上10点左右结束,众人簇拥着5条草龙送入村口廊桥外的溪涧里,称为"送龙神",祈求丰收年成。

休宁县五城镇一带流行的草龙又称"空心龙",龙身为竹篾扎成并用稻草缠绕的空心竹圈。每到中秋之夜,乡村的广场上烟花、鞭炮齐鸣,火光和烟雾犹如云海奔涌,身上闪烁着香火的空心龙在云海中翻飞,时隐时现,引人入胜。休宁县的草龙还有"冬瓜龙""绳索龙"等不同种类。逢中秋节夜漫游山间小道、田野阡陌,可见香火辉映,妖娆多姿。

板龙：力量的象征

作为龙舞的一个种类，板龙在全国各地都有流行，在安徽境内，则以休宁县流传的板龙最有代表性。

板龙的龙头、龙尾用圆木雕凿而成，外饰油漆彩绘；龙头长7尺多，直径最宽处2尺有余；龙尾长近6尺，直径最宽处2尺有余。龙身为若干块长5尺、宽2尺的木板，一端安榫，一端凿榫眼，相互插入连接，再与龙头、龙尾相接。龙头、龙尾和龙身的每块板下安装木棍，以便表演者手持、举起、舞动。

按照当地习俗，村中年满15岁的男子称作一丁，每丁制作一节木板龙身参加游耍，龙身愈长，显示本村人丁愈旺。多在正月晚间游舞，先鸣炮告示，从祠堂里请出族长或富家承制的龙头、龙尾，而后

宣城板龙灯

沿村绕巷，每经过一户，这户男丁将自制龙身接上，最后接上龙尾。板龙又重又大，而且以巨以长为美，需要较大的力气方可舞动，是男丁力量的象征。

因为板龙既大又长，游舞时只能做一些相对简单的动作，如沿乡村道路举着上下起伏或者在较大场地上回旋兜圈。领路的巨大龙头需要4人才能高举，中间的龙身很长，往往需要100多人托举，压阵的龙尾也需2人合举。龙身挂有冬瓜形灯笼，内燃烛火，而今龙头双眼和龙尾点亮小电珠，在夜空里宛如一条巨龙逶迤游走，加以人群簇拥的浪潮和欢笑声、锣鼓声、鞭炮声，把山村的节日夜晚装点得热火朝天。

手龙：望子成龙的寄托

据《绩溪县志》记载，绩溪县宋家村以西的古村橘树园遗址曾为晋王子隐居栽橘之处。南宋时期，宋家、中屯两村百姓安居乐业，人丁兴旺，人们感念祖辈庇佑，便用竹篾和彩绸扎制小龙，供小男孩擎舞游玩。一来纪念晋王子，二来寄托望子成龙的期许。

传统的手龙舞分单人舞、双人对舞、三人合舞。单人舞的表演者一只手举龙头，将龙围在腰部，龙尾挂在腰旁，另一只手持龙珠舞动；双人对舞的表演者双手持龙，将龙举过头舞动；三人合舞又称"双龙戏珠"，为两男童举手龙，一女童举龙珠，表演"引龙""寻珠""扑珠""抢珠""戏珠"等连串动作，翻转盘绕，灵活自如。

随着龙舞技艺的发展进步，现今的手龙舞以不同人数组合表演，多为30名男女儿童共同完成。表演时，20名男童擎手龙，10名女童举龙珠，穿短袄、短裤，围肚兜，戴银箍，在鼓乐曲牌的伴奏声中集体舞动，形式生动活泼，场面充满朝气，表达出少年儿童的快乐童真。在许多展演活动中，文艺工作者根据舞台效果融入新的创意，样式更加丰富多彩。

凤阳歌和凤阳花鼓

乞食出歌舞

凤阳歌有狭义、广义两种解释。狭义的解释专指清代乾隆年间刊印的戏曲剧本选集《缀白裘》第六集《花鼓》一剧中最早出现的那首《凤阳歌》："说凤阳，话凤阳，凤阳原是好地方。自从出了朱皇帝，十年倒有九年荒。大户人家卖田地，小户人家卖儿郎。唯有我家没有得卖，肩背锣鼓走街坊。"后来在流传过程中略有变化，如结尾两句变为："奴家没有儿郎卖，身背花鼓走四方。"广义的解释是指凤阳民歌，也就是明代以来从凤阳府临淮县和凤阳县（今安徽凤阳）流传开来的、主要用于凤阳花鼓演唱的民间歌曲，具有音域宽广高亢、音韵纯朴浑厚、歌词铿锵上口等特色。

凤阳花鼓是一种说唱艺术，今天称作曲艺，其发源地与凤阳歌相同。凤阳花鼓所唱的曲调，便是广义的凤阳歌。与其他说唱艺术不同的是，凤阳花鼓表演时有舞蹈的加入：较早的表演形态为二人自击小鼓和小锣伴奏，口唱小调，边舞边歌；清代中期以后，舞蹈因素逐渐淡出，仅剩唱曲部分；20世纪50年代初，文艺工作者对凤阳花鼓加以改革，重新把舞蹈因素加入进去。

凤阳歌和凤阳花鼓起源于明代，当今学界对此已经达成共识，而起源载体为何，则有不同说法。一种说法认为，当时在田间地头插秧时，男女相互击鼓、唱插秧歌成为风俗，后来从民俗演变为民间歌舞形式，所以，凤阳民歌又被称作凤阳秧歌。还有一种说法更加流行，便是与乞讨有关，这在前文提到的那首《凤阳歌》歌词里可以得到印证。

通过对比多种明清古籍里的相关记载，我们把两种说法加以融合：原本，江浙一带确有田间插秧时击鼓唱歌的习俗。朱元璋登基后，实施移民政策，试图改变家乡的人口稀少状况和贫困面貌。江浙等地的20多万移民来到凤阳，政治地位卑微，生活每况愈下，逃回原籍又会遭到朝廷的制裁。于是，他们想起故乡的民俗，身背花鼓，扮作乞丐，击鼓唱歌，回乡省亲扫墓，一时蔚然成风。凤阳歌和凤阳花鼓，就这样以"乞食"为载体诞生并流传开来。

单会唱个凤阳歌

跟随江南、中原等地移民和凤阳当地灾民卖艺求生的脚步，凤阳歌、凤阳花鼓得到迅速流传，影响几遍天下，形成民歌传播史上的一种奇观。有人统计过，除新疆、西藏外，中国大部分地区都曾飘荡过凤阳歌的旋律，尤以江浙、山西、北京为多。凤阳歌流传到各地后，在当地生根、发芽、衍变，形成了具有当地特色的民歌腔调，如苏南的春调、河南的阳调、山东琴书的凤阳歌、徐州琴书的四句腔、陕西曲子的阳调、榆林小曲的叮当调，以及东北、四川、云南、湖北等地区的凤阳调，还被昆曲、徽调、汉调、京剧等戏曲剧种吸收为短剧节目。

20世纪初，凤阳歌成为当时为数不多的制成唱片的民间艺术之一，先后灌制了十多首曲目。1934年，14岁的周璇在胜利唱片社录制了中国流行音乐奠基人黎锦晖重新编曲的《凤阳花鼓》，这是明月歌剧社创排的小歌舞节目，边歌边舞，反映花鼓艺人的生活。那时的周璇还是娃娃音、直嗓子，但是乐感很好，声音很甜，情感表达也比较成熟。歌中唱道："左手锣，右手鼓，手拿着锣鼓来唱歌，别的歌儿我也不会唱，单会唱个凤阳歌。"同年，金焰、陈燕燕、黎莉莉联袂主演联华影业公司拍摄的剧情电影《大路》，黎莉莉在片中饰演热烈奔放、高兴起来又笑又跳的茉莉，剧中茉莉手拿擀面杖边耍边唱任光重新编曲、安娥改词的《凤阳歌》的场面非常经典。第二年，任光发表这首电影插曲时以《新凤阳歌》为名，安娥在改词时增加了抗战的内容。

凤阳花鼓

此后,周璇演唱的《凤阳花鼓》又被邓丽君、李谷一等翻唱,至今仍然不断地被搬唱,影响越来越大;黎莉莉演唱的《新凤阳歌》,同样被多次搬唱。这两首歌曲的广泛流行,对凤阳歌的流传起到了重要的推动作用。

从左手锣右手鼓到双条鼓

凤阳花鼓有一个俗称,叫作"花鼓小锣",可谓鼓锣间敲的表演形态的形象表达。至于怎样敲击?几人表演?按照周璇所唱"左手锣,右手鼓"的歌词,似乎是一人自击,但实际操作起来显然有难度,应当是两人表演,女击花鼓,男击镗锣,边唱边舞。早先,凤阳花鼓只是作为底层劳动人民的谋生手段,后来演变为民俗风味浓郁的说唱艺术,到了清代康熙、乾隆年间,孔尚任以及诸多文人的作品都对其表演时亦歌亦舞的热闹场面有所记录。

从清代中期开始,舞蹈因素逐渐从凤阳花鼓的表演中淡出,仅仅剩下唱曲部分,分为"唱门头"和"坐场"两种形式。"唱门头"是指艺人走街串巷,沿门乞讨,演唱凤阳歌、秧歌调等短小曲调,内容多为恭维、奉承之词;"坐场"是指在人群较为集中的茶馆酒楼、街头巷尾坐地演唱,主要唱花鼓调,并用花鼓小锣伴奏,内容多为带有故事情节、近似鼓书的长段,有的段子甚至可以连唱数天,常演曲目有《二十四孝》《王员外嫌贫爱富》等。

20世纪50年代,在几次民间歌舞会演中,文艺工作者对凤阳花鼓的表演和伴奏乐器加以改进,采用一些新的表现手法,糅进了花鼓灯舞蹈。在1955年举办的安徽省工农青年文艺观摩演出大会上,凤阳选送了一个小歌舞节目,由10名女青年扮成村姑模样表演,8人敲鼓,2人打锣,增加了器乐伴奏、舞蹈动作和队形变化,演唱经过改编的民歌《王三姐赶集》,形式完整,内容健康,风格独特,好评如潮。两个月后,这个节目参加了全国工农青年文艺观摩演出大会,再次引起强烈反响。随后,更多的新创凤阳花鼓节目去除了小锣,专用小花鼓伴奏演唱。花鼓小巧玲珑,鼓面直径三寸左右,鼓条为两根一尺五左右的细竹根,演员单手执鼓,另一只手执鼓条敲击鼓面,"双条鼓"的名称从此叫响,成为凤阳花鼓的另一种称谓。

好一个花鼓灯

淮河的故事

花鼓灯是流行于淮河两岸的汉族民间舞蹈样式。花鼓灯的发源地为安徽怀远、凤台一带，对此现今没有争议；发源时间则说法不一，据《凤台县志》，可追溯到宋代晚期，也有学者认为追溯到明代永乐年间更为可靠。及至清代光绪年间，在淮河中游3万平方公里的大地上，出现了村村都有花鼓灯班子的盛况。每逢春节等民俗节日和一年一度的灯会，平时封闭、沉寂的村落，就会被激动人心的花鼓灯所唤醒、所震荡，艺人们在喧天的铿锵锣鼓声中尽情起舞，歌唱呐喊；男女老少从四面八方奔向灯场，参与这炽热、激昂的集体狂欢。

花鼓灯的舞蹈动作刚健洒脱，欢快热烈，韵味十足，具有节奏紧促有力、速度快捷敏锐、架势变换频繁、表情达意豪放而细腻等特点。许多前辈艺人善于观察、体验生活，从生活中提炼、升华新的动作语汇，不断丰富和完善着花鼓灯的舞蹈体系：有感于鸟儿在枝头喃喃细语的形象，创造了"凤凰三点头"；有感于春风中杨柳依依的形象，创造了"风摆柳"；等等。现今，有些论著认为，花鼓灯不仅是一个舞种，更是一种综合艺术形式，因为演出时交融了曲调跳跃的灯歌、韵律明快的锣鼓、趣味盎然的后场小戏，可谓异彩纷呈，美不胜收。

有一首花鼓灯歌唱道："淮河弯，淮河长，淮河两岸好风光，桐柏山中有淮井，七十二河归正阳……"花鼓灯的舞姿、音调和节律，描绘了淮河两岸的自然风光，表达了两岸人民丰收之后的欢乐之情，讲述了两岸人民的生活情趣和历史记忆。淮河水奔流不息，花鼓灯艺术所讲述的故事也将继续下去。

"鼓架子"与"兰花"

花鼓灯的角色繁多，分工也较为细致。男角统称"鼓架子"，女角统称"兰花"。

根据分工的不同，"鼓架子"又可分为"大鼓架子""小鼓架子""伞把子""丑鼓"。"大鼓架子"俗称"底座"，主要表演"上盘鼓"中的叠罗汉，要求力气大，能扛人，而且扛得多，扛得稳。"小鼓架子"主要表演"大花场"和"小花场"，要求轻快灵活，长于筋斗、翻滚、跌扑等舞蹈技巧。"伞把子"又称"领伞的"，手持岔伞，负责全场演出的指挥和调度，其中，"文伞把子"长于唱功，负责领唱和对唱灯歌，而且能够望风采柳，即兴演唱；"武伞把子"长于舞蹈，负责调整队形，掌控节奏。"丑鼓"类似戏曲表演中的丑角，身背挎鼓，善于插科打诨和滑稽表演。

历史上的"兰花"由男性扮演，现今均为女性。"兰花"以折扇和方巾为主要道具，表演时右手执扇，左手拿方巾，通过姿态变换表达不同的思想感情。除扇子功、手巾功外，"兰花"表演还讲究步法，要求"溜得起、刹得住"，干脆利落，风格独特。

"大花场"与"小花场"

花鼓灯的传统演出包括舞蹈、灯歌、锣鼓演奏和后场小戏，舞蹈是其中的主要组成部分，又包括"大花场""小花场""盘鼓"，以"大花场"和"小花场"最为精彩。

"大花场"是由"伞把子"带领，"鼓架子"和"兰花"各半参与的集体情绪舞。表演时变换各种队形，表达热烈欢快的情绪，其间有多次情绪起落，形成节奏上的张弛有度，快慢结合。表演者既要服

花鼓灯

从连接、变换队形的统一套路,亦可在过程中发挥个人优势,加入自己擅长的身段、筋斗、扭、跳、翻、跌等各种个性动作,使得全场演出既融洽和谐,又丰富多彩,令人目不暇接。

"小花场"是两三位演员即兴表演的具有简单情节的小舞剧,多为"鼓架子""兰花"各一的双人舞,也有一男两女的三人舞,表现青年男女的爱恋、欢悦、逗趣等内容,是花鼓灯艺术的精华所在。表演时通常先舞一段,继而唱一段灯歌,唱完重新起舞。长期以来,"小花场"的演出积累了一些带有固定情节内容的传统节目,如《抢扇子》和《抢手巾》,表现青年男女围绕扇子或手巾的掉地、抢拾而相互逗乐,生活趣味浓郁,风格幽默诙谐。再如《抢板凳》,表现一个男子和两个女子争抢板凳的有趣情景。

"小金莲"与"一条线"

在花鼓灯艺术发展史上,涌现出一代又一代的杰出艺人,其中有许多技艺卓越的表演艺术家,冯国佩和陈敬芝就是最有代表性的两位。

冯国佩(1914—2012),艺名"小金莲",安徽蚌埠人,现当代花鼓灯表演艺术家。16岁开始学习花鼓灯,演女角"兰花",18岁正式"下场子",逐渐在当地小有名气。中华人民共和国成立后,冯国佩的艺术生命绽放异彩,首倡由女演员演"兰花",甩掉旧时代小脚女人走路的衬子,先后探索出平足步、双环步、筛子步、搓步等新步法,塑造出秀美健康的"新兰花"形象。1952年他首次进京演出,翌年参加全国民间音乐舞蹈会演,2010年荣获第二届中国舞蹈艺术"终身成就奖"。

冯国佩表演的"兰花"俊俏妩媚,端庄秀丽,活泼典雅,脉脉情深;舞蹈动作舒展大方,灵活流畅。他独创的"斜塔""野鸡溜""大拐弯"等一系列舞蹈动作,热烈奔放,表现力强,进而自成流派,把花鼓灯表演艺术提高到一个新的阶段,代表作有《小花场》《扑蝴蝶》等。20世纪60年代以后,冯国佩积极参与花鼓灯从广场艺术向舞台艺术的转换和提升,创作、演出并指导了《月夜练兵》《柳岸情长》《淮河风情》《玩灯人的婚礼》等一批新的作品,特别是与人合作编导的第一部大型花鼓灯歌舞剧《摸花轿》,融舞蹈、歌唱、戏剧于一体,在国内舞坛引起强烈反响。

陈敬芝(1919—2012),艺名"一条线",安徽凤台人,现当代花鼓灯表演艺术家。13岁开始学习花鼓灯,演女角"兰花"。1939年与宋庭香等艺人组成花鼓灯班子,并把颍上、霍邱等地流行的弦子灯和凤台的花鼓灯相结合,形成优美的"一条线调"唱腔。1953年被选拔进入安徽省民间艺术代表团,参加第一届全国民间音乐舞蹈会演,使花鼓灯艺术轰动舞坛。20世纪60年代以后,他多次受聘至省级和国家级的歌舞院团、高校,传授花鼓灯技艺。

陈敬芝表演细腻,动作轻盈秀丽,扇花和手巾花丰富多变。在身法上,他根据自己的身体条件和情趣倾向,创造出"颤、颠、抖"的"三道弯"动作,形象鲜明,独树一帜。在步法上,他善于从生活中学习、提炼,创造出"颤抖步"等动作,跳起来轻松自如,充满活力。他创作、表演的代表作有《游春》《抢板凳》《野花谣》等,特别是《游春》,用花鼓灯舞蹈表现"走"的情态,细致入微地刻画了一位村姑在春天游走时的种种情绪变化。

书画篆刻
SHUHUA ZHUANKE

安徽书画篆刻艺术的发展历程，如同绵延不绝的艺术画卷。7300年前，双墩先民便创造出了具有文字特征的刻画符号，这是中国文字的雏形。先秦两汉时期，楚国迁都寿春后创造了大批带有精美楚篆铭文的青铜器和楚玺珍品；阜阳汝阴侯墓、天长纪庄墓简牍保留了珍贵的西汉隶书墨迹。唐代李阳冰的篆书继往开来，堪称神品。明代何震开创文人篆刻新印风，成为徽派篆刻兴起的标志。清代中期，布衣书家邓石如各种书体独步天下。绘画方面，安徽地区史前陶器的彩绘和刻画，散发出动人的艺术魅力。皖北画像石是汉代绘画的杰作。宋代崔白之兔、李公麟之马，均为画史绝品。明末清初，渐江等新安画家幽栖山林，为黄山写照，形成影响颇大的新安画派。黄宾虹集画学大成，开创了"浑厚华滋"的山水新画风。

双墩陶文：七千年前的刻画符号

书画之源

中国书法与绘画的起源可以追溯到史前的石器时代。

《周易·系辞下》曰："上古结绳而治，后世圣人易之以书契。"先民用朴素的线条将所见所思画为图案或符号，因此自古便有"书画同源"的说法。在西汉典籍《淮南子》中，记载了黄帝时期的史官仓颉通过观察鸟兽在泥地上的足迹而创造出文字的传说。据说仓颉造字引起了"天雨粟，鬼夜哭"，想必是因其创造文字的行为触碰了天道的秘密。

随着新石器时代的到来，史前的安徽先民在江淮大地上创造出辉煌的文化艺术，特别是陶器、玉器制造迎来了高峰期。丰富而又精美的陶器、玉器装饰手法，为书法与绘画的产生提供了理想的温床。

在7300年前的淮河岸边，双墩先民在陶器上刻画出众多的陶文符号。这些刻画符号结构稳定且有规律，具有某种特定意义，呈现出早期文字的特征。从审美角度而言，双墩陶文造型生动而传神，也可看作中国书画的滥觞。

仰观俯察

双墩遗址位于安徽省蚌埠市的淮河北岸，"双墩"实际上是春

双墩遗址陶碗底刻画符号

秋时期淮夷方国钟离国国君的陵墓。20世纪80年代，比钟离国更早4000多年的新石器文化遗址在这里被发现，在许多出土陶器的底部发现刻画符号。

这些刻画符号既有太阳、猪、鱼、花朵、渔网、房屋等象形图案，也有十字纹、圆弧纹、几何纹等抽象的造型符号。在象形符号中，太阳纹与距今9000年的淮河上游贾湖遗址所发现的太阳纹符号一脉相承，应与史前东夷族群的太阳崇拜有关。猪形的刻画符号，有的露着獠牙，有的则肥态可掬，或许是要表达史前先民驯化家畜的过程。鱼纹也很多，有一条的，也有两三条的，形态似淮河中常见的鲫鱼。这些仅用线条刻画的鱼，虽寥寥数笔，却将鱼逍遥自在的神韵表现无遗。

双墩陶文中的抽象符号也透露出向成熟文字演进的信息。比如十字形，在圆形的陶碗底部，纵横各一画，将平面的空间切割开来。"一画者众有之本，万象之根。"当第一条横线划破陶面，时间便随着线条开启并延伸；当自上而下再画一条竖线，则形成了一个纵横交错的空间结构。横画可以看作是天地分界的地平线，竖画则是立于天地之间的生命。

双墩先民在刻画这些符号时，显然已经具备了笔画的抽象性和结构的对称性思维。在此基础上，先民不断将自己对天地自然、宇宙万物的观察和思考，注入这些有意味的符号结构之中，并最终形成了文字。

汉字长河

让我们把目光投射到更大范围的淮河流域，会发现这个地区不仅是中国早期文明的重要发祥地，也是文字的重要起源地。在距今9000年的淮河上游贾湖遗址中，目前已发现17例刻画符号。在离蚌埠双墩遗址不远的定远侯家寨遗址中，也发现了大量与双墩文化同一个时代的陶器刻符。蒙城尉迟寺遗址和固镇南城孜遗址中，先后发现大汶口文化典型陶器大口尊，陶尊上的刻符应是大汶口文化先民的图腾。穿过淮河中游的双墩遗址，在淮河下游距今4200年的江苏高邮龙虬庄遗址中，也发现了带有多个刻画符号的陶器。史前淮河流域真可谓中国文字的摇篮。

双墩刻画符号生动的笔画，记录了先民率性天真的情感律动；而在其方圆纵横的空间结构中，展示出先民的时空观和宇宙观。随着史前考古的更多发现，以及文字起源研究的深入开展，我们有理由认为，双墩刻画符号就是最初的文字。这些陶文的文化基因被后来者所继承并发展，对殷商甲骨文的产生起到了重要作用。

楚金文：铭于吉金的浪漫

甲骨文与金文

殷商甲骨文、金文是中国书法史的正式起点，也标志着华夏民族跨入崭新的文明时代。

"惟殷先人，有册有典。"商朝有着复杂的祭祀礼仪制度，占卜活动频繁。负责占卜的贞人将占卜内容刻在龟甲、兽骨上，这种古老的文字被称为"甲骨文"。商人还创造了发达的青铜文明，一些青铜器上铸刻有铭文，我们称之为"金文"。商代甲骨文因锥刀契刻，笔画峻利，开后世书法阴柔婉丽的风格；而商周金文因铸造而成，笔画雄浑，开后世书法阳刚朴厚的风格。这两种风格对立统一，符合老子所说"一阴一阳之谓道"的美学观。

在甲骨文、金文中，多次提到商周王朝远征江淮地区淮夷的事件。淮夷先后形成了众多的诸侯方国，今天我们仍然可以从存世的青铜器上寻觅这些方国的踪迹。安徽地区出土的乔、繁、钟离等诸侯国的青铜器铭文，书法婀娜多姿、丰富多变，代表着春秋时期江淮地区的书法风貌。

南方霸主楚国先后灭掉许多淮夷方国，最终于公元前 241 年迁至最后都城寿春（今安徽寿县）。楚人具有"扶夷属夏"的开放气度，既继承了商周文化传统，又广泛吸收其他地区的文化特色，从而开创了奇诡浪漫的楚文化，对后世影响深远。楚国的文字如其文学一样，充满了奇诡与浪漫气质，颇具艺术魅力。

楚"铸客"大鼎

铸客之梦

　　1933年，寿县连续发生水旱灾情，当地乡绅以救灾为名，对寿县城东南的李三孤堆大墓进行盗掘，一批珍贵文物惊世而出。从出土器物铭文考证，该墓应为楚幽王墓葬。这些文物历经战乱，颠沛流离，终于在中华人民共和国成立后大多入藏安徽博物院。其中，最重要的青铜器应属楚"铸客"大鼎。

　　楚"铸客"大鼎是目前已发现的中国古代体量最大的青铜圆鼎，是楚国宗庙祭祀祈求国家安定的重器。其口沿上刻有"铸客为集腏、剖腏、䍃豚腏为之"铭文，鼎身又有两组"安邦"二字。铭文为鼎铸成后镌刻，线条瘦硬爽利，结构奇肆多变。

　　"铸客"应是从事青铜器铸造的职业者，因为在器物上刻下的铭文而为历史所铭记。李三孤堆墓出土的带有"铸客"铭文的器物还有很多，后来分散收藏于国内外多家博物馆。这些铭文皆为镌刻而成，书风一致，很可能为一人所书。与铸造金文相比，契刻金文虽然线条细瘦，却更见爽利的书写节奏，与楚国竹简的书法很接近。

鄂君启金节

鄂君启的通行证

1957年4月,在寿县出土了一组四件造型奇异的青铜器,它们形似竹节,表面还带有密密麻麻的以黄金镶嵌的文字。随后,在1961年蒙城县又发现一件同类器物。对铭文释读后知道,这是战国中期楚怀王颁发给鄂君启的通关符节,其中舟节2枚,车节3枚。

鄂君启节上的楚文字与"铸客"铭金文不同,其笔画工整,结构稳定,排列整齐。加之错金工艺的使用,显得精丽华美。鄂君启节还承载着丰富的历史文化信息,堪称楚国遗珍,书法瑰宝。

战国楚文字除了青铜器铭文以外,简帛墨迹、印章封泥也达到了很高的艺术水平。楚文字用笔富于节奏变化,线条以弧线为主,许多笔画斜向穿插,造成结构的跌宕错落,与楚文化奇诡浪漫的气质相统一。而秦国的书法则更多地继承了西周传统,线条质直浑厚,结构整饬端正,亦符合其实用尚法的文化传统。从书法发展的历史看,实用性是推动书体发展的重要力量,浪漫的楚文字终究不敌实用的秦文字。以此来看,则秦楚争雄在书法中似乎已透露出些许端倪了。

汉墓中的书画世界

简牍载典籍

汉代是中国文化艺术发展的一个高峰时期，也是书法字体演变的重要时期。篆书的解体带来了书体的嬗变，隶书、章草发展成熟，成为汉代最常见书体。由于当时纸张尚未普及，书法载体主要为简帛、金石等材料。

安徽已发现汉代简牍主要集中在两处：一是阜阳西汉汝阴侯墓，一是天长纪庄汉墓。

阜阳汝阴侯墓发掘于1977年，墓主人第二代汝阴侯夏侯灶是西汉开国功臣夏侯婴之子，卒于西汉文帝十五年（前165年）。墓中出土简牍丰富，包括《诗经》《周易》《仓颉篇》等近20种典籍，对研究西汉时期历史、文化及书法具有重要价值。这些竹木简书法延续秦代简牍书法的特点，用笔圆润，存有篆意，但方折增多，隶书体势渐趋成熟。

近年来，天长简牍逐渐引起书法界关注。2004年11月，位于安徽天长市安乐镇纪庄村的一处西汉时期的墓葬被发现，出土木牍34片，共有2500多字。这些文字因书写在较宽的木片上，许多是多行书写，章法有度，观赏性十足。同时出土的还有一件漆砚盒，内有青石板砚，它很可能就是西汉人的书写工具。

东王父西王母汉画像石

汉画办盛宴

汉画像石是指汉代墓室、祠堂及汉阙的石刻壁画，皖北地区的淮北、宿州都是重要的汉画像石分布区。这里在汉代属沛郡，毗邻汉高祖刘邦故里，人口稠密，经济发达。淮河流域的史前巫文化、道家文化与儒家文化在这里相互渗透，形成了具有特色的地域文化。皖北汉画像石造型古朴、气息浪漫，具有"楚风汉韵"的艺术特色，在中国古代美术史上占有重要地位。

画像石的题材包括神仙祥瑞、社会生活、历史故事等，以表现墓主人生前、死后以及升仙的场景，寄托着汉代人对生的希冀和对死后升仙的美好愿望。地上的石祠堂与地下的墓室，其石壁上刻有图案及题记文字，构成了某种特殊的丧葬仪式，表达死后飞升成仙的愿望。

在石墓门上往往刻有一对兽面铺首。神兽头戴三叉形王冠，口多衔环，面目狰狞，令人望而生畏。其造型应是承袭商周青铜器上的饕餮纹，甚或可能与良渚玉器的神面纹有着某种联系。墓门背面多见一对大大的树叶，被称为"常青树"，先民很久以前便在墓上栽植松柏，用以寄托新生之意。画像石中还有大量的玉璧、凤鸟、四灵、西王母、伏羲、女娲等祥瑞神话形象，传达着神秘幽邃的远古气息，让人联想起《山海经》《淮南子》等典籍中的神话传说，从中可见汉画像石与安徽史前文化的传承关系。

皖北画像石所刻画的物象气息古朴，但造型绝不呆板。画面中树木摇曳生姿，枝叶作蒲扇状，东晋顾恺之《洛神赋》树木画法应受此影响。人物造型写实而传神，执戟卫士憨态可掬，乐舞百戏最为生动，或奏乐，或舞蹈，或搏戏，展示着自信奔放的时代风尚。

最精彩的画像石内容是一些大型社会生活画面，其中既有车马出行图，也有楼池宴乐图，还有历史故事图。刻画者具有高超的艺术造诣，众多的人物、植物、车马、建筑，构成了繁而不乱的恢宏场景。这些画面多是横向延展开来的，具有独特的叙事性，开后代壁画及手卷的先河。一些画像石还通过多个横向画面的纵向叠加，构成天上、人间、地下的三界一体的画面，与汉代帛画的构图原理接近。

画像石虽为丧葬而制，却一派平和喜乐，表现了汉代人对现世的热爱和对来生的寄望。这与汉代人视死如生的思想有关，也与汉代开放自信的精神有关。

墓砖上的书体演进

东汉末年的亳州工匠们，将自己的人生哀怨刻在墓砖上，并随着营造墓室而被深埋于地下。20世纪70年代，这些文字砖随着曹操宗族墓葬的发掘而重见天日。

亳州乃商汤故都，汉代为谯郡，是魏武帝曹操的故里。1974年在曹氏宗族墓地发掘出一大批文物，其中包括近600块带有文字的墓砖。这些墓砖文字内容包括人名官职、记时记数、叙事感叹等，真实记录了汉末底层官吏及平民工匠的声音。

曹操宗族墓文字砖产生于汉末，正值书体发展重要时期。字体以隶书、草书为主，又有楷书端倪，堪称书法史上书体演进的"活化石"。如"会稽曹君天年不幸丧躯"砖，结字工整，书风接近《礼器碑》；而"作此大壁者丁永豪故核"砖，结构飘逸，又与《石门颂》相仿佛。最精彩的莫过于草书砖。这些草书多呈章草风格，用笔中保留着篆隶古法。如"会稽曹君"砖，使转迅疾，笔力极佳；"为将奈何吾当愁惶"砖，笔势连绵，意象豪纵，已有大草之风，其中"愁"字与张芝《冠军帖》的"愁"字几无二致。此外，一些砖文已非常接近行楷书，如"平仓""今来"等，笔法与钟繇《贺捷表》、王羲之《姨母帖》神似。

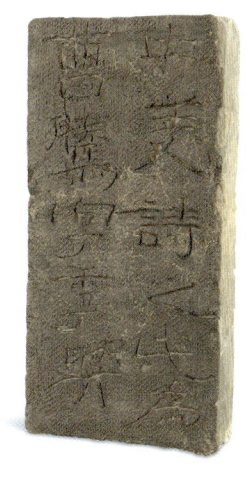 

曹操宗族墓群文字砖

一个时代、一个地区同时出现多个书体的使用，是很有趣的现象。史载，楷书的创始人钟繇、行书的创始人刘德升都是东汉末年颍川郡人。颍川与谯郡毗邻，这一地区应是楷书、行书的发源地。这些来自社会底层的墓砖书写者，在日常书写中推动着书体演变，这些成果又被上层文人总结吸收而固定为新的书体。

与汉画像石所展示的乐观态度不同，墓砖文字内容多见幽怨和愤懑之辞。如"岁不得渚"砖："岁不得渚。人谓壁作乐，作壁正独苦。却来却行壁，反是怒皇天。壁长契。"制砖工匠通过一首五言诗，表达了对曹氏贵族的不满。又如在多块砖上都见到一个叫王左的官吏，有"别驾从事王左叩头死""王左死奴复死苟"等字。可知别驾从事王左因得罪上司被逼死，其妻子沦为奴隶，在做砖时把冤屈和控诉铭刻砖上永埋于地下。曹操宗族墓砖上的文字，不仅展现了书体的演变，竟也透露了社会变革的先声。

唐代"篆圣"李阳冰

当涂县令出名门

以李阳冰篆书、颜真卿楷书、张旭草书为代表的唐代书法高峰的形成,是伟大盛唐时代的重要标志之一。

李阳冰出生于谯郡(今安徽亳州),李氏为谯郡的名门望族,在唐朝就出现了高宗宰相李敬玄、武周宰相李元素、宪宗宰相李绅"一门三宰相"。李阳冰擅辞章,尤精篆书,曾做过缙云、当涂县令,为官颇有政声。他的篆书远师李斯,将"铁线篆"发展到了一个新的历史高度。

唐肃宗上元二年(761年),李阳冰时任当涂县令。这时的皖南地区与中原山水远隔,避开了"安史之乱";加之宣、歙二州山水灵秀,又以制造"文房四宝"而知名,故而成为文人游历的理想所在。这一年,大诗人李白流寓江南,慕名来投李阳冰。在李阳冰的接济下,浪迹天涯的诗人在此处度过一段安定而美好的晚年时光。

李白因与李阳冰同姓而称其为"从叔",二人时常相聚,饮酒论诗。在其《献从叔当涂宰阳冰》诗中,李白以"落笔洒篆文,崩云使人惊"的诗句赞美李阳冰的篆书。李白对李阳冰人品非常推重,专门写了一篇《当涂李宰君画赞》,赞颂他"天垂元精,岳降粹灵。应期命世,大贤乃生"。762年,李白在当涂病逝,而"草稿万卷,手集未修"。李阳冰安葬了李白,并整理其遗稿成《草堂集》,这是第一部李白诗集,为保存李白诗歌作出了重要贡献。

《谦卦碑》在芜湖

李阳冰最突出的成就是篆书,被后世称为"李斯之后的千古一人"。

李阳冰的篆书初学李斯《峄山碑》,后广泛学习前代碑刻,并能师法造化,感悟笔法。《宣和书谱》说他"于天地山川得其方圆流峙之形,于日月星辰得其经纬昭回之度。近取诸身,远取万类",可谓生动形象地概括了李阳冰篆书的妙处。篆书具有象形特征,保留了上古文字取法天地万物的意象之美。而李阳冰在李斯小篆的基础上,极尽婉转穿插之能事,形成了空间节奏的无穷变化。

篆书《谦卦碑》是李阳冰的重要作品。这是他在当涂县令任上,应友人之请书写并刻石的。《谦卦碑》用笔纤劲,篆法高古,格调华丽,融合了篆书的奇奥与易学的神秘。《谦卦碑》石刻在唐代以后散落民间,明代初年芜湖王氏于当涂城内得之后秘藏起来。明嘉靖四年(1525年),芜湖关监督张大用从王氏家中移置县学中,以供观摩学习。今天,这件刻石仍然存于芜湖市第十二中学校园内。

篆书的中兴

继李斯以后,李阳冰对篆书的传承和发展起到了重要作用。

秦始皇扫清六合,兼并天下,对文字实行了"书同文",推行秦小篆作为官方书体。丞相李斯是当时最杰出的小篆书家,担当着为秦始皇书写诏书的职责,其作品铭刻金石,流传千古。秦以后,小篆逐渐退出日常实用书写的舞台,只在一些官方严肃的书写场合被使用。自汉至唐,随着书体演变,篆书创作陷入沉寂,几乎未出现出色的篆书家和作品。

这种情况在进入唐代之后出现了变化。唐王朝日渐强盛的综合国力推进了文化艺术的全面兴盛,科举制度以书取士,唤起了全社会对书法的热情。唐代壮阔的社会生活也需要撰文立碑以歌功颂德。而擅楷书的颜真卿和擅篆书的李阳冰,恰是碑刻书写的最佳组合。当时颜真卿所书碑如著名的《颜氏家庙碑》等,多请李阳冰篆额,时称两人

李阳冰篆书城隍庙碑

书法为"二绝"。

李阳冰的篆书成就在当时已得到世人极高认可。《宣和书谱》中说:"有唐三百年,以篆称者,惟阳冰独步。"唐张彦远在《法书要录》中也记载了一个著名的笔法传承的故事,说张旭传笔法给李阳冰,李阳冰又传笔法给徐浩、颜真卿等人。

李阳冰带来了篆书的复兴。在他以后的篆书家如徐铉、释梦英、赵孟頫、王澍、邓石如等,均受其影响。明代书家李东阳也擅篆书,平生推崇李斯和李阳冰,自诩"斯冰之后直至小生",堪称一段书史佳话。

龙眠居士李公麟

一洗万古凡马空

杜甫曾以"一洗万古凡马空"的诗句,赞美曹操后裔唐朝曹霸笔下的马。可惜曹将军真迹不传,而北宋李公麟画马亦妙绝古今,对诗圣的这句诗足以当之。

李公麟(1049—1106),字伯时,庐州舒城人。官至朝奉郎。元符三年(1100年)告老,居龙眠山,号龙眠居士。李公麟出身名门大族,自幼好学而尤擅绘画。宋神宗熙宁三年(1070年)中进士后入仕,与王安石、苏轼、黄庭坚等北宋文豪为至交,是北宋文艺群体的参与者和记录者。李公麟是画史上少见的兼擅各类绘画题材的画家,山水、人物、鞍马、花鸟无所不精,其中成就最高的是画马。

盛唐时期出现了曹霸、韩幹、韦偃等"画马三杰"。李公麟画马初学唐人,想必也是出于对盛唐气象的景仰和追怀。今天收藏在北京故宫博物院的李公麟《临韦偃牧放图》,全篇绘马1286匹,牧马人143名,气势恢宏,又各具形态。就连一向严苛的明太祖朱元璋在欣赏此画后,也感慨平生戎马,题跋赞此画"蔼然有紫塞之景"。

李公麟不仅学古用功极深,更难得的是竟能深入马厩写生。在京城期间,他经常到皇家御马监画马,为后世留下许多北宋神骏的写真。在南宋周密的《浩然斋雅谈》中,记载了"画杀满川花"的故事,殊为神奇。称北宋元祐年间,西域进献一匹名马"满川花",养于御马监。一日，李公麟前来为这匹"满川花"写生，待他画完后马竟然倒毙了。黄庭坚见证并口述了此事，以为是李公麟以画笔夺取了马的精魄。这说法虽有夸张成分，却足见李公麟画马确实已经"神乎其技"，被当时的士大夫广为推崇。

现藏于日本的李公麟《五马图》，以白描手法绘制了五匹西域进贡给宋朝的骏马，每匹马各有一名奚官牵引。此画虽无李公麟题款，却因有黄庭坚题名及题跋而属无争议的李公麟画作。画面十分写实，一人一马延续了唐代画马的构图，与传世的韩幹《照夜白图》接近。正如苏轼评价李公麟画马所说"龙眠胸中有千驷，不独画肉兼画骨"。李公麟的白描在借鉴唐代吴道子笔法的基础上，又具有温润细腻的韵致，将文人绘画的书法用笔与客观物象的写实造型有机融合，从而形成了自己的绘画技法，也确立了宋代人物、鞍马绘画的时代风格。

西园雅集

李公麟以文人自居，曾自言："吾为画如骚人赋诗，吟咏性情而已。"其传世画作多为水墨，被人评为"扫去粉黛，淡毫轻墨"。舍弃色彩的运用，而凸显笔墨之美，更符合北宋文人的审美旨趣。这种审美的高级感来自他自幼对家藏书画鼎彝的摩挲浸淫，和平生饱读诗书的文化滋养，还受益于其交往的群星灿烂的北宋文人圈。

李公麟出身舒城李氏大族，其父李虚一擅诗书，多收藏。李公麟与李公择、李公寅是同科进士，时称"龙眠三李"。后来，李公麟结识苏轼并为其绘制多幅画像。苏轼对李公麟所绘的画像非常满意，将李公麟比作唐代王维。与这些时贤的交游，使得李公麟的绘画思想得

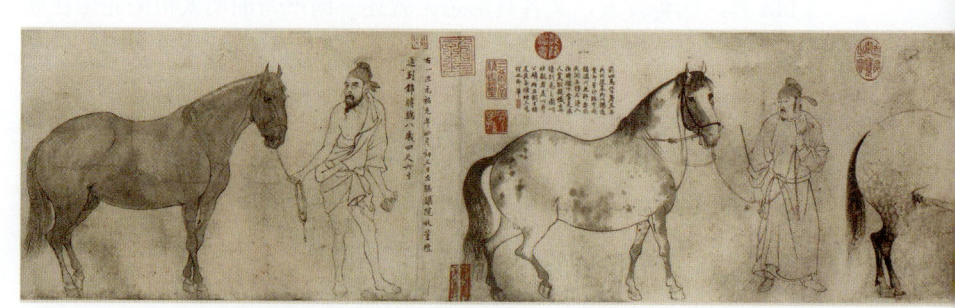

以提升到新的境界。

北宋元祐初年，驸马王诜在其府邸西园举行雅集，受邀者包括苏轼、苏辙、黄庭坚、秦观、米芾、蔡肇、李之仪、郑靖老、张耒、王钦臣、刘泾、晁无咎、李公麟以及僧圆通、道士陈碧虚等15位文化名流，这便是著名的"西园雅集"。受王诜委托，李公麟精心绘制《西园雅集图》，记录了这次堪与"兰亭雅集"媲美的文化盛事，此画在美术史上占有重要位置。如今，这件画作虽已湮灭不传，但后代画家如马远、刘松年、赵孟頫、钱选、唐寅、石涛、丁观鹏等，都曾留下《西园雅集图》的画作传世。

龙眠山庄

北宋元符三年（1100年），李公麟因病归舒城，隐居龙眠山庄。他绘有多本《龙眠山庄图》，足见其对故乡山水的眷恋。如果说《五马图》体现了李公麟的鞍马画成就，《西园雅集图》展现了他的人物画成就，那么《龙眠山庄图》所展示的就是他同样高超的山水画创作成就。

苏轼曾高度评价李公麟笔下的《龙眠山庄图》说："居士之在山也，不留于一物，故其神与万物交，其智与百工通。"在北京故宫博物院和台北故宫博物院，分别收藏有李公麟《龙眠山庄图》，虽都是后人临本却也可窥其笔墨遗韵。该画将龙眠山多处名胜景点写于一卷，保留着李公麟一贯的白描写实手法。根据画中的景点名称，后来桐城人刘大櫆、姚鼐、张英按图索骥，居然在龙眠山中寻访到这些地点，可见桐城文脉的传承从未中断。

北宋　李公麟《五马图》

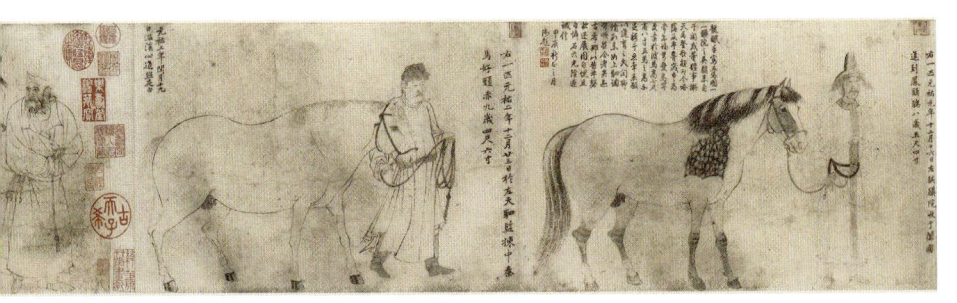

何震与徽派篆刻

文人篆刻鼻祖

在明代,江南的苏州和徽州逐渐成为全国文化中心。篆刻艺术方面,活跃于明代嘉靖、万历时期的苏州文彭和徽州何震,被尊为文人篆刻的鼻祖,并称"文何"。

何震(约1530—1604),字主臣、长卿,号雪渔,徽州人。何震与文彭亦师亦友,初学文彭典雅清丽的篆刻风格;后来所见古代玺印日多,于是将书法笔意与篆刻刀味有机结合,形成了雄浑而又刚健的独特风格。何震开辟的"印宗秦汉"的篆刻之路,在当时影响巨大。明代学者胡应麟曾说:"即儿童走卒,靡不知有何氏印章者。"何震的印章边款改以往的"双刀法"为"单刀法",运刀如笔,率意自然。

"笑谈间气吐霓虹"白文印,现藏于西泠印社。这是何震为明代文学家朱之蕃所治印,他在边款中说"甲辰岁得古鼎一,是日心神舒畅,乃有此作"。此印用刀挺劲,刀痕猛利,气势磅礴。何震曾这样描述自己刻印的心理体验:"临刻如临阵,以意为将,以手指为卒。""以风骨为坚守,以锋芒为攻伐。"这样的审美观一定与他曾游历边塞为官兵治印的经历有关。"云中白鹤"白文印,现藏于上海博物馆。四字采用对角呼应的手法,"云""鹤"二字笔画较多,结构繁密;而"中""白"二字笔画少,结构则舒朗留空。如此的章法处理,形成了虚实有致的效果,对比强烈。

徽派名家及传承

这一时期,徽州印人成批涌现。除何震以外,苏宣、朱简、汪关均各有成就,声动艺林,"徽派"篆刻于是宣告诞生。

苏宣(1553—1626后),歙县人,寓居松江。曾从文彭学习篆刻。后来在大收藏家顾从德、项元汴处博览秦汉印章,眼界大开,篆刻风格发生变化。他的印作多借鉴金石剥蚀的痕迹,古意盎然。"我思古人实获我心"白文印,现藏于上海博物馆。苏宣此印创作于明天启二年(1622年),他以古篆字体入印,笔势飞动,富于变化。

朱简(1570—?),休宁人。他治印注重笔意与刀韵的结合,常常以短刀碎切的方法来表现笔画节奏感与韵律感,具有金石味道。这种技法的创新影响到后来的浙派篆刻。朱简为当时诸多名人如陈继儒、汤显祖、米万钟、孙克弘等,刻制过印章,今天我们还时常在这些名家的墨迹中见到他的印作。

汪关(约1575—?),歙县人,原名东阳,因获得一枚"汪关"汉铜印,竟然改名汪关,

明　何震　寿山石印"云深不知处"

可见其对篆刻之痴迷。他擅长冲刀法，风格工整古雅，时誉颇高。他为董其昌、王时敏等书画家所治印，都是印史名作。

进入清代，徽派篆刻又有发展，歙县程邃、巴慰祖、胡长庚、汪肇漋继承前辈技法而又有新变，人称"歙四子"。这是继何震等人开创徽派篆刻以来的第二个高峰期。

清代中期，怀宁布衣邓石如以书入印，成为一代书法篆刻宗师。因为他对篆刻发展作出了重大贡献，印学界一般把邓石如及其传人另立一派，称"皖派"或"邓派"。

晚清时期，黟县人黄士陵异军突起，开创了新的印风，被称为"黟山派"。他以薄刃冲刀来重现秦汉玺印的本来面目，并以夏、商、周三代金文入印，正中寓奇，古而能妍，被誉为"晚清篆刻四大家"之一，可谓徽派篆刻新的发展。

渐江：新安画派的开派领袖

新安画派

明末清初，政权更替，社会变革，很多绝意仕途的文人隐逸山林，寄情书画。向来山水奇绝、人文昌盛的徽州地区，在这一时期涌现出一大批杰出的画家。他们师法宋元，摹写家山，笔墨清奇，画境冷逸，逐渐形成了著名的新安画派。其中，以渐江成就最高，影响最大。

渐江（1610—1664），安徽歙县人，姓江名韬，字六奇，后改名为舫，字鸥盟。出家后法名弘仁，号渐江、梅花古衲等。渐江早年为明诸生，明亡后以遗民自命。清顺治二年（1645年），渐江避乱入武夷，后皈依佛门，悉心书画。渐江的绘画宗法倪瓒，以独特的笔墨为黄山写照。他是新安画派的开派领袖，影响深远。他与同时代另外三位僧人画家髡残、石涛、八大山人合称"清初四僧"，同时又与查士标、孙逸、汪之瑞合称"新安四家"。

取法倪黄

明代以来，以沈周、文徵明等为代表的吴门画风笼罩画坛，董其昌更是将文人绘画推向极致。徽州与吴门同是江南最重要的文化中心，当地人对书画收藏同样非常热衷，且对元代画家倪瓒、黄公望的作品顶礼膜拜。这一风尚对渐江的绘画取法产生了重要影响。

渐江自幼"受性偏孤"、不近尘俗,直至遁入禅门,这些性格和思想的特质均与倪瓒契合,并一起成为其师法倪瓒的原因。

《高桐幽筱图》现收藏于安徽博物院,是渐江画赠好友查士标的作品。竹石枯木本是宋元文人画的常见题材,而倪瓒尤其擅长。渐江此画用笔松秀,枯中见润,颇有元人神韵。画中梧桐、文石和篁竹疏疏落落,如静立中的三位君子。从渐江题款中,不难读出渐江与查士标二人的知己情感。而右下角尚有同属"新安四家"之一的孙逸的题跋。或许渐江挥毫时,正当三人雅集,而渐江此图所写的桐、竹、石,恰是三位画家友情之见证。

渐江的山水画法曾广泛学习宋元绘画传统,后期专师倪瓒。同样是师法古人,渐江与董其昌明显不同。董其昌的山水高度程式化,几乎到了脱离现实山水而于纸上营造笔墨山水的地步。而渐江生长于黄山白岳之间,其笔下山水多有所本,望之生气远出,这便是师造化的神奇了。

貌写家山

"敢言天地是吾师,万壑千岩独杖藜。"杰出的山水画家,往往受益于其生活的自然环境,天下独绝的黄山滋养了渐江的山水画。黄山自古便被誉为"天下第一奇山",以奇松、怪石、云海、温泉而冠绝天下。这里坚硬峻峭的花岗岩山体形态极富特色,其结构特点非常适合以倪瓒式的方折笔法加以表现,灵秀奇幻的黄山为渐江提供了无尽的画本。渐江每年都要数登黄山,或有画作,或有诗篇。对黄山灵奇的探求,对造化大千的领悟,使他的作品一洗明代以来文人画家习气,将传统笔墨融入自然山水之中,为绘画艺术发展注入了新的活力。

现收藏于南京博物院的《天都峰图》作于1660年,高逾三米,是渐江画黄山的杰作。此图主体绘黄山主峰之一的天都峰,顶天立地,峻拔巍峨。渐江将山体岩石结构作几何形状处理,用笔方峻,增添了岩石的力量感。大的石面不作过多皴擦,留出大块空白,与众多细小的方块石头形成一种结构上的变化。这种平面排列画中物象的手法,或是受到其版画创作的影响,具有特别的空间意味。

除了少有的几次出游，渐江都清苦地居住在歙县披云峰下的寺庙中。所交唯二三画友和知己，其中歙县徽商吴羲对其资助最多，收藏渐江画作也最多。安徽博物院藏《晓江风便图》手卷是渐江专为送吴羲赴扬州而作的山水长卷，构图上明显借鉴黄公望《富春山居图》，而笔墨上兼师倪、黄二家，更多的却是自家风范。一河两岸，丘壑寥落，寒树萧疏，江上轻舟已远，岸上空亭无人，怕是不忍伤别，只将离愁别绪写于纸楮之上。吴羲来到扬州，也将渐江绘画艺术传播开来。石涛在见到此画后，题云：

> 笔墨高秀，自云林之后罕传，渐公得之一变。后诸公实学云林，而实是渐公一脉。公游黄山最久，故得黄山之真性情也，即一木一石，皆黄山本色，丰骨泠然生活。

渐江绘画当时即赢得普遍的赞叹，也为后世新安画派确立了风规。

明　渐江《天都峰图》

邓石如：清代第一书家

碑学巨擘本布衣

以"二王"（王羲之、王献之）为代表的帖学书法，历经了唐宋时期的群峰耸立，元明时期赵孟頫、文徵明、董其昌等书家的各领风骚，至清代陷入低迷。邓石如上探篆隶古法，开创书法新风，成为书法史上一个里程碑式人物。

包世臣在《艺舟双楫》中，将邓石如的篆、隶书列为"神品"。康有为更是将邓石如推上清代第一书家的位置，对邓石如书法上"复古求新"的创作理念赋予新的思想内涵。沙孟海的评价亦很精当："清代书人，公推为卓然大家的，不是东阁大学士刘墉，

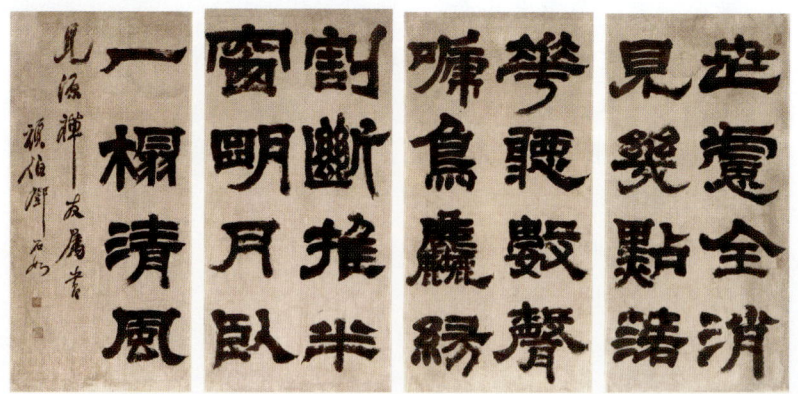

清　邓石如《赠见源禅友》四条屏

也不是内阁学士翁方纲，偏是那位藤杖芒鞋的邓山人（石如）。"

邓石如（1743—1805），安徽怀宁人，原名琰，字石如，号完白山人，嘉庆后，因避皇帝讳，以字行。邓石如幼年随父邓木斋学书法篆刻，20岁时至寿州，得到著名书法家梁巘的指导，并得推荐到江宁梅镠家学习，书艺渐成。后游历四方，结交时贤，书名益显。晚年归筑"铁砚山房"，一生临池不辍，书名远播海内外。曹文埴评价邓石如"四体书皆为国朝第一"，刘墉以为"千数百年无此作矣"。

意与古会用我法

邓石如书法兼擅各体，尤精于篆隶。其学篆初学李阳冰，后获观历代金石，取法资源豁然开朗。其用笔创造性地使用长锋羊毫，吸收汉碑额用笔，变工整秀润而为苍厚俊逸，为后来的篆书创作开拓了技法语言和审美境界。

赵之谦云："山人以隶书为第一。"安徽博物院藏邓石如《赠见源禅友》四条屏和《敖陶孙诗评》十条屏，堪为邓石如隶书代表作品。《赠见源禅友》四条屏取法汉《鲁峻碑》《衡方碑》一路，用笔重拙苍古，结字雄强方峻，观之如金刚怒目，使人警策深思。隶书巨制《敖陶孙诗评》十条屏为其生命最后一年所作，如"幽燕老将，气韵沉雄"，已尽脱火气，臻于化境。邓石如还将魏碑入楷书，赋予楷书新的形态和面貌。安徽博物院藏邓石如楷书《古人铭言》四条屏，笔法高古，气象浑穆，观之如对六朝古佛像。

后世对邓石如的行草书颇有争议。行草书自"二王"以来以流美为主流，而邓石如则融合碑帖，自成面貌。其中不乏如"海为龙世界，天是鹤家乡"五言联之杰作，也有一些作品略显粗野。作为"碑帖结合"的开创者，这些遗憾可谓瑕不掩瑜。更应看到的是，受其启发，后来者如吴熙载、何绍基、赵之谦在此条道路上继承探索，终于形成了清代中后期碑学书法的大势，吴熙载、赵之谦、吴昌硕更是将此笔法导入绘画，形成了富有金石笔意的文人写意绘画。

邓石如的篆刻上探秦汉，下融元明，将笔意与刀味有机统一，开创了刚健婀娜的新境界。乾隆四十三年（1778年），邓石如访汤扩祖于巢县，为其治"太羹玄酒""聊浮游以逍遥"两面印，前者以断

金切玉的白文为之,后者以宛转流丽的朱文为之。邓石如对其印作颇为爱惜,当时的名画家毕兰泉求其治印,起初不允;后来渐与相知,毕兰泉以家藏《瘗鹤铭》拓本相赠,邓石如非常感动,先后为其治印三方以报。这三方分别是"笔歌墨舞""意与古会""江流有声断岸千尺",皆为印史上的名作。

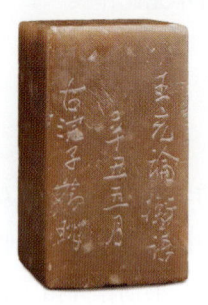

我心安得如石顽

"茅屋八九间,钓雨耕烟,须信富不如贫,贵不如贱;竹书千万字,灌花酿酒,益知安自宜乐,闲自宜清。"这是桐城派大家姚鼐书赠邓石如的长联,对其一生襟怀与思想作了概括和评价。

邓石如的一生,始终保持淡泊名利、清心自守的平民心态。这种心境深刻影响了其艺术意境的生成。邓石如的书法作品,不仅与历代名家的书法墨迹所呈现出的书卷气有别,也与汉唐碑刻所体现的煌然法度不同,散发出一种"食金石力,养草木心"般的气息。他曾撰写一副长联,悬挂于书斋铁砚山房,颇可窥见其一生怀抱:

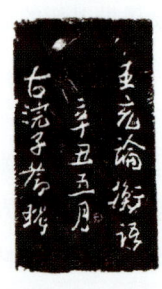

清 邓石如
石章"淫读古文甘闻异言"

　　沧海日、赤城霞、峨眉雪、巫峡云、洞庭月、彭蠡烟、潇湘雨、广陵涛、庐山瀑布,合宇宙奇观,绘吾斋壁;
　　少陵诗、摩诘画、左传文、马迁史、薛涛笺、右军帖、南华经、相如赋、屈子离骚,收古今绝艺,置我山窗。

黄宾虹：山水画的一代宗师

○ 书画篆刻

集古法之大成

"江山本如画，内美静中参。人巧夺天工，剪裁青出蓝。"这是近现代绘画大师黄宾虹的诗句，道出了中国绘画师法传统、妙造自然，以艺术创作参悟大千规律和人生真谛的要义。

黄宾虹（1865—1955），歙县潭渡人，名质，字朴存，号宾虹，别署予向、虹叟、黄山山中人。他生逢苦难的近代中国，投身过革命，创办过实业，嗜爱古物，潜心研究国故，醉心于书画，最终成为"画之大者"。

在近一个世纪的生命旅程中，黄宾虹踏遍祖国山河。除家乡歙县外，扬州、上海、北平和杭州是他最重要的活动地，这些地区也均为中国近现代重要的文化中心。随着活动范围的转移和人生阅历的丰富，其艺术思想也不断蜕变。总体而言，黄宾虹的绘画大致走过了学乡贤、师宋元、悟造化和得心源几段历程。

生长于徽州的黄宾虹，学画之初不可避免地受到"新安画派"先贤的影响。他极推崇渐江的画，其早期山水画作渴笔淡墨、清逸疏淡，颇得新安先贤的遗韵。在扬州，黄宾虹师从郑珊、陈崇光，画路渐宽。及到上海，结交众多文化名流和书画名家，收藏鉴赏历代真迹；同时又编辑《美术丛书》，研究学术。于是改变旧习，师法宋元，技法更加丰富，画境愈高。

黄宾虹

青城悟道

　　一次巴蜀之游,给黄宾虹的山水画带来了意想不到的变化。1932年秋天,他受四川美术专科学校邀请赴川任教,途经三峡,登峨眉、青城,渡嘉陵江。神奇的巴蜀山水,对生长于江南的黄宾虹来说是新奇而又浪漫的。长年浸淫于传统绘画中的黄宾虹,感叹造化之神奇,创作灵感也随之迸发。"我从何处得粉本,雨淋墙头月移壁。"这是黄宾虹巴蜀悟道的自白。

　　1933年早春,黄宾虹游青城山遇雨,全身湿透,却仍坐雨观景。"青城大雨滂沱,坐山中移时,千条飞泉,令恍悟,若雨淋墙头,干而润,润而见骨,墨不碍色,色不碍墨。"归来后,他开始了笔墨实验,尝试运用不同技法,以捕捉"雨淋墙头"的意象。现收藏于浙江省博物馆的《青城坐雨图轴》,巨峰雄奇,水墨淋漓;树石山居,幽深无际,为"雨淋墙头"作了最好的注解。

　　"泼墨山前远近峰,米家难点万千重。青城坐雨乾坤大,入蜀方知画意浓。"青城坐雨的悟道,对黄宾虹的影响是巨大的。在其之后的创作中，巴蜀山水题材多次出现。画面中那浓重的笔墨、满构图法、背光的夜山，与他早年学习渐江风格迥然有别。于是外界便有了"白宾虹"和"黑宾虹"之称。

1937年，黄宾虹移居北平，于故宫博物院鉴定历代书画。卢沟桥事变后，他改署"予向"以明志。中华人民共和国成立前夕，黄宾虹应杭州艺专之聘，举家迁居杭州栖霞岭直至终老。在杭时他偶尔在学生的陪伴下在西湖周边写生，更多的却是追忆心中的山水，再构之以画图，这是文人的纸上"卧游"。

浑厚华滋见"内美"

宋元绘画是中国画史高峰。黄宾虹晚年的山水画特别注重借鉴宋人画法，构图多为巨壑层峦，高远雄秀，用笔也喜用积墨与破墨，生成笔墨氤氲之境。黄宾虹说："分明在笔，融合在墨。笔酣墨饱，浑厚华滋。"他认为，"浑厚华滋"不仅是中国绘画所要追求之境界，同时也是民族精神之体现。这是他穷其一生遍学传统的心得，也是对比世界文化而得出的认识。

"内美"是黄宾虹所提出的重要美学思想。他对中国文化有着精深研究，其绘画或可以看作是艺术化、图像化的哲学思想。黄宾虹有诗句"内美静中参"，又在题画中说："澄怀观化，须于静处求之。""内美"即庄子所言之"大美"，而须以老子所言"静笃"之心参悟。这与古人所言"澄怀观道""格物致知"都是一脉相承的。

对"内美"的领悟和表现，也离不开黄宾虹对篆籀书法和周秦玺印的研习。金文书法所特有的高古的线条，多变的结构，浑成的章法，尤其是古奥的气息，对黄宾虹绘画的境界生成起到了决定性作用。他于画学不仅推崇宋元，对清代中期以来以篆籀笔法入画所带来的绘画变革也予以肯定，称其为"道咸中兴"，这是极有见地的。相较于山水画，黄宾虹的花鸟画更能体现"金石入画"所带来的虚静之美，这几成中国文人写意花鸟的绝响。

黄宾虹的人生跨越百年近现代中国史，见证了中华民族从屈辱落后到变革图强的伟大历程。他继承了传统文化的遗产，又具有放眼世界的眼光，一生不懈探索中国绘画、中国文化的发展之路。在中国现

黄宾虹《黄山松林图》

代画坛，一直有"南黄北齐"之说。与齐白石的画被社会各阶层广泛喜爱不同，黄宾虹的画知音相对较少。这正是由于他的艺术具有的深邃性和创造性，在一定时期难以被广泛理解。他曾自言，50年后会有人欣赏他的画。这是他对自己艺术的自信，也是对中华民族文化的自信。21世纪以来，画坛掀起了学习、研究和收藏黄宾虹作品的热潮，已应验了他的预言。

建筑

JIANZHU

中国建筑，可粗略地划分为南北两大体系。地跨江淮的特殊地理位置，使安徽建筑既从宏观上体现了两种体系的分野；又于微观层面显示出两种风格浸染、渗透、交汇、融合的特征。读安徽建筑，应放眼它的文化背景。这里曾孕育出淮河文化、皖江文化、徽文化，作为这些文化载体之一的建筑，表现出自己独特的品格和韵味。读安徽建筑，还须注意其完整的序列。这既指各历史时期中，安徽建筑无一缺环，显示出清晰的发展脉络；也指它品类齐全，从帝王的宫殿、陵墓，到儒释道的文庙、佛寺、道观，到民间信仰的祠庙，再到寻常百姓的宅第，应有尽有。这在其他省份并不多见。

中国原始聚落第一村：尉迟寺遗址

大汶口文化的"蒙城类型"

尉迟寺聚落遗址，位于淮北蒙城县许疃镇的毕集村，南距北淝河约2公里。遗址呈现为高出地面2米至3米固堆状的堆积，称作"孤堆"。遗址中央有一处寺庙建筑遗迹，相传是为纪念唐代尉迟敬德将军在此屯兵而建，因而得名"尉迟寺"。1989年秋季，文物工作者对该孤堆进行发掘。先期的发掘，在寺庙建筑基址下，发现排列的柱础石和墙基槽，地层中还夹杂着用作奠基或埋藏的宋代古钱币。这就证实了该寺庙至少是宋代建筑，似乎也印证了为纪念尉迟敬德在此屯兵而立庙的传闻。

在接下来的发掘中，一些散落的陶片引起考古专家的重视。探究的结果远超预期，陶片竟然是新石器时代原始社会聚落遗存，由此揭开了深藏在"尉迟寺"下遗址的面纱。随着发掘工作展开，先是考古界欣喜、惊奇，接着是全国震动。建筑考古学家杨鸿勋，一面作出一幅幅遗址中建筑的复原图，好给缺少专业洞察力的普通观众，添一些直观的感知。一面掩饰不住内心的喜悦、兴奋，"中国原始聚落第一村"的赞叹，脱口而出。

这能算"中国原始聚落第一村"？

的确！

稍检发掘成果，就不难举证。例如，遗址被确认属于大汶口文化，

蒙城尉迟寺遗址

这填补了大汶口文化研究的一个空白。遗址也因此被命名为大汶口文化的"蒙城类型",为了解皖北地区原始社会中晚期状况,以及与周邻地区史前文化的关系,打开了一扇窗口,具有重大的学术价值。又如,近似城池、呈不规则方形的聚落,构成完整,有严整的规划,遗址总面积达0.1平方公里,其规模在既往新石器遗址中,是罕见的。再如,遗址文化堆积极其丰富,有排房、围壕、祭祀场地,排房中,还有新石器时代超前的套房。出土器物中,有大量先民使用过的生活器物,也有与原始图腾信仰相关的器物。场中心有直径4米的圆形火烧堆痕迹,显示用于祭祀活动。其中,一件七足镂孔罐形器应当与原始宗教有一定联系,另一件坐鸟神器或是后世的太阳崇拜、越文化中鸟崇拜的源头。

"陶屋":原始社会房屋的极致

尉迟寺遗址中最精彩的,无疑是红烧土排房,一种"陶屋"。

上古时,凡以土烧制成的器皿,皆可称"瓦",陶屋也可称"瓦屋"。陶屋是尉迟寺人烧制的最大最硬的陶制品，规模最大的一排11间，长达70米。排房制作工序，大致是先挖基槽，立柱、抹泥，形成墙体后烧烤，主墙厚度30厘米以上。隔墙为木骨涂泥，局部在内壁上涂有白灰面。这一改原始社会房屋"茅茨土阶"的常态，成为当时造极的房屋形式。"门"是中国古建筑中重要元素。尉迟寺遗址中，排房的门很考究，它朝西南，分单扇和双扇，两侧有门柱。中国建筑的营造，"土"与"木"这两种材料协作，起着主导作用，昔时，常以"土木"指代建筑。但唐宋以后，全木构建筑渐成主流，土的作用被淡化。尉迟寺陶屋，作为土制建筑的提升，唤醒了对中国建筑的"土"的材料特征的记忆。

陶屋，以壮观的形式、深远的度量，成为中国原始聚落的脊梁。在世界建筑史上，它以一种全新的房屋形式，丰富了中国建筑文化的内容。

运兵道和观稼台：魏晋军事建筑

○ 建筑

对峙政权的城池

安徽建筑遗产中，有一类军事用途的建筑"孤本"和"善本"，弥足珍稀。淮河、长江之间的特殊地理环境，使安徽历史上常处在对峙政权的交界。频繁的战事，使得城池、楼台、地道等攻防类型建筑，摆到突出位置。

城池是中国古代最重要的一类军事建筑。魏晋南北朝时期，安徽境内筑城达到一个高潮。除了谯县（今亳州市谯城区）、寿春（今寿县）、汝阴（今阜阳）、临涣（今属濉溪）、宛陵（今宣城）等秦汉时期重要城镇加固后继续发挥作用之外，各地又广筑新城。首先，新城的城址选择由其对于割据政权的政治和军事价值决定。如寿春作为战略重镇，这里曾经数次爆发战役。袁术称帝后，以寿春为都城。在袁术逃离洛阳到他死时的近十年时间里，以寿春为根据地。魏晋以后，寿春仍然具有军事与防洪价值。现寿县古城墙，建于南宋宁宗嘉定十二年（1219年），是现存最为完好的宋代古城。又如东晋和南朝建都建康（今江苏南京），临近的姑孰（今当涂）为其西南屏障，极具政治军事意义。东晋元兴初年（402年）桓玄擅政，兵驻姑孰以就近控制朝廷，在姑孰始筑城墙。不久，这一长江南岸的小渡口，迅速成为皖南重镇。再如合肥三国新城，为曹魏抵抗孙吴所筑，纯用于军事。东吴亡后，城便被废弃。其次，魏晋城池具有以攻防为重的稳定形制。一般为接近正方形的矩形平面，围以护城河，设有

亳州曹操地下运兵道

望楼、角楼等。再次，从筑城技术看，魏晋城池尚停留在夯土构筑阶段。现存六朝新蔡郡遗址、合肥三国新城遗址、东汉末年周瑜城遗址、临涣古城遗址，均属于夯土墙。

曹操地下运兵道

曹操地下运兵道，位于亳州市内。虽然其土木结构部分可上溯到曹魏，但砖砌部分地道实际上为唐、宋、元几个时代的遗构，并主要完成于宋。地道于1927年首次被发现，其后陆续又有新发现。1969年发现了较大一段，于城内南北、东西两条主要大街两侧挖出近2000米，探明了运兵道的分布：以市内大隅首为中心，向四方放射。地道的主干道为平行双道。两道留有双洞孔，可相互通话。支道纵横交错。地道有四种结构：早期土木结构，地道上横一木棒，铺以木板；砖土结构，墙基为土，墙上部至顶为砖砌；单层砖结构；大隅首交汇处双层砖结构。地道一般高1.45米至2.1米，宽0.6米至1.2米；底面高低起伏。砖结构地道券顶留有方洞直通地面。墙壁留有小龛，推测为放灯用。地道砌筑用的砖，多为宋砖，仅铺地用

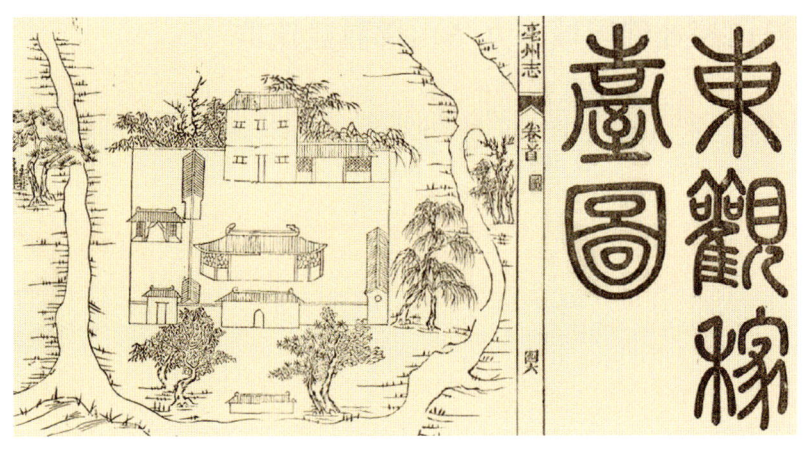

《东观稼台图》

汉砖及唐砖。

地道属古代军事构筑物,亦称"地突"。最早见于《左传》。《三国志》和《资治通鉴》中,都有地道战的生动记述。亳州古运兵道的发现,为此提供了难得的实物史料。

曹魏时期的观稼台

"兵马未动,粮草先行",曹魏时期为推行屯田制而建的观稼台,也可属军事建筑。

观稼台,曹操推行屯田制时所创。今亳州市,有东西两座遗址,相传当年曹操曾在观稼台上,亲自督耕观种。屯田制,一种国家强制农民或士兵耕种国有土地,征收一定数额的田租以筹军粮的制度。屯田始于西汉,但早期屯田只是限于边陲的权宜之计。作为一套完整的制度,则产生于曹魏政权。曹操下令郡国都置田官,专门负责招募流亡百姓,按军队的编制编成组,由国家提供土地、种子、耕牛和农具,开垦耕种。屯田制有民屯与军屯。民屯每50人为一屯,屯置司马,其上置典农都尉、典农校尉、典农中郎将,不隶郡县。军屯以60人为一营,且佃且守。曹魏时立观稼台,统治者亲自督耕观种,以示重视。

漫山深处佛国城：九华山佛教建筑群

开山之作化城寺

九华山在皖南的青阳县境内。相传东晋隆安五年（401年），天竺僧杯渡来九华山筑室为庵。及至唐肃宗至德初，新罗国王室近属金乔觉，于此传经布道。山民为其建寺，开九华山佛教建筑群之始。唐贞元十年（794年），金乔觉圆寂，时年99岁，被尊称"金地藏"。自此，九华山寺庙以供奉地藏菩萨为主，正式辟为地藏道场，奠定了九华山作为佛教名山的基础。

九华山群峰竞秀，素有九十九峰之称。现存明清佛寺近百所，散落在漫山深处，成为佛国城。其中主要有化城寺、肉身殿、百岁宫、祇园寺、地藏禅林。

化城寺，坐落于九华街芙蓉山下，始建于东晋隆安五年，为九华山开山之寺。相传，天竺僧杯渡筑室为庵即于此。唐至德年间，释地藏金乔觉曾居此苦修。唐代费冠卿《九华山化城寺记》："近山之人，闻者四集，伐木筑室，焕乎禅居。有上首僧胜瑜等，同建台殿……相水攸潴，为放生池，乃当殿设释迦文像，左右备饰。次立朱台，挂蒲牢于其中，立楼门以冠其寺。"可见，当时化城寺已有佛殿、门楼、钟台、放生池等，初具规模。唐建中初，德宗李适赐名"化城寺"。

寺前是约6000平方米的前庭，环以石栏的半圆形放生池居中，名"偃月池",宋代即有记载。山门面阔五间,阶前并峙石狮。寺前后四进,依山势逐次升高。前三进单檐硬山顶,后进重檐。穿斗插梁结构,小青瓦屋面、皖南民居式粉墙,映着一片郁郁葱葱的古木林,有浓郁的江南韵味。

化城寺是一座高度园林化的寺庙。中国古典园林以意境为轴心,凡佳景总要取名,目的是将观赏者限定于最佳时空,给观赏者一种启迪、注释。作为九华十景之一的"化城晚钟",命名颇精妙。"化城"一名,既有佛经典故,又与地形相契:化城寺位居山顶盆地之中,诸峰环绕,犹如天化仙城。名中一个"晚"字,令人遐思。"晓钟"与"晚钟"本身并无优劣,但这里,晚钟与苍山幽谷、千年古刹,产生情感的共鸣。

金地藏墓塔的外衣:肉身殿

肉身殿,坐落于九华山神光岭。金乔觉晚年曾在此诵经晏坐,圆寂后安葬于此,佛徒建三级墓塔供奉。肉身殿屡经兴废,于明万历年间重建时,御赐名"护国月身宝殿"。清同治年间因山洪毁坏后,又重修。

宝殿由81级石阶直通,四周环以回廊石柱,高约20米,重檐歇山顶,覆盖铁瓦。殿后有半月形瑶台,立铁鼎,香烟缭绕。台侧有古花园。

当雄踞山峦的大殿突然"开门见山"般展现在眼前,给人的第一印象是古朴苍劲、雍容不迫。通向大殿的石阶有气势,也颇具匠心:81级石阶取自九九八十一,九九既为极数,也象征金地藏圆寂时岁数。

初看肉身殿,常会纳闷,它不同于一般殿堂的矩形,而取边长约17米的方形平面,成为一种似殿又似亭的建筑。登殿入室,猛然醒悟:建筑的主体,是殿中正八边形七级木质墓塔。塔基须弥座为汉白玉质,底层供奉地藏王佛像,两侧有十王塑像侍立。塔身每层设八个龛,塔顶饰华盖。塔是地藏的象征,居中而立,直插殿顶,重檐间高窗光线落在塔上,包裹它的殿仅是外衣。肉身殿因金地藏在此圆寂,成为佛徒朝谒的圣地。于是,建筑语言兼作阐释佛家意义的符号,墓塔构造与地藏菩萨气度表现颇相契。《地藏十轮经》中对地藏的描述是:"安忍不动犹如大地,静虑深密犹如秘藏。"用之概括殿内墓塔气质,很贴切。殿内一切围绕墓塔陈设,包括作为墓塔护围的大殿。

嵌入危岩绝壁的百岁宫

百岁宫,原名摘星亭,坐落在九华山东峰摩空岭之巅。明代万历年间河北宛平僧海玉(号无瑕禅师)自五台山来此布道。无瑕寿126岁,时人慕称"百岁公",庵名改称"百岁庵"。明崇祯三年(1630年)无瑕被赐封为"应身菩萨",肉身装金,"百岁庵"被赐名"百岁宫",同时扩建寺院,成为九华山四大丛林之一。百岁宫清康熙六十年(1721年)重建,后又多次修葺。

寺院依山就势,错落有致。它由大雄宝殿和楼阁组成。上下关联、

九华山百岁宫

左右贯通为一整体。大殿为三开间，宽17.4米，进深16.7米，高16.7米。殿内设佛龛，供奉装金的无瑕禅师肉身。正顶为方形藻井，古色古香。梁栋雕饰精美。楼阁就地形而建，上下3层至5层，设二进天井。殿内藏有传说为无瑕禅师写的《血经》，为罕见珍品。

九华山佛寺，外观大都取民居形式，百岁宫可算此类佛寺的经典。除了外观可感受到的朴素美，民居长于不拘一格，因地制宜，植根于地域文化，和当地风土人情水乳交融。这些特点，在百岁宫中得以印证。百岁宫前殿南墙地基和地面是用峰顶岩石削凿而成的，殿后墙半壁干脆取整块岩石。整个寺院是就山势一气呵成的。它高踞危岩绝壁之上，在云雾缥缈中若隐若现。它横看成岭侧成峰，仿佛从山上长出，与自然浑然一体。

终曲：九华之巅天台寺

天台寺，亦称地藏禅林、万佛寺，位于九华山天台之巅。寺的文字记载首见于宋，但至明代，古寺仍只是"茅屋九间草色青"，十分简陋。清康熙年间，僧尘尘子重建。现存建筑系清光绪年间重修。

大凡宗教建筑，总要掀起某种宗教审美情绪，如神秘、冥思、恐惧、忏悔和慰藉。心理活动有一发展过程，理想的宗教建筑常有一长长的流线，层层展开，逐渐深化。天台峰海拔1320米。从山脚的凤凰松循石阶攀登约5公里路程，山峻石奇，林木葱郁。登地藏禅林崎岖山路，恰好用以激励宗教热情。它的独到之处，是寓佛教气氛渲染于自然景观中，充分发掘自然景观表现力。沿山路拾级而上，或绝壁幽堑，或峰回路转。竹林、茶园、松涛、山泉、云海，犹如世外桃源；沿途散落着大大小小的寺庵，多为村舍民居形式：粉墙、青瓦、竹林，自然亲切。这里不仅有寺庵、精舍、墓塔可拜谒，一些古洞、山泉、幽涧边也设以佛坛；还有一些奇峰异石，加了佛家意义的注脚，如观音峰、大鹏听经石、仙桃石。正是这些，起了众星拱月的作用。有了这些铺垫后再观天台寺，它与山巅的巨石浑然一体，乱云飞渡中从容不迫、气宇非凡。

唐诗与江淮建筑

诗人轶事与建筑

中国建筑到了唐代,已经形成基本稳定的类型:殿、堂、楼、阁、亭等。而各建筑类型,其形象本身不具有表意功能,通常需要命名、赋诗、题记,给予它一定意义。这样,诗文与建筑便结下不解之缘。其作用,有如雕刻对注重造型的西方建筑。

唐代,著名诗人李白、韦应物、刘禹锡、白居易、杜牧、罗隐,先后寓居于皖,由此,一类表现诗人轶事的建筑应运而生。其中无论数量还是知名度,首推与李白相关的建筑。

谪仙楼,即今马鞍山市太白楼,位于扬子江畔的采石矶。曾为沿江著名古迹,与滕王阁、黄鹤楼、岳阳楼并称。诗仙李白被尊称为谪仙人,唐代时便始建楼纪念这位诗人。谪仙楼于宋、明、清数次维修重建,现存的太白楼系清光绪三年(1877年)重建。采石矶,原名牛渚矶,古津渡。东晋时便是江东胜地。李白自青年到暮年,多次游牛渚矶,留下很多诗篇。唐开元二十七年(739年),李白自金陵西去巴陵,作《夜泊牛渚怀古》:"牛渚西江夜,青天无片云。登舟望秋月,空忆谢将军。余亦能高咏,斯人不可闻。明朝挂帆去,枫叶落纷纷。"李白触景生情,感慨袁宏舟中诵诗能得谢尚赏识,自己却怀才不遇。采石矶上还有"捉月台",传李白醉酒后从此台跳江捉月。

燕喜台,又称宴喜台,位于砀山县城郊。唐天宝三年(744年),

马鞍山太白楼

李白与杜甫、高适同游大梁、宋中等地,曾至砀山县。邑令刘砀山于燕喜台设宴。李白写下《秋夜与刘砀山泛宴喜亭池》一诗:"明宰试舟楫,张灯宴华池。文招梁苑客,歌动郢中儿。月色望不尽,空天交相宜。令人欲泛海,只待长风吹。"梁苑客,指杜甫、高适等同游梁苑(位于今河南开封)的友人。据清乾隆《砀山县志》,燕喜台"在旧城东里许,有台,又有亭池……台下有池名华池,唐李白与邑令刘砀山秋夜泛舟燕喜亭池,饮酒赋诗于此"。"华池邀月"是旧时砀山八景之一。宋政和三年(1113年),真州知府李釜书"宴嬉台",刻石于台侧。元延祐三年(1316年),宴喜台改建为谯楼,碑刻移至县治前。今台、池、亭均废,仅存碑刻。

司空山及太白书堂。司空山,又名司空原,位于岳西县城西60公里店前镇,相传东周"淳于司空居此,因名"。晋以后在此建道观。唐至德二年(757年),李白因参与永王李璘东征而获罪,避难于此,有诗《避地司空原言怀》,诗中写道:"倾家事金鼎,年貌可长新。

所愿得此道,终然保清真。"反映了李白心绪忧郁,意欲避世,过"终然保清真"的道家生活的愿望。后人在此建"太白书堂",并将诗镌刻于堂壁。

李白墓,位于当涂县青山西麓。唐宝应元年(762年)李白逝于当涂,初葬于龙山东麓。与龙山隔河相望的青山,为南齐诗人谢朓寓居处,后世因名谢公山,有谢公宅、谢公池等古迹。李白追慕前贤,又爱青山幽邃,遂有"终焉之志"。唐元和十二年(817年)正月改葬于青山之阳,宣歙观察使范传正立墓碑记其事。墓旁建有太白祠。南宋乾道六年(1170年),陆游谒李白墓后,在《入蜀记》中记:"(太白)祠在青山之西北,距山尚十五里,墓在祠后,有小冈阜起伏。"

化诗境为实象

唐代是诗的国度。诗歌是人们交流、表达思想的重要工具。唐代从科举到交友,都以诗赋为主要载体。具有坚实群众基础的诗赋,对建筑有很强的渗透力。安徽就有一些取材诗作的建筑。

北楼,亦称谢公楼、叠嶂楼,位于宣城市宣州区。南齐著名诗人谢朓任宣州太守时,曾于此建高斋,唐初为纪念谢朓而建此楼。因李白名诗《秋登宣城谢朓北楼》有诗句"谁念北楼上,临风怀谢公",得名谢公楼。唐咸通年间重修时,又易名叠嶂楼。北楼与宛陵堂、双溪阁,构成一组优美的建筑群,"北楼夜月"化为宣城一景。此处可远望陵阳峰、俯视双溪水,是观景的极好场所。谢朓、李白两大诗人曾于此登临讽咏,北楼因而名扬江东。北楼屡经修葺重建,清光绪元年(1875年)最后一次重修后,已是飞檐翘角、精巧清秀的清代建筑风格。四壁上嵌有许多碑刻。除修葺碑记外,均为历代文人骚客诗赋。1937年秋,北楼被日军飞机炸毁。

踏歌岸阁,位于泾县西南45公里陈村桃花潭畔。据袁枚《随园诗话补遗》记述,泾川豪士汪伦修书邀请李白来游。诡称:"先生好游乎?此地有十里桃花。先生好饮乎?此地有万家酒店。"李白欣然而至后,汪伦据实相告:"桃花者,潭水名也,并无桃花;万家者,店主人姓万也,并无万家酒店。"李白大笑不已。汪伦"款留数日"。

李白有《过汪氏别业二首》答谢。临行时，汪伦送至桃花潭，李白即兴赋诗《赠汪伦》："李白乘舟将欲行，忽闻岸上踏歌声。桃花潭水深千尺，不及汪伦送我情。"这首绝句情真意切、脍炙人口。从此，桃花潭驰名于世。后人根据李白诗句建踏歌岸阁、万家酒店等。现存踏歌岸阁始建于明，清乾隆年间重建。

杏花村，位于池州市贵池区。旧时遍植杏林，连绵十里，杏花飞雨。有酒肆，佳酿香醇。今杏花村古井，传为黄公酿酒之泉。唐会昌四年（844年），诗人杜牧由黄州迁任池州刺史，有七绝《清明》："清明时节雨纷纷，路上行人欲断魂。借问酒家何处有？牧童遥指杏花村。"此后，《清明》诗境使杏花村成为千古名村。

时空交汇中的江淮宋塔

江淮宋塔：对峙与融汇

中国佛寺之塔，走到宋代遇到一个转折点。江淮宋塔，成为中国佛塔这次时空交汇中的焦点。

先看中国佛寺之塔于时间轴上的演进。其大致经历了三个阶段：第一阶段，塔为寺中唯一的膜拜对象，居于方形佛寺的中心。例如北魏永宁寺塔、公元193年笮融于下邳修造的浮屠寺塔。第二阶段，塔、殿并立，居中轴线上。塔与殿中的佛像，同为膜拜对象。如辽清宁二年（1056年），山西应县所建的佛宫寺释迦塔。第三阶段，发生在宋代，此时，佛寺中双塔左右对峙。塔退居次要地位，不再是膜拜对象了。全国双塔的遗存仅十余处，完整的更稀罕。

再看中国佛塔空间上的分野。要说清楚中国佛塔受地理环境浸染的细节，过于冗长。我们可大致简化为，由黄河文明与长江文明产生的北、南两大体系，在结构、构造、建筑语汇等方面，成明显的对垒之势。于是，人们可能会想到，夹在两大体系之间的安徽佛塔，是否有某种缓冲的作法，发生某种融汇现象？的确。

先综观时空交汇中的江淮宋塔。

宋元安徽佛塔，有三个特征。其一，它上承魏唐、下启明清，形成一组较完整的序列。如青阳净居寺塔、宣城广教寺双塔、泾县小方塔、宣城开元景德寺塔，一定程度上保留了唐代遗风和作法。而宁国仙人塔、潜山太平塔，构造上显示出唐塔向宋塔过渡迹象。其二，江淮之间的特殊地理环境，使安徽成为中国佛塔北方与南方两大体系的交汇融合地带。从蒙城万佛塔、歙县长庆寺塔、泾县大观塔与小方塔等宋塔上，都可以找到南北结构、构造及语汇融合的作法。其三，皖地的人文地理环境极复杂，作为一种地域文化的积淀物，江淮宋元古塔在形式、风格上更具多样性，细部处理更丰富，洋溢着乡土气息，很难找到两座雷同的塔。

北风南韵浮屠妆

以下取江淮宋塔几个经典例子，细观、把玩。

蒙城万佛塔，坐落于蒙城县城关东南隅。南朝梁武帝天监年间始建。初为七级，唐贞观三年（629年），尉迟敬德监工重修。北宋崇宁年间于原址重建，其时塔属兴化寺，故又名兴化寺塔。元至元十三年（1276年），于塔西又建慈氏寺，故又名慈氏寺塔。蒙城八景之"慈氏晓钟"即因此而来。

塔为13层楼阁式砖塔，高42.6米。八边形为宋代基本形态。塔身由水磨青砖砌造，内、外壁遍嵌赭、黄、绿三色面砖。砖上雕有佛像。因塔身有佛像8000余尊，得名"万佛塔"。塔身下半部为实心体，上半部为梯道，正门开在塔北面。塔七层以下门窗立位均相同，八层起则上下错置，逐层转换。

万佛塔将北方砖塔构筑法与南方细部装饰熔为一炉，具有北塔南韵：远观，塔自下而上逐渐收分，轮廓线优美，沿用北方砖塔基本格调；细看，每层飞檐下装饰有各种花纹的图案，翼角飞檐悬铃，又有南塔的细致柔美；塔的二、三、四层的平座，用仰莲花瓣承托，一改斗栱承托的呆板；塔结构随层变换，在当时也是富有创造性的。

1982年发现塔下地宫。地宫东、西、北三面镶嵌石雕。石雕大多取材于佛教故事，人物表情怡静含蓄，衣纹流畅，具有浓郁的魏唐风格。

宣州广教寺双塔，位于今宣城市北敬亭山南麓。广教寺始建于唐大中三年（849年），北宋绍圣三年（1096年）增建双塔后，俗称双塔寺。今仅存双塔。

两塔东西对峙，相距26.9米。形制相同，均为方形平面，七

宣城广教寺双塔

层重檐，仿木楼阁式砖塔，残高 17 余米。内壁均嵌有北宋苏轼书《观自在菩萨如意轮陀罗尼经》刻石。

　　作为时空交汇中的产物，双塔本身便是第三阶段稀罕的遗存。广教寺双塔兼收唐、宋古塔之长。唐塔重气韵，平面为正方形，浑厚古朴，雍容大度，西安小雁塔即是；宋塔倾向柔美，八角形平面居多，精巧工整，如福建泉州开元寺仁寿塔。唐塔贵在丰腴不流于平滑粗俗，宋塔长于精致中见劲秀。宣州广教寺双塔仍然采用方形平面及直井式塔心室，这就保留了唐代佛塔的古意。它比例修长，自下而上逐层收分，又兼收宋塔某些外观特征，伟岸中见精巧，质朴中见华美，简练中见丰富。

　　泾县水西大观塔与小方塔，坐落于皖南泾县西郊的水西山，在宝胜寺左右两侧。泾溪之滨的水西山，曾为名胜。宝胜寺始建于北魏永平元年（508 年），唐代已是楼阁参差、浮屠对峙。李白、杜牧等都曾游憩于此，留有大量诗作。今宝胜寺楼阁殿堂已圮，仅存两座宋塔。大观塔，亦称崇宁塔，北宋崇宁年间始建，大观二年（1108 年）落成，故名。七层八面，楼阁式砖塔，底层直径 11 米。每面均有砖券拱门，层层用叠涩法出檐，檐下用砖做成斗栱，逐层挑出，转角处用半圆形砖砌成圆柱。第二层到第七层内外壁镶嵌宋代石刻36方。其中第六层内壁处铭刻有"宝胜禅院建造释迦舍利塔一座十三层，为诸众生作归依处……政和六年三月望日"，知塔原计划造13层。这也可从塔很少收分看出。大观塔将北方砖塔的构造，融入若干南方砖塔的作法，为宋代南北造塔技术过渡、融合的实例。小方塔建于南宋绍兴年间。又称绍兴塔。七层四面，楼阁式砖塔。底层直径3.5米。因塔体呈方形，较近侧的大观塔小，故名。第一层南北两面塔壁嵌有石刻佛像。两塔对峙，使塔的特色更为鲜明。大观塔巍峨壮观，小方塔玲珑精巧，相映生辉。

徽州人物与建筑

文公朱熹与书院

说徽州建筑，不能撇开徽州人物。

影响徽州建筑的人物，首推朱熹。朱熹谥号"文"，祖籍在当时的徽州婺源。宋理宗为婺源朱子阙里题额"文公阙里"，镌刻在朱熹故里的坊门上，一直保留到清代。若现场踏勘，与地方志的插图作一比照，今坊门虽已坍圮，但建筑格局照旧。"文公阙里"，喻指婺源，更泛指徽州。如果再上溯，朱熹及程颢、程颐的先世祖居，都可追溯到歙县的篁墩。所以，徽州人也把徽州冠以"程朱阙里"，篁墩曾有座"程朱阙里"坊。

先谈朱熹与徽州的书院。徽州书院，始于北宋景德四年（1007年）所建绩溪桂枝书院，但北宋时徽州书院屈指可数。直到南宋，朱熹两次回乡省墓，其间巡回讲学于徽州乡里。此后，文人创办书院的风气才盛行开来。至今，徽州人为纪念这位同乡大儒，在孔庙偏东立朱子祠成了惯例。

朱熹对徽州的影响还远不止此。徽州谱牒中多有类似这样的文字："我新安为朱子桑梓之邦，则宜读朱子之书，服朱子之教，秉朱子之礼，以邹鲁之风自持，而以邹鲁之风传子若孙也。"尊朱子"书""教""礼"，并以此风自持，正是徽文化的主要特质。它溶解于徽州建筑，就有了徽州建筑森严的宗法伦理道德秩序；它存在于牌坊、祠堂，也渗透到日常生活的宅第。

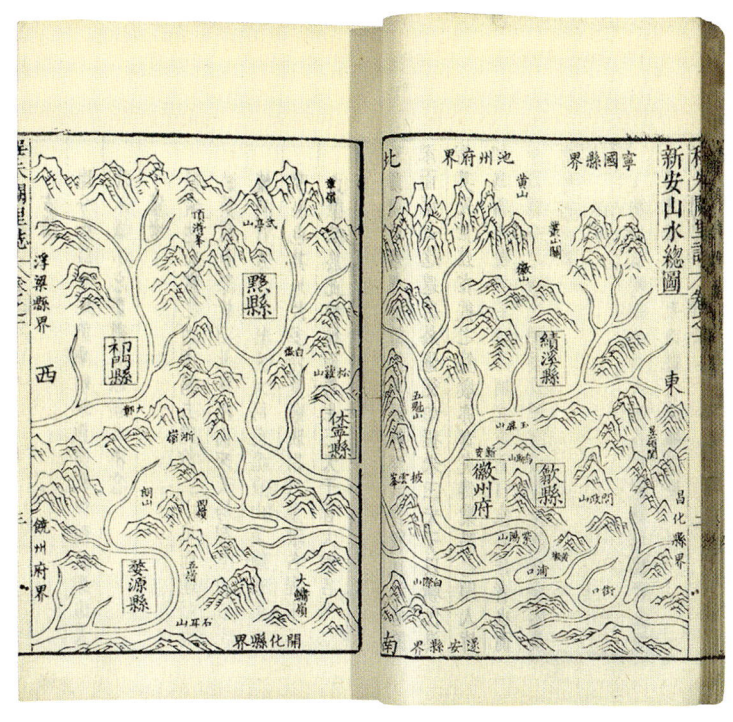

《程朱阙里志》

汪华祠庙及其他

汪华出生于歙县登源里（今属绩溪），是隋末乱世义军领袖，曾起兵统领了歙州、宣州、杭州、饶州、睦州、婺州等六州，建吴国，称吴王。唐武德四年（621年），他率土归唐，促进唐王朝的统一，被唐高祖李渊授予上柱国、越国公、歙州刺史，总管六州军政。逝后，唐太宗赐其谥号"忠烈"。

这样一个载于正史的人物，逝后却出乎意料地在民间发酵，最终被塑造成徽州守护神——郡土神，成为"汪公大帝""太阳菩萨""太平之主"。加之汪姓，本是徽州大族世家。这或是对汪华于乱世中保境安民的感激。

朱熹促成了徽州的书院勃兴，而对于汪华，当然可列举出徽州大量的祠庙，与之并论。透过求福禳灾缭绕的香火，可以看到汪华崇拜，存于更为广泛的民俗活动中。比如，发祥于祁门县社景、双溪流、莲花，黟县楠玛、朱家坞一带的傩舞《游太阳》，为祭祀郡土神汪华的祭神活动。汪华被尊为"太阳菩萨"而受到乡人的祭祀。祭礼每年一次，历时3天，祭祀活动被称为太阳会。这种民间祭祀活动，还可以部分在祠堂中展开。如祁门社景村，祭祀的第二天，在仪仗队鸣锣开道中，将"太阳菩萨"抬进祠堂。其时，跳童挥动罡斧起舞，主持祭祀的东家随后，撒五谷相送。乡人高喊着："风调雨顺，五谷丰登。"进入祠堂后，村民按辈分两边排定，向菩萨行礼。这意味着汪华崇拜，并入徽州宗法礼制系统。

在徽州，人物可以引出建筑，建筑又牵系一众徽州人物：如歙县呈坎古村"双贤里"与宋人罗愿，许国石坊与武英殿大学士许国，紫阳书院与曹文埴，渔梁小镇与巴慰祖，崇一学堂与陶行知，潭渡宾虹亭与黄宾虹；绩溪胡氏宗祠与胡宗宪，上庄古村落与胡适及胡开文；黟县西递走马楼与巨贾胡贯三的亲家宰相曹振镛；休宁汪村环翠堂与堂主汪廷讷，隆阜戴氏宗祠与戴震；祁门朴墅与新安医学奠基人汪机……

明中都皇故城与皇陵

○ 建筑

定鼎之功

中国封建社会中，帝王的宫殿、坛庙和陵墓，是最重要的建筑。

在安徽历史上有过两代淮南王刘长和刘安、魏太祖曹操、后梁太祖朱温、吴太祖杨行密等封建帝王。袁术在寿春城建过帝都，杨行密于合肥大蜀山建过行宫。但最具规模的帝王建筑，要数凤阳的明中都皇故城。今天仍可以从明中都皇故城的断壁残垣、浩然的明皇陵，遥望它昔日的辉煌。

明中都皇故城，位于今凤阳县西北隅。明太祖朱元璋建都南京，

凤阳明中都皇故城遗迹

毗邻的安徽划入直隶，成为明初政治腹地。洪武二年（1369年），朱元璋以桑梓之地凤阳为中都，始建。历时六年，至洪武八年（1375年）"罢中都役作"时，已初具都城格局。但此后明中都屡遭兵燹而毁坏，今仅存午门、西华门、大殿残迹，以及一段1公里长的城墙。

明中都营建，为中国都城格局的终极形态提供了理想的范本：宫城、皇城、外城三道，平面均略呈方形。内为宫城，周长3702米，砖筑，设有四门；中为皇城，周长7670米，砖石修筑，亦设有四门；外城周长约30公里，大部分为土垣，无濠。原设12门，这符合古制。只是罢建中都后，被革去3门。规划上以宫城为中心，南北中轴线纵贯全城。正殿居中轴线中心，沿中轴线两侧，对称布置着中书省、大都督府、太庙、社稷坛、文华殿、武英殿等官署与礼制建筑；城南云济街上，东西对称分列着国子监、功臣庙、钟楼、鼓楼等。这对其后的明北京城的改建扩建，有定鼎之功。明中都建设，显示出中国城市规划思想历经千载摸索，已经渐趋成熟。现存宫阙残迹还反映出，中国古建筑木作、瓦作、石作、雕作等技艺到明代已炉火纯青。

2013年，明中都皇故城获准为国家考古遗址公园。

明代陵寝蓝本

明皇陵位于凤阳县城西7.5公里处，为明太祖朱元璋父母的陵墓。朱元璋登基后，议改葬未果，决定原地扩建，于洪武十六年（1383年）竣工。初号英陵，后改名皇陵。原有三道陵垣。里为皇城，周长251米，四门红土泥饰；中为砖城，周长约3公里；外为土城，周长约14公里。墓体为高10米的平顶覆斗式土堆，植以松柏。陵内有享殿、金门、红门、御桥、碑亭、神厨、宰牲厨、祠祭署等祭祀建筑。砖城北门内神道两侧，东西对立着32对华表及石像生，刻工技艺精湛。神道南端左右碑亭分立朱元璋撰"皇陵碑"和"无字碑"。皇陵在中都的南面，因此陵墓、殿宇、门楼等都北向中都城，以北为正门，斜向东北。这在陵墓规划中是很特殊的。明皇陵的型制，奠定了其后明代诸陵的基本格局，成为明代陵寝的蓝本。明皇陵的殿宇门楼在明末农民起义时被焚毁，仅存石像生和碑刻。

一蓑烟雨梦徽州：徽派建筑

徽州山水与徽派建筑

徽州建筑，离不开徽州山水；说徽州建筑，须从徽州山水开始。

清人赵吉士说："江南之奇，信在黄山；黄山之奇，信在诸峰；诸峰之奇，信在松石；松石之奇，信在拙古。"如果接着说，徽州建筑信在拙古，也是基本不错的。徽州建筑与山水，有很高的相关系数。

先看山，徽州曾是"江南古陆"一部分。远古多次地质构造运动，塑造了徽州北部地形骨架的黄山山脉，黄山素以"奇松、怪石、云海、温泉"四绝，著称于世。中部古称"白岳"的齐云山脉，崖壁直削，又直逼河谷低地，因"一石插天，直入云汉"，故名"齐云"。山体由红砂岩和砾岩互层组成，属罕见的"丹霞地貌"。黄山、"白岳"声誉之隆，几成徽州的代名词。此外，徽州东部有天目山余脉和白际山脉。西南向东走向的五龙山脉，为浙庐二水发源地，亦为《山海经》中记载的"三天子都"之所在。

再观水。徽州为新安江发源地，主要河流多属新安江水系。如率水、黟水、练江、渐江、丰乐水、布射水等。此外，祁门境内的阊江，婺源的古坦水、段莘水、横槎河、乐安河，属鄱阳水系。徽州山峦纵横，河流弯道多，河床窄，流速急，一些溪流从千米以上崇山峻岭直奔而下，汇聚成河。

地理环境，是徽州建筑形成的主因之一。

得天独厚的自然景观，既为村落园林化铺垫了基础，也是吸纳士族迁徙的重要原因。徽州素以奇峰、怪石、清溪、流泉、飞瀑、古树、云雾称绝。自然环境决定了徽州建筑基本属"山地建筑",更慷慨赐予徽州以他地难以企及的景观,为村落铺垫了底色。徽州很多村落,只在自然景观基础上稍事修整,便达到"人行明镜中,鸟度屏风里","全村同在画中居"的境界。稍检徽州谱牒会惊异发现,很多名门望族的族谱在叙及宗族起源时,都在重复着相似的经历:某某始迁祖偶然见此处山清水秀,慕之,遂举家迁徙。黟县西递胡氏、涧洲许氏、婺源庆源詹氏、桃溪潘氏、延村金氏,均可举证。

万山环顾的地貌还形成了屏障,尘封了若干中国早期建筑的特征和古韵,也是吸纳更多北方士族定居于此的重要原因。今徽州地名中,仍然有大量"屏""岩""峰""尖""坑""坞"等字,它们反映了徽州地貌中天然屏障之多。这些天然屏障,有效地减少了徽州的兵燹。

黟县宏村

自然环境对徽州人性格的铸就、审美观的积淀影响深远，还潜在地影响着徽州建筑风貌。徽州"山峭厉而水清激"，塑造了徽人性格中刚毅、节俭、好义的基质，陶冶出平淡自然、率真拙朴的艺术旨趣。每每徽商积极捐资家乡建设，尽管有极复杂动因，但难以抹杀其人格中豪爽好义的因素。很难否认清光绪《婺源县志》中"山峻而水清，以故贤才间出，士大夫多尚高行奇节"，有几分道理。徽州建筑"拙古"，很难说与黄山毫无瓜葛。

牌坊、祠堂、宅第

交代清楚了徽州建筑的山水基质，便可以开启徽派建筑的巡礼。其代表类型有牌坊、祠堂、宅第。

若公路两侧不时有牌坊掠过，那准是到了歙县的地望。徽州的牌坊多，以歙县为最，至今尚有近百座；徽州的牌坊工艺精湛，也莫过于歙县。歙县牌坊之林，能称绝者当有三件。一是郑村的"贞白里坊"。该牌坊旌表的是乡贤郑千龄一家三代，郑千龄曾为延陵、祁门、休宁等县的地方官，因为官清廉，被誉为"贞白先生"。这座不起眼的"单间二柱三楼"的小牌坊，是唯一可以断定始建于元代的牌坊。石坊上镌刻的篆书"贞白里"，为元季监察御史余阙手笔；字牌刻有元代翰林院编修程文撰写的《贞白里门铭》，从中可知立坊原委；牌坊的雕刻，也是早期的高浮雕。二是歙县的立体牌坊。徽州仅存的两座立体牌坊，均在歙县。一座是明嘉靖年间建的丰口四面坊，它由单间三楼牌坊围合而成。另一座，即位于歙县城里有名的许国石坊，建于明万历十二年（1584年）。许国，官至礼部尚书兼东阁大学士，所以又名"大学士坊"。这是一座四面八柱的立体牌坊，俗称"八脚牌楼"。这种型制在中国坊林中是孤例，它突破了普通牌坊"面"的局限，汇聚南北、东西两条轴线，赋予牌坊独特的艺术魅力。三是牌坊组群。坐落在棠樾村的石牌坊群，由7座石坊和1座路亭，沿入村弯曲的道路纵向展开。郑村的忠烈祠坊，则与左右的司农卿坊、直秘阁坊，横向一字形排开。本来，牌坊组群并不稀罕。论数量，黟县的西递村、泾县的查济村，都曾有过十多座牌坊组群；

歙县许国石坊

论组群方式，婺源县甲路村的"丁"字路口、三面"品"字形组群更有气势。但除了西递村留了一座，其他悉毁。

宗祠是徽州最具规模的建筑，重视宗族血缘关系的徽州人，无不以建宗祠修宗谱为急。如果说，聚族而居是宗族血缘关系的表现形式，那么祠堂就是这种关系的物化象征了。儒学对徽州建筑形态构成的影响，首先表现在规范了一套礼制系统和秩序。而这套礼制系统和秩序，又聚焦于祠堂。于是，徽州建筑，以宗祠最为宏丽。它用材硕大，雕饰精美，常冠以民间最高等级屋顶——五凤楼式或歇山式。徽州建筑，也以祠堂最为庄重森严，常常有局部的轴线，堂前有俗称"坦"的场地。典型的徽州宗族结构是全族设一族长，族下按血缘亲疏分为若干分房，设房长，分房领有数个至数十个家庭。而徽州祠堂，几乎为家族结构的对应物。一姓设有宗祠，下设若干支祠，支祠领有家祠。家祠通常并非每个家庭独立设祠，而是在宅第前厅堂正中，立祖先容像，作为常年祭祀和礼仪场所。家祠的存在，将徽州人日常行为规范入儒学的礼俗；也使宅第，这类数量上占有绝对多数的建筑类型，纳入礼制系统。

徽州祠堂之冠，要算歙县呈坎宝纶阁。它原名"贞靖罗东舒先生

歙县宝纶阁

祠"。后进设阁,用以珍藏皇帝赐罗氏家族的诰命诏书等恩旨纶音,故名"宝纶阁"。后约定俗成,用以称整座祠堂。古祠前后三进,由影壁、棂星门、左右碑亭、正门、两庑、露台、大堂、寝殿、女祠等要素组合而成。寝殿宝纶阁是该祠精华。台阶、扶栏的望柱均饰以浮雕石狮。面阔九间,并加两个楼梯间。楼阁为歇山顶,以"席"为模度,其渊源可以上溯到周人明堂的模度——"筵"。这是一座极不寻常的祠堂,建楼阁收藏"宝纶"的用心,是借建筑这种无声的语言表达显贵,使之百世流芳。它的宏阔壮观、硕大的用料、"筵"为模度的古制,在祠宇中实属罕见。

徽州宅第的主要特征,可用天井、马头墙、楼居概括。天井是徽州住宅平面布置的核心,现代学者张仲一等据此总结为"凹""口""H""日"四类基本平面形式,其他都可看成其变体或组合。马头墙的运用,使宅第的外部形态融入于马头墙的秩序与节奏中,屋顶退居到次要地位。徽州早期的宅第,普遍采用楼居,大多为两层,亦有三层,如黟县屏山舒桂林宅、歙县方春福宅。这是因为,徽州宅第源于干栏式建筑,为了防洪、防潮和防虫蛇伤害,干栏式建筑底层架空。随着抵御自然侵害能力的提高,底层功能才逐步扩大。

淮上"庄台"

水上方舟

在淮河的蒙洼蓄洪区,有一种叫"庄台"的村落。它或择天然的台地,或立在人工垒起的台基上,以避洪水。

蒙洼庄台,诞生于1950年开始治理淮河的进程中。

起源于河南省桐柏山的淮河,干流流经豫、皖、苏三省,流域面积达27万平方公里。处于淮水西、东端头的豫、苏两省,地势高;居于中段的皖北,地势低而平缓。流域属亚热带季风气候,夏季骤雨连绵,加之支流众多、水流湍急,易形成洪涝灾害。南宋建炎二年(1128年),为阻止金兵南下,宋军决开黄河大堤御敌,造成黄河改道自泗水入淮,史称"黄河夺淮"。由此改变了原有的流域形态,淮河失去出海口,从此水患不断。随着泥沙淤积,河道堵塞加剧。12世纪和13世纪,淮河平均百年发生水灾35次。而16世纪至中华人民共和国成立的450年间,平均百年发生水灾竟达95次。

1950年,淮河又发了大水。毛泽东主席得知后,当即批示:"除目前防救外,须考虑根治办法,现在开始准备,秋起即组织大规模导淮工程。"当年,他接连作了4次批示,开启了新中国治淮工程。说到这里,须提供一下治淮决策的背景。否则将无法理解,那个年代如此多知识精英,首选并投身到水利事业;无法理解,热火朝天的治淮工地上,抖擞的百万民工之精神源泉;更无法理解,面对洪水,庄台上的人,为何可以坦然地"舍小家、为大家"。这一年,初建的新中

阜南王家坝闸与庄台

国百废待兴;这一年,面临抗美援朝的艰难时刻;也就是这一年,淮河流域人民,结束了往昔遇灾,必背井离乡乞讨的生活。

当年政务院召开第一次治淮会议,确定"蓄泄兼筹"的治淮方针:上游以蓄为主,修建水库,植树造林,以控制洪水;下游以泄为主,开挖、扩大泄洪通道;位于中游的安徽,蓄泄兼施,利用洼地、湖泊,修建蓄洪工程。阜南县的蒙洼,1953年建了"千里淮河第一闸"的王家坝闸,而蒙洼,则为首座蓄洪库。库内辖王家坝、曹集、老观、郜台4个乡镇,15万余人,耕地面积18万亩。蓄洪区的蒙洼人,就生活在131座庄台上。每遇蓄洪时,可在庄台上面居住避难。当然,他们也慷慨承受了蓄洪造成的巨大损失。蒙洼蓄洪区建成后,16次蓄滞洪水。"水聚蒙洼,传舍己之美名",便是蒙洼人舍小家、为大家精神的写照。

无言之美

庄台,虽然诞生于20世纪治理淮河之时,但它作为一种"景观"进入公众视野,却是不久前美丽乡村建设时的事。其时,庄台铺设了自来水管道、污水处理设施,改造后的电网,蓄洪期间也不必拉闸断电了。美丽乡村建设,还改善了蒙洼蓄洪区的生态与景观。郁郁葱葱的草滩、荷塘里浮动的芡实叶、宽绰水面上游弋的白鸭……庄台,从提供一个栖身之所,成为蒙洼居住环境品质的代名词,也成为淮上的一道风景线。

蒙洼庄台的美，是一种整体的存在。它存在于王家坝的郑台子庄台，存在于曹集镇的西田坡庄台，这些业已为旅游景区的典型。其实，在蒙洼百余座庄台中，美，俯拾皆是。蒙洼庄台的美，还存在于记忆中的本色：庄台之上，无论是茅草屋、土坯房，还是简陋的砖瓦房，都因达不到如今居住环境的标准而被置换了。但它们所铭刻的历史印记，所传递的历史信息，却更加清晰了。不久前，蒙洼下游的邳台乡，在庄台文化旅游建设时，刻意挑老旧房屋拆迁下来的青红砖瓦，收集昔时的石磨、石磙、瓦罐等生活器具。这正是，要唤醒庄台原貌的记忆。

说蒙洼庄台的美，是一种整体的存在，还因它提供的是全天候的美景。明代造园家计成，曾在《园冶》中总结过景点的"因时而借"。意思是，要将景观限定在一个特定时空中，如九华山的"化城晚钟"，便是将化城寺的景观，限定在暮色苍茫、晚钟余音袅袅之时。但蒙洼庄台的景，却很难将其定格一地一时。就看那片刚插好秧苗的水田吧，水面上秧苗星星点点、随风摇曳，的确是不错的景观。但不久，它将化作一望无际碧绿的田野；瞬间，又竞相扬花吐穗；收获时分，流溢着风吻过稻穗的醇香。此时此刻，哪时哪刻，不是美不胜收？再看曹集湿地景观，2000多亩芡实池塘，让人流连。冬季，这里又成为天鹅的迁徙地，远方飞来的白天鹅，静静地浮游在一汪碧水上，成为摄影爱好者掠美的基地。蒙洼庄台，有耕作中躬身忙活的农民，所勾勒出的美景；有农家乐的小院鲜花盛开、沁香满园的美景；有黄澄澄田野，金浪翻滚，飘来淡淡的油菜花香的美景……当然，也有蓄洪时雄浑凝重、气势磅礴的景观：淮水汤汤，水天一色。庄台，于波涛浩渺中，安澜不惊。用句美学术语，这正在经历一种"崇高"的升华。

说庄台的美，是一种整体的存在，更因庄台人秉性中的大美。不错，正是生活在庄台上那些老实巴交的村民，他们勤劳、憨厚、淳朴，虽然还算不上多富裕，但谈吐间却总洋溢着幸福感。2020年，淮河流域暴雨连绵。王家坝开闸泄水，蒙洼第16次蓄洪。庄台人，又一次作出舍小家、顾大家的奉献。他们胸怀博大，不计损失，无怨无悔。

壮哉！淮上庄台。

壮哉！淮上人家。

传统工艺
CHUANTONG GONGYI

安徽传统工艺历史悠久,品种丰富。贯穿新石器时期的彩陶文化、举世瞩目的凌家滩玉器、精品迭出的青铜器、唐宋时期引领时尚的寿州窑和繁昌窑……彰显了安徽传统工艺在中国文化史上的重要地位。安徽最典型的传统工艺:宣纸纸寿千年,徽墨万载存真,宣笔享誉士林,歙砚冠绝天下;万安罗盘被视为周易文化的天才演绎;芜湖铁画被誉为"中华一绝";徽州三雕匠心独具,精美绝伦;徽派盆景咫尺千里,缩龙成寸;界首彩陶大俗大雅,享誉东欧……传统工艺与日常生活息息相关,它们构成了安徽人生活空间与文化空间的重要部分,也传递着安徽人独有的美学表达。

宣纸：纸寿千年有奥秘

孔丹的传说

有人说，一张宣纸上，承载了一个艺术的中国。这个中国，有青山绿水、鸟语花香，有小桥流水、幽林独啸，有天涯羁旅、独钓寒江……一张宣纸上，有中国人不断描绘的诗和远方。关于宣纸的发明，人们津津乐道一个名字——孔丹。

相传孔丹是造纸鼻祖蔡伦最得意的弟子。蔡伦去世后，孔丹非常怀念师傅，每天都对着师傅的画像拜祭。但随着时日推移，画像纸张发黄、起皱，画像上师傅的面容也渐渐模糊。如果能造出一张千年不腐的纸，师傅的画像就能流传后世了吧？这个念想，开始盘踞在孔丹心中。

孔丹跋山涉水，遍考精取。有一天，他在皖南一个小山村里发现一些青檀树倒在山涧旁，年深日久，树皮被水流不停冲刷，露出一缕缕雪白的纤维。这个画面令他灵感乍现，觉得以青檀树皮为原材料，或许能造出理想之纸。他在山村的溪水旁搭建造纸棚，和当地村民经过反复试验，终于造出第一张韧而能润、光而不滑、洁白稠密、纹理纯净、搓折无损、不腐不蛀、润墨极强的绝妙好纸。

这张纸，就是被后人誉为"纸寿千年"的宣纸。

李后主与澄心堂纸

孔丹造宣纸的故事,只是口口相传。但宣州纸、笔在唐代被列为贡品,是有文献可查的。"宣纸"这个词,最早出现于唐朝张彦远的《历代名画记》:"好事家宜置宣纸百幅,用法蜡之,以备摹写。"这说明宣纸在唐代就很流行了。故宫博物院的传世名作《五牛图》等就是纸本作品,它们历经千年,依旧神气磊落。

五代时,宣纸制艺更加精进。南唐后主李煜琴棋书画俱佳,曾设立专门机构来督造宣纸,并把精品贮藏于"澄心堂",这就是史上非常有名的"澄心堂纸"。当时人们这样描述它:"肤如卵膜,坚洁如玉,细薄光润,冠于一时。"据说这种宣纸长可达50尺,自首至尾,匀薄如一。

澄心堂纸作为皇家特供,一般人很难见到。李后主除了自用,只给他赏识的书画家使用。当时,大画家董源是能够出入澄心堂的人,他的《庐山图》《夏山林木图》《溪山风雨图》都是用澄心堂纸绘制的精品。

南唐覆亡后,名纸流落民间,文人墨客争相珍藏。一时间,澄心堂纸成为文人之间的最佳赠礼。北宋刘敞得澄心堂纸百枚,立即写诗自得,并分赠10枚给好友欧阳修,欧阳修又分赠2枚给诗人梅尧臣。梅尧臣欣喜赋诗:"昨朝人自东郡来,古纸两轴缄縢开。滑如春冰密如茧,把玩惊喜心徘徊。"

一片春声撼夕阳

宋代诗人王令写过一首《再寄满子权》:"有钱莫买金,多买江东纸,江东纸白如春云,独君诗华宜相亲……"当时的宣纸产地(今安徽泾县)属于江南东路宁国府管辖,被称为江东。

现存于故宫博物院的李建中《同年帖》、米芾《韩马帖》、李清照《金石录》、李公麟《五马图》、李衎《墨竹图》,以及存于安徽博物院的张即之抄经册,等等,用的宣纸,均以青檀树皮浆与沙田稻

巨幅宣纸捞制

草浆掺和，按一定量配比制成。元代以倪瓒、王蒙、吴镇、黄公望等为代表的山水画派冲破传统宫廷画法的桎梏，提倡淡墨写意和泼墨挥洒等技法，而宣纸，恰好成为写意水墨的绝配。

据记载，北宋仁宗皇祐年间，汪氏在宣阳都制作宣纸，明代著名的宣纸棚主人汪百万就出自这一脉。宣阳都，在今天泾县的东部。宋室南渡之后，经济文化重心南移，皖南造纸业随之兴盛，各种品种的宣纸纷纷亮相：金榜、画心、白鹿、玉版、龙须、凝霜……1278年，陕西曹氏几经辗转迁徙到今安徽泾县西部的小岭，经过几代人的努力，进一步完善了皮草混合的制纸法。清乾隆年间，小岭和宣阳都出品的宣纸由朝廷直接提调，成为特供纸品。清代后期更相继出现朱同太、汪六吉、汪惠通等经营的著名纸坊。

历观宋元明清各朝书画藏品，绢画脆而黑，存者甚少；而宣纸书画，历千百年而不变，光润如故，故有"千年纸、五百年绢"之说。

宣纸为什么能纸寿千年？

首先得益于泾县独特的地理位置。泾县西南方的小岭一带，气候温和，雨量充沛，特殊的喀斯特山地适合青檀树的生长，冲积平原则适宜生产长杆水稻。青檀树和水稻杆均为宣纸制造提供了优质的原料。泾县境内有多条河流，非常神奇的是乌溪上游的两条支流，一条呈淡碱性，适合原料加工；一条呈淡酸性，适合作为成纸用水。可以说，大自然为宣纸提供了一个天造地设的生产场地。

其次得益于宣纸独特的制作工艺。宣纸的制作工序大致可分为18道，如果细分，则超过百道。其中有的保密工序，不为外人所知。宣纸制作的所有工序里，自然漂白这道工序最具视觉震撼性：经过蒸煮的原料大面积地铺在石滩和朝阳的山坡上，经过一年的日晒雨淋和风刀霜剑的砺炼，完成其自然漂白的过程。远观如白雪覆山，成为泾县颇具标识性的风景。自然漂白的原料在柔韧度上是化学漂白所无法比拟的。这其实也是宣纸能够纸寿千年的秘密之一。

"沿溪纸碓无停息，一片春声撼夕阳"，如今，泾县宣纸生产加工企业有1000多家，从业人员12000多人。日月轮转，四季更替，不知不觉，宣纸制艺已渐渐成为泾县人最显赫的手艺。

歙砚：砚国明珠甲天下

猎人叶氏与龙尾石砚

歙砚始于唐代。据宋代罗愿《新安志》和洪适《歙州砚谱》记载，唐开元年间，有一个新安猎人叶氏，追逐野兽时跑到婺源的龙尾山，见山里有很多莹洁可爱的石头，他被这些石头吸引，忘了追野兽这件事，装了很多石头回去。这些石头后来被制成砚，于是，歙砚闻名于世。

这个传说有很多令人费解的地方，比如一个猎人为什么会被一堆石头吸引？叶氏怎么知道这些石头适合制砚？

但唐代龙尾石砚流行，有文献佐证。李日华《六砚斋笔记》云："端溪未行，婺石称首，至今唐砚垂世者多龙尾也。"砚石最早产于歙州婺源东南百里之龙尾山，又名砚山、罗纹山。婺源所产砚石运到今歙县徽城镇进行加工，故称歙砚，又称龙尾砚。

南唐时歙砚第一次受到皇帝宠遇。相传元宗李璟精益翰墨，雅爱文房。歙州太守献一方歙砚，其石色青碧、石理缜密、坚润如玉、发墨如油，令元宗爱不释手。太守同时推荐了制砚高手李少微。于是元宗在歙州设置了砚务，任命李少微为歙州砚务官，在歙州城建署设场，专门搜罗佳石为御府造砚。后主李煜也称"龙尾歙砚为天下冠"。

玉德金声寓于石

歙砚在宋代得到大规模发展，此时砚石品种繁多，产地亦不限于龙尾山，而是遍及休宁、歙县、婺源等地。宋代歙砚，名色之多、质地之细，为诸砚之冠。据《歙州砚谱》所载，歙石品目有眉子石纹7种、外山罗纹13种、水舷金文厥状10种等，各种纹色姿态纷然。当时著名文人学士、书画家对歙砚无不赞美备至。歙砚的拥趸，都是文艺界熠熠生辉的人物：苏轼、蔡襄、黄庭坚、欧阳修、米芾……关于歙砚的一些文人轶事也流传盛广。

写下"君看龙尾岂石材，玉德金声寓于石"的苏轼，贬官黄州时，囊中羞涩。他看中朋友的一方歙砚，没钱收购，只能以一柄祖传铜剑与人交换。后来砚主得知他的窘境，将剑送回，但苏轼坚持交换，表示剑砚互易，各得所需。为此，苏轼作诗二首，聊以纪实，诗题分别为《张近几仲有龙尾子石砚，以铜剑易之》《张作诗送砚反剑，乃和其诗，卒以剑归之》。

歙砚为何令文人墨客朝思暮想、念念不忘呢？

首先是石材。歙砚按石材纹理分为罗纹、眉纹、金星、金晕、鱼子5大类100多个品种。砚材纹理细密，兼具坚、润之质，有涩不留笔、滑不拒墨的特点，有"石冠群山"之誉。歙砚由于歙石的生成和成分，其发墨之利，是其他石砚所不可比拟的。欧阳修认为歙砚比端砚好，就是从发墨这个角度来比较的。

再者是雕刻。徽州地区雕刻艺术遐迩闻名，徽派砚雕与粤派、苏派并称我国雕砚艺术三大流派。歙砚雕刻因材施艺，构思奇巧，山水、楼台、人物、诗文均可镂刻于上，刻工精细，令人观之忘俗。据说当年李少微曾为后主李煜雕刻砚山歙砚一方。该砚奇峰耸立，山水相依，被李后主视为至宝。

南宋时期，徽州知府谢暨每年都向理宗进贡"新安四宝"，即"澄心堂纸、李廷珪墨、汪伯立笔、羊头岭古坑砚"。其中羊头岭（今羊斗岭），与龙尾山相连，羊头岭古坑砚即龙尾古砚。

元代至元十八年（1281年），婺源县令汪月山曾对名坑进行掠夺性开采，结果砚坑倒塌，后"紧足坑"又告塌陷。其后长期无人开

北宋　包绶用砚

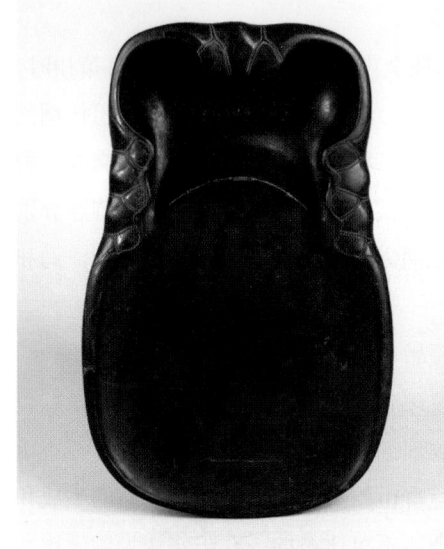

明　蝉形歙砚

采。因此歙砚传世者远比端砚少，凡藏砚家都有"歙砚难求"之感。当代草圣林散之于1982年在安徽和县乌江城隍庙内得一遗弃之龙尾砚，喜不自胜："余喜诺。急洗以归，色深青，金星隐现，云罗明灭，大为惊喜。余逢得是砚，如获良友，每于山窗人静，摩挲自适。"

宣笔：千万毛中拣一毫

蒙恬造笔的传说

战国时代，对笔的称谓不一，如楚国称之为"聿"，吴国称为"不律"，燕国则称为"弗"，至秦始皇才定称为"笔"，并有蒙恬造笔之说。

唐代韩愈《毛颖传》记载，公元前 223 年，秦大将蒙恬奉命南下伐楚国，途经中山地区，见此地山兔较多，毛长可用，遂命工匠取山中兔毫，制造出第一批改良的毛笔。以竹为管，将其一端镂成腕状纳入兔毫，使笔头可以保持浑圆的状态，更利于吸墨和书写，这种传统制笔模式一直沿袭至今。

《毛颖传》中所提到的中山地区，就是泾县一带的山区。中山，又名独山，现在安徽省宣城市宣州区东北，产兔毫，制笔甚佳。《宣城图经·中山》曰："古老相传云，中山有白兔，世称为笔最精。"没想到，一个秦国武将和山兔的相遇，竟然成就了一个如此天才的创意。这支笔，书写了中国几千年历史。

只不过，那时的宣笔还不叫宣笔，叫秦笔。

唐代是宣笔发展的鼎盛时期，宣州一举成为全国制笔中心，所制之笔于唐天宝二年（743 年）作为贡品献奉朝廷。因唐时泾县属宣城郡管辖，所产毛笔主要在宣城集散，宣笔自此得名。

大国工匠诸葛高

宣笔选料严格,精选皖南山区的兔毛、羊毛、黄狼尾毛、石獾毛等为毫。传统手工制作,技艺独特。唐代诗人白居易曾作《紫毫笔》称赞:"江南石上有老兔,吃竹饮泉生紫毫。宣城之人采为笔,千万毛中拣一毫。"一句"千万毛中拣一毫",将宣州人制笔的甘苦和精细凸显无遗。

宣笔盛行一时,制笔高手也名重一时。唐代最为有名的笔工家族有陈氏、诸葛氏两家。

宣城陈氏,自晋至唐,世以制笔为业,有王右军、柳公权求笔的故事,足见其笔之名贵,有"陈氏笔"之称。诸葛氏自唐代经营制笔业,代代相传,聚族为业,切磋琢磨,制笔技术不断提高。宋代以后诸葛笔选料益精,取法益正,制工益细,声誉更加高显。北宋以来,诸葛氏以制笔著名的有诸葛高、诸葛元、诸葛渐、诸葛丰、诸葛方等人。其中以诸葛高名气最大,他创制的鸡毛、鼠须、散卓等笔,名噪一时,人称"诸葛笔"。大诗人梅尧臣是宣城人,对家乡之笔及笔工知之最详,他曾有诗称:"笔工诸葛高,海内称第一。"

《齐民要术》里曾记载过宣笔制作工艺的精微,一支笔要经过几十道制作工序。唐宋以后,更发展成100多道操作工序。但在当时,要成为制笔名家,光严格遵循这些工序还不够,还得有创新性的绝活。诸葛高在长锋柱心笔的基础上,制作了一种散卓笔,颇受文人墨客推崇。黄庭坚曾在《笔说》中细致描述:"宣城诸葛高系散卓笔,大概笔长寸半,藏一寸于管中。出其半,削管洪纤,与半寸相当,其擫心用栗鼠尾,不过三株耳,但要副毛得所,则刚柔随人意,则最善笔也。"这种笔耐用、劲挺、贮墨多,书写绘画,行如流水,很适合当时文人笔墨率性的时风。

《江表志》记载宣春王学书,用十两金子才求得一支诸葛笔。而大才子苏轼这样说:"散卓笔,惟诸葛能之,他人学者皆得形似而无其法,反不如常笔,如人学杜甫诗得其粗俗而已。"

当时,与诸葛氏齐名的还有吕大渊、汪伯立、张遇等人。一时间,名匠林立,名笔更是不断推陈出新。

清　道光戊午款木管抓笔

制笔之法有四德

明代屠隆在《考槃余事》中提出："制笔之法，以尖、齐、圆、健为四德。"尖，就是锋颖尖锐，利于书写钩、捺等笔画；齐，就是提笔自然收拢成锋，修削整齐，利于吐墨均匀；圆，就是笔头浑圆饱满，利于书写流利不开叉；健，就是弹性适度，劲健有力，利于掌握书写的节奏。

唐宋以来传世之笔，原料达几十种之多，如羊须、鹿毛、狸毛、麝毛、鼠须、虎毛、鸡毛、雉毛、猪毛、胎毫、人须等。但宣城之笔所用之料总以兔毫为主，掺以上好的鹿毫、羊毫。其中紫毫是兔毫中上乘者，弹性极佳，世人珍之。故白居易有"紫毫之价如金贵"之叹。

宣笔不仅选料精审，且工艺要求严格。从原料到成笔，要经过选料、水盆、制杆、装套、修笔、镶嵌、刻字等多道工序，层层把关，一丝不苟。其中水盆工序是最复杂也最关键的步骤：要将毛浸入水中，按扁、圆、曲、直、长、短、粗、细、有锋、无锋、锋长、锋短等具体情况进行分类，重新组合，以达到最高标准。

一代又一代，宣州的笔工们通过家族传承、师徒相授，以精湛的技艺和赤忱的守护之心，在纤毫与竹管的斑驳中研磨时光，将一支小小的毛笔做到了极致：毛纯耐用，刚柔适中，尖、圆、齐、健四德俱备。

徽墨：信有人间翰墨香

黄金易得，李墨难求

相传，墨由西周宣王时的邢夷首创。最初的墨，是将松炭末以粥搅拌后搓制而成的。秦汉时期，墨的原料开始取自松烟。松烟墨的出现在中国制墨史上是一次大飞跃，为日后制墨业的发展奠定了基础。

时光追溯到五代。南唐李煜，这个极具才情的皇帝与徽墨的相遇，成就了"徽墨甲天下"的传奇。

唐末藩镇割据，北方战乱频繁，河北易水著名的墨工奚超带着全家避乱南迁。他们来到歙州，见此地多松，品质和易水之松相似，非常适宜制墨，于是定居于此，重操旧业。其子奚廷珪见当地穆姓墨工所制之墨颇具特色，便虚心求教、潜心揣摩。他们改进了捣烟、和胶的方法，选用松烟一斤，珍珠、玉屑、龙脑各一两，和以生漆，杵十万杵，终制成"丰肌腻理，光泽如漆""落纸如漆，万载存真"的好墨。

"墨成不敢用，进入蓬莱宫。"此时，南唐后主无意江山，整日在金陵城里填词作画。砚中盛着的，正是安徽地方官送来的奚超、奚廷珪父子创制的奚墨。后主用后，大为赞叹，连称"天下之冠"，于是召奚廷珪为"墨务官"，赐姓李。从此，"黄金易得，李墨难求"，李廷珪成为制墨的宗师。

李氏家族后人继承了奚氏的制墨家法，所制李墨青出于蓝而胜于蓝。这就是业内盛传的"易水遗规"。当时李氏所制之墨，或叫"供

清　曹素功青麟髓墨　　　　　　胡开文地球墨

御香墨"，或叫"新安香墨"，或按各人所制分别叫作"歙州李廷圭墨""歙州供进李承宴墨""歙州供进李承宴男文用墨""歙州供进墨务官李惟庆墨"等，制手不同，名称不一，但都誉满天下。"老松烧尽结轻花，妙法来从北李家。翠色冷光何所似，墙东鬓发堕寒鸦。"苏轼用洗练的笔触写尽了李墨的风华。

墨苑高手的争奇斗艳

宋徽宗宣和三年（1121年）改歙州为徽州，"徽墨"之名正式诞生，并代代相传，延续至今。宋代发明了动植物油烟、漆烟制墨，北宋著名科学家沈括在《梦溪笔谈》中还提到用石油烟制墨，"黑光如漆，松墨不及也"。

宋室南渡后，达官显贵、文人墨客聚集江南，每年临安的科举考试更直接拓展了徽墨的市场。此时，徽州地区的制墨业已呈现"家传户习"的盛景，地方官府每年要向朝廷进贡"大龙凤墨千斤"。这个时期，徽州的制墨业"流派纷呈，名工辈出"。黟县的张遇、歙州的潘谷、新安的吴滋等，都是此时徽州制墨业的著名人物。

徽墨发展到明代，松烟、油烟并举，"桐油烟""漆烟"被广泛采用。徽墨在制作时普遍加入麝香、冰片、金箔等十几种贵重原料，墨的质地达到一个新的水平。

但制墨是个苦差事，不仅生产环境恶劣，而且生产工序极为繁杂，尤其是和胶工序，所谓"轻胶十万捶"，要用六磅大锤将调好的墨泥翻打数百上千次，捶得越多，则墨越加细腻，墨品越高。翻打后，还有成型、晾墨、挫边、填金等诸多工序。无怪古人制墨，要发出"辛勤破千夜，收此一寸玉"的慨叹。

明代墨业的竞争点主要集中在精工制作、墨面的创意设计以及产品的包装创新上，许多名家参与了墨模的雕刻设计。徽墨从单纯的文房用品进入了"实用兼欣赏"的工艺美术品行列。

正德、嘉靖年间，徽墨逐渐形成了歙、休、婺三大派。歙派的徽墨大家程大约（又名君房），世称"墨妖"。程家制墨，既讲究墨的配方，又注重墨模雕刻以及墨品的设计装潢；程大约所著《程氏墨苑》风行于世，成为墨业宝典。著名书画家董其昌赞叹："君房之墨横绝四海，百年之后，无君房而有君房之墨；千年之后，无君房之墨而有君房之名。"后来，程君房与罗小华、方于鲁、邵格之并称为"明代徽墨四大家"。

清代，风靡一时的制墨高手基本出自徽州。曹素功、汪近圣、汪节庵、胡天注四大徽墨名家相继崛起。其中，胡天注创立的胡开文墨业，是徽墨业中集大成者。

徽州漆器:"宋嵌"的流年溢彩

"宋嵌"的诞生

徽州山区多漆树,徽州制漆,有天然的优势。

清康熙《徽州府志》载:"漆则诸邑皆有之,山民夜刺漆,插竹笕其中,凌晓涓滴取之,用匕刮筒中,碌碌有声。"漆树的汁液叫大漆,采集后涂抹于器皿上,可以使器皿耐水、耐热及耐酸,并能加强器皿本身的坚硬度,使得器皿能够长期使用和保存。中国人对这种植物漆的认识与使用,有数千年的历史,漆器也由此发展而来。

元 张成造剔犀云纹漆盒

明　竹编黑漆彩绘人物纹长方形委角果盒

徽州漆器名满天下并成为国宝，是在宋代。

相传宋代歙县郑村村口有一口水塘，所产蚌壳珠光闪闪，不同角度呈现不同颜色。当地漆器艺人赵千里偶发奇想，尝试用这种蚌壳嵌入漆器，形成了独特的细螺钿漆器。所谓细螺钿漆器，是精心选用优质贝壳，将其剥离、裁切成纤细的点、线、片，然后一点一点地嵌贴于漆器上，有时还间以金银的条、片、屑等，再经髹饰、推光而成。作品五光十色，灿若虹霞，精致纤巧。赵千里的作品列入贡品后，被命名为"宋嵌"。徽州漆器自此成为皇家认证的"国宝"，赵千里也一跃成为当时顶级漆器大师。

南宋时期，徽州出产的另一个漆器品种——菠萝漆器也被作为贡品送入宫中。可见，徽州漆器的美学范式与宋代皇室的审美颇为契合。

一部手艺人的专著：《髹饰录》

明清时期，徽州制作的漆器更加精巧，镶嵌、刻漆、描金彩绘、磨漆、堆漆等，各种形式争奇斗艳，蔚为大观。其中镶嵌以螺钿漆器最著名，彩绘以脱胎彩绘漆器为著，磨漆则以菠萝漆和漆砂砚最为经典。明代方以智《物理小识》中说："近徽吴氏漆，绢胎鹿角灰磨者，螺钿用金银粒，杂蚌片成花者，皆绝，古未有此。"说的就是徽州螺钿漆器。这一时期，徽州螺钿漆器工艺随徽商传到扬州，在两地艺人

清　黑漆嵌螺钿人物纹酒斗

共同努力下,发展成为举世闻名的扬州螺钿漆器。

明代隆庆年间,漆器制作的繁荣催生出一部令人惊叹的工艺美术著作《髹饰录》。这是我国现存唯一一部古代漆器专著,被誉为漆工的经典之作。这部著作,是由徽州漆工黄成写就的。

黄成的漆艺出类拔萃,据说当时他制作的一个剔红小盒就价值3000文,足见其业内地位之高。《髹饰录》是一部总结中国古代髹漆工艺经验的专著。全书分乾、坤两集,共18章186条。《乾集》讲漆器制造的原理、工具、方法,列举了各种漆器可能出现的问题和原因。《坤集》叙述漆器分类,介绍了不同漆器的几十种装饰手法。书中还提出"巧法造化""质则人事""文象阴阳"等美学法则,反映了我国古代手工造物的独到思想、天人合一的哲学观、精致尚古的审美观以及敬业精研的工匠精神。这部书的问世及流传,让后人得以一窥徽州漆艺的盛世风华。

徽州三雕：精雕细刻里的岁月

内装修的首选

"七山一水一分田，一分道路和庄园"，这是对徽州地区自然环境的真实描摹。在农耕社会，这种自然环境使得大多数徽州人生活困苦。于是，"十三四岁，往外一丢"，很多徽州人被迫从商。这反而成就了徽州人的另一种辉煌：徽商足迹遍布五湖，从明中叶起迄于晚清，徽商纵横中国商界数百年。

清　客到徽州（砖雕）

清　张果老倒骑毛驴撑拱（木雕）

明代中叶以后，徽商炫耀乡里，广建府邸、园林、祠堂，更兼获得封建王权的恩荣，建造各类牌坊。他们还想到了另一种表现富庶的方式：内装修。关上门，在这方小世界里，他们可以尽情享受前半生奋斗换来的岁月静好。

徽州三雕（砖雕、木雕、石雕）成为内装修设计的首选。山水人物、花鸟虫鱼，丰富多彩，情态各异，散布于门楼、门罩、楼阶、梁、雀替、斗拱、驼峰、柱础、梁柱、斜撑、匾额……雕

梁画栋,美不胜收。

徽州人"寄命于商",但农耕中国长期"重农轻商"。徽商对此也颇有异议。在三雕的题材里,他们有时会暗自进行一种自我身份的正向宣扬。比如"八仙过海"的题材遍布徽州三雕,"八仙过海,各显神通"是商海俗语,但徽商的会心之处或许另有寓意:八个神仙,各有法宝,各有神通。寓意操百业者,也各有各的高明。

徽州人宅院的内装修并不是一蹴而就的。很多殷实的徽州家庭会把匠人养在家里,根据主人随时迸发的灵感,对宅子经年累月地进行精雕细刻。宏村承志堂是清末徽商汪定贵的居所,堪称一座木雕艺术博物馆,被誉为"民间故宫"。无论是前梁、额枋、护板、立柱,还是斗拱和房门上,都雕刻着精美的木雕,并以金粉描覆,看上去富丽堂皇。据传,这座建筑共耗资60万两白银,仅木雕就由20个工匠雕刻了4年才完成。

慢工出细活,徽州人深得其中三昧。

文心与匠心

徽州砖雕发展较早,相传为明窑匠鲍四首创。砖雕作为一种独特的壁饰,被广泛装饰于徽州建筑的门楼和门罩,以及官邸或宗祠的八字门墙上。门楼一般都雕刻有各式山水花卉、鸟兽人物、戏文传说等图案,总体上以民俗和戏文为主。门楼分"罩"和"楼"两部分,三层、五层不等,五层的俗称"五凤楼",高大轩昂,是徽州砖雕最集中的地方。徽州很多人家的门楼砖雕上,雕刻着岳母刺字图、十八罗

清　福禄寿门楼局部（石雕）

汉巡视天下图、三国故事图等，一般都有七八个层次，多的达九层甚至十一层，十分华美。绩溪北村乡湖村的门楼巷砖雕，是目前徽州保存最为完好的砖雕艺术群，巷内连绵七户，门楼门罩造型各异，门楣上的镂空台阁，小巧玲珑，窗门可随风开启，上面雕刻的人物形态逼真。歙县博物馆所藏灶神庙砖雕，在方尺余的砖面上，雕刻着头戴金盔、身披甲胄、手握钢锏的圆雕菩萨，须发如丝，精巧绝伦。据说这块砖雕花费了1200个工日才完成，堪称徽州砖雕的经典之作。

徽州木雕起源虽不可考，但从北宋《营造法式》中记载的南方建筑术语和源于江南的建筑构件看，当时徽州等江南地区建筑技术水平较高。明代徽州，木雕被广泛地运用于建筑的额枋、梁柱、斗拱、华板、梁驼、雀替、花窗、隔扇、平盘斗以及家具之中。明代的徽州木雕古拙朴实，造型浑圆，刀法简练挺拔，其风格近似汉代画像砖。到了清代，雕刻风格趋于缜密、繁复和精巧，富丽精致有余，力度感却明显削弱，渐失明代粗放刚劲的气势。

徽州木雕风格雅健，繁简得宜，表现出浓郁的文化气息。另外，由于明清徽商收藏了大量历代名画，大批画家为了临摹历代珍品来到徽州，以雕刻草图换取临摹权。例如绩溪龙川胡氏宗祠有"徽派木雕艺术宝库"之称，其中最为著名的荷花图木雕，草图便出自明代大画家徐渭之手。

徽州石雕应用历史最久，遗存至今的尚有宋代石塔、元代石刻等。明清时期，徽州石雕广泛应用于石坊、祠庙、民居等建筑，其装饰意味浓重，充满着淳朴的乡土气息。徽州石雕大多采用黟县青石、歙县凤凰石和婺源金星石等石材为原料。在徽州，到处可见年代久远、造型各异的大型石坊，以及抱鼓石、石漏窗、石兽等雕琢精密的石雕。最有名的，是耸立在歙县中和街与打箍井街交口的"许国石坊"，石坊雕饰艺术巧夺天工，每一方石柱、每一道梁坊、每一块匾额、每一处斗拱和雀替，都饰以精美的雕刻。12只狮子，前后各四，左右各二，雄踞于石础之上，形态各异，栩栩如生。

徽州三雕是民间情趣与文人情趣的完美结合。从思想内容上看，三雕作品强调社会教化功能，重视审美中的情感体验与道德伦理教化自然融合，反映了新安理学的影响。在艺术形式上，三雕作品充分体现了民间艺术语言的特点，艺术造型融汇了秦汉以来中原地区民间艺术的优秀传统，同时又吸收了徽州士人文化的丰富营养，呈现出质朴天真、清新雅致的独特面貌，堪称文心和匠心的相互成就。

万安罗盘：经天纬地，包罗万象

神秘的罗盘

罗盘，又称罗经，有沿海型和内地型之分。元末明初以来，徽州休宁县万安镇一直是国内最为重要的罗盘产地之一。万安罗盘有着"徽罗""徽盘"的独特称谓。由于设计独特、选材考究、制作精良、品种齐全，在中国古代民间工艺史上，万安罗盘有着难以取代的地位。

小小罗盘上，那密密麻麻布满盘面的蝇头小楷、那密如蛛网或圆或直的分格刻线，无不蕴含着宇宙的秩序、生命的堂奥，令人叹为观止、击节称奇。

万安罗盘的制作工序是：先精选"虎骨木"，制成罗盘毛坯；然后将毛坯车圆磨光并挖好装磁针的圆孔；随后在上面画格和书写盘面，按太极阴阳、八卦二十四爻、天干地支、二十四节气、十二生肖、二十八宿分野和三百六十五周天依次排列，按秘藏图谱刻画书写；接着熬炼桐油并上油；最后，也是最关键的工序，为钢针磁化与磁针安装。徽州文化积淀深厚，雕刻、写、画、漆等种种行业无不盛产能工巧匠，罗盘如此繁杂的工艺，非此处而不能为。

万安罗盘是现存全国唯一的以传统技艺手工制作的罗盘，承载着中国古代天文学、地理学、环境学、哲学、易学、建筑学等方面的文化信息，传承着磁性指南技术及相关技艺，为研究中国古代科技史、

缕悬式罗盘

社会史、人居环境及古徽州的历史文化提供了宝贵资料。

罗盘作为承载传统文化的实体，在工艺美学上的独特价值也备受关注。

吴鲁衡罗经店的故事

万安，位于素有"中国第一状元县"美誉的休宁。作为徽州当年繁华的水运码头，万安是很有些年代和味道的镇子。古老的徽商驿道，前店后坊式的商铺格局，弥漫晨雾的横江边依旧还有浣衣妇的捶打声……

吴鲁衡罗经店是在这里诞生的著名品牌。吴鲁衡（1702—1760），清代著名工匠，原名吴国柱，休宁县万安镇人。吴鲁衡从小学习罗盘制作技术，由于心慧手巧，很快便精通了整套制作工艺，成为同行中的佼佼者。雍正年间，吴鲁衡在万安镇老街上创设吴鲁衡罗经店，融制作和经营于一体，所制罗盘、日晷及指南针等产品，工艺精益求精、一丝不苟，形式承继古法而又能适时创新，很受欢迎。吴鲁衡罗经店的系列制品首先在徽州本地流行，然后随着徽商足迹走遍全国，并先后传入东南亚和欧美。1915年，吴鲁衡老店产品在美国费城举办的巴拿马万国博览会上获金质奖章，成为驰名世界的工艺产品。

在万安，为保证万安罗盘的制作技艺不被外传，技工年少进店，老死出店。安装磁针必由店主亲自完成，旁人不得偷窥偷学，并且"传媳不传女"；其他五道工序，也是各守其位、不得旁骛。早期垄断万安罗盘生产的是明清时期闻名遐迩的"方秀水罗经店"，吴鲁衡十二三岁进入该店当学徒后，打破了这个规矩，他不仅掌握了全套技艺，还创办了"吴鲁衡罗经店"。吴家有一件传家之宝，是一块珍藏了300多年的外星陨石。吴氏安装的罗盘磁针，一定要先放在这块陨石上吸磁。据说吴鲁衡正是因为得到了这块陨石磁铁，才开起了这家经久不衰的罗经老店。

万安罗盘的种类，按盘式分，主要有"三合盘""三元盘""综合盘"3种；按直径分，则有从2.8寸至18.6寸共11种；按制作方法分，则有水浮、旋定和缕悬3种。据宋沈括《梦溪笔谈》载，属缕悬法为最佳。可惜明嘉靖后逐渐失传。令人欣喜的是，2005年，吴鲁衡罗经店第七代传人吴水森潜心钻研，将这一失传数百年的缕悬式罗盘再现于世人面前。他还推陈出新，研制出了莲花八卦罗盘、金龟系列罗盘等装饰工艺品。

到休宁，很多人都要到吴鲁衡罗经老店去看一看，300多年来风云变幻，老宅的当家人不断更替，店门前的对联却一直不变，这是罗盘家族秉持了几百年的信念："保无北辙南辕客，信有经天纬地才。"

芜湖铁画：铁为肌骨画为魂

一个铁匠的书画梦

芜湖铁画始于清代顺治年间，迄今已有300余年历史。它的诞生，源于一个铁匠的书画梦。这个铁匠，叫汤鹏。

汤鹏，字天池，祖籍江苏溧水。清顺治九年（1652年），他逃荒至铁业发达的芜湖，在一家铁匠铺当学徒。古来就有"铁到芜湖自成钢"之说。芜湖铁工不仅数量甚多，技艺亦十分高超。汤鹏所在的铁匠铺坐落在芜湖西门萧家巷，正好与姑孰画派的代表人物萧云从为邻。与书画大师为邻，激起汤鹏对于画的兴趣，他突发奇想：如果以铁为墨，也能勾画出这些笔墨山川吗？

汤鹏自行创业后，他的铁画梦迅速发酵。他登门拜访老邻居，向萧云从求稿。几次三番，萧云从被汤鹏打动，同意为铁画作稿。

萧云从所作山水画，减笔加皴，寒山古寺、衰柳扁舟，十分适于铁画表现。书画家的作品与高超的锻铁技艺相得益彰，铁画横空出世。汤鹏锻铁作山水、花卉、人物、虫鱼、鸟兽为屏对堂幅，均极妙。他还善飞锤接书，以狂草书法著称。安徽博物院藏的一副铁字联"晴窗流竹露，夜雨长兰芽"即汤鹏之作，龙蛇起伏，行云流水，达到了"顽铁随心绕指柔"的境地。

汤鹏生前，铁画"直值数十缗"。但因他不事权贵，终以"奇技坐天穷"，晚年潦倒。汤鹏谢世后，铁画技艺一时失传。

梁应达以画入铁

和一般的民间工艺品不同，芜湖铁画诞生之初，就以著名书画家作品为蓝本，艺术起点极高。其以铁为线，将安徽姑孰画派、新安画派落笔瘦劲、风格冷峭的艺术特征发挥得淋漓尽致。作为纯手工锻技艺术，芜湖铁画是以铁为原料，经红炉冶炼后，再经锻、钻、抬压焊、锉、凿等技巧制成的。国画上的工、写、皴、描等技法，均通过冶、锻、剪、钻、抬压、锉、凿等锻作技巧来表现，并将木雕、砖雕、石雕、泥塑和民间剪纸中的艺术夸张手法综合应用于整个制作过程中。其间，画面的粗重处"趁热打铁"、一气呵成；精细处则轻敲慢打、镂雕并用；还必须通过一次飞火就焊接到位的技巧和一锤定音的功力，才能形成一幅工写结合、虚实相间、黑白互衬、刚劲有力的铁画作品。

梁应达，字在邦，池州建德（今安徽东至）人，生活于清康熙至乾隆年间，是继汤鹏之后的杰出铁画制作者。梁应达幼习诗书，善丹青，因"艰于进取"，"乃弃旧业，居与铁工邻，因寄伎于铁以自娱"。非常有趣的是，铁匠汤鹏当年与画师为邻，以铁入画；文人梁应达则与铁工为邻，以画入铁。丹青与铁艺总是在历史的某个时间节点，宿命般地相逢。

较之汤鹏，梁应达的优势在于他的艺术素养和文学趣味，表现在铁画创作方面，能很自然地营造出萧散简远、意境清新的文人画风味。其锻制技术不及汤鹏，但他首创并加以改良的剪、叠、锉、焊等技术，至今仍在沿用。

梁应达之后，芜湖铁画业逐渐衰落。清光绪年间至民国时期，先后有谭司夫、了尘和尚、沈德金、萧老四等惨淡经营，直到1955年，才由储炎庆重振铁画事业。

人民大会堂的铁画《迎客松》

储炎庆（1902—1974），祖籍安徽枞阳。12岁学铁画，16岁来到芜湖沈德金的铁匠铺帮工。

铁画《迎客松》

1955年,由于政府重视民间工艺开发,在芜湖市委的组织下,以储炎庆为首成立了芜湖铁画小组。储炎庆最大的代表作,就是入驻人民大会堂的巨幅铁画《迎客松》。1959年,为了庆祝中华人民共和国成立十周年,由著名画家王石岑主笔创作,储炎庆率领众弟子在合肥设炉锻打,他们要倾力创作一件史无前例的巨幅铁画,用安徽黄山的特色景观——迎客松来表达中国拥抱世界的热情。

铁画《迎客松》的树冠部分,松针茂密,有2万余根,为了体现松针自然生长的形态,这2万余根松针的针形叶片,硬是一根一根锻打出来的。巨大的松干上有各种树皮鳞圈。每一个鳞圈都要锻打数百锤,整个树干上的鳞圈就要锻击9万余锤。鳞圈与鳞圈之间的交接处,十分讲究,每一圈的树边毛都要飞花有致,要自然呈现出鳞圈的形状,圈圈相扣,环环逼真。这就要求在锻接时,落锤要准确、快速。长2米、重100来斤的树干一旦从红炉中抬出,就要求锻锤百发百中,绝不能虚发一锤,而且锤点疾落,密如骤雨,每一锤打下去,火光喷射,热汁四溅,自然形成树径上的苔印,与鳞圈化为一体。整个树干上的鳞圈参差错落,疏密相间,苔痕斑驳,形同天造。

总长达5.1米、高度达3.1米的巨幅铁画《迎客松》惊艳了世人。作品中的迎客松呈现出水墨浮雕的效果,将中国水墨韵味与中国铁艺完美结合。铁画《迎客松》最初摆放在人民大会堂安徽厅，后被移至国家迎宾厅，作为国家元首会晤的背景，频频亮相国际媒体，成为那个时代最具代表性的中国符号。

徽派盆景：深山里的景中景

徽派游龙梅

徽派盆景是全国六大盆景流派之一，以歙县的卖花渔村为代表，包括绩溪、黟县、休宁等地制作的盆景。游龙式梅桩是徽派盆景的代表式样，它的造型映射出古代徽州人"龙象自尊"的思想印记。花农依循古人"梅以曲为美，直则无姿"的审美原则，把梅桩自幼扭旋，左右弯曲，手法刚柔相济，造型势若蟠龙。在全国举办的历届"二梅展"中，徽派的梅桩盆景获得了几乎一半的金奖、银奖和铜奖。

徽派盆景造型受新安画派的影响，以简胜繁，以苍古奇特见长。大多以枝干虬曲的木本植物为培育对象，主要有梅、松、榔榆、天竹、南天竺、紫薇、山茶等树种。造型花样繁多：游龙式、三台式、迎客式、圆台式、劈干式、悬崖式、提根式……徽派盆景造型手法十分独特，比如梅桩，幼小的梅条用棕榈叶定胚，每两年调整一次，较大的枝干用棕绳蟠扎，主干定型后再加工侧枝，小枝则只作修剪，形成"粗扎粗剪，剪扎结合"的造型艺术手法。游龙式梅桩属于规则式造型，透着较强的人为加工痕迹。但徽派盆景中更多的造型为自然式造型，师法造化，顺势而为，不露匠心，浑然天成。

明清时期，徽商辗转各地，徽派盆景也随之传入江苏、浙江、上海、广州等地。清乾隆年间，由于徽派盆景盛行，在绩溪仁里等地每12年举办一次规模宏大的徽派盆景展览。

卖花渔村与洪氏家族

徽派盆景始于南宋，鼎盛于明清，至今已有800多年的历史。和苏派、扬派、川派、海派盆景不同，徽派盆景的中心不是人口集中的繁华城镇，而是位于大山深处的一个小村庄——歙县卖花渔村。卖花渔村在新安江南岸沟谷腹地，海拔200多米，四周高，中间低，形成一个小盆地。村形如鱼，村人姓洪，鱼得水则生机盎然，故在鱼字边加三点水，称渔村。又因村民以种花、培制花桩、制作盆景为业，以卖花为生，遂称"卖花渔村"。

当地气候温暖湿润，雨量充沛，土壤肥沃，这为栽培制作盆景提供了得天独厚的自然条件。村中百余户人家，老老少少都以培育各种树桩盆景为生。一株盆景，有时需要几代人接续培育多年才能成型，因此当地有"爷爷种树孙儿卖"的俗语。

历史上，卖花渔村的盆景曾多次成为贡品。据记载，唐乾符六年（879年），村里有位叫洪必信的，号梅窗处士，善吟咏，曾于小楼前植梅数株，作梅花百韵以自悦。南宋时，村民已培育出一棵树上有数种颜色的花梅。明代，村里户户栽花种竹，桂馥兰芳。洪氏一脉的盆景大师也代有传人：洪祚枝、洪嘉墉、洪庆耀、洪月田、洪观清……其中，洪月田以"游龙梅"著称，而洪观清的自然式盆景造型在业内更是独树一帜。

"四面有山皆入画，一年无日不看花"，走进卖花渔村，仿佛进入花与盆景的世界。花农们用"咫尺千里，缩龙成寸，小中见大，虽假犹真"的艺术手法，以黄山松、罗汉松、黄杨、碧桃、紫荆等为主培植的或大或小的盆景，千姿百态，各具特色，让人叫绝。

清代文学家张潮有言："居城市中，当以画幅当山水，以盆景当苑囿。"徽派盆景让人们以另一种形式回归自然的怀抱。

界首彩陶：大俗大雅三彩陶

十三窑的三彩刻花陶

界首彩陶，主要分布在安徽省界首市颍河南岸的13个村。因每个村子村民都以业陶为生，并且村名均以"陶窑"为名，故这13个村俗称"十三窑"。十三窑所制陶器种类繁多，各村在造型、装饰和烧制上各有所长，其中以卢窑最为著名。

界首彩陶工艺的起源，无确实的文字记载。1999年在淮北柳孜古运河考古发掘中，在宋井中发现一片界首刻花三彩陶片，据此可以推断界首彩陶的制作工艺最晚出现在宋代。另外，据《中国历史地图集·隋、唐、五代十国时期》记载，在颍水的发源地嵩山以北不足百里便是唐代三彩陶三大产地之一的巩县（今河南巩义），因此有人推断，唐代的三彩陶工艺很有可能通过颍水的流布，直接或间接催生并影响了界首彩陶工艺的发展。

关于界首彩陶，民间还流传着这样的传说：有一年，唐高祖李渊经过界首的琉璃寺，夜间梦见一幡台，上面摆放着绿、黄、白三色陶罐，醒来后，他立即命令附近窑匠做出三色陶。但是由于当时界首窑匠技艺有限，烧了三天三夜，只烧出了黄、白两色陶罐，想不出做绿陶的办法。正当大家一筹莫展时，一位铜匠经过窑厂，由于连续多日下雨，铜匠被迫留在窑厂内做工，他携带的铜粉被风吹进窑里，没想到，这些铜粉竟然改变了陶的颜色，意外烧出了绿陶。自此，界首彩陶以三色陶名世,并代代相传。

黄、绿、白是唐三彩的主打色,我们今天看到的界首彩陶却多是红、白、绿三色。同是三彩,略有不同。界首彩陶以黄胶泥为原料,黄胶泥是黄河泛滥沉积下的黄色黏土,其性软,可塑性较强。用此土烧制出的陶器,胎质细腻,胎体厚重。界首彩陶的基本工艺是在胎体上施一层酱红色化妆土和一层白色化妆土,之后进行剔花工艺创作,剔除上层白色化妆土多余的部分,露出酱红色化妆土的地子,从而形成"红地白花"的剔花纹样,再入窑素烧,取出后点绿彩,再罩上一层透明釉,之后第二次入窑烧造,最终形成红、白、绿三色彩。剔花纹样用工笔,一丝不苟;点绿,则非常写意,貌似信笔一点,却使釉色如水,端庄的造型里因而有了一丝灵动与妩媚。

除了独特的釉色,界首彩陶还以刻花丰富多样著称。老艺人们汲取当地传统剪纸、木版年画、戏剧等民间艺术精髓,信手刻画,毫无匠气,自成流派。在十三窑,流行一种三彩刻花鱼盆,注入水后,在水波的荡漾下,盆里刻画的鱼像活了一样在水草中游动。颍河两岸曾流传着"鱼盆圆又圆,出在沙河(颍河在界首的俗称)南,有人买了去,富贵万万年"的民谣,其中提到的"鱼盆",就是界首三彩刻花鱼盆。

坛坛罐罐上的"戏曲大舞台"

在造型上,界首彩陶借鉴了青铜器、瓷器的诸多特点,古朴与灵动并举,多以圆形为主,因为"圆"有"团团圆圆"之寓意。1949年前,淮河中游一带盛行嫁娶之时女方必陪嫁一件三彩陶坛的习俗,圆形的陶坛上刻有牡丹、梅花喜鹊、莲花鲤鱼等内容,牡丹象征富贵,梅花喜鹊寓意喜上眉梢,莲花鲤鱼则有连年有余之意。这些大众喜闻乐见的题材,无不体现了当地人们对美好生活的期盼向往。界首三彩刻花陶的题材,清代以前多以寓意吉祥的花草鱼虫为主,晚清至民国时期,受当时戏曲艺术发展的影响,开始大量采用以传统剧目为题材的人物场景画,如《白蛇传》《周瑜打黄盖》《秦琼大战尉迟恭》等。坛坛罐罐上,不仅有花花草草,还有了生旦净末丑。

1954年,对于界首彩陶来说,是一个重要的时间节点。这一年,

宋　界首彩陶碗

卢山义戏曲人物纹腰鼓罐

界首卢窑村的青年匠人卢山义制作的三彩刻花刀马人酒坛，被苏联东方艺术博物馆的《造型艺术》以巨幅照片专题介绍，界首彩陶一夜成名。卢山义也因此被中国民间艺术家协会评为"全国优秀民间艺人"。

之后，卢山义以戏剧武打场景为主要题材，创作了一系列富有民间艺术趣味的"刀马人"装饰图案：充满民间趣味和力量感的人物造型，生动夸张的空中飞马，永远高举的长柄大刀……画面质朴却充满戏剧张力。国际艺术界对其作品评价甚高，称之"有形不至而艺至之妙趣"。在他的影响下，刀马人成为界首彩陶的标志性装饰纹样。后来很长一段时期，刀马人几乎成了界首彩陶的代名词。

坛坛罐罐上的戏曲大舞台，旌旗猎猎，马嘶刀闪，纵马驰骋的人物永远保持高昂的斗志……从实用陶到工艺陶，千年传承，窑火不熄。卢山义之后，一代又一代陶艺人也用他们的坚守和探索，为界首彩陶开辟更好的未来。

考古
KAOGU

安徽地跨淮河、长江、新安江三大流域，自然条件优越，是中华文明的重要发祥地之一。从繁昌人字洞到蚌埠双墩、含山凌家滩，远古人类在江淮大地上留下了一串串珍贵足迹；从肥西三官庙、阜南台家寺到楚都寿春、淮南武王墩、六安国，我们在解开一个个历史谜团的同时，领略有文字记载以来八皖大地上的精彩文化图景；从柳孜运河遗址、繁昌窑到凤阳中都城，我们又穿过历史时光的隧道，感受古代安徽文化的美丽和灿烂。所有这些，展现了安徽在我国百万年人类史、一万年文化史、五千多年文明史发展进程中的重要地位。

繁昌有个人字洞

癞痢山的"石头"

安徽芜湖市繁昌区的孙村镇有一座小山,名曰癞痢山。20世纪80年代以前,如同大多数的山一样,这座山上也在进行着采石作业,在此采石的工人中有一位名叫盛宏江。采石很枯燥,他一做就是几十年,每天面对形形色色的石头,见得多了,也能分辨出一些不同寻常之处。1984年的一天,盛宏江作业时发现3块与众不同、形状怪异的石头,隐约感到这些石头可能大有来头。于是,他想到了中国科学院古脊椎动物与古人类研究所的黄万波研究员,联系之后,他把3块石头寄了过去。经过鉴定,这些石头竟然是更新世的犀牛牙齿化石。1987年和1995年,安徽的考古专业人员两次来到癞痢山考察,采集到一些零星的哺乳动物化石,获得了更多的线索,为日后在此开展新生代晚期地层和古生物调查奠定了基础。

1998年,"早期人类起源及其环境背景研究"安徽课题组来到癞痢山南坡,正式启动考古发掘工作。这里的山形裂迹形似"人"字,因此被命名为"人字洞遗址"。从1998年到2022年,安徽课题组先后进行了10次考古发掘,发掘深度达到10米,发掘面积约50平方米,自上而下可分9个自然层,3个沉积单元,发现了远古人类加工、使用过的石制品和骨制品200多件,将亚洲人类起源的历史提前了数十万年;还发现了古脊椎动物化石标本上万件、近百种,种类丰富,保存完整,对于研究早期人类活动的环境背景大有裨益。

繁昌人字洞遗址

经过反复多次大规模的考古发掘和生物地层学、磁性地层学的综合研究,人字洞遗址的地质时代确定为早更新世早期,也就是旧石器时代早期,距今220万年至256万年,是已发现的亚欧大陆最古老的人类活动遗址之一。

人猿相揖别

1964年春天,毛泽东填成《贺新郎·读史》一词。"人猿相揖别。只几个石头磨过,小儿时节。铜铁炉中翻火焰,为问何时猜得？不过几千寒热"几句,形象地概括了人告别猿,进入石器时代、青铜时代的过程。达尔文的进化论告诉我们,人类从猿类进化而来,经历了十分漫长的历史阶段。然而,人猿究竟揖别于何时何地？或者说人类究竟起源于何时何地？这在当今的考古学、生物学和历史学领域,仍然是极具挑战性、探索性的研究课题。人字洞遗址的发掘,便是这一课题所取得的重大进展。

考古专家们在人字洞遗址中发现了远古人类的踪迹。其中,人类加工、使用过的小型石制品上百件,分别用6种不同岩石制成：铁矿石、硅质泥岩、硅质灰岩、石英砂岩、片麻岩、燧石,铁矿石占一半以上,大多为打制刮削器；另有人工打击痕迹的骨制品数十件,由动物下颌骨、肢骨和牙齿为毛坯制作而成。这些文化遗存具备古老、简单、质朴等性质，表明当时的人类能够利用岩石、动物骨骼等原料来制作打击工具。这处遗址是已经发现的亚洲最古老的人类活动遗址，为亚洲是早期人类起源地区之一提供了坚实依据。人类起源问题，被揭开了一层神秘的面纱。

在人字洞遗址中，专家们不仅发现了远古人类的踪迹，还发现了更加远古的猿类的踪迹。就在正式发掘人字洞遗址后不久，主裂隙西侧约 150 米的路边又发现了一些散落的土石胶结物，其中含有年代极为久远的动物化石。经过一段时间的采集，共搜检到数百枚化石，其中包含上百枚古猿牙齿化石。随后，中外科学家对此进行了合作研究，并于 2020 年在《人类进化杂志》上发表研究成果，通过形态对比与系统发育分析认定，这些牙齿化石属于上猿超科，是全新物种，学者们将其命名为"繁昌上猿"。伴生的啮齿类化石表明，含繁昌上猿牙齿的裂隙堆积的年代属早中新世晚期，距今大约 1800 万年。

在不断找寻远古人类、远古猿类行踪的过程中，越来越多的人猿揖别和人类起源的信息被披露出来。随着人字洞遗址的考古研究新成果的不断发现，许多至今尚无定论的问题，正在越来越接近真相。

长鼻类中的贵族

人字洞遗址先后经历了 10 次考古发掘，除了发现人工石制品和骨制品，还出土了数量众多的古脊椎动物化石，包括灵长类、啮齿类、食肉类、长鼻类、翼手类等各类哺乳动物，这在国内其他早期人类活动遗址中较为罕见。随着"人字洞科考工作站"和"繁昌科研科普基地"的建立，专家们对出土的动物骨骼化石进行了生物分类学研究，历时数年，深入论证，合理建构这些动物的外形、颜色、皮肤和毛发，完成了 17 个种类古生物化石塑像复原，堪称世界范围内更新世和全新世古生物化石复原之首创。

比起人字洞出土的其他哺乳动物化石，中华乳齿象的头骨、骨架化石最为引人注目。在 2020 年的一次考古发掘中，人字洞遗址出土了一具乳齿象的化石，包括门齿、头骨、下颌骨、前肢骨、掌骨和指骨，这是国内首次发现成年个体的象类骨架化石。结合生物年代学及沉积物的快速堆积等特点，判断出乳齿象的生存年代距今大约215万年。此前，学界普遍认为乳齿象起源于美洲，经过演化之后才传入东亚，进而进入中国。人字洞遗址发现乳齿象，促发了对乳齿象原有认识的重新思考。该象被命名为"中华乳齿象"。

乳齿象种是已经灭绝的长鼻类哺乳动物。专家们推测，中华乳齿象可能起源于距今500多万年前的华北，并在距今100万年左右于华南灭绝。距今250万年左右，我国东部地区曾有一次明显的降温，导致北方的中华乳齿象向南扩散，并在长江南岸的繁昌演化出新的种类。与食性较广的亚洲象不同，中华乳齿象可谓长鼻类动物中的贵族，主要食嫩叶。

毫无疑问，中华乳齿象的发现极具影响力，给生物起源的研究带来了重大影响。与此同时，又有问题浮现出来：数百万年前，人和动物是如何相处的？人是狩猎者，还是被狩猎者？当时，人的数量极少，生存能力很弱，缺少对抗猛兽的力量，缺少有效的生产劳动工具。有的专家因此提出疑问，人在那时或许是被狩猎者，而不像如今这样，站在自然食物链的最顶端。如果换个思路，这个疑问又似乎不难解答，人有一个任何动物都不具备的最大优势，即思想。人是有思想的高级生物，虽然力量上处于弱势，但在智力上有着绝对的优势。这样说来，谁才是真正的"狩猎者"呢？

淮河文明的曙光：双墩和禹会村

淮河文明之光

安徽蚌埠市淮上区的小蚌埠镇，距离淮河北岸 3 公里，镇内有两座高大的封土堆，当地人称为"双墩"，所在地称为双墩村。1985年，蚌埠市博物馆派员到此进行文物普查，在封土堆周边的瓦碴地土坡上，发现了很多陶片和夹沙陶片，于 1986 年开展抢救性试掘。1991 年和 1992 年，安徽省文物考古研究所又两次对此开展考古发掘。三次发掘累计面积为 375 平方米，出土了大量的陶器、石器、骨角器、蚌器、红烧土块建筑遗址、动物骨骼等，种类繁多，既有生产工具和生活用具，也有大批刻画符号和泥塑艺术品。

双墩遗址保护范围南北长 180 米左右，东西宽 140 米左右，约 25200 平方米，中心区约 10000 平方米。遗址的出土遗物，集中在东南部一个较大的、从西北向东南延伸的凹沟中，文化层呈斜坡状堆积，层与层之间的界限分明。经测定，遗址距今大约 7300 年，是新石器时代的一个新的文化类型。

双墩遗址出土的主要器物有罐形鼎、钵形鼎、碗、钵、甑、支架、器座、纺轮、网坠等，还发现了以四錾平底罐形釜和钵形釜、矮圈足或假圈足饼底碗、矮喇叭座豆、鸟首或牛鼻形耳系罐、底腹均有箅孔的甑以及祖形支架构成的器物组合，有别于同时期的其他文化器物群。特别是遗址中发现的数量众多、内容丰富、结构复杂的象形、几何形和各种单体、重体、组合体类型的陶器刻画符号，具有鲜明而独特的文化面貌。专家们认为，双墩遗址的发现表明，早在新石器时代，淮河中游地区已经显露出文明的曙光，与黄河流域、长江流域一样，淮河流域也是中国古代文明的重要发祥地。

远古"档案馆"

双墩遗址出土了630多件带有刻画符号的陶碗、陶钵等陶器，这在新石器时代遗址中是发现年代较早、数量较多的。这些符号大多刻画在器物外圈足内，少数刻画在器物腹部、豆座圈足内等隐蔽部位。种类可分象形和几何形两大类，包括以单线、双线和多重线分别刻成的鱼形、猪形、鹿形、蚕形、叶脉形、花瓣形、三角形、方框形、十字形、网形、圆圈形、建筑形等数十种。内容则包括日月、山川、动物、植物、房屋等写实类，狩猎、捕鱼、网鸟、养蚕、编织、种植、饲养等生产生活类，以及天文历法、地理位置、宗教和艺术等，堪称远古社会的"档案馆"。

在这些刻画符号中，有些反复出现，使用频率高，具有明显的记事性质和表意功能。例如，与"水纹"相关的刻画符号接近90件，占比六分之一，涉及渔捕、狩猎、居住、气候环境等内容。双墩先民在长期的渔猎活动中，积累了丰富经验，他们通过水纹现象来识别鱼群活动规律，确定捕捞方式；还通过记录不同的水纹现象，观察气候变化。另如猪形、蚕形等符号表明，当时的人们已经开始饲养家畜、种蚕等。这些都是人类进入文明时代的重要标志。

双墩遗址中发现的这些刻画符号，在中国刻画符号体系里具有非常重要的地位。从8000年前的贾湖刻符，到7300年前的双墩符号、5000年前的大汶口符号、4000年前的龙虬符号，构成了淮河流域符号体系，对商代文化的形成产生了重要影响。这里是夷夏商交会地带，也是先商文化的最南分区，在此产生的简洁、生动、形象的刻画符号，与甲骨文之间存在直接的渊源传承关系，在中国文字史、汉字起源史上具有举足轻重的地位。

陶人的微笑

双墩遗址中出土的陶塑雕题纹面人头像,虽然只有小孩的拳头大小,却被塑造得光彩照人,这在考古界引起极大轰动。这件人头像是用陶土经手工捏制后烧制而成的,高6.3厘米,宽6.5厘米。人物面部写实、生动,眉弓突出,双目圆睁,鼻子扁圆微翘,似蒜头状,左耳残,右耳有一穿孔,嘴巴张开,嘴角微微上扬,宛如美丽的少女,展现出穿越时空的、令人向往的神秘微笑。

令人惊奇的是,其额头正中刻饰有椭圆形同心圆,脸颊两侧各有五个对称戳刺点,连成一条斜线。"雕题""纹面"与"纹身",是上古时期先民们流传下来的一种习俗,即用特定的方式和仪式在人的面部刺出花纹图案,刺在额头上的称为"雕题",刺在面颊上的称为"纹面",刺在身体各部位的称为"纹身"。这件人头像,是我国目前已发现的"雕题纹面"的最早实物例证,为研究原始信仰提供了宝贵的实物资料。有专家认为,额头上的同心圆或许是太阳的符号,两颊的纹面位于法令纹的位置,既体现了善良、仁和,也不失威严。按照民族人类学的说法,在两颊上纹面,能够带来美好、吉祥。

蚌埠双墩遗址陶塑人面

这件人头像面带微笑，从远古走来，负载着灿烂文明，传承着历史文化，维系着民族精神。这是迄今为止我国发现的最早的人物雕像，是中国史前雕塑的杰作，对于中国美术史的研究来说，可谓极为难得的收获。

五色土填成的君王墓葬

2005年6月，双墩村文保员在封土堆修建的防空库房墙壁上发现盗洞，随后向有关部门报案。经现场调查，盗洞由东向西横向掘进9米，即将接近墓坑口的位置，如果不被及时发现，后果不堪设想。

2006年至2008年，安徽省文物考古研究所和蚌埠市博物馆组成考古队，对位于北侧的封土堆进行考古发掘。墓的封土较大，呈馒头状，底径60米，高9米，封土中没有人工夯筑迹象，构建方式应为堆筑。墓葬为圆形土坑竖穴墓，墓坑较深，口部直径20.2米，底部直径14米，墓口到墓底深7.5米。四周共有12个随葬坑，包括10个殉人木棺，2个器物椁室，10名殉者围绕墓主呈"三三三一"的殉葬结构。通过识读墓葬内出土的青铜器上的铭文，可知墓主是春秋时期的钟离国君柏，所以称"钟离君柏墓"。

蚌埠钟离君柏墓出土的青铜器

封土和墓坑内的填土均为黄、灰、黑、红、白等五色颗粒混合土。封土堆底部墓口外的生土层上有一层厚20厘米至30厘米的白土垫层。填土层中，沿墓坑一周有深色填土带围绕着中间"放射线形状"遗迹的现象；叠压在"放射线形状"遗迹层下填土层的是18个"土丘"，并放置了1000多个泥质"土偶"。墓内随葬器物也非常丰富，主要为青铜器、彩绘陶器、石器、玉器，另有少量几何印纹陶器以及海贝、金箔饰件等，共计400多件。从钟离君柏墓的形制和规模来看，这位国君应当处于钟离国的鼎盛时期。钟离君柏拥有如此雄厚的财力，置办如此豪华的墓葬，为墓葬考古史增添了新类型。

禹会诸侯于涂山

1981年，双墩遗址西南约20公里处，涂山脚下、淮河东岸的禹会村，考古发现了龙山文化晚期遗存。2006年起，持续6年的考古活动又在此展开，从禹会村遗址中出土了大量鼎、甗、罐、壶、簋、豆、盉、盆、碗等完整器物和陶片。而遗址中最为引人注目的，是一组由祭祀台基、祭祀沟、祭祀坑、临时房屋遗迹等组成的遗存。

这组遗存，多数学者认为是祭祀性质的遗迹。但它与一般的祭祀遗迹大不相同，如祭祀台基上的方土台、长排柱坑及临时建筑、连接祭祀台的通道等，在其他同时期遗址祭祀遗存中从未发现。诸多考古学家将涂山脚下的这座遗址与《左传》中记载的"禹合诸侯于涂山，执玉帛者万国"场景相联系，推测祭祀台基即是禹会诸侯时的场所。不仅因为遗迹所处的涂山符合古籍所载禹会诸侯的地点，遗存中建筑的功能契合禹会诸侯的用途；而且根据碳十四测定，遗址距今约4100年，这与禹都阳城遗址的时间相比较，也吻合古籍记载的大禹生平经历。

禹会村遗址的发现，不仅为解读淮河流域文明化进程提供了重要实例，更为研究治水英雄大禹提供了有力的考古佐证，为大禹所代表的中华儿女抗争灾害、拯救生民的积极精神，提供了可触可感的坚实支撑。

凌家滩的繁华与精美

○ 考古

环壕聚落，其乐融融

1985年秋天，安徽含山县铜闸镇凌家滩村村民万传仓的母亲去世，他在村北面的土岗上为母亲挖墓穴时，挖出了许多玉环、石锄、石凿、石铲等文物。当地文化站站长李余和闻讯后，根据国家文物保护的有关规定对这些玉器、石器作出妥善处理，并上报文物管理部门。1987年6月，安徽省文物考古研究所正式启动凌家滩的发掘工作。从1987年至2023年，这里先后进行了14次发掘，合计发掘面积超过7000平方米。通过现代航空遥感技术和考古钻探方法，考古人员测算出凌家滩遗址的总面积达到160万平方米，目前发掘的只是冰山一角。

在2008年以前的5次发掘中，发现了68座墓葬、1座祭坛、1处水井、多处房屋遗迹和灰坑，以及大面积的红陶块建筑遗迹；出土文物1100多件，包括一大批精美玉器，如玉龙、玉鹰、玉龟、玉勺、玉璜、玉版等，也有部分石器、陶器，如石铲、石钻等。通过测定，凌家滩遗址距今5300年至5800年，是新石器时代的聚落遗址，在中华文明"古国时代"第一阶段中占有重要地位。

2008年以后，凌家滩遗址的考古发掘重心从墓葬转向聚落，不仅发现了更多的墓葬和灰坑、祭祀坑，出土了更多的玉器、石器和陶器，还揭示了更多包括环壕在内的大型公共建筑基址。考古专家进而认定这是目前国内所知年代最早、规模最大、保存较好、功能分区最为完整的大型环壕聚落。考古人员还对发掘的土壤进行过水、补选，从中发现了碳化的水稻种子；对出土残碎动物骨骼进行研究，鉴定是家猪。由此，当年的聚落生活图景渐渐清晰起来：居住建筑有200多平方米，内外两条环壕堪称大型水利工程，原始宗教活动在祭坛举办，公共活动在红陶块广场进行，人们从事着稻作农业，兼及养殖、渔猎和采集，同时从事玉器、石器和陶器制作、纺织等手工业生产。虽然筚路蓝缕，却也其乐融融。

神圣的祭坛

凌家滩遗址中发现了1座祭坛遗迹，位于遗址中心的偏北位置，也是遗址的最高处，原面积约1200平方米，现存面积约600平方米。祭坛为不规则圆角长方形、正南北向、中间高四周低的3层式建筑：底层为自然黄土累积，中间层由小石子和黏合剂混合而成，上层由小鹅卵石、小石子和黏土混合夯成，类似于现在的三合土。祭坛上有用于祭祀的"积石圈"和3个长方形的祭祀坑；东南角则有红烧土和草木灰遗迹，草木灰堆积很厚，呈灰黑色，推测这里是祭祀时用火的地方。

含山凌家滩遗址出土的玉鹰、玉豕、玉人、玉龙

祭坛的位置和形制表明，这里应当是凌家滩先民举行宗教仪式的场所。祭祀坑里出土的260多件各类遗物又表明，凌家滩祭坛的主要性质为祀天。出土遗物包括石器、玉器和陶器，石器器形以石钺为主，另有少量石锛，大多残碎，但多数可以拼合，并有少量完整器，部分被烧变形。由此，我们可以遥望当时的祭祀场景。因为遗址内大大小小的墓葬分布在祭坛周围，推测这里也是向逝去的亲人告别之处，曾经举行过无数次盛大而凄凉的告别仪式。

红陶块革命

凌家滩遗址的另一重要发现为红陶块遗迹。遗迹面积大约3000平方米，厚度1.5米，目前已发掘500多平方米。虽然尚未完全揭露出来，却可以肯定这是一个大型公共建筑，是聚落的政治、军事、文化中心，从遗迹上发掘出的几个疑似柱洞来看，更像是古代的宫殿或神庙。红陶块经过800至1000摄氏度的高温烧制而成，质地十分坚硬，至今仍难以轻易砸碎。有的专家认为，红陶块属于人类有意识加工的建筑材料，是现今我们所用各类砖的祖先，堪称中国建筑史上的一次革命。红陶块遗迹内还存有1处水井，直径1米，深3.8米，井壁上半部用人工高温烧制的建筑材料圈成，并使用了成熟的垒建技术，为目前国内考古发现中的最早实例。红陶块水井的出现，表明凌家滩的先民们已经开始饮用干净、卫生的井水，这也从侧面证明，凌家滩聚落当时进入了文明社会。根据水井位置以及井底仅有少数陶片的现象判断，水井似乎并非所有人都能使用，或许只有最高权力者或举办重要的祭祀活动时才能使用。有些考古学家多次来到凌家滩遗址考察，认为这里发现的红陶块遗迹内含非常深奥的人类建筑史课题。关于此遗址的许多谜底还有待揭开，值得考古学界深入研究和探索。

古玉无声却能言

凌家滩遗址先后出土了1200多件精美玉器，品种丰富，雕琢精湛，凝聚了中华先民的思想与智慧，具有重要的考古、历史、科学和美学艺术价值。因此，凌家滩遗址与红山文化、良渚文化并称为"中国史前三大玉文化中心"。

从器型种类上看，主要分为工具和武器类、装饰品类、动物和人物类。工具和武器类包括斧、钺、戈等；装饰品类包括镯、璜、环、玦、珠、管、璧、双连璧等；动物和人物类包括龙、凤鸟、猪、龟、鹰、兔、立姿人像和坐姿人像等。这些多彩、温润、有着特殊肌理图案并充满着神秘色彩的美石，成为容纳权力、财富、审美、品格，甚至代表天地鬼神的灵物，惊艳了世人，刷新了后代的历史认知。从制作工艺上看，切割、琢磨、管钻、掏膛、减地、浅浮雕等技术都达到高度发达的水平，其中有些玉器经过测试，硬度达到或超过 7 度，有些玉器的孔眼直径只有 0.15 毫米，而且所有钻孔的摩擦痕都十分规整、平行，绝非交错的乱痕。据此推测，当时的凌家滩可能拥有了金属冶炼技术，因为只用竹管钻孔或骨头钻孔，无法达到这样精密的效果。

如今，我们在惊叹凌家滩遗址出土玉器的精美之余，还应了解隐藏其后的大量远古社会生活信息。例如那件玉人，长方脸，双眼皮，蒜头鼻，浓眉大眼，唇留八字胡，双臂弯曲，五指张开放在胸前，臂上饰满玉环，展示了原始先民完整的形体风采。玉人戴的帽子上有方格纹，腰带上的斜纹运用了挑花工艺，都表明当时纺织技术的成熟，也反映出当时比较先进的服饰文化。再如那件玉龙，一端阴刻成猪龙首形，略上翘，另一端刻成尖锥形，刀法简练，造型完美，栩栩如生，充满生命的活力，是中国史前考古中发现的唯一龙首形玉器，对于研究新石器时代的用玉制度，以及对后代礼制规范形成的影响，都具有重要意义。另如玉龟和玉版，可能与远古洛书、八卦有关，在科学文化史的研究上有着特殊价值。

台家寺的青铜世界

○ 考古

龙虎出水

1957年6月的一天上午,天气晴朗,和风习习。安徽阜南县朱家寨镇三河村村民徐庭兰和往常一样,来到穿村而过的小润河撒网捕鱼,一网下去,收网时却怎么也拉不动,渔网被一个圆圆的、沿口如喇叭状的东西缠住了。他费了好大的劲,把东西拖上岸,又在原处捞出7个大小各异、锈迹斑斑的铜器。徐庭兰发现铜器的事很快传开了,当地政府非常重视,逐级上报。经过文物专家鉴定,那件较大的铜器竟然是商代的龙虎尊,在水下浸泡了3000多年,出水后依然光彩熠熠,其他小件是商代青铜酒器。

龙虎尊高50.5厘米,口径44.9厘米,足径24厘米,重26.2千克。尊的上部饰有3条曲身龙纹,龙首探出肩外;尊的中部饰有3组猛虎食人图案,造型巧夺天工,令人叹为观止。专家认为,商代中晚期是中国奴隶社会的鼎盛期,这种图案应是奴隶主统治威严的象征。龙虎尊使用内模外范铸造,浑然一体,工序十分复杂,工艺精美绝伦。这充分说明,我国的冶金、铸造技术水平远在商代已达到空前的高度。如今,这件龙虎尊作为国家一级文物,珍藏在国家博物馆,向世界展示着灿烂、辉煌的中华文明。

阜南台家寺遗址出土的青铜龙虎尊

阜阳铸造

龙虎尊作为国之重器，不是普通百姓所能享用的。这就让人产生了无限的遐想：它的主人是谁？它从哪里来？或许这块土地上原本就不乏拥有青铜铸造技术的能工巧匠，有人类在此聚居劳作。夏商周时期的先民们，在这里邻水而居，狩猎耕种，冶炼纺织，生生不息。半个多世纪之后，距离小润河不足200米的台家寺遗址在考古发掘中有了许多令人震惊的发现，这些发现恰恰证实了上述猜想。

据说，北宋时期，此地建有两所寺院，相距3公里。后因年深日久，水土流失，两寺损毁，仅存高台，当地人分别称之为上台家寺和下台家寺。西侧上台家寺高6米，东西长34米，南北宽30米；东侧下台家寺高5米，东西长33米，南北宽31米，两台地表遍布残砖碎瓦，瓦片上多为绳纹。1957年青铜龙虎尊等文物重器出水后，这里得到更多的关切；1985年，第二次全国文物普查时正式发现台家寺遗址；1989年，安徽省文物考古研究所对此进行专题调查，确认台家寺遗址为殷商文化遗存；2012年，台家寺遗址被列为省级文物保护单位。因为黄河泛滥成灾的历史原因，皖北地区淤沙严重，延误了中古以前的历史遗址的考古工作。直至2014年，安徽省文物考古研究所和武汉大学历史学院联合组成考古队，启动台家寺遗址的考古发掘。从2014年至2017年，进行了3次发掘，收获了丰富的成果。

在台家寺遗址的发掘中，与青铜器有关的发现最令人欢欣鼓舞。首先是发现了商代中期的铸铜作坊，为多个柱洞围成的曲尺形建筑，东西长约6.8米，南北宽约7米。南部发现一处曲尺形半地穴的铸铜工作场地，北部暴露出一层以白色碳酸钙粉末覆盖的原生高温烧结面，经检测，表层包含了大量青铜颗粒，推测为铸铜操作面。另在西北角发现4个原生红烧土的圆窝状遗迹，推测是放坩埚或组合后待浇铸陶范的地方。铸铜作坊的发现，解决了长期以来困扰学术界的一个重要问题，即商代除了都城以外，其他地方也有青铜容器铸造活动，从而改写了中国青铜铸造手工业的历史。其次，还发现了一批商代铸铜废弃物的填埋坑，出土了1174块商代陶范，半数以上可以确定为容器陶范，其中有斝范、鼎范、觚范、爵范、鬲范等，皆为中国古代青铜器的典范器型，填补了早商时期与晚商时期之间铜容器铸造的空白。再次，小润河出水的青铜龙虎尊与在此出土的部分商代青铜器如青铜觚、青铜爵、青铜三角援戈的工艺、颜色，基本一致，这就说明，龙虎尊也是标准的"阜阳铸造"，明确回答了此前关于龙虎尊是否本地铸造的疑问。综上所述，商代台家寺的工匠们已经熟练掌握了青铜器铸造工艺，这里的铸铜活动频繁，铸铜水平高超，可以认定为商代都城之外的最为显要的青铜文化中心。

商王朝的重要战略据点

台家寺遗址不仅与青铜铸造有关，也与这里曾经是商王朝的战略据点密切相关。

台家寺遗址由5个台墩组成，核心面积约10000平方米，目前发掘了16座商代建筑，273个商代灰坑，7座商代墓葬。其中，贵族居住区的台墩有方形围沟围绕，围沟宽度约14米，东西长约105米，南北长约85米；围沟内北部和东部可见大型建筑，北部长方形台基总面积达到532平方米，其上的建筑包括大型宫殿、专用储藏室和大型仓库，东部的建筑平面呈品字形布局，很具特色；中部的空场上设有祭祀坑。3个面积较小、堆积不丰富的一般居住区台墩，分布在贵族居住区台墩的外围。

台家寺遗址发现的7座商代墓葬，均为适用小贵族的单棺墓，墓中出土了铜器、玉器、漆器等大量随葬品，铜器中包括铜觚、铜爵和铜戈。墓地所在台墩与小润河河道相邻，不排除部分更高等级的墓葬因河流改道而损毁的可能。台家寺遗址还出土了大量使用过的卜骨和卜甲，以卜甲为主，说明当时占卜活动的频繁。在动物遗存方面，发现了鹿、猪和牛的骨骼，还可以看到鱼类以及河蚌、螺蛳的残骸，应该是人们的肉食补充；在植物遗存方面，发现了碳化水稻和粟、黍等作物的种子。

所有这些，揭示了商代贵族休闲娱乐的场景，揭示了商代先民的生产、生活形态。专家认为，台家寺遗址是长江中下游地区已知的第二处发现商代大型建筑的地点。第一处是湖北的盘龙城，是公认的商王朝最南面的重要据点。而台家寺发现了与盘龙城体量相当的建筑设施、墓葬和各类器物，所以，台家寺应该是商王朝在东南面的一个重要战略据点。

六安王墓：汉代六安也是国

○ 考古

为了国宝而改道

2006年初，为配合合武高速铁路建设，安徽省文物考古工作者在铁路工程沿线例行考古勘探，行至六安市金安区三十铺镇双墩村时，发现两个南北并列的大土墩，勘探后发现是西汉时期的两座大墓。2006年3月，安徽省文物考古研究所对南侧的"一号墓"进行发掘，初步确定为西汉第一代六安王刘庆的墓葬。

正当人们为这一考古发现振奋不已时，问题出现了：汉墓的原址保护与合武高铁建设发生冲突，因为在建的合武铁路横跨两座汉墓，而"一号墓"恰好处于路基位置。究竟是铁路改道、让位于墓地保护，还是迁出汉墓、方便铁路建设？一时众说纷纭。考古部门希望原址保护，铁路改道。如果迁走了"一号墓"，相当于迁走了"龙头"墓葬，分隔了整个六安王陵区。另外，迁墓需要高达数千万元的巨额保护经费，搬迁过程中的拆卸、清洗、重组等，会对墓葬造成损害，搬迁新址后的环境和气候也不利于墓葬保存。但是，合武铁路位于我国铁路东西大通道——沪汉蓉快速通道的中部，是国家规划的"四纵四横"快速铁路客运网的重要组成部分，建成通车后，合肥至武汉的运行里程将由565公里缩短为351公里，运行时间将由10小时缩短至2小时。如果改道，需要绕行10公里至20公里，需要增加2亿元左右的投资。而且，铁路已在建设中，改道避让汉墓，又要面临新线路的勘察、设计、征地、拆迁、建设等重复过程，还要增加建设资金、延长建设工期，实施难度较大。

经过多方论证和专家评估，安徽省政府提出了新的统筹协调方案，即汉墓原址保护，铁路就近改道通过，尽量多使用已筑路基，实现文物保护和铁路建设的兼顾。根据这一方案，合武铁路向南移动108米，从横跨两座汉墓改为从两座汉墓之间穿过，维护了六安王陵区的完整性。经国家文物局和铁道部同意后，这一方案付诸实施，合武铁路于两年后全线建成通车。

"黄肠题凑"意味长

通过将近一年时间的考古发掘，"一号墓"的基本情况被揭示出来：墓地封土高11米，墓葬平面为"中"字形，东西向，由前后墓道、墓室组成，全长48米。墓道为斜坡式，前墓道长2米，宽7米；后墓道长9米，宽4米；墓室长17米，宽12米。室内为保存相当好的"黄肠题凑"木结构椁室，东面为门，正对墓道，其他三面为"题凑"。题凑长9.1米，宽7米，高3.5米，内有木椁、石椁各一，木椁长4米，宽3米，高2.5米；石椁内有双层木套棺。题凑外有一周外藏室，用方木构筑而成，室宽1.6米，高1.2米，其中有铜器、玉器、漆器、木器等许多随葬品。墓葬周围还发现、清理了3座陪葬墓、2座陪葬坑和1座车马坑。

所谓"黄肠题凑"，属于秦汉时期贵族陵墓的特有葬制。"黄肠"是指用柏树木做成的木枋，因柏树木心为黄色而得名；"题凑"之"题"是指木枋的顶端，"凑"是指木枋顶端对齐码放，"题凑"意即将木枋按照一定制式整齐码成的木质地宫。这种墓葬形制，之前仅在北京、陕西西安、河北石家庄、江苏扬州、湖南长沙等地有过发现，均为诸侯王或王后的陵墓，在安徽省发现尚属首次。考古人员据此判断，"一号墓"不是一座普通的汉墓，墓主身份应当是达官贵人，甚或是西汉时期六安国的国王。

随后，墓中出土的各类文物进一步支持了上述判断。例如，出土的玉器、漆器、木器、铜器等随葬品十分精致，不少漆木器贴有金箔或银箔质的飞禽走兽图案，有的还镶嵌银扣和玉石，有的铜壶上错有金银，做工精湛，精美华丽，属于奢华物品，非王室之人不能够使用。特别是在出土的几件铜壶上分别发现了"共府第六""共府第八""共府第九""共府第十"等铭文，与史书记载的六安国或六安王对应，这就把墓主身份直接指向了六安王。西汉武帝元狩二年（前121年），刘庆被封为第一代六安王，史称"六安恭王"，辖六安国，死后谥"共王"。因此，"一号墓"被确定为六安王刘庆的陵寝。

土墩里的王国

根据当时的贵族墓葬制度推测，双墩村发现的南北并列的两座汉代大墓，南侧的"一号墓"被确定为六安恭王刘庆的陵墓，北侧的"二号墓"应当为王后墓。当地文物部门的同志介绍说，双墩村周围曾经分布过众多的高大封土堆，可能都是古墓葬，因为农田改造、盖房、修路等原因，部分墓葬的封土被平掉。考古调查表明，以双墩村为中心的6平方公里内，如今仍有双墩、三星庙墩、马大墩、高墩等4处形状相似的并列大墓，并列墓之间相距500米至1000米不等，当地人称之为"八大墩"。这些墓葬周边的地表处，以往散布有板瓦、筒瓦、砖和井圈等建筑构件。20世纪70年代，在马大墩北侧封土堆西北边修水渠时，曾经发现过一个车马坑，与"一号墓"周围的车马坑结构相同，出土过一些车马器，可见其等级之高。随着"一号墓"的发掘以及墓主身份的确定，另外几处并列大墓的性质也有了相应判断，很可能是其他几位六安王的夫妇合葬陵寝，它们一起构成了完整的六安王陵区。

为摸清六安市境内古墓葬的数量，六安市文物局还在三十铺镇双墩村、青松村，先生店乡钱圩村约23平方公里的范围内展开地毯式全面勘察，发现36座大小封土堆，如琵琶墩、松墩、宴墩、小墩、玄武墩、青龙岗墩、大山墩、韩大墩、黄花墩、墩塘等。这些墓葬都坐落在地势较高的丘陵土岗上。小墓高4米左右，底径为15米左右；大墓高10米左右，底径达到60米以上；最大的墓高度超过15米，底径超过100米。如此密集的汉代古墓葬分布在此，而且都与当年存

六安王墓出土的金箔、银箔饰物

在的一个诸侯国紧密关联，可谓十分罕见。

根据《史记》《汉书》等史料的记载，西汉武帝时期，为了弱化诸侯王的权力，汉武帝逐步取消分封制，却对同父异母的兄弟刘寄另眼相看，封刘寄最得宠的儿子刘庆为六安王，此后经历夷王刘禄、缪王刘定、顷王刘光、刘育，共五代。王莽新朝时，六安国不复存在。为什么叫"六安国"呢？汉武帝取衡山国内六县、安风、安丰等县首字，别衡山国为六安国，兼有"六地平安，永不反叛"之意。刘庆封王以后，对汉武帝感恩戴德，自然小心翼翼，凡事中规中矩，死后享有高规格的墓葬。专家认为，像六安王墓"一号墓"及其王陵区这样规模宏大、葬制高贵、保存完好、随葬品精美的汉代墓葬，在全国并不多见。"一号墓"的发掘和六安王陵区的发现，揭开了六安国的神秘面纱，真实展示了六安国的物质文明和精神文化。

大运河安徽段的前世今生

○ 考古

话说通济渠

2000年4月8日,时任国家文物局副局长郑欣淼来到安徽指导工作,他在濉溪县百善镇柳孜村实地考察后,满怀深情地宣布:"柳孜隋唐大运河遗址的考古发掘是中国运河考古的重大成果,证明了大运河的流经路线,填补了中国运河考古的空白。"郑欣淼为什么这样说,不妨把时光倒回到隋代。

隋大业元年(605年),隋炀帝以东都洛阳为中心,在历朝历代所修水道的基础上先后开凿通济渠、邗沟、永济渠和江南运河,形成南起余杭(今浙江杭州),北至涿郡(今北京),沟通海河、黄河、淮河、长江、钱塘江五大水系,全长达2700公里的隋唐大运河。隋唐大运河堪称世界上开凿最早、航程最长、最雄伟的人工运河,是隋、唐、宋三代水路运输的大动脉。

作为隋唐大运河的首期工程,通济渠从开凿到竣工仅用了半年时间,连接了黄河与淮河,全长650公里,创造了人类开凿运河的奇迹。据唐人杜宝所撰《大业杂记》记载,通济渠"水面阔四十步,通龙舟,两岸为大道,种榆柳。自东都至江都二千余里,树荫相交,每两驿置一宫,为停顿之所,自京师至江都,离宫四十余所"。通济渠的通航,满足了皇帝和王公贵族们的游乐需求,同时也发挥了漕粮运输的重要通道作用。航道上出现了"公家运漕,私行商旅,舳舻相继"的盛况,从而促进了商业贸易的发展，带动了两岸城镇的繁荣。

通济渠，又称新汴渠，唐宋时期称汴河，因承受大量的黄河泥沙沉积，唐代每年疏通一次。到了北宋晚期，社会动荡不安，通济渠的管理制度逐渐松弛，黄河几次发生决口，导致河床淤塞，直至断流。关于通济渠的流经路线，考古学界一直存在"南线说"与"北线说"的争执，没有定论。1999年，安徽淮北柳孜运河遗址的考古发现，证明了通济渠的确切走向，为这一千年运河的路线之争画上了句号，为研究中国运河发展史找到了突破点。

唐时船舶宋时桥

自20世纪80年代开始，历史学界、考古学界便把大运河安徽段的学术考察和研究提上议事日程。1999年，淮北市濉溪县境内的一段公路拓宽改建，施工至柳孜村时，人们在拆迁的屋基下发现许多条石，方正结实，摆放整齐，层层叠叠，取之不尽，推测是历史遗物。于是，省、市文物部门联合组成考古队对此进行抢救性发掘，揭露面积900平方米，发现了1处石构建筑遗存、部分木构建筑和8艘沉船，出土了大量唐宋时期的陶瓷器，因而判断这里是通济渠流经之地。2012年进行二次考古发掘，总发掘面积为1997.5平方米，清理的重要遗址有运河河道、两岸的河堤和石筑桥墩、河道中间的石板路、木岸狭河遗迹等水利设施等。同时，基本弄清了河道以及埋藏层位的堆积形成过程：河道宽超过20米，河底宽12米至15米，水深1米至7.5米；河道堆积第十层为红胶泥层，其下为黄沙层，其上为运河废弃之后的堆积；河堤顶宽13米左右，呈斜坡状的层层叠压堆筑，层厚40厘米至70厘米不等。

两次发掘中，分别在河道两岸发现东西走向、顺河而建的长方形石构建筑遗存，经专家研究，为北宋时期建造的同一座桥的两个桥墩。南墩体量略大，长14.3米，宽9米，高5.5米；北墩体量略小，长12.7米，宽7.7米，残高4.5米。两墩相距约19米。因为河床发掘时发现了较多横竖散乱的木柱，专家认为此桥很可能是木构拱桥，与宋人张择端所绘《清明上河图》中的桥梁相仿，弯曲如虹，仪态万方。

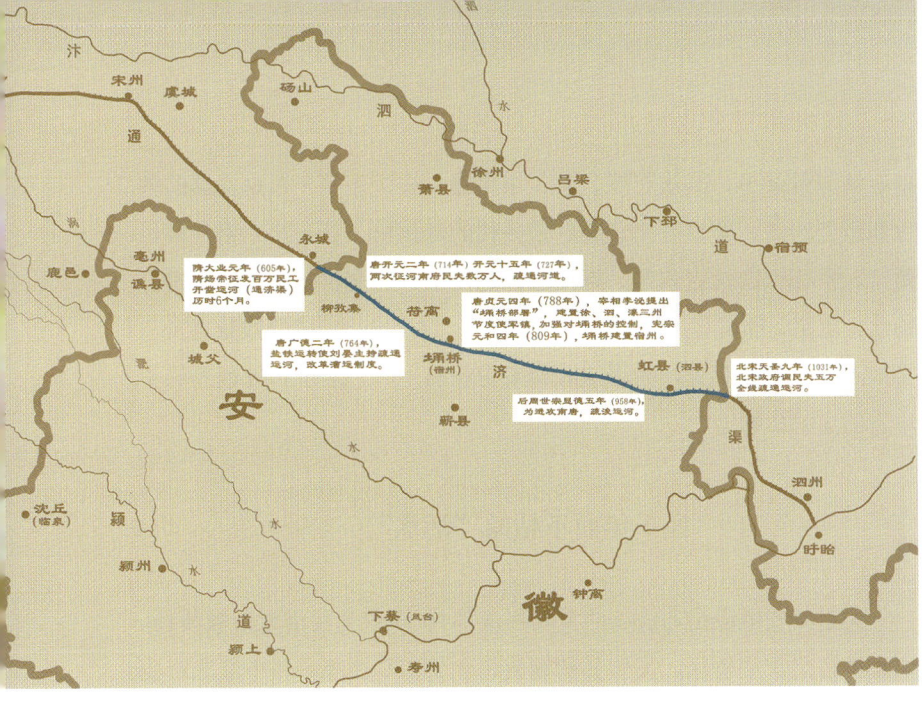

隋唐大运河安徽段线路图

不难想象，傍晚时分站在桥头，可见运河中千帆竞发，杨柳倒映，落日余晖，美丽如画。

更加令人兴奋的是，就在发掘桥墩四周深部土层时，竟然发现了8艘古代沉船。其中有3艘沉船较为完整：1号船为木板结构，长2.6米，宽1.92米，尾舵呈扫把状；2号船为整棵大木雕凿而成的独木舟，长0.6米，宽1.1米，出土时舱内有唐代釉陶制泡菜坛等；3号船为木板结构，长23.6米。因土层中还发现了青釉、三彩瓷器和唐代"开元通宝"钱币等器物，沉船的年代被认定为唐代。这些沉船的位置均在古河道南侧河底，且向北侧倾斜，专家推测为黄河泛滥，河水冲翻所致。运河内发现如此多的沉船，在国内尚属首次。

柳孜运河遗址还出土了大量陶瓷器、铁器、石器、铜钱等。铁器有三足釜等。石器有磨、石柱、锚等。铜钱均是方孔圆钱，有"开元通宝""嘉祐通宝""熙宁通宝"。陶器有灰色陶、红色陶、釉陶和建筑陶等，器型有缸、盆、坛和砖瓦等。瓷器品种最为多样，有青、黄、白、黑、白地黑花、外黑或酱、内白等釉色，一般釉质较粗，少数青、白釉较细；瓷胎多为较粗的泛黄或灰色胎，少数白瓷胎洁白细腻。瓷器多素面，少数印花、刻花、三彩、点彩和堆贴文饰等；器型以碗的数量最多，其次有罐、盆、三足器、杯、壶等。根据瓷器的釉色和造型辨认，窑口有隋、唐、宋各代的寿州窑、宣州窑、繁昌窑、萧窑、景德镇窑、吉州窑、耀州窑、磁州窑、建窑、越窑、长沙窑、钧窑、定窑、邢窑等，也有部分不明窑口。这里出土的瓷器数量之多、窑口之众，实属罕见，为唐宋时期陶瓷业的生产、运销和外销提供了珍贵的实物资料。

经千年而不枯的"活水"

大运河安徽段是通济渠的重要组成部分，不仅流经淮北市濉溪县，还流经宿州市埇桥区、灵璧县和泗县，全长180公里，其中淮北市境内长42公里，宿州市境内长138公里。特别要提及泗县段，至今仍有活水河道约47公里，其中原有故道28.1公里，保持着较为原始的历史风采。泗县段既是大运河安徽段内唯一的有水河段，也是大运河通济渠重要的活水遗存段。

在泗县境内，运河西口与唐河相通，从县城注入环城河，与石梁河相接，向南与新汴河水系相连，向东与新濉河汇通。整个泗县运河故道，水系发达，循环相接，形成了完整的活态水系。1951年治理濉河时，曾在泗县运河故道东段枯河头南岸挖出数石黍子，与地方史料上记载的"纳黍行舟"之说相印证。据传隋炀帝开凿通济渠时，因枯河头至通海店一段地势较高，水流不畅，阻碍龙舟通行，便在河中以黍米代水，泼以香油润滑，人力拉纤行进。2012年在泗县运河故道沿线多处进行考古挖掘，确认故道整体上口宽30米至50米，深6米至8米；城西至唐河段经过兴修水利、疏浚清理而统一标准：河口宽30米，深6米；城东至水口魏段因县城建设被部分占用，其他河段可见运河原貌。

历史长河，桨声映渔火；今日两岸，绿树荡清波。斗转星移，沧海桑田，大运河安徽段正在用"活"的方式延续着通济渠的漕运兴盛，娓娓讲述着中国运河文化的前世今生。

埠里地下有遗存

千年古镇新发现

2019年4月,合肥市长丰县下塘镇埠里社区淮南北路北延工程施工时,挖出不少青灰色石砖,疑似埋有古墓。2019年5月至2020年12月,安徽省文物考古研究所、合肥市文物管理处、长丰县文物管理所联合展开抢救性考古发掘。揭露总面积达到18.8万平方米,发现了各类遗存17处,其中墓葬14座、墙基2处、灰坑1处,实际清理墓葬8座。墓地平面呈椭圆形,坐落在一条东西走向的丘陵南坡,北界为丘陵的陵脊,西界和南界地势低洼,东界为小冲沟,坐北朝南,背山面水,位置非常优越。从墓葬形制和出土文物提供的有效信息来看,这块规模较大、等级较高的墓地,应为北宋晚期的富商家族墓地。

2020年12月,"埠里宋代家族墓地考古发现专家研讨会"召开。来自全国各地高校和科研机构的20多名专家学者实地考察了考古发掘现场,听取了项目负责人的考古发掘情况汇报,经充分研讨后一致认为,这是江淮地区的一处具有代表性的宋代家族墓地,反映了南北文化交流融合的历史事实,墓葬本体和出土文物具有较高的历史、艺术、科学价值,对于研究宋代墓葬形制、埋葬习俗、建筑风格、生活方式、文化特征等各个方面都具有重要意义。

以砖代木砌斗拱

埠里遗址的发掘结果表明,这一家族墓地的修建和排列,都经过了严格、细致的规划。12 号墓位于最北端,处于核心位置,是墓地发现的最大墓葬,其他墓葬按照古代宗庙昭穆制度依次排列。12 号墓内出土两面墓志,虽然上半部漫漶严重,却为认定墓主身份和墓葬年代提供了很多有益线索。通过解读可知,墓主是当时很有影响力的商家大贾,原籍寿县安丰,后来迁至"慎县袁团镇",即今肥东县元疃镇,距埠里直线距离约 10 公里;家族成员的主要活动年代为北宋晚期的元丰年间至政和年间。

12 号墓是单室砖墓,通长 12.1 米,宽 8.7 米,由墓道、仿木结构门楼、甬道和墓室组成。砖砌仿木结构门楼宽 6.44 米,残高 3.82 米,上为砖雕斗拱及檐枋构架,下为长方形门道,设 4 个门簪,内辟拱形门洞,两侧有砖雕龟背锁纹花窗,复杂繁缛、豪华奢侈、高大威严、蔚为壮观。墓室下部略呈方形,内空边长约 5 米;4 个拐角的壁砖依次向上向内收缩,然后以平砖顺砌两层普柏枋;枋上砌斗拱,每朵斗拱出三跳华拱,各朵斗拱间以鸳鸯交手拱联系,拱上按八边继续内收,形成八边形叠涩顶,可观性很强。同时发掘、清理的还有 1 号墓和 14 号墓,1 号墓位于 12 号墓东南约 15 米,通长 14.2 米,宽 5.52 米至 5.82 米;14 号墓位于 12 号墓南侧,通长约 5.3 米,宽约 5 米。它们都是以砖代木结构,只是规模略小,复杂程度稍逊一筹。

以砖代木,用砖砌成斗拱,甚至华拱、鸳鸯交手拱、普柏枋、多层斗拱支撑等更加繁复的建筑构架,形成仿木结构的墓葬形制、造型风格和特色工艺,是埠里遗址的一大亮点,与宋人李诚所撰的建筑学著作《营造法式》得以互相印证,为北宋墓葬建筑考古提供了不可多得的实例。

介于青白之间

12 号墓曾经被盗,因而出土文物不是很多,仅 13 件,其中的青白釉瓷碗和青白釉瓷盏尚可一观。1 号墓发现了 3 具棺椁,共清理出

以砖代木砌斗拱

土器物51件，包括漆木器、金银器、铜器和陶瓷器4大类，漆木器有镶银扣十六曲花瓣形漆盒、镶银扣六曲葵口漆碗、镶银扣漆盏托、委角束腰形漆盒、委角方形漆镜盒、蹀形漆盒等，金银器有金背木梳、银背木梳、金钗、金簪、金手镯、金耳坠等，铜器有亚字形铜镜和大批铜钱，陶瓷器有各类青白釉生活用具。这些文物大多数保存完整，品相好，级别高，其中的镶银扣十六曲花瓣形漆盒、委角束腰形漆盒、金背木梳等，在安徽省尚属首次出土，为安徽境内的北宋时期区域政治、经济、文化研究提供了宝贵资料。

在这些出土文物中，10多件青白釉瓷器带有明显的时代特征、浓厚的生活气息，青白如玉，淡雅动人。例如几件形态各异的青白釉瓷盏和瓷托盏、瓷渣斗等茶具，均是宋代茶文化流行的见证。托盏由盏和托盘组合而成，盏用于点茶和饮茶，盏内及盏底有模印的缠枝牡丹纹，托盘为盏的必备附件，盘口呈六曲葵花形，盘底有高圈足，并饰有火焰形镂空纹；渣斗用于承载茶渣，深浅合宜的敞口形式便于倾倒，内刻折枝牡丹纹，刻花手法干净流畅。另如青白釉瓷炉，为无炉盖开敞式瓷炉，形制上接近江西南丰白舍窑址出现的青白釉莲台座炉，圈足下的喇叭状塔式底座尤见特色，可谓宋代香文化繁盛的注脚。

青白釉瓷又称"影青""映青""隐青"等，因釉色介于青白之间、白里隐约泛青而得名,是宋代景德镇创烧的一种独具风格的瓷器;以湖田窑为主要烧制窑口,因以含铁量很低的氧化铁为着色元素,釉面闪烁着清澈而又恬静的玻璃光泽,有如轻玉。埠里遗址出土的青白釉瓷生活用具,釉色晶莹温润,胎质纤密细腻,造型精致典雅,均为同类陶瓷器中的精品。这些青白釉瓷的发现,让今人得以一窥宋代青白釉瓷的盛行与当时江淮地区的审美风尚。

濉溪长丰街遗址：猎猎酒旗风

酒香不怕巷子深

2018 年 9 月，淮北市濉溪县长丰街北侧棚户区改造工程施工时，发现地下有砖石建筑，经当地文物部门勘察，推测为古代酿酒作坊遗址。半年之后，在濉溪老城的后大街，安徽省文物考古研究所组织考古发掘，发掘面积近 2000 平方米，清理面积近 3000 平方米。听说遗址发掘的消息，当地人纷纷表示：知道这里以前有过许多酿酒作坊，没想到一直埋在自己的脚下，如今重见天日，果然应了那句"酒香不怕巷子深"的老话。

此次发掘出的魁源坊、大同聚坊、祥源坊 3 个糟坊的位置，与文献记载的酿酒作坊相互对应，可信度极高。3 个糟坊中，魁源坊的时间跨度是清代中期至民国，遗址基本完整；大同聚坊的时间跨度是清代早期至民国，遗址破坏较为严重；祥源坊的时间跨度是明代晚期至民国，遗址多被民房占压。3 个糟坊已经清理出的遗存包括 5 个蒸馏灶、1 个储池、1 处制曲房、1 处曲池、3 处晾堂、1 处店铺、1 处陈酿区、40 余处发酵池、5 口水井、10 余条排水沟、3 条道路、100 余个灰坑和 20 余处房址。这些房址围绕酿酒厂区建造，有的带有院落，朝向多为朝南或朝东，应当是车间或者仓库。

发掘可见比较完备的酿酒生产设施和生产流程，总体按照"前店后坊"的格局，呈现出清晰的酒加工生产和销售场景。坊与坊之间界限分明，酿造区都集中在南北通透的厂区内，分为蒸馏区、晾晒区、发酵区、制曲区等，是迄今发现的全国唯一覆盖蒸馏酿酒全流程设备的作坊遗址，也是迄今发现的全国面积最大的酿酒作坊群遗址，比已发掘的近10处酿酒遗址面积总和还要大。

好曲与老窖

在魁源坊遗址中，出现了蒸馏灶、储水池、制曲房、曲池、晾堂、发酵池等酿造遗存，并附带水井、排水沟、灰坑等设施遗迹，较为完整地还原了当时的酿造工艺流程和生产生活环境。专家们由此认为，濉溪长丰街明清酿酒作坊群遗址的发掘，为酿酒工艺研究提供了实证支持。

好曲酿好酒。魁源坊遗址中发现了1处制曲房和1处曲池，制曲房墙体较厚，地基石砌，便于保温；曲池堆放曲块，用砖砌成，为长方形半地穴式，地坪上铺满稻草和麦秸秆。当年，并不是每家酿酒作坊都有制曲房，大多数酿酒作坊根据产量向专门的制曲糟坊采购酒曲。魁源坊拥有独家制曲房，说明其产量高。魁源坊还有自己的制曲秘方，根据不同风味制成不同酒曲。有关科研单位在制曲房内检测出芦苇、高粱，说明这里可能用于制作和存放清香型大曲；另在曲池内检测出大麦、小麦、大米、高粱，说明这里可能堆放了酱香型大曲。

千年老窖万年糟，酒好全凭窖池老。3个糟坊遗址一共发现了40余处发酵池，分布集中，形制多样。发酵池按砌筑材料分为泥窖和砖窖，按形状分为圆形、长圆形、亚腰形、长方形等。酒窖泥为青绿色，晒干后呈现红色、褐色和白色等。泥窖应该用于烧制浓香型酒，砖窖应该用于烧制酱香型酒，还有一种砖泥混筑的窖池，这说明窖池工艺不同，所产酒的风味也不同。这些窖池毕竟埋在地下多年，不是全貌，好在距离长丰街遗址仅一路之隔，尚存完整的同聚酒窖，可以让今人一睹历史风采。现场的石碑上说，老窖建于元末明初，深四尺八寸。其中的那些方形窖池像是肥沃的农田，窖池之间阡陌相连。墙壁上有两层古朴的木雕花窗，可以上下翻动，控制风力和采光，调节室内发酵的温度和湿度。

濉溪长丰街明清酿酒作坊群遗址出土的青花品酒杯

酿酒的蒸煮糊化和蒸馏出酒都离不开锅灶。3个糟坊遗址一共发现了5个保存比较完整的蒸馏灶，由操作间、火门、火塘、烟道组成。操作间由青砖石块混合砌筑成长方形，火门为长方形，火塘为砖砌圆形，灶壁抹有一层三合土。烟道较长，靠近火膛处狭窄，延伸至烟囱处越来越宽，主要是为了延长炭火的停留时间，增加抽力，提高燃烧效率。大同聚坊遗址还有1处并排双蒸馏灶，是目前国内酿酒作坊遗址发掘中的首次发现。

隔壁千家醉，开坛十里香

根据史料记载，在明代至民国时期，濉溪境内分布了几十家糟坊，可谓酒坊林立、酒旗招展。坊店主要沿濉溪古城内的后大街两侧分布，东至老濉河，西到西城门，东西长约1500米，南北长约200米，面积达30万平方米；前大街也有分布，东西长约700米，南北长约100米，面积达7万平方米。合计达37万平方米。"隔壁千家醉，开坛十里香"，明代晚期相山名士任柔节曾这样赞美濉溪的美酒飘香。

濉溪的酒文化历来为人们津津乐道。早在战国末期，韩非子周游列国，来到濉溪，著有《宋人酤酒》，其中提及"为酒甚美，悬帜甚高……"可见此地饮酒蔚然成风。东汉建武二十年（44年）设沛国于相城（今属安徽淮北），颁布"酒榷"，实行专卖政策，垄断酒的产销，足见其时酿酒业相当可观。其后，濉溪酿酒更上一层楼。南宋开禧二年（1206年），官方在淮北渠沟设置酒税官。元至正三年（1343年），朝廷在渠沟设立酒监，以课酒税。明万历年间，濉溪酿酒作坊达10余家，有迹可查的酒坊有"广益""俊源""同泰""同源""隆源"等，清嘉庆年间增至30余家，民国初期则出现了72家争雄的局面，以致当地广泛流传着这样的民谣："团城七十二，居中尽得法，千瓮皆上品，甘美泉水佳。"清光绪三十年（1904年），津浦铁路通车，为濉溪的酒业外销创造了有利条件，来自上海、杭州、无锡等地的粮商、酒商云集于此，当地农民也兼营贩运，篓背、桶装，把千瓮万坛的美酒销往四面八方。

濉溪长丰街明清酿酒作坊群遗址的发现，不仅证实了当地自明代晚期至民国，并且延续到近现代的不断精进的酿酒工艺，时代脉络清晰，传承有序，还从一个侧面反映了濉溪酿酒历史的源远流长，反映了因酒业发达而带动商品经济发展的繁华景象。

科技
KEJI

在神奇美丽的江淮大地上，古代科学技术成就辉煌，采矿冶炼、天文历法、农学等方面都有长足的发展与进步。在科学技术发展缓慢的明清时期，安徽异军突起，涌现出以程大位、梅文鼎、王贞仪等为代表的一大批科学家，形成自然科学史上著名的"安徽学派"。现代以来，安徽更是人才辈出、硕果累累：除诺贝尔物理学奖获得者杨振宁、"两弹元勋"邓稼先以外，安徽在量子科技、可控核聚变、稳态强磁场等众多领域实现全球并跑、领跑，成为科技创新策源地。

中国铜都：炉火照天地

千年炉火的传奇

唐天宝十三年（754年）深秋，李白游历皖南。他从五松山下乘船经长江水路抵达大通。无边的暮色下，江畔"梅根冶"炉火升腾，红星四溅，好一幅寒夜冶炼图！李白乘兴挥毫，写下著名的《秋浦歌十七首·其十四》：

炉火照天地，红星乱紫烟。
赧郎明月夜，歌曲动寒川。

据郭沫若考证，此诗应为中国第一首工业题材诗歌。这首绝句生动描绘了古代冶炼工人于寒夜明月下高歌劳动的壮美场景。"赧"本意为因羞愧而脸红，在这里，李白加以创造性发挥，用来形容脸膛黑红的炼铜工人。这也是第一次，在中国古代文学作品中出现了矿工的鲜明形象。

4000多年前，铜的冶炼和青铜器的制作使用，宣告中华民族由漫长的石器时代迈入青铜时代。有学者认为，铜及其衍生出的青铜文明，在物质资料和社会意识两个层面，深度参与了中国大历史的构建。

从古文献记载的青铜冶炼发展进程和出土的冶炼工具来看，安徽冶炼青铜的历史相当古老。1978年，考古工作者在安徽含山县仙踪

铜陵金牛洞采矿遗址

镇大城墩古代文化遗址中发掘出"将军盔"即炼铜坩埚一只,为安徽先民早在夏商之际已经掌握青铜冶炼技术提供了实证。

而让大诗人李白诗兴大发的"梅根冶",就在今铜陵大通与池州梅龙接壤地带。

东周时期,铜陵先后隶属吴、越。由于与楚频繁交战,此地铜矿的开发力度不断加大。秦汉至唐宋时期,铜矿采冶活动达到鼎盛,铜陵成为铜采冶中心之一。自西汉在此设置全国唯一的"铜官"起,除前面提到的六朝"梅根冶",还有唐代"利国监"、北宋"永丰监"和清代"铜官监"等重要的官方采冶机构。一直以来,铜陵都作为朝廷采铜铸币的中心而存在,这表明安徽铜的生产在全国处于特别突出的地位。

李白在另一首诗中,还写下"铜井炎炉歊九天,赫如铸鼎荆山前"之句,描绘了铜陵当时宏伟壮观的矿冶场面。

古代炼铜主要遗物之一的炼渣,是反映当时冶炼水平的重要标志。从考古材料看,早期炼铜采用地面竖炉,燃料主要是木炭,炼渣多呈蘑菇状。汉到唐宋时期,由于燃料更替和鼓风设备的改进,改为地炉,容量更大,炼渣一般为条块状。

铜陵金牛洞采矿场、罗家村大炼渣等遗址中堆积的大型渣群,是探索长江流域乃至中国古代冶金活动的重要资料和中国古代冶铜术高度发达的实证,也是世界冶金史上特殊的遗物。

千年炼渣以无言的形态,诉说着千年炉火的传奇。后来,人们把这里的一座山叫作铜官山,这便是今天的铜陵市所在地。

从中国古铜都到当代铜基地

深秋时节,行走在铜陵山间,人们会不知不觉被一片片紫红色的小花所吸引。它就是著名的铜草花,学名海州香薷,因花形似牙刷,又被称作"牙刷花"或"牙刷草"。

铜草花是铜陵地区特有的一种植物,它只生长在含有铜元素的土壤里。铜陵民间素有"铜草花,铜草花,哪里有铜哪安家"的说法,人们便利用铜草花的这个特性来寻找埋藏在地下的铜矿资源。

3000余年未曾断流的采冶铜历史,使铜陵收获了"中国古铜都"的美誉。铜陵铜采冶历史源远流长,拥有一批古老的采冶铜遗址,出土了大量珍贵的青铜器,是中国青铜文化发祥地之一。

铜草花

据专家考证，铜陵境内已发现60多处铜矿遗址，分布范围达数百平方公里。从时间上看，此地的铜业始于夏商之际，发展于两周，盛于汉唐，延于宋元，几乎是中国铜矿冶史的一部缩影。而且，在今人开矿的地方，九成以上的矿山都找到了古代开采的遗存。

我国著名考古学家、夏商周断代工程首席科学家李伯谦曾这样肯定铜陵在青铜发展史上的地位："铜陵采铜铸造从商代至今绵延3500年没有间断过，这在世界范围内都是比较罕见的，称铜陵为铜都当之无愧。"

1053年，宋诗"开山祖师"梅尧臣路过铜官山。当采矿工人日夜不息的凿山采铜声传来，他按捺不住心头的悸动，写下《铜坑》一诗：

> 碧矿不出土，青山凿不休。
> 青山凿不休，坐令鬼神愁。

想象一下，深山绝壁上，坑凼沟壑里，黝黑的采矿工人与山体融为一色，他们手持采掘工具，一锤一凿剥离废石，开采岩矿，汗水沿着他们裸露着的青铜色身躯流泻而下……

中华人民共和国成立后，铜陵创造了我国铜工业的多项"第一"：第一座机械化露天铜矿，第一个现代冶炼工厂，第一座掌握氧化矿处理技术的城市，第一炉铜水，第一块铜锭，中国铜业第一家上市公司，电解铜产量多年保持全国第一……这样的成绩累加在一起，说铜陵是我国"铜工业的摇篮"，也名副其实。

可以说，铜陵从古代到现代铜工业的历史，就是一部科技不断进步的历史。时至今日，作为当代铜基地，"古朴厚重、熔旧铸新、自强不息、敢为人先"的铜都精神已经熔铸到铜陵人的骨血中。悠久的古代青铜采冶历史和辉煌的现代铜工业成就，共同支撑起"中国古铜都"这座不朽的丰碑。

在古代仰望星空

世界上现存最早的天文仪器

浩瀚的星空，蕴藏着无穷的奥秘，总是能激起人们的好奇心。也许是出于生产和生活的需要，先民们很早就把目光投向头顶的天空，投向茫茫洪荒的宇宙。

"天上本没有刻度，看的人多了，便划分出二十八星宿。"央视纪录频道《如果国宝会说话》节目播出后，安徽阜阳双古堆出土的天文仪器——西汉二十八宿星盘和圭表受到世人广泛关注。

1977年，二十八宿星盘出土于当时阜阳县西南郊罗庄的西汉汝阴侯夏侯灶墓椁室内。这是世界上现存最早的天文仪器实物。二十八宿星盘由上下两个盘组成。上盘标示北斗七星图案，边沿有365个小孔，对应周天度数；下盘边沿标示二十八星宿名称和度距，是现存最古老的二十八宿实测数据。上下盘心有孔相通，可插入指针作为定标，配合同时出土的支架，正好支撑在阜阳当地的赤道面上，用来测量天体的赤道经度以及天体的相对位置。

圭表，由垂直竖立的"表"和水平放置的"圭"组成，通过正午太阳在圭面投影的长短来确定冬至、夏至、春分、秋分4个重要节气，并推算回归年长度。在夏侯灶墓同时出土的，还有六壬栻盘、太乙九宫占盘等全套文物。有专家据此推断，当时的汝阴也就是今天的阜阳，应该是西汉时期的天文研究中心。

《尚书·舜典》记载："在璇玑玉衡，以齐七政。"古代不少学者认为"璇玑玉衡"与北斗七星的测量紧密关联，因此，也有意见认为，阜阳出土的上述仪器，很可能是失传的"璇玑玉衡"。这一说法，给人们留下了无限遐想的空间。

王蕃浑天说

斗转星移，光阴荏苒。到三国时期，安徽出现了一位叫王蕃的天文学家。

王蕃（228—266），字永元，吴国庐江郡（郡治在今安徽潜山）人。他性情耿直，"博览多闻""知天知物"，尤其精通天文和数学。但当时的吴主孙皓昏庸残暴，听信佞臣谗言，于甘露二年（266年）斩杀王蕃。这位中国古代著名的天文学家，只活了短短39岁。

王蕃的天文学成就在《晋书·天文志》中有记载，他完整阐发了浑天说，并据此理论制作"浑仪"，也就是天球仪。

在我国先秦时期，人们

汝阴侯墓出土的二十八宿星盘和支架

星盘和支架模型

对天地、宇宙的结构曾长期争论不止，"善言天者"数以百计，各种观点五花八门。到汉代以后，这些观点逐渐融合归类，最终形成三种学说：宣夜说、盖天说和浑天说。

王蕃所撰的《浑天象说》对汉代落下闳、张衡等浑天家的观点进行综合并加以深化，尤其是发展了张衡的学说。前人认为："天地之体，状如鸟卵，天包地外，犹壳之裹黄也，周旋无端，其形浑浑然，故曰浑天也。"他以为"天半覆地上，半隐地下，其二端谓之南极、北极，天之中也……众星皆移而北极不徙，犹车轮之有辐轴也"。王蕃认为，半边天在地上，半边天在地下，日月星辰附在天壳上，随天而旋转。这就较为系统地说明了浑天说的天体运行理论。

王蕃在天文学上的另一贡献是大大提高了黄赤交角测量的精确性。他根据观测，认为太阳冬至"去极百一十五度少强"，夏至"去极六十七度少强"；"黄赤二道相与交错，其间相去二十四度"。这在中国古代天文史上，第一次把黄赤交角测定的误差降至 1 度以下。

王蕃不仅有理论上的建树，动手能力也极强。他制造的测定天体的浑天仪，较张衡浑天仪小巧灵便，也更加实用，可以标明日月星辰的运行，从而区分冬至、夏至、春分、秋分等节气，由此来制订历法。

此外，王蕃还计算出圆周率为 $\pi=3.155$，与刘徽的"徽率"（$\pi=3.1416$）、祖冲之的"祖率"（π 在 3.1415926 与 3.1415927 之间）很相近。这在当时是一项重要的数学成就。

耿询制造浑天仪

浑天仪是历代天文学家的梦。它一次次失传，又一次次被创造出来。继王蕃之后，隋代又出现了一位制造浑天仪的天文学家，那就是耿询。

耿询原籍丹阳（今安徽当涂）。南朝陈后主时期，耿询在岭南谋生，与当地黎族人相处融洽。后隋将王世积领兵灭陈，他率众奋起反抗，失败后被擒，沦为王世积的家奴。

耿询后来遇见在太史局任职的老友高智宝，便跟在高智宝后面学习天文算术。很快，他用自己灵巧的双手，结合学到的天文历法知识，制成了水力浑天仪。据《隋书·耿询传》记载，水力浑天仪"不假人力，以水转之"，即由滴漏铜壶推动齿轮运转，球面上的赤道、黄道、日月星辰和节气随之运转，与实际观测到的天时"合如符契"。后来，他还发明"马上刻漏"计时器，恢复制造失传已久的"欹器"，为人们的生产生活提供了诸多方便。

耿询制造的浑天仪到底是什么样子，至今已不可考。史籍上明确记载耿询制造的浑天仪是第一个由水推动、不借助任何人力的天文仪器，这表明在他以前所谓的"水运浑象"还需依赖人力。同时也表明，耿询发明出了某种原始形式的控制齿轮转动的操纵器，这实在是了不起的创造！

中国珠算之父程大位

历二十载著书

精打细算、满打满算、如意算盘……生活中，这些常用成语都和算盘息息相关。算盘，被称作"最古老的计算机"，是中国贡献于世界文明史的"第五大发明"。自明代中叶开始，珠算在我国正式取代筹算，实现了更高效率、更为精准的计算。在指尖的灵动翻飞中，噼里啪啦的算盘声，无形地牵动着中国人的柴米油盐、山河岁月。

2013年，中国珠算成功入选人类非物质文化遗产代表作名录。联合国教科文组织高度评价，称其"为世界提供了另一种知识体系"。而说到珠算，有一个人不得不提，他就是安徽人程大位。

程大位（1533—1606），字汝思，号宾渠，安徽休宁人，出生于徽商家庭，自幼聪敏好学，博览群书，尤其醉心于数学。他少时随父外出经商，遨游吴楚，博访闻人达士，遇有"耆宿通数学者，辄造请问难，孳孳不倦"。

当时人们普遍使用的计算工具叫算筹，一种由竹子、牛角、象牙等制成的棒状计算工具，长约数寸。计算时，用算筹在桌上或地上排列成算式，通过不同方法移动算筹，直至得出最后结果。倘若出现差错，比如算筹被碰偏或者计算中出现了错误，就只能从头开始。

程大位在商务往来中，深感传统筹算的不便，决心编撰一部简明实用的数学书以助世人之用。为实现自己的远大抱负，他广泛搜集散落在民间的古代数学著作，甚至不惜重金购求遗书。40岁时，程大位倦于外游,便弃商归故里,认真钻研古籍,撷取名家之长,历经20年,于明万历二十年(1592年)写就《新编直指算法统宗》(简称《算法统宗》)。其后六年,他又对该书删繁就简,"揭其要领",写成《算法纂要》4卷,也就是便于普及的《算法统宗》节要本。

《算法统宗》成书之时,程大位刚好60岁。从正值壮年到两鬓繁霜,他殚精竭虑,穷经皓首,把毕生精力献给了心爱的数学。

此书甫一问世,便引起轰动,"一时纸价腾贵,坊间市利,竞相翻刻",成为畅销书。它以通俗易懂的语言,详述传统的珠算规则,确立算盘用法,完善珠算口诀,搜集古代流传的595道数学难题并记载了解决方法,堪称当时数学领域集大成之作。程大位因此被后人尊为"中国珠算之父"。

开创珠算计数新纪元

《算法统宗》是我国古代最完善的珠算著作,开创了珠算计数的新纪元。程大位在继承《九章算术》《九章通明算法》等前人研究成果的基础上,将珠算的方法和口诀系统化、完备化,使之更加简便易行。

这部巨著共17卷,体系完整。卷首为序言,讲述算学起源;卷一至二介绍算学基本概念并阐释算法;卷三至十二为全书的主体部分,分类讲述各种应用题的解法;卷十三至十六为"难题"解法汇编;卷十七为杂法。最后附录《算经源流》一篇,著录自北宋至明万历约500年间的数学书目51种。该书卷目基本沿用《九章算术》,而所有的计算都以珠算来完成。程大位的著述完成后,珠算开始大规模兴盛,并最终代替筹算。

程大位十分重视数学的实际应用。《算法统宗》全书595道题,如"方田""直田""圆田"面积如何求取,"勾较求远之图""又股较求高图"……绝大部分是密切结合人民生活的应用问题。书中还穿插大量图示,每一道例题还配以诗词歌诀来表述问题和解法。像"二一添作五""三下五除二"等,至今传诵。为更方便准确地丈量土地,程大位还发明了"丈量步车"。《算法统宗》卷三载有"新制丈量步车图",以图文并茂的方式介绍其构造尺寸。这便是后世的卷尺雏形,程大位也因此被誉为"世界卷尺之父"。

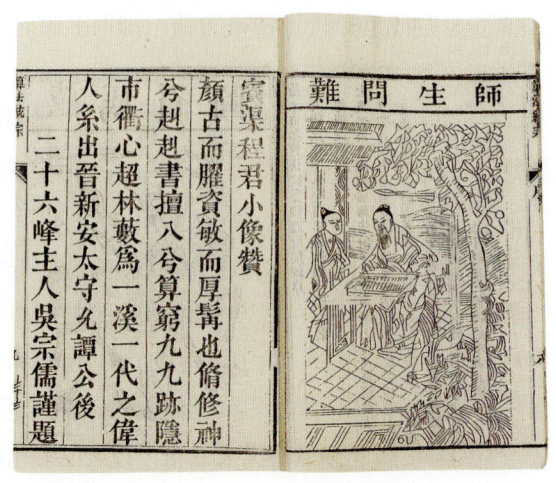

《算法统宗》

《算法统宗》的深广影响

《算法统宗》问世后,很快"风行宇内","海内握算持筹之士,莫不家藏一编"。

明末,日本人毛利重能将该书译成日文,开日本"和算"之先河。直到今天,每年的8月8日,日本都要举行盛大的"算盘节",民众抬着程大位的画像走街串巷,以载歌载舞的方式,表达对这位中国科学巨匠的感恩。

清代前期,该书又传入朝鲜、东南亚和欧洲,成为东方古代数学名著。因流传甚广,《算法统宗》经多次翻刻、改编,传世版本较多。今天,安徽省图书馆还珍藏着一部《算法统宗》善本。这部明万历二十年宾渠旅社刻本,具有极高的版本及文献价值,虽历经数百年,仍不掩其光华。

宣城有个梅文鼎

科学史上的安徽学派

15世纪以前,中国科学技术在许多方面处于世界领先地位。从15世纪后半叶开始,近代科学技术在欧洲各地蓬勃兴起,中国的科学技术却停滞不前,逐渐落后。就在这段中国科学技术相对衰微时期,安徽却出现了一大批科学家,在天文、数学、物理学及医学方面卓有成就,并形成自然科学史上著名的"安徽学派"。

其中,以明代汪机为先驱的新安医学,以明末清初物理学家方以智为代表的"质测"学派,以清代数学家梅文鼎、戴震为首的数学学派,最为灿烂夺目。

在安徽宣城,明末清初出现了一个梅氏数学家家族,书写了数学史上的奇特景观。梅氏祖孙四代人,有十多位数学家,他们以卓越的成就,推动了我国数学的发展。这不仅在我国古代科学史上是件稀罕事,在世界上也不多见。

清代历算开山之祖

梅氏家族的代表人物,当属"清代历算第一名家"梅文鼎。

梅文鼎(1633—1721),宣城人。他自幼聪颖,9岁即熟读五经,有"神童"之誉。早年随父读《周易》,喜观天象。29岁起,师从

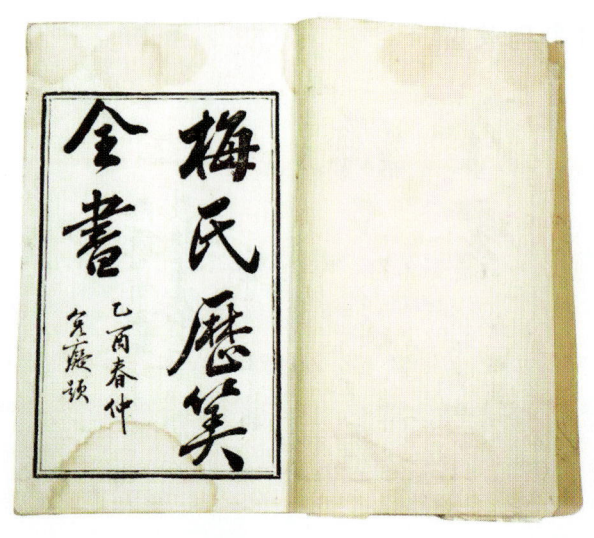

《梅氏历算全书》

倪竹冠学习天文历算知识，不仅懂历理，且能"发所以立法之故，补其遗缺"。梅文鼎一生淡泊功名。中年丧妻之后，不复续娶，"枕藉简帙，以自愉快"。他毕生以读书、著书为乐事，又以教书为志业，把学习研究和传道授业结合为一体。他读书，总是专心致志，务求甚解。遇到深奥难懂之处，往往废寝忘食，或遍查资料，或广访达人，直到彻底弄懂弄通为止。对一些有价值的古算书籍残编剩简，常常亲手抄录，一字不同，都不放过，一定要查核翔实。

清初西方科学知识的传入，对梅文鼎产生巨大影响。他在尽力发掘、阐扬、复兴中国传统天文学和算学的同时，积极整理、解读西方科学知识，系统考察古今中外历法，介绍欧洲数学，综合研究中西历算，在融会中西方面卓有建树。

梅文鼎交游广泛，足迹遍布大江南北。他一面设馆授徒，一面寻师访友，与清初历算诸家及域外友人均有交往。当时有名的四公子之一、桐城物理学家方以智，曾派人到宣城向梅文鼎索取过著作。方以智之子、数学家方中通，和他过从甚密，他们曾共住南京8个月，互相研讨学问。他游历北京时，欲晤通晓数学的西方传教士南怀仁，不料南怀仁已逝，后又向意大利传教士殷铎泽、比利时传教士安多请教历算。

后来，梅文鼎声名大震，上至大学士，下至平民儒生，皆造访于他，寓所宾客如云。他向别人请教，虚怀若谷；为人答疑解难，则循循善诱，诲人不倦，不愧为一代宗师。梅氏著作，深入浅出，"往往以平易之语，解极难之法"，"使读者不待详求，而义可晓然"，足可示学者津梁。

梅文鼎天文学造诣颇深，著述40多种，对已失传的古代历理和传统天文学知识进行广泛的梳理和修正，还撰写《交食》《七政》《五星管见》等书介绍西方天文学知识。同时，他注重天象观测，发明了不少兼取中西方特色的天文仪器，如璇玑尺、揆日器、侧望仪、仰观仪、月道仪等。梅文鼎的研究从"大统法""三辰仪晷"开始，上溯历代70余家历法，一一求其根本与源流，同时参阅考察西洋各家历法，比较中西名实异同，求得中西历法的会通。

梅文鼎为研究天文历法，对数学进行深入研究，取得了重大成就。他39岁时，写出第一部数学著作《方程论》，阐明我国古代方程的独创性。他努力发掘整理中国古算，使几成"绝学"的古代数学重现于世，同时，潜心研读《几何原本》等西算书籍，力求会通中西算法。

梅文鼎数学著作达26种，熔中西数学于一炉，集古今中外之大成，总名之曰《中西算学通》，几乎总结了当时世界数学的全部知识，达到当时我国数学研究的最高水平，对清朝数学的发展起到了推动作用。梅文鼎逝世之后，后人将其历法、数学著述汇为62卷《梅氏丛书辑要》。

这些数学著作，内容涉及初等数学的各个门类——算术、代数、几何、三角和球面三角等。比如他在算术著作《笔算》《筹算》《度算释例》中介绍西方的写算方法，如纳白尔算筹和伽利略的比例规等。

在代数学方面，梅文鼎发掘并研究传统数学中解线性方程组的方法和高次方程的解法之一——"立成释锁"开方法，堪称古代数学复兴的典范。

梅文鼎的《勾股举隅》《勾股测量》《几何通解》等几何学著作，论证中国传统勾股定理，对勾股算术算法予以推广。即使是中国传统数学中乏人问津的三角学，梅文鼎也有独特研究。他的《平三角举要》和《弧三角举要》是中国最早的平面三角学和球面三角学专著，对其后的三角学研究产生了重要影响。

作为我国古代具有世界影响的大数学家之一，梅文鼎在当时是可以比肩牛顿、伽利略的科学巨匠。

梁启超在《清代学术概论》中说："我国科学最昌明者，惟天文算法，至清而尤盛。凡治经学者多兼通之。其开山之祖，则宣城梅文鼎也。"

王贞仪：尝拟雄心胜丈夫

17世纪至18世纪，以梅文鼎及其孙梅珏等为中坚骨干的安徽数学学派影响广泛，女数学家王贞仪是这一学派的主要成员之一。

王贞仪（1768—1797），字德卿，原籍安徽天长，后迁居江宁（今江苏南京）。王贞仪出身名门，是清代学者王锡琛之女，著有《西洋筹算增删》1卷、《重订策算证讹》1卷、《象数窥余》4卷、《术算简存》5卷、《筹算易知》1卷。

她是梅文鼎的崇拜者。梅文鼎的《笔算》和《筹算》，是她最钟爱的枕边书，她不知道翻看了多少遍。在数学研究中，王贞仪注意吸取包括梅文鼎在内的中西算法之长，改进概括，化繁为简，灵活运用，不受旧方法、旧思想的束缚。

少年时，王贞仪在祖父的教导下手不释卷，后又随祖母游历了大半个中国，她曾写下"足行万里书万卷，尝拟雄心胜丈夫"的诗句，来表达誓有一番作为的雄心壮志。

在短暂的一生中，王贞仪做了大量的科学工作。除了数学上的造诣，她还精通地理、医学和诗文绘画。此外，她还坚持常年夜观天象，日算星辰，"言晴雨丰欠辄验"，并积极宣传哥白尼"日心说"。她撰写的《月食解》，是世界上第一份完备的关于日月食成因的文字。那一年，她才20岁。

因王贞仪的特殊贡献，国际天文学联合会以其名字命名了金星上发现的环形山，世界权威学术期刊《自然》还把她评为"为科学发展奠定基础的女性科学家"。

千里共同途：杨振宁和邓稼先

杨振宁获诺贝尔奖

一个世纪以来，杨振宁和邓稼先，两位安徽籍的科学巨子，演绎了"千里共同途"的动人传奇。

让我们把时间的指针拨回到1957年12月，盛大的诺贝尔奖颁奖仪式在瑞典斯德哥尔摩音乐厅大礼堂举行。杨振宁和李政道，一个35岁，一个31岁，成为典礼上最耀眼的两个年轻人。按照学科顺序，出场时，他们走在领奖队伍的最前面。

杨振宁、李政道获诺贝尔奖的消息像重磅炸弹，在全球掀起了一道巨大的冲击波。自1901年诺贝尔奖开评以来，这是第一次，把奖项颁给了旅外中国科学家。

1922年9月22日，杨振宁出生在安徽合肥，因是"振"字辈，而父亲杨武之其时在安庆怀宁县教书，故取名为"振宁"。1929年，杨武之应聘清华大学。杨振宁随父亲迁居北平（今北京），在清华园度过了无忧无虑的少年时光。1937年，日军发动七七事变，时局动荡，杨武之携全家返回合肥。9月，杨振宁进入合肥大书院的庐州中学（原安徽省立六中）继续高中二年级的学业。1938年，杨振宁随家人辗转到云南昆明，以高二学历参加全国统一招生考试，被西南联大录取。他起初报考的是化学系，后发现自己对物理更感兴趣，遂转入物理系，在赵忠尧、吴有训、周培源、张文裕、吴大猷等名师指导

杨振宁

下学习。四年后,杨振宁本科毕业考入该校研究院理科研究所物理学部(清华大学物理研究所),师从王竹溪教授读研究生。

1945年秋,杨振宁赴美留学,投身于仰慕已久的物理学大师费米门下。后来,费米将其推荐给美国"氢弹之父"——爱德华·泰勒。在泰勒实验室,杨振宁兼收并蓄,把中国传统的教育及学习方法和西方的归纳研究方法巧妙结合,在理论物理学的研究中取得重大突破。

1954年,杨振宁和米尔斯提出非阿贝尔规范场的结构理论。1956年,他和李政道共同发表论文,推翻了物理学的中心信息之一——宇称守恒。1957年,杨振宁与李政道因共同提出宇称不守恒理论而获得诺贝尔物理学奖,成为最早获得诺贝尔奖的华人。

"两弹元勋"邓稼先

1971年,杨振宁回国探亲,在他提交的会见名单中,列在第一位的就是邓稼先。

邓稼先

    1924年6月25日，邓稼先出生于安徽省怀宁县城外邓家大屋。父亲邓以蛰当时是清华大学及北京大学文学院教授。邓稼先出生后不久，全家迁往北平。邓以蛰与杨振宁的父亲杨武之是多年至交，同为安徽老乡，在清华园里又是邻居，两家关系密切。

    1936年，12岁的邓稼先插班考入北平崇德中学初中二年级，在这里，他与高他两级的杨振宁结下了深厚友情。

    七七事变以后，历经辗转逃亡，17岁的邓稼先进入西南联大物理系。在这期间，他经常与学长杨振宁见面，一起探讨问题，切磋学业。邓稼先说："振宁兄是我的课外老师。"

    为了学习更多的本领以建设祖国，邓稼先于1948年赴美留学，和杨振宁同住一屋，并在杨振宁的介绍下，进入美国印第安纳州的普渡大学物理系深造。1949年，邓稼先以优异的成绩获得博士学位。听闻中华人民共和国成立的消息，他抑制不住心中的激动，于1950年与数百位中国留学生一同返回祖国。

    回国后的邓稼先在中国科学院工作，继续着他的理论物理研究，结婚生子，平凡的日子波澜不惊。直到1958年秋，第二机械工业部副部长找到邓稼先，说"国家要放一个'大炮仗'"，征询他是否愿意参加这项必须严格保密的工作。邓稼先郑重地接受了这一光荣而又艰巨的任务，回家对妻子只说自己"要调动工作"，今后不能再照顾家和孩子。

仿佛一夜之间消失了的邓稼先，担负起了组织、领导中国核武器研发的重任。1959年6月，苏联政府终止原有协议，中共中央下决心自己动手，研制出原子弹和人造卫星。作为原子弹理论设计负责人的邓稼先，一面部署同事们分头研究计算，一面自己带头攻关。时值三年困难时期，即使尖端科技人员，也经常饥肠辘辘。就在这样艰苦的条件下，邓稼先带领科研团队攻克了一个又一个难关。如杨振宁所夸赞的那样："粗估"参数的时候，有物理直觉；昼夜不断地筹划计算时，有数学见地；决定方案时，有勇进的胆识和稳健的判断。

邓稼先不仅在秘密科研院所里费尽心血，还经常前往飞沙走石的戈壁试验场。他冒着酷暑严寒，在现场领导核试验，从而掌握了大量的第一手材料。

1964年10月，中国第一颗原子弹成功爆炸，在这之前，是邓稼先最后签字确定的设计方案。之后，他又同于敏等人投入对氢弹的研究，并于原子弹爆炸两年零八个月后试验成功。这同苏联用时10年、法国用时8年、美国用时7年相比，无疑是世界上最快的速度。1971年，邓稼先在一封信里回答了杨振宁的"疑问"：无论原子弹，还是氢弹，都是中国人自己研制的。

1979年，邓稼先担任核武器研究院院长。1984年，他在大漠深处指挥中国第二代新式核武器试验成功。此时，他体内的癌细胞已扩散到无法挽救的地步。曾在试验中"捧"过原子弹碎片的他，早已预知这一天会到来，只是没想到会来得这么快。

1986年7月29日，邓稼先质朴而光辉的一生走到了终点。1999年，党中央、国务院、中央军委追授邓稼先"两弹一星功勋奖章"。

将"量子纠缠"进行到底

○ 科技

"倾城之恋"

在中国科学界,有一段"倾城之恋"的佳话,说的是安徽省会合肥和中国科学技术大学"双向奔赴"的故事。

1969年,因特殊的历史原因,中科大需迁出北京,但河南、江西等省皆因经济、粮食等原因拒绝了中科大。正在中科大一筹莫展之际,安徽向它敞开了怀抱。

1970年,中科大辗转迁至合肥。彼时经济条件也不算好的安徽,明确表示"再苦,安徽人民不吃不喝也要把中国的科学苗子保住",迅速腾出合肥师范学院的校舍,拼尽全力给予中科大较好的教学和生活条件。天气寒冷,就让中科大成为安徽省第一个全校供暖的高校!电力不足,就将中科大设为优先于省政府的保障供电单位!

有人评价说,这所学校的到来就像一粒"良种",让人看见了安徽的决心与信心。

1978年,中科院在光学精密机械研究所等科研大所的基础上,组建中科院合肥分院。随后,原国家电子工业部16所、38所、43所和41所分别迁建合肥、蚌埠……科教资源加速向皖聚集。

在1978年的那场被称为迎来"科学的春天"的全国科学大会上,全国1200多项科技成果,安徽省占到200多项。1982年,合肥与北京、西安、成都并称为全国四大科教基地。1983年4月,第一个由国家全额投资兴建并支持运行的国家实验室——中科大国家同步辐射实验室由原国家计委批准立项,其拥有的同步辐射装置是被称为"前沿科研的眼睛"的"合肥光源"……

这一切,诚如中科大人在一篇回忆学校"老北门"的文章里所写的:起初见到这一团纠缠的褐色老藤,未曾想它竟有紫气氤氲的春天。

"量子纠缠"的人生

1987年,17岁的浙江东阳男孩潘建伟考入中科大近代物理系,来到这紫藤萝掩映的花架下刻苦攻读。在这里,"充满悖论"的量子力学让他无限好奇。

在经典物理学理论中,能量是连续变化的,可以取任意值。19世纪后期,科学家们提出,在微观领域,某些物理量的变化是以最小的单位跳跃式进行的,而不是连续的,这个最小的单位叫量子。

1982年,法国物理学家艾伦·爱斯派克特和他的小组成功地完成了一项实验,证实了微观粒子之间存在着一种"量子纠缠"的关系:有共同来源的两个微观粒子不管被分开多远,对一个粒子扰动,另一个粒子立即就知道了。

随着研究的深入,潘建伟感觉到,量子力学中的各种奇妙的现象,需要更尖端的实验技术才能得以验证。但在20世纪90年代,中国量子物理研究还远远落后于国际先进水平。1996年,潘建伟投身奥地利因斯布鲁克大学国际量子物理学大师塞林格教授门下攻读博士学位。

第二年,他作为第二作者的论文《实验量子隐形传态》发表在《自然》杂志。这个成果,被公认为量子信息实验领域的开山之作,被美国物理学会、欧洲物理学会和《科学》杂志评为年度全球十大科技进展。此后,中国从逐步跻身国际一流的量子物理研究行列,到积极实现产业化的量子信息应用,背后都离不开这个名字:潘建伟。

2001年,潘建伟从奥地利回到中国,回到合肥。他开始在母校中科大组建量子信息实验室。

2004年,潘建伟研究组在国际上首次实现五光子纠缠和终端开放的量子隐形传态。《自然》杂志发表了这一成果,并称赞他们"完

中国科学院量子创新研究院

成了一次壮举"。该成果同时入选英国物理学会和美国物理学会评选出的年度国际物理学重大进展，这是中国科学家的"第一次"。

潘建伟及其率领的"潘之队"主要从事三个方面的研究：量子计算、量子加密通信和量子精密测量。从率先突破量子信息处理关键技术，全面解决量子保密通信在现实条件下的安全性问题，到建成国际上首条远距离量子保密通信骨干网"京沪干线"；从发射国际上首颗量子科学实验卫星"墨子号"，到研制中国量子计算机"九章"……潘建伟将"量子隐形传态"从科幻世界带进现实，实现了距离和维度的多次跨越，使我国量子科技的实验研究和应用研究处于国际领先水平。

英国著名的科学新闻杂志《新科学家》曾以封面标题的形式这样评价潘建伟团队："中国科大——因而也是整个中国——已经牢牢地在量子计算的世界地图上占据了一席之地。"合肥，也因此被称作"中国量子之都"。合肥高新区的云飞路，也被命名为"量子大道"。

在很多人看来，潘建伟已是一个传奇。作为量子卫星首席科学家，潘建伟还有更大的目标——在地球和月球间建立30万公里的量子纠缠，检验量子物理的理论基础，并探索引力与时空的结构。

从青年时期第一次被诡谲的量子力学所吸引，潘建伟已经和量子"纠缠"了几十年。量子世界越古怪，他越想搞明白。于是，他选择将"量子纠缠"进行到底。

"科学岛"上的国之重器

以科学的名义

科幻作家刘慈欣在小说《三体》中,曾描绘过这样一个诱人的未来场景:人类已熟练掌握可控核聚变技术,制造出太空飞船核聚变发动机,它发出太阳一样的光芒,帮助人类走出家园,走向宇宙深处……人类从此进入了一个无限能源时代。

如今,人类向这样的场景又迈近一步。

2023年4月12日21时,有"人造太阳"之称的全超导托卡马克核聚变实验装置(EAST)创造新的世界纪录,成功实现稳态高约束模式等离子体运行403秒。

这个创造奇迹的"人造太阳",就坐落在合肥一个叫"科学岛"的地方。

位于合肥市区西北近郊的董铺水库集水面积约207.5平方公里,湖面开阔,空气清新。1965年,国防科委、中国科学院"6516工程"会议召开,决定在安徽增设一个光学精密机械研究所,有一定基建基础的董铺岛成为首选之地。于是,一个与科学有关的小岛诞生了。

这座绿树掩映的美丽小岛,三面环水,四季风景如画,犹如桃源秘境。这里曾产生过15项国家科技奖,可谓科技含金量十足。1998年9月,时任中共中央总书记的江泽民来此视察,欣然题词"科学岛",这让它的名头在全国传播开来。

岛上的中国科学院合肥物质科学研究院设有7个研究单元。除了安徽光学精密机械研究所、等离子体物理研究所、固体物理研究所、智能机械研究所等4个老牌研究所,还有从2008年至2020年陆续成立的强磁场科学中心、核能安全技术研究所和健康与医学技术研究所等3个新的研究单元。

有人说,在"科学岛"上,你对面走过来的衣着普通的人可能就是一名科研"扫地僧"。

更多人慕名而来,是为了一睹国之重器——"人造太阳"和稳态强磁场实验装置。

"人造太阳"之梦

沿着绿意葱茏的梧桐大道向西走,一座外形酷似宇宙飞船的大楼跃入眼帘,这就是赫赫有名的中国科学院合肥物质科学研究院等离子体物理研究所。

大楼深处,矗立着等离子体物理研究所的"镇所之宝"——全超导托卡马克核聚变实验装置。它原名叫"HT-7U全超导非圆截面托卡马克装置",是通过模拟热核聚变等方式,研究核聚变能源生成和利用等问题,最终解决人类能源问题的重要实验平台。

为使国内外专家易于称呼、便于记忆,同时又有确切的科学含义,2003年10月,项目名称正式改为EAST。它由四个单词的首字母拼写而成——实验(Experimental)、先进(Advanced)、超导(Superconducting)、托卡马克(Tokamak),其中文意思为"先进实验超导托卡马克",同时具有"东方"的含意。

因此,EAST的中文名称叫作"东方超环"。这个名字,暗含着科研人员对热核聚变研究从并跑到领跑的期许。

"人造太阳"究竟是什么样子?

它的装置主体高11米、直径8米、重达400吨,周围供电、冷却等辅助设备林立,其核心结构为一个闪闪发光的如面包圈一般的巨型圆环磁容器——托卡马克,嵌在一个大约三层楼高的装置中,看起来像个硕大无比的锅炉。

全超导托卡马克核聚变实验装置

装置上端，飘扬着一面鲜艳的五星红旗。

EAST 的使命是不断地"模仿"太阳，如同一个高温高压的热熔炉。太阳的光和热来源于氢的两个"同胞兄弟"——氘和氚在聚变成氦原子的过程中释放出的能量。因此，"人造太阳"的终极目标，是让海水中大量存在的氘在高温条件下像太阳一样发生核聚变反应，为人类提供源源不断的清洁能源。

EAST 同时具有上亿电子温度的超高温、零下 269 电子温度的超低温、超大电流、超强磁场、超高真空等极限条件，项目难度极大。它的建成和运行是中国可控核聚变研究的里程碑式突破，使我国成为继俄、日、法之后第四个拥有该类装置的国家。

很难想象，在外表看起来像巨大锅炉的 EAST 内部，同时承载着 1 亿电子温度（等离子体）的超高温和零下 269 电子温度（超导体）的超低温，而两个极端温度间的最短距离仅为 1.2 米，可谓"一米之外，冰火两重天"。

EAST 是我国自行设计研制的世界上第一个"全超导非圆截面托卡马克"核聚变实验装置。它多次创造等离子体运行的世界纪录。

2017年，EAST创造101.2秒高约束等离子体运行的世界纪录；2018年，实现等离子体中心1亿电子温度的稳定运行；2021年，成功实现可重复的1.2亿电子温度101秒和1.6亿电子温度20秒等离子体运行……

每一秒的增长，在科学上都具有极高的难度，背后是科研人员夜以继日的钻研和呕心沥血的付出。

在攻关过程中，等离子体物理研究所科研人员解决了一系列关键技术问题，自主研发多项关键技术，如大型超导磁体、超高真空、偏滤器、超导导体生产等技术。

这里面，有不少"黑科技"与老百姓的生活息息相关。比如，合肥地铁上使用的等离子体空气净化器，采用离子束诱变技术选育的"脆秆水稻"，用来治疗癌症的"超导质子刀"，等等。

可控核聚变研究发展到今天，虽不断取得重大突破，但整个核聚变的进程仍以"秒"来计算，足见"路漫漫其修远兮"，还需人们"上下而求索"。

"人造太阳"之梦，是中国科学家们共同的期待。

稳态强磁场实验装置刷新世界纪录

2022年夏，是安徽自1961年以来最热的一个夏天。

8月12日这天，江淮大地笼罩在一片"上蒸下煮"的酷热中，而中国科学院合肥物质科学研究院强磁场科学中心的中控大厅内热度更高。

现场所有人都目不转睛地盯着屏幕上频繁闪烁的各项数据。

那不断跃升的电流令人血脉偾张：1万安培、2万安培……最后，中控大厅的屏幕上呈现"混合磁体总场强：45.22T"（T表示特斯拉，1特斯拉=1万高斯）的字样！

一项全新的世界纪录诞生了！

欢呼声与掌声响起，人群沸腾了，有人情不自禁地流下了热泪。

1999年，美国国家强磁场实验室中的混合磁体产生45万高斯的稳态磁场，创造了当时的世界纪录。

中国科学院合肥物质科学研究院等离子体物理研究所 EAST 大科学工程团队

如今，尘封 23 年的世界纪录被打破！

"中国创造了相当于地球磁场 90 多万倍的磁场"的消息，迅速冲上热搜。

此次稳态强磁场实验装置的混合磁体在 26.9 兆瓦电源功率下产生 45.22 万高斯的稳态强磁场，达到国际领先水平，成为我国科学实验极端条件建设乃至世界强磁场技术发展的重要里程碑。

"工欲善其事，必先利其器。"稳态强磁场是物质科学研究需要的一种极端实验条件，是推动重大科学发现的"利器"。世界科技强国一直都非常重视强磁场实验室的建设，如美国、法国、荷兰、日本等。

过去相当长的一段时间里，我国强磁场领域几乎一片空白，成为制约科技进步的一块短板。

经国家发改委立项批准，位于合肥"科学岛"的稳态强磁场实验装置于 2008 年开工建设，2017 年通过国家验收。

该装置一共包括 10 台磁体：5 台水冷磁体、4 台超导磁体和 1 台混合磁体。

这其中，混合磁体是国际上技术难度最高的磁体，也是能够产生最高稳态磁场的磁体。

近年来，强磁场科学中心在强磁场下关联电子材料、斯格明子材料、拓扑量子材料、铁基超导体、非常规超导体、低维体系量子效应研究、生物大分子在疾病中的分子机制、肿瘤发病机理和小分子药物作用机制、磁生物学效应、动物磁感应、环境毒理学等研究领域取得重要进展。

业内人士表示，该项世界纪录的刷新，也为强磁场科学中心规划建设的另一个大科学装置——强光磁集成实验设施奠定重要基础。强光磁集成实验设施的主要科学目标是解决新型电子材料研发、高温超导机理研究与应用、生命过程本质探索、新药创制以及特种功能材料制备等国家重大需求中的瓶颈问题。

商业
SHANGYE

　　人杰地灵的江淮大地，是中华商业文化诞生和发展的重要地区。早在春秋时期，亳州就成为宋、楚、鲁等国的商品集散地，是中国古代最早的商都之一。东汉以降，长江沿岸及皖南地区在经济版图上的重要性日益彰显，安徽的经济规模和商业体量越来越大。隋唐至两宋的600余年间，江淮经济发挥了系"天下之国命"的作用。明清时期，徽商成为十大商帮之一，绽放出中华商业文明的灿烂之花。安徽人民与时俱进，以勤劳与诚信、进取与创新，创造了一个又一个经济和商业发展的奇迹。这份历史的荣光必将映照当下，成为激励今人的不竭动力。

江淮第一古商都：亳州

华夏第一位杰出商人

关于中国商业起源，首先要从华夏文明史上第一位杰出的商人王亥及其所生活的城市说起。

王亥，子姓，是夏朝商部族首领、商国的第七任君主、阏伯的六世孙、冥的长子。王亥不仅帮助父亲冥在治水中立了大功，还服牛驯马发展生产，用牛车载货开展贸易。商业的加持，使农牧业迅速发展，商部落因此很快强大起来，在一众部落中脱颖而出，形成了一座城市，开创了华夏商业贸易的先河。

这座城市，就是皖北大地上的历史文化名城——亳州。亳虽然不是商朝最早的发源地，却是商朝历史上最重要的商业文化坐标。

百货集散之地

为什么亳州能成为古代商都呢？亳州地处南北交界，有"南北通衢，中州锁钥"之称。清光绪《亳州志》云："亳为中州门户，南北交途，东南控淮，西北接豫，涡河为域中之襟带，上承沙汴，下达山桑，百货萃来于雍梁，千樯转输于淮泗，其水陆之广袤，固淮西一都会也。"中原文化、齐鲁文化和楚文化在地处要冲的亳州交融，优越的地理区位与交通条件造就了亳州繁荣的商业文明。

亳州花戏楼

　　在5000多年前的亳州先民的遗迹中出土了大量商业活动的文物。比如亳州不产玉器，但尉迟寺出土了不少玉器，这些玉器从何而来？显然，这正是原始交换的结果。尉迟寺遗址中发现的以大量贝类陪葬的事例，反映出先民的财富观念，其丰富的文物遗存也说明了亳州商业文明的久远。

　　商汤定都于亳。春秋时期，亳州成为宋、楚、鲁等国的商品集散地。唐代，亳州更是天下"十望"州府之一。亳州的手工业亦十分发达，特别是丝织业和酿酒业，亳州土绢在唐代为贡品，减酒也多次进贡宫廷。张鳞在《亳州志序》中说："地当冲衢，财货辐辏，而徒如旧志所称好贾近利。"

　　明清时期，亳州商帮踵接，钱庄林立，往来客商如过江之鲫，有"小南京"的美誉。涡河成为沟通江淮和汴宋地区的重要商业通道。涡河上连惠济河至开封，下接淮河入长江，商船常有百艘以上。清光绪《亳州志》载："百货辇来于雍梁，千樯转输于淮泗……豪商富贾，比屋而居，高舸大船，连樯而集。"

　　来自五湖四海的商贾云集于此，至今仍有著名的山陕会馆与江宁会馆等古迹留存，它们见证着这一段商旅繁华的历史。

涡河东西和漕运南北

三步一号，五步一行

"亳州出轻纱，举之若无，裁以为衣，真若烟雾，一州惟两家能织，相与世世为婚姻，惧他人家得其法也。"这段话，出自陆游《老学庵笔记》，既富于诗意又蕴含古老智慧。

涡河是亳州的母亲河，不仅养育了众多的名流先哲，也带动了皖北商业的发展。明清时期，涡河旁涌现出大小街巷上百条，纵横交错，会馆众多，素有"36条古街、72条小巷"的说法。

陆游所提到的"亳州轻纱"，出自北关街区的白布大街。白布大街最初是以经营布匹为主的专业街，因为当时布匹的花色比较单一，以素色为主，所以名为"白布大街"。沿街建筑整体色调采取黑白两色，彰显了商家的经营理念——黑白分明、方方正正、童叟无欺。

明末清初，亳州聚集各地的会馆、钱庄、商铺等，形成独具一格的市井文化和"一物一街，一街一市"的市场格局。从街道的名字就可以判断这条街所经营的物品，如打铜巷经营铜制品，席市街买卖席子，还有羊市街、牛市街，等等。

里仁街专营药材生意，所经营的药材远销东南亚。街上前店后坊式的药行、药号、药店达百余家，有"三步一号，五步一行"的美称。中药材从种植到出售需要经过很多步骤，而耙子巷专门经营加工中药材的工具，比如竹耙、铲子等。

亳州古井亭

羊市街是以活羊交易为主的专门街道。这条小街道全长约 200 米，虽不算长，但北接咸宁街，南临兴隆巷，是一条非常繁华的商业街。如今，在羊市街生活的人家比屋而居，门前多植草木，一对对红灯笼挂在门前，非常喜庆。

亳州有名人辈出、商贾纷涌的过往，更有美食飘香、人头攒动的今夕。望涡河两岸钟灵毓秀，看画里古街人文荟萃，亳州正在奋力书写新时代文化旅游新篇章。

千里长淮第一大镇

皖中滁州有一座千年古镇，它就是凤阳县的临淮关镇。古为濠州（今凤阳）治所，是安徽历史文化名镇。

尧舜时期，此处归属涂山氏管理，后又成为古钟离国的领地，此后历朝历代都在此建州设府。秦朝设立了钟离县，东晋时期设立了钟离郡，朱元璋称帝后改为临淮县。清末，此地因濒临淮河且设有户部榷关及巡检，始称临淮关。

临淮关镇位于淮河南岸、濠水河口。明朝初年，这里是豫东、皖北与江浙地区之间的货运中转站。明成化元年（1465年），朝廷在临淮设税关，临淮关镇迅速成为皖北地区的交通与商业中心、淮河流域重要的商品集散地。该镇码头众多，街市多沿河分布，大小商店林立、货栈栉比，商户以行号居多，商业活动繁荣，有"千里长淮第一大镇"之称。

临淮关镇交通主要依赖水运。清末民初，津浦铁路通车，临淮关镇的商业地位逐渐下降，但商业贸易并未衰落，四方来集之商船、民船常多达数百艘，出口经清江浦走运河将淮河本支流一带农产品运至浦口，入口由运河将自镇江输进的洋货及其他杂货分销各地。

但近代以来，由于战乱频繁，临淮关镇陷入了漫长的荒废期。直至中华人民共和国成立，获得新生的临淮关镇，以深厚的积淀和开拓创新的勇气，不断推陈出新，续写传奇。

蓼花香中漕运忙

并非每座城镇都像亳州、临淮关镇那样拥有得天独厚的地理条件，但勤劳勇敢的安徽人民有着人定胜天的雄心壮志，他们以巧夺天工的技艺和不屈不挠的精神，挖出了一条条贯通南北东西的河道。

> 碧水扬波古运漕，长街石板话风骚。
> 闲舟野渡无人问，南北虹桥客似潮。

这首诗中描述的"古运漕"，便是位于长江北岸马鞍山市含山县的运漕镇。

运漕者，漕运也。八百里巢湖通过裕溪河与长江相连，而运漕镇恰在裕溪河北岸。在陆路交通不畅的年代，得天独厚的地理位置让运漕镇繁盛一时。

运漕镇始建于东晋，原是古长江泥沙淤积而成的一块高地，因长满芦苇、蒿草，又有"蓼花洲"之称。东汉末年，曹操曾在此地屯兵，为便于运输粮草而开挖濡须水，今称裕溪河。三国时，魏、吴两国多次在运漕镇一带展开争夺战，小镇也随着形势起伏荣枯不定。

明清之际，两件大事造就了运漕镇的繁盛。一是明朝开国皇帝朱元璋感恩起兵时当地老百姓的支持，钦点运漕镇为"十二圩盐引岸"，即食盐专营口岸。运漕镇因此进入徽商的视野，他们在这里建盐仓、设铺面，运漕镇声名鹊起。二是芜湖开埠通商后，李鸿章奏请清廷将原镇江七浩口米市迁至芜湖，运漕镇作为芜湖米市在江北的集散地和中转站，随之盛极一时。当时，运漕的大米不仅供应芜湖市场，更远销南京、无锡等地。鼎盛时期，运漕镇有36道街、72条巷、48道闸，时人称之为"小芜湖"。

镇上有名的"李鸿章当铺"，为前后五进院落的徽派建筑，古朴素雅，为李鸿章之弟李蕴章所办，如今仍保存完好。进门第一间房内，以雕塑的形式再现了古人典当的场景：一名衣衫褴褛的男子手捧一匹布立于柜前，栅栏后的典当师居高临下，以低垂的左手与隐藏身后的另一位典当师互通信息，极为生动传神。

在运漕老街，一大早，吃早茶的人络绎不绝。早上"皮包水"，晚上"水包皮"，运漕人的生活习惯同扬州人很相似。镇上至今仍有六七家澡堂。

古镇里的商业活动是迅捷的，而日常生活又是缓慢的。或许，商业之快之辛劳，正是为了换来生活之慢之闲适。

经济重心的转移：从淮北到江南

经济中心的渐次南移

徽商是中国商业史上的一大辉煌。但徽商不是凭空而生的，江淮大地上的商业文化底蕴给了徽商极大的滋养。正是站在前人的肩膀上，徽商才开拓了宏阔的商业版图。

纵观中国历史，大规模的西人东迁和北人南迁发生过数起。尤其是北人南迁，先是渡过黄河，复又渡过淮河，再又渡过长江，给江淮之间和江南的原住民带来了先进的理念、卓越的技能和文明的火种。

秦汉前期，淮北地区临近中原，人口稠密，经济一向较为发达，而江淮地区特别是皖南地区，由于人烟稀少、开发较晚，经济相对落后。汉武帝征和年间，因黄河泛滥，中原地区连年饥荒，官府允许饥民向江淮地区移民。江淮地区土地广阔，气候温暖，雨水充足，大量移民的到来促进了江淮地区的经济开发。西汉末年、东汉末年、西晋末年和南北朝期间，为逃避战乱，北方乃至江淮地区的人民又一次次地南徙到江南，其中包括不少豪门贵族。

对于安徽商业来说，东汉末期是一个分水岭。这一时期，国家处于分裂状况，安徽地区的经济中心渐向南移，寿春、合肥两座商埠先后衰落，让位于江南地区的宛陵（今宣城）、姑孰（今当涂）、芜湖。

宛陵土地肥沃，物产丰富，汉代为丹阳郡郡治，又是闽、浙到长江航运线的必经之地。东汉末年，北方移民及一些世家望族迁居于此，人口急剧增长，促进了这里的经济开发和商业发展。两晋南朝期间，宛陵成为江南地区商贾云集的一大商埠。姑孰，东晋时始建城池。南朝建都建康（今江苏南京），姑孰为其西南重要屏障，加之是冶铜重地，一度成为繁盛的江南商埠和手工业中心。芜湖在西汉时置县，三国时为东吴江防要镇，由于滨江通航，地近姑孰，货物西通荆川，南达浙闽，渐成皖南沿江的重要商埠。

天下以江淮为国命

隋大业元年（605年），隋炀帝征集百万余人力开挖的"通济渠"，自洛阳西苑引谷、洛二水入黄河、汴水，引汴水由商丘经今河南的夏邑、永城进安徽，经宿县、灵璧、泗县入淮河；发动10万余人力开挖的"邗沟"，由山阳（今江苏淮安）至扬子（今江苏仪征）入长江。大运河的修建沟通了东南与中原地区的水运，对促进江淮地区的经济发展具有重要作用。

进入唐代，江淮地区农、矿、商和手工业均有较大发展，成为当时全国最为发达的地区之一。唐宪宗元和年间，朝廷每年财赋的三分之二以上来自淮南东道、宣歙池、江东、两浙等江南8道49州，其中，宣州纳税近百万贯，舒州纳税31万贯，和州纳税16万贯，连较小的濠州每年也上缴粮食30万石。所以，唐代时就有"赋出于天下，江南居十九"的说法，"天下以江淮为国命"也开始成为共识。

经过五代十国长达几十年的混乱后，北宋时期安徽地区经济又进入一个相对稳定期，人口增长很快，农业、矿业、手工业和商业都发展迅速。朝廷亦将江淮地区视为重要的财赋来源地。南宋时期，国家分割，安徽北部地区经济发展缓慢，但南部地区经济相对活跃。南宋初年，由于北方移民的大量迁入，皖南地区人口增加较多，如徽州6县在北宋末年有人口10万户，到南宋乾道八年（1172年）增加到12.2万户。人口的急骤增长促进了农桑开发和手工业、商业的发展，加之临近南宋京都临安（今浙江杭州），与江东、两浙经济文化互动频繁，皖南地区成为南宋时期中国南方的经济中心地区之一和关乎南宋朝廷之"国命"的财赋重地。可以说，系"天下之国命"的江淮经济是隋唐至两宋期间古代中国经济发展的一个重要缩影。

受商业和手工业发展的推动，唐宋时期安徽地区的城镇进入了新的发展期。在淮河流域，阜阳、宿县依颍河、泗河而建于唐，兴于宋；寿州城因得淮河水运之便在南宋嘉定年间又得到重建。在长江流域，除了安庆和芜湖这两个沿江城市外，位于长江支流的滁州、怀宁、宣州、泾县等，星罗棋布，欣欣向荣。不仅城镇数量增多，规模也有所扩大，如唐初时滁州城城周仅3里320步，北宋欧阳修任滁州太守时，城周扩大到9里48步。在新安江流域，黟县、绩溪、祁门等依新安江之支流而在宋代建城，新安江畔的歙县城也因水运便捷而在宋代扩建，城周达9里余。

元代把江淮地区作为垦荒重点地区，对开荒垦种者免6年租税徭役。经过十数年，淮北、江淮地区人口增多，垦田大增。明代，朱元璋更是提出"兵农兼资"的方针，对其家乡凤阳府和发迹地皖南太平、宁国、广德、徽州等州县减免赋税，并多次移民江淮屯田，安徽的耕地面积渐有扩大。明朝在垦田中注重兴修水利，为利于泄洪，还禁止在石臼湖等沿岸围湖造田。明宣宗宣德四年（1429年），朝廷曾规定凤阳、太平、滁州、庐州、和州及今江苏的应天府等共10个府州共交运漕粮220万石，占当时全国漕粮总数的一半。这说明从明代中期起，安徽地区在全国财赋体系中就占据重要地位。到清康熙六年（1667年）安徽建省时，全省耕地已达3300万亩，嘉庆年间又增加到4144万亩，粮食产量也不断攀升。

明代，皖南地区一直是官府的纺织品供应基地。明代中期，全国有22个织染局，皖南地区就有3个，芜湖跻身全国五大手工业比较集中的商镇之列。安徽的印刷业一度居全国前列。元成宗大德二年（1298年），旌德县尹王祯首创木活字印刷术，印刷了长达6万余字的《旌德县志》，成为中国有记载的第一部木活字本方志。明万历年间，歙县程涓用朱墨两色套印了《闺苑》《程氏墨苑》等书，堪称中国印刷业的创举，比国外套色印刷技术早100多年。

徽商：纵横商界数百年

○ 商业

无徽不成镇

明初以后，徽州人口快速增长，人多田少的矛盾开始凸显，经商谋生渐成风气。明成化年间起，徽州商人群体开始登上中国商业大舞台，逐渐成为与晋商齐名、驰骋全国的重要商帮。明万历九年（1581年），张居正在全国推广"一条鞭法"的赋税改革，赋税由实物征收逐渐向货币征收转化。货币的广泛使用为商人长途贩运获取利润提供了条件，徽商也由此进入了大发展阶段。明末清初，受社会动乱的影响和战争的摧残，徽商曾遭受很大挫折。直到清康熙年间，社会稳定，徽商又重新活跃起来，经雍正、乾隆、嘉庆、道光百余年的经营，徽商的实力和影响力都超过了明代，进入鼎盛期。

概言之，徽商指明清时期徽州府所属歙县、休宁、绩溪、黟县、祁门、婺源等6县的商人群体。徽州有谚语称"以贾为生意，不贾则无望"，并流行"人到十六就要出门做生意"的乡俗。徽商曾将科举与经商比较，认为"士而成功也十之一，贾而成功也十之九"。这种观念及其深层的文化心理，最终促成徽州商人"富商大贾，周流天下"的局面。据史料记载，最盛时徽州成年男子中有7成以上从商，其活动范围遍及全国各地，沿江地区甚至有"无徽不成镇"之谚。徽商的足迹还远至日本、葡萄牙以及暹罗（今泰国）等国家。

徽商主要经营盐、茶、木、粮、墨、典当和棉布业，其中以两淮盐业规模最大、利润最多。明中叶和清康熙时期，徽商两次大规模前往两淮，凭借强大实力，垄断两淮盐业。这些盐商多居于扬州，推动了扬州古城的繁荣，正所谓"扬州之盛，徽商开之"。江春（1720—1789），字颖长，号鹤亭，又号广达，徽州府歙县人。为清乾隆时期"扬州八大商"之首。他因"一夜堆盐造白塔，徽菜接驾乾隆帝"的神奇故事，被誉为"以布衣上交天子"的"天下最牛的徽商"。乾隆皇帝在两淮盐运使离京拜见时说"江广达人老成，可与咨商"。能得到皇帝如此评价，可见当时江春的地位之高。据《扬州画舫录》所记，江春任总商40年，先后蒙乾隆赏赐"内务府奉宸苑卿"、"布政使"、正一品"光禄大夫"等衔。

徽州地区名茶济济，茶叶经营一向是徽商的大宗。徽商的粮食经营先为满足本地需求，明代以后发展到参与全国粮食市场的角逐，长期操纵川、鄂、赣、皖、江、浙等沿江区域的粮食市场。徽商的木材经营主要是外购外销，从西南诸省购入，向全国各地销出，在贱买贵卖中获取丰厚的利润。明嘉靖之后，徽商又介入江南棉织业，到清嘉庆、道光年间已进入东南地区和长江中上游地区的广阔市场，获利颇丰。通过经营典当业放债谋利是徽商的一大经营特色，许多徽州商人经商与典当并行，江浙一带的许多地区，典当业几为徽商所垄断。

在文化上，徽商也有一整套的理念，所谓"贾为厚利，儒为名高"。因此，徽州不仅商行天下，而且重教崇文，才人辈出，读书做官经商之佼佼者比比皆是。徽商还普遍存在一种血缘和地缘关系，往往是父带子、兄带弟、亲帮亲、邻帮邻。在经营中，徽商尤其注重商业道德，讲求"以诚待人，以信接物，以义为利，仁心为质"，奉行"以儒为体，以贾为用"的信条。徽商还较早地探索并创新了一些经济制度，例如出现了"牙商"，即经商中出现经纪人，以及股份制形式和以资本金委托代理人经营的形式，等等。这些都在一定程度上促进了商品经济的发展，催生了中国封建社会晚期的资本主义萌芽。

著名的徽商人物，有明万历年间的盐商吴养春，清雍正年间在扬州经营盐业致富的汪应庚，马曰琯、马曰璐兄弟，还有上面提及的乾隆年间在扬州任盐业总商的江春等。

屯溪胡开文老店木刻店章

胡开文墨业的大匠精神

制墨巨匠胡开文（1742—1808），原名胡正，字天注，安徽绩溪人。因为家里穷，胡开文13岁就离家到休宁海阳镇上的"汪启茂墨店"当学徒。他天资聪颖，诚实勤劳，精于店务，16岁时被老板汪启茂招为上门女婿。

徽州民间曾流行这样的谚语："前世不修，生在徽州；十三四岁，往外一丢；赚得钱来，好似神仙快活哟；赚不得钱来，好似孤魂野鬼到处游。"事业不成不能归家，成了当时出外谋生的徽州人的共识。

为实现创家立业的抱负，胡开文决心重振墨业。他挑选旧墨模中之精品，不惜花巨资购买上等原料，聘请良工来刻模制墨。然后，他利用屯溪地处休宁、歙县间之便捷，开展销售与采购；利用"汪启茂"的招牌、墨印，继续生产、销售"汪启茂"墨，并开始创立自己的品牌。

相传，有一天，他去拜访绩溪小九华山银屏古寺的一位老和尚，在回家路上，经过一座叫"溪源"的山，爬到半山腰，天色已黑，他只得摸到附近一座山神庙里宿夜。睡至半夜，梦见一白发老翁手托文房四宝，站在他面前说："汪氏墨店归你经营，天开文运，百事待兴。"说罢，将印有"岭耀彩"字模的神墨交给他，飘然而去。

梦醒之后，胡开文眼前一亮——天开文运，何不取"开文"二字为店号！接着，他又根据梦中的幻境，融合徽州的山水风光，花了将近3个月时间制作了一套"岭耀彩"墨模。此墨一出，立刻震动了制墨界和文坛。

当时"胡开文"墨销售的主要对象是书生和官场中人，其次才是商贩。所以，他就制作了适于书生和官员的高级墨和适于商贩的普通墨。为争取顾客的信任，他将普通墨的利润定得很低，甚至无利润，他生产经营的重点及主要利润来源是高级墨。

在与同行的竞争中，胡开文看到了依附官方的重要性，于是他通过给乾隆献墨，使"胡开文"墨名声大噪。他制作的"集锦墨"长期被作为贡品送到宫中。

勇于投资的胡开文，在屯溪设立销售分店，继而开设茶号、枣庄，置田产，没多久就成为当时的巨富。他也是一个乐于助人的人，同行或朋友有难，他总会伸出援手，即使花费颇巨也在所不惜；他还喜行公益，独资修建了上庄村观澜阁至杨林桥的石板大路和竦岭半岭亭。

胡开文有8个儿子。在墨店生意兴隆之际，他就对自己的子孙们声明：日后不管如何，都应力争使"胡开文"墨店世世昌盛。据传，胡开文墨业在第二代胡余德时期造出了一种墨，在销售时曾宣称此墨无论在水中浸泡多久都不会溶化散色，引得许多人慕名前来购墨。

一日，一位游学的先生访问休宁，购买了一布袋这种号称不溶化不散色的墨，在过河时这位先生不慎摔了一跤，连人带墨都栽进河里。上岸后，先生的背竟被染成一片漆黑。他慌忙打开袋子查看，发现袋子里的墨经水浸泡，有的已经溶化。游学先生非常生气，背着这袋墨找到了休宁店，胡开文墨业当即道歉，并以一袋"苍佩室"墨赔偿。不仅如此，胡开文下属各店各坊，立即停制停售这种名不副实的墨，同时对已售出之墨以高价买回。不合格的墨全部被倒入休宁城外的一口池塘中，传说这池塘也因此变成了"墨池"。

正是因为重视质量和口碑，胡开文的子孙们才能延续徽墨的辉煌。时至今日，已近300年历史的"胡开文"老字号仍然蜚声中外。

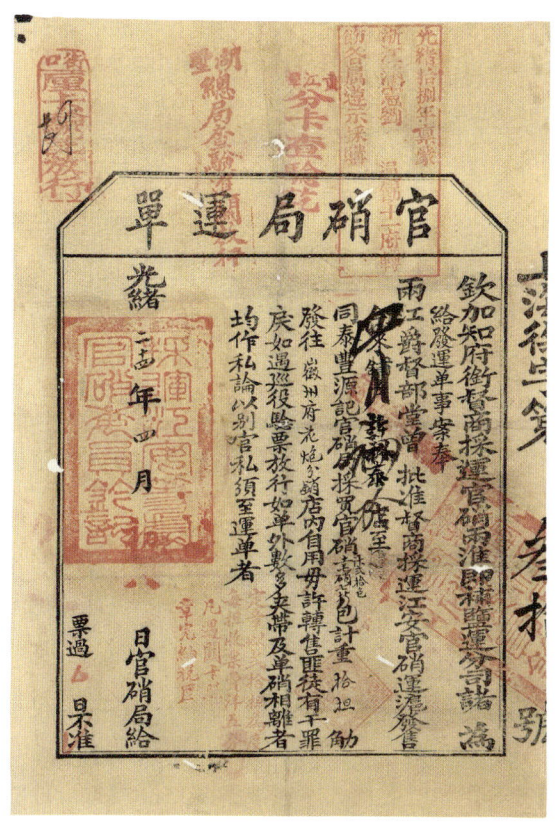

清　官硝局运单

"红顶商人"胡雪岩

徽商中最有代表性的人物，要数晚清时期的胡光墉。

胡光墉（1823—1885），安徽绩溪人，幼名顺官，字雪岩。他少时家境贫寒，很早便进入钱庄做学徒，从扫地、倒尿壶等杂役干起，后因勤劳、踏实成了钱庄正式的伙计。此后，胡雪岩靠患难知交王有龄的帮助，一跃而成为杭州富商。

王有龄是福建侯官人，在道光年间捐了浙江盐运使，但无钱进京。胡雪岩认定其前途不凡，便资助了500两银子，帮助他进京为官。后来，王有龄发迹当了浙江粮台总办，为报当年恩情，便资助胡雪岩自开钱庄。随着王有龄的不断高升，胡雪岩的生意也越做越大。

1862年，太平军围攻杭州，王有龄因兵败城破而自缢身亡，左宗棠继任浙江巡抚。左宗棠所部在安徽时饷项已欠近5个月，饿死及战死者众多。此番进兵浙江，粮饷短缺等问题依然困扰着左宗棠。急于寻找新靠山的胡雪岩又抓住机会：他雪中送炭，完成3天之内筹齐10万石粮食这一几乎不可能完成的任务，得到了左宗棠的赏识并被委以重任。此后，胡雪岩便以亦官亦商的身份往来于宁波、上海等通商口岸间，在经办粮台转运、接济军需物资之余，还结交外国军官，为左宗棠训练了全部用洋枪洋炮装备的常捷军千余人。清军收复浙江后，大小将官将各类物品不论大小，全数存在胡雪岩的钱庄中。胡雪岩以此为资本，从事贸易活动，在各市镇设立商号，利润颇丰，短短几年家产已超千万。

左宗棠是晚清洋务运动的主要领导人之一。但他的身份特殊，不便与外国人打交道。这样，通晓华洋事务的胡雪岩在洋务运动中就有了用武之地。他协助左宗棠创办了福州船政局、甘肃织呢总局；帮助左宗棠引进机器，用西洋新机器开凿泾河。毫不夸张地说，左宗棠晚年的成功有着胡雪岩极大的功劳。而这时的胡雪岩，也达到了事业的巅峰。作为一名商人，他被御赐二品顶戴，被赏黄马褂，这在中国历史上是罕见的。

谁能想到，就是这样一位事业有成、名利双收的人，却在几天之内垮掉了。表面上胡雪岩生意的失败是由于他野心过大、急于扩充，出现决策性失误，使钱庄因缺乏流动资金而被挤兑，致使其经营的生丝铺、公济典当、胡庆余堂等纷纷关闭。实际上，导致其生意失败的更为重要的原因是政敌的打击。

胡雪岩为富且仁、乐善好施，有众多义举，其中胡庆余堂药号的开办，尤为后人所称道。1875年，由于战乱和疫病，死亡率剧增，人口负增长，为此，胡雪岩打定救死扶伤的主意。他邀请江浙一带的名医研制出"诸葛行军散""八宝红灵丹"等药品，赠给左宗棠等部及灾区民众。在胡雪岩的主持下，胡庆余堂推出了14大类成药，并免费赠送辟瘟丹、痧药等常用药。胡雪岩创办的胡庆余堂，如今仍以其"戒欺"和"真不二价"的优良传统矗立在杭州河坊街上。

在功成名就之后，胡雪岩并未忘记他的发迹之地——杭州。他开设钱塘江义渡，方便了上八府与下三府的联系，并因此博得了"胡大善人"的美名。他还多次向直隶、陕西、河南、山西等涝旱地区捐款赈灾。到1878年，他向各地捐赠的赈灾款已达20万两白银。此外，他还两度赴日本，高价购回流失在日本的中国文物。从这一系列举动中，可见他行侠仗义的仁厚之心和一颗拳拳爱国之心。

除了以上这些义举之外，胡雪岩还为左宗棠的西征举借洋款，为左宗棠成功收复新疆、结束阿古柏在新疆十多年的野蛮统治立下了汗马功劳。

另一位大徽商汪应庚也是如此。汪应庚原籍安徽歙县潜口村（今黄山市徽州区潜口镇），字上章，号云谷，工诗及书法，后住扬州。雍正年间，他成为扬州雄资百万之盐商。他在扬州出资修平山堂、栖灵寺、五烈祠等。雍正九年（1731年）起，海啸成灾，连续三年洲民仳离，他慷慨解囊，出银5万两、运米数万石救灾，设药局治病除疫，共救治9万余人，雍正帝嘉其行，授光禄少卿。他在歙城修"徽州学宫"，在潜口建石坊，编有《平山揽胜志》。

老字号里的老故事

老字号纷涌的缘由

老树、老街、老字号，彰显着一座城市的魅力。特别是老字号，乃是商业发展到一定程度的产物，体现了比较自觉的品牌意识和连锁经营意识，同时也成为中国商业伦理、诚信精神、人文情怀的重要载体。

明清时期安徽地区的商业，除了以徽商为代表的商人集团出现之外，还有两个显著特征：一是农产品商品化程度的提高和手工业的发达，二是商业性中心城市的崛起。这三个方面都为老字号在这一时期的涌现奠定了基础。

早在元末，曾任寿县监察官的著名农学家鲁明善在《农桑衣食撮要》中，就提出将农副产品上市买卖。随着棉、麻、油、桑等经济作物在全省各地的发展，明清时期的商品市场明显扩大。明末清初，烟叶开始传入安徽，凤阳、定远、怀宁、桐城、宿松等地多有种植，每到秋天，扬州、江宁、厦门等地烟贾蜂至。清初，巢湖、芜湖一带已成为重要的商品米生产区，各地米商纷沓而至。皖北的亳州盛产芍药，农民多种于田间，药商采购者甚多，中药材市场渐兴。农产品与经济作物的上市交易促进了商品性农业的发展，对封建社会自给自足的自然经济产生很大影响。

鸦片战争之后，洋货大量涌进。但一部分传统工艺优势仍在，例

庆余堂

如著名的"文房四宝"和一些前店后坊式的名家老店。文房四宝的手工制作在近代已由皖东南地区推展到安庆、六安、阜阳一带,如安庆的胡开文墨店、六安的一品斋毛笔店等,都在19世纪七八十年代开业,之后经久不衰。此外,糕点、酿酒、卷烟、榨油、桐油、轧花、油漆等传统手工制造业也在各地有所发展。

商业贸易的发展必然导致商业性城镇的出现,明清时期,安徽的城镇进入了一个新的发展时期。一方面,诸多的小城镇作为乡间的物资集散地和农副产品交易中心在各地逐步成长;另一方面,具有较大区位优势的城镇发展更快,逐渐成为区域性的商业城市,安庆和芜湖是其中两个典型代表。

元代,沿江城市安庆的商业逐渐发展,清康熙六年(1667年)安徽建省,省会设于此,既是安徽省重要的商业性城市,政治地位也十分显赫。相比之下,芜湖的商业气息更加浓郁,青弋江、水阳江交汇于此，元代时便船舶云集，商贾纷至。明代中期，纺织印染、手工炼钢、酱果菜蔬等手工业前店后坊，各种店铺栉比林立，已形成颇具规模的商业长街。明成化七年（1471年）朝廷在芜湖设立税关，初期的年税额仅1000两，至弘治十五年（1502年）增至3.7万两，31年增长37倍。清代，芜湖的商业中心地位更加突出，商船舟楫内入广阔农村，外达长江诸省。

与此同时，文化的魅力渐渐发散，徽商的崛起造就了一种商业文化和人文情怀。在长期"重农轻商"的氛围中，徽商以儒家精神为文化底色，以积极进取、无比勤劳的姿态和诚信为本、友善为怀的面孔，闯出了一条新路。从某种意义上说，徽商群体正是老品牌、老字号的孵化器。

著名老字号举隅

张小泉，明末徽州黟县人。其父张思家，自幼在以"三刀"闻名的芜湖学艺。张小泉在父亲的悉心指教下、在亲身实践中，练就了一手制剪的好手艺。他选用著名的"龙泉"钢为原料，制成的剪刀，镶钢均匀，磨工精细，刀口锋利，开闭自如，因而名噪一时。一些专业艺人如裁缝、锡匠、花匠等慕名前来定制剪刀。

曹素功（1615—1689），清代四大制墨名家之一，原名圣臣，号素功，徽州歙县人。他早年潜心科举仕宦之途，因不遂心愿，便返乡以制墨为业。最初借用名家吴叔大的墨模和墨名开店营业，以后墨质和工艺造型日渐精良，名声亦渐远扬，其墨业更加兴旺。后移店至苏州、上海等地，常为权贵和名流定版制墨，在上层社会影响很大，有"天下之墨推歙州，歙州之墨推曹氏"之语。

一代酱王胡兆祥出生于清朝嘉庆十年（1805年）安庆城集贤门外一个制作酱货的小作坊家庭。他的祖籍在徽州休宁县万安镇。清道光十年（1830年），他开始走街串巷，肩挑贩卖酱货，继而开设"四美"酱园、"玉成"酱园，后在安庆商业中心四牌楼创办"胡玉美"酱园，既以之志前人创业之艰辛，又寓以"玉成其美"之意。"胡玉美"至今已有近200年历史，是一个负有盛名的"中华老字号"企业。

谢裕大茶行，曾经的徽州六大茶庄之首，创于1875年。谢正安，

清 "陈福兴号"店号印版

谢裕大茶行的创始人。当年,为了进军大上海,他带领家人到充头源茶园选采肥壮芽茶原料,经过精心制作,形成别具风格的新茶。由于该茶"白毫披身,芽尖似峰",又产自黄山,故命名为"黄山毛峰"。该茶运到上海新挂牌的谢裕大茶行后,轰动了整个上海滩,成为各界名流竞相追逐的珍品。之后,谢裕大茶行迅速走向全国,"黄山毛峰"也开始成为极品好茶的代表之一。故此,谢裕大茶行被世人称为"黄山毛峰第一家"。

同庆楼菜馆是芜湖餐饮业的历史名店。1925年左右,芜湖米市兴旺、商业发达,酒楼、菜馆纷纷建成开业。为在林立的酒楼之中力压群芳,十家商业大户联合集资,开办了一所徽州班菜馆,公推民国初年闻名江南的"醉春酒家"打面师傅、徽州绩溪人程裕有出任经理。店址在中二街,最初取名"同鑫楼"。程裕有因其师傅在武汉开设同庆楼菜馆,便前往请教,并商定借名"同庆楼"来芜,称为"徽州同庆楼"菜馆。1999年,同庆楼菜馆被评为"中华老字号"。

品牌的推陈出新

老字号成功背后,是近代中国特色的质量管控体系呈现出标准化的特点,已有近代工业化的雏形了。但在西方工业文明冲击之下,大多数老字号很快就日薄西山。到了改革开放之后，老字号在商品经济大潮中才获得了真正的复兴。

安徽老字号复兴的同时，新品牌也在涌现，其代表便是"傻子瓜子"。

傻子瓜子的创始人年广久本是安徽怀远人，幼年时期随父逃荒到芜湖定居。后来，他成为20世纪80年代"中国第一商贩"。年广久曾三次被邓小平点名，分别在1980年、1984年、1992年，这恰好是改革开放的三个重要转折点。年广久命运的起承转合，暗合着当代中国个体私营经济的发展进程。

年广久1972年开始卖瓜子，1979年注册了"傻子瓜子"商标，引领芜湖个体私营经济实现快速发展。傻子瓜子以颗粒饱满、一嗑三开、甜咸交融、香气浓郁、鲜美生津、久食不厌而享有盛名，屡获全国食品展销会一等奖等殊荣。2018年10月，年广久入选"改革开放40年百名杰出民营企业家"。

在徽派炒货先驱傻子瓜子的影响和带动下，洽洽、三只松鼠等坚果零食新锐品牌已经从安徽走向世界。

四城记：合肥、安庆、芜湖、蚌埠

合肥：一座古代商都的悄然复兴

早在汉代，合肥就已是商业中心。合肥的肥字是"淝"的简化写法。合肥人的母亲河——淝水，源出城西南 70 里的紫蓬山，出山后分二支。一支东下经城南绕到东关，称为南淝河；一支向北，与鸡鸣山龙井的水汇合。汇合后的河流再分二支：一支折向东流，穿城而过，称为金斗河，今已不存；另一支向北经寿县，注入淮河，称为东淝河，历史上著名的淝水之战即发生在此。《尔雅》释义："归异出同流，肥。"这是淝水得名的依据。合肥因东淝河与南淝河在此汇合而得名，素以"淮右襟喉、江南唇齿""三国旧地、包拯故里"闻名于世。

合肥作为地名，最早见于司马迁的《史记》。司马迁在著名的《货殖列传》里写道：

> 合肥受南北潮，皮革鲍木输会也。

"皮革鲍木"应为"皮、革、鲍、木"，指的是四种有着较高价值的物品。在古代，皮指连着毛的兽皮；革指经过加工的去毛的兽皮；木泛指竹木；鲍则是指咸鱼、干鱼和盐渍鱼，泛指水产品。这些货物从何而来？估计都来自合肥西边的大别山山区和南面的巢湖水域。

合肥逍遥津

  合肥何以成为商业中心？司马迁用高度凝练之笔，拈出四个字曰"受南北潮"，即合肥通过水路连接其南其北两个水道：长江与淮河。在当时大运河未开通、邗沟经常淤塞的情况下，地处长江、淮河两大水系运输节点的位置，使得合肥成为《货殖列传》中记载的18个商业都会之一。

  合肥市淮河路步行街，是淮河路最东头的一段，它随河而走、依河而生、伴水而兴。这条街有千年建街史、百年商业史。唐贞观年间高筑城池，南宋时期河贯城中，明清时期这里设立了合肥第一家商会、第一户钱庄和第一个当铺，成为古庐州府最繁盛之地。千米长街，商居交错、园街相映，蕴藏着深厚的历史文化。

  这是一条承载着几代合肥人无数情怀和记忆的老街区；这里是安徽的地标、合肥的记忆；这里以美味佳肴融汇市井生活，以万千姿态引领大众潮流。作为合肥商圈核心记忆的载体，淮河路步行街见证了合肥商业的繁盛发展。

  罍街是合肥市中心的一条历史文化街道，古色古香的建筑和浓郁的文化氛围吸引了众多游客前来探访。

安庆迎江寺振风塔

罍街始建于南宋时期，原为合肥城的南门。明清时期，罍街逐渐繁华起来，成为合肥城的商贸中心。20世纪初，罍街曾是合肥的文化名片，但随着城市的发展，罍街逐渐被遗忘，直到近年才重新被关注。

安庆：此地宜城又宜商

中国的第一台蒸汽机、第一艘机动船，安徽省的第一座发电厂、第一座自来水厂、第一家电报局、第一部电话、第一条官办公路、第一个飞机场、第一个现代图书馆、第一所大学、第一张报纸……都诞生在这座城市，它就是引领安徽近代文明先声的安庆。

安庆是东周时期古皖国所在地，安徽省简称"皖"即由此而来。南宋绍兴十七年（1147年），改舒州德庆军为舒州安庆军，"安庆"自此得名。安庆城始建于南宋嘉定十年（1217年），已有800多年的历史。东晋诗人郭璞曾称"此地宜城"，故安庆别名"宜城"。

安庆港素有"千年渡口百年港"之称，是长江下游北岸的大型港口，为长江干线十大港口之一。由于地处要津，安庆早在建城之前就逐渐成为黎庶聚落、商贾集市、官府驿站，并有盛唐湾古渡（又称宜城渡）沟通大江南北。北宋熙宁八年（1075年）设置舒州同安监，铸造铜、铁币。南宋建城后，安庆与沿江各埠交往日益频繁，成为皖西南重要商品集散地。鸦片战争后，安庆被辟为外轮暂停口岸。清光绪二十八年（1902年），正式开安庆为通商口岸。曾国藩于咸丰十一年（1861年）在安庆设立内军械所，开始制造轮船、军械，安庆成为近代中国工业的发祥地之一。当时安庆云集了徐寿、华蘅芳、李善兰等科学家，制造了中国第一台蒸汽机和第一艘机动船。清末维新运动中，在安徽巡抚邓华熙等人的积极推动下，安庆设立了发电厂、自来水厂、电报局、邮政局等公共事业机构，加速了工商业和市场的发展。

从清乾隆二十五年（1760年）到民国二十七年（1938年），安庆一直为安徽省省会，是安徽省政治、经济、文化中心，也是中国较早进入近代文明的城市之一。

芜湖：米香中崛起一座城

与安庆同饮长江水的芜湖，开放的时间更早。

1877年4月1日，芜湖正式设立海关，对外开埠，很快便吸引了一批市场反应机敏的米业商人前来投资贸易。

时任直隶总督兼北洋大臣的李鸿章也看到了芜湖开埠后的发展潜力，随即奏请清政府将镇江七浩口米市迁往芜湖，同时，命芜湖关道张荫桓赴镇江。张荫桓利用同乡关系，并许以种种利益，动员广、潮米帮率先迁芜。

李鸿章力主将镇江米市迁往芜湖，客观上反映了当时的芜湖已具备成为大型米谷市场的条件。正是在这种"胁之以威，诱之以利"的政策推动下，广、潮、宁、烟四大米帮于1882年纷纷来芜投资开设米号，芜湖米粮出口量大增，芜湖米市逐步取代镇江米市。

清政府的厘金制为芜湖米市的发展再次增加了砝码。1895年，安徽在芜湖设立米捐局，专门征收出口"米厘"，要求本省米粮必须

芜湖港国际集装箱码头

在芜湖完税才能出境。这一规定，保障了芜湖米市的粮源，稳定了芜湖米业市场。1903年，江苏省又在芜湖增设江苏米捐局，规定凡经江苏大胜关的皖省米粮，必须预先在芜湖纳捐，方可予以通行。这两个米捐局的设立，奠定了芜湖"长江流域最大米谷市场"的地位。

芜湖跻身全国四大米市，除了开埠的东风，也与其深厚的稻作文化底蕴有关。芜湖水稻种植业发达，唐宋时期就有兴建粮仓、屯粮转运的记载；明代，随着商品贸易的发展，芜湖成为"舟车辐辏，百货兴聚"的沿江重镇，皖中、皖南所产稻米开始在芜湖集散；清代中期，芜湖逐渐成为皖省向江浙地区输出米粮的重要基地。

遗憾的是，芜湖米市的盛景出现在半殖民地半封建社会，注定了它的畸形繁荣只是昙花一现。随着中国被动卷入世界资本主义市场，由于洋米大量倾销、销售市场缩小、铁路运输方式兴起、内部管理无序等，1927年以后，芜湖米市江河日下。1937年，全面抗战开始，芜湖沦陷。日寇大肆搜刮米粮，并控制米粮业，造成米价高涨，市场极度混乱。日寇投降后，国民党反动政府为发动内战，成立了"米粮联合会"操纵米粮业，对米商继续施行压迫政策，苛捐杂税使米商无利，昔日"堆则如山，销则如江"的米市濒临消亡。

中华人民共和国成立后，国家对粮食实行统购统销。20世纪80

年代，芜湖被辟为对外贸易港，芜湖米市迎来新生，于 1984 年 7 月 20 日重新开业。此时国家对粮食的销售政策由统购统销改为合同定购，开放粮食市场，实行议价进出，芜湖米市进入市场经济模式。1990 年，经国家批准，芜湖成为省级大米批发市场，每年经营粮食约 200 万吨。

借着改革开放的春风，芜湖米市再度复兴。

蚌埠：火车拉来的城市

滔滔长江水，把两座重要沿江城市安庆和芜湖，推向了近代文明。但千年的涛声依旧，未必赶得上火车汽笛的一声长鸣——1912 年全线通车的津浦铁路跨过淮河，连接中国南北交通，打破了蚌埠古渡乡集的宁静，结束了淮河两岸田园牧歌的时代。人们纷纷奔向火车站。蚌埠很快取代安庆，成为安徽的交通、军事、政治、经济中心。

千里淮河，盛产鱼虾河蚌，有"走千走万，不如淮河两岸"的谚语。在淮河北岸，明清时已形成渔村集镇，取名蚌埠。晚清皖北淮河沿岸的市场中心是正阳关和临淮关，主要依托水运。蚌埠虽然有淮河水运条件，但优势不明显。津浦铁路通车后，蚌埠迅速崛起。因修建淮河铁路桥、南岸蚌埠火车站及港口，施工人员和物资云集，淮河蚌埠港日益繁忙，客栈、饭店、杂货店、澡堂、缝衣铺等纷纷开办。

以前，淮河上游沿岸地区的物产用民船装运到下游，经过临淮关，出清江浦，走大运河，运至镇江，远销海外。而津浦铁路连接华北和长三角，延伸了蚌埠的商路，使蚌埠的交通优势一下就超越了淮河流域其他城镇。到 20 世纪二三十年代，蚌埠商贸经营发展到鼎盛，它不仅是皖北的商业中心，而且成为津浦铁路南段最重要的商品集散中心，也是津沪一带工业品的转销地。

蚌埠的商贸业以货物中转为主，并以盐粮贸易为大宗。至 20 世纪 30 年代初，蚌埠盐粮市场年交易量约 100 万吨，盐税年收入最高达 200 万银圆。淮河蚌埠段运盐船只绵延数里，帆樯林立，甚为壮观。各家盐粮行为争做生意，主动派船划子在淮河活动，游走于各地帆船之间，形成水上市场。盐粮交易的繁荣，也在城市形成了盐巷子和米坊街。

蚌埠解放路淮河大桥

20世纪20年代,蚌埠公路运输兴起。1922年5月蚌埠修筑了第一条公路——蚌(埠)阜(阳)路,之后又相继修建多条公路,1927年后开办了弓飞、飞龙、鹏飞、新民、华通、慎泰、惠民、凤阳、日升等18家汽车公司。有了铁路和公路的加持,蚌埠港货物吞吐量大增。1909年淮河铁桥动工兴建后,利淮轮船公司等相继建立,到1930年,蚌埠有轮船业公司10家,载客小轮船26艘,木帆船和轮船客货运输繁忙,蚌埠港成为千里淮河第一大港。

1913年8月,皖系军阀倪嗣冲任安徽都督,驻蚌埠督皖。他变更"淮盐引岸",将设在宿县的皖北盐务局迁至蚌埠,规定食盐必须到蚌埠定价、完税,由阜安盐栈负责转运至皖北、豫东各地,才能由盐店经销,即"官运商销"。此举促进了蚌埠盐业繁荣。1924年9月1日,在安徽督军马联甲的筹备下,蚌埠正式开埠,成为继芜湖、安庆之后安徽第三个开放口岸,极大提高了蚌埠的商贸地位。为了服务工商业经营,蚌埠金融业也繁荣起来。

作为一座"火车拉来的城市",铁路是蚌埠的"经脉"和"血管",也是蚌埠人的记忆与乡愁。原水蚌线、南货场线、西货场线、粮食二库线,都是蚌埠人不能忘怀的文化记忆。

1958年后,随着工农业飞跃发展,蚌埠人干脆在淮河大堤上修建了铁路专用线,又倚大堤顶部建成一座混凝土现浇的连续式拱形栈桥,伸向河岸码头,内装皮带传输机,直接将货物输送到堤上,装入专用线的火车车厢,让船舱货物装卸不受码头水位变化的影响。在那个年代,蚌埠人让火车开到淮堤上,实现了水陆联运"零距离",可谓雄伟创举。

医药
YIYAO

从安徽大地上走出来的医药学家,以他们的杰出贡献和发明,深刻改变了中国医药学的发展进程。东汉时期的华佗发明了世界上最早的麻醉剂,创制了养生体操"五禽戏",并以其无与伦比的医家声望,引领其故乡药都亳州繁荣近千年。明清时期,从张杲撰写中国首部医史传记《医说》,到汪机跻身明代"四大医家",再到徐春甫编撰中国首部医学全书《古今医统大全》、江瓘父子用近60年时间完成中国首部医案类书,新安医学展现了它的灿烂成就。此外,植物学家鲍山隐居黄山7年写就《野菜博录》,药物学家陈嘉谟穷一生之力撰著《本草蒙筌》,他们的精神和成就,至今仍发挥着影响。

华佗的发明和创造

擅针灸，亦擅方药

东汉末年，两个医学家以他们独特的发明和创造改变了中国医学的进程。一位是南阳张仲景，他写的《伤寒杂病论》，使得中国医学家面对伤寒杂病时不再无方可循，张仲景因此被后世誉为"中医圣人"；另一位便是沛国谯（今亳州）人华佗，他研制发明了世界上最早的麻醉剂"麻沸散"，成功开展了腹腔外科手术，他因此被称为"外科圣手"。

华佗原本是个读书人，早年"游学徐土，兼通数经"，年轻时就以学识渊博而知名，沛相举荐他做官，太尉复又征召他，但都被他拒绝了。他后来转向医药研究，也许是天赋使然，也许有"异人"指点，华佗很快成了针药兼擅的名医，治好了很多病人。

据《三国志·华佗传》记载，曹操患"头风病"，听闻华佗的大名，便请他来看病，果然有效。曹操便召华佗"专视"，即当他的私人医生。但华佗连官都不肯当，又怎么愿意待在曹操身边被使来唤去呢？他便找借口回家，再也不肯回来，因此惹怒曹操而被杀害。

东汉末年曾有过三次瘟疫大流行，再加上朝政混乱、战争频发，这种环境倒逼华佗学医自救也救人。据记载，华佗会各种疗法，还懂心理术，擅针灸，亦擅方药。他开的处方并不复杂，只寥寥数味药就有效。如针灸，他也只灸几处，就能手到病除；针刺，亦不过一两处，便有效。其治病本领之高强，于此可见。

五禽戏

○ 医药

麻醉剂的发明者

华佗在看病过程中碰到各种各样的病人，他的洞察本领让无数人为之赞叹。但有的病深藏在腹部，比如腹腔肿瘤，扎针吃药皆对它无效，只有开腹取出肿瘤才能治愈。可那时候还没有麻醉剂，要打开腹腔做手术，病人会极其痛苦。华佗想了很多方法，也遍访高人。他在家中的药园里种植了很多种中草药，不断调整处方，反复实验，最后终于成功研制出一种处方，可以让病人短暂失去知觉，他命名为"麻沸散"。据说内有曼陀罗花、生草乌、天南星、当归、川芎、香白芷等药物。手术前让病人先以酒送服"麻沸散"，等病人失去知觉后就开始剖腹做手术，切下肿物，清洗干净，缝合伤口，再贴上他研制的膏药，几天后伤口愈合，一个月左右即可康复。

病人服下"麻沸散"后，整个手术过程中无知无觉，如同醉酒昏睡，手术结束后方才恢复知觉。如此神奇的麻醉效果竟出现在公元2世纪末的中国，而西方发明乙醚麻醉是在19世纪40年代，比我们晚了1600多年。华佗也是中国历史上首个会做腹腔手术的医生。华佗被杀之前，将一卷含有秘验处方的医书交给狱吏，说这本书可以救人，但狱吏不敢拿。华佗也不勉强他，要来火一把烧掉了。"麻沸散"因此而失传。

现在尚不知道华佗是使用什么器具打开腹腔并进行清理及缝合的，他的整个手术过程和现代手术大体相近，但他是在极端简陋的条件下完成的。且手术中使用的所有药物和器具都是他自己的发明。华佗之伟大，可想而知。

创制健身体操"五禽戏"

华佗在中国医学史上创造了多项纪录和奇迹。他不光是医药学家、发明家，也是养生家。他对养生的认识非常精辟，他说："人体欲得劳动，但不当使极尔。动摇则谷气得消，血脉流通，病不得生，譬犹户枢不朽是也。"华佗的两位学生，一位是广陵的吴普，一位是彭城的樊阿，依照他传授的方法，治病疗效显著，治愈了很多人。华佗在前人基础上还设计发明了一种健身术，名"五禽戏"，就是通过吴普流传下来的。吴普是位本草学者，著有《吴氏本草》和《华氏药方》，是华佗精神的最好传承者。《三国志·华佗传》记载：

> 吾有一术，名五禽之戏，一曰虎，二曰鹿，三曰熊，四曰猿，五曰鸟，亦以除疾，兼利蹄足，以当导引。体有不快，起作一禽之戏，沾濡汗出，因上著粉，身体轻便，腹中欲食。

"五禽戏"就是模仿五种动物的形态和动作来进行操练。常练"五禽戏"，不但可以养生，亦可以除病。华佗生前一直在练"五禽戏"，"时人以为年且百岁，而貌有壮容"，华佗的生卒年迄今仍是个谜。推测起来，他被杀时应该在70岁以上。而吴普因练"五禽戏"，活到90多岁仍"耳目聪明，齿牙完坚"。

华佗死后"麻沸散"成了绝唱，"五禽戏"在民间却生机勃勃，至今不衰，成为中国历史上传播最久的健身体操。柳宗元的诗句中有"闻道偏为五禽戏"，可见"五禽戏"在隋唐时期已相当流行。

华佗的故乡亳州是历史上著名的休闲养生之都，这里百岁老人数量众多，这和当地人长期练习"五禽戏"有关。"五禽戏"已融入亳州人的文化基因。

亳州药都繁华千年

○ 医药

和华佗有关

位居安徽西北部的亳州，曾经是历史上的"三朝古都"，是闻名世界的老庄故里、"三曹"的故乡，是中国文学史上赫赫有名的"建安文学"的发源地，也是驰名世界的药都。

亳州药材商贸的源头和华佗有关。

华佗行医时，在老家开辟有药园，种植各种中草药。他对麻沸散的研究用药，便和药园有关。唐天祐元年（904年），家乡人为纪念华佗，在亳州城内永安街12号建了一个华祖庵，以供祭祀。每年一到重阳节，当地人便会前来朝拜祭祀。从各地赶来的医生会在庵前为人免费施治，乡民们则会带着自己种的中药材前来售卖。久而久之，永安街便演变成了一个自发的中药材交易市场。

亳州以盛产中药材而出名。其气候湿润、水源丰富、土地肥沃，特别适合中药材生长。历史上以"亳"冠名的中药材有亳菊花、亳芍药等，不但产量大，而且品质好。亳州产的道地中药材多达数十种。

桐城散文家、姚鼐弟子刘开，在道光年间曾受聘为亳州修志，他对亳州的民俗民风及特产非常了解，有诗云："小黄城外芍药花，十里五里生朝霞。花前花后皆人家，家家种花如桑麻。"由此可见，清时亳州家家户户种药材已经蔚然成风。

活跃的中药材交易

在现代交通工具诞生之前,亳州因涡河穿城而过,而成为南北交通的重要枢纽,被称为"南北通衢,中州锁钥"。亳州地理位置居中,交通发达,使得亳州商贸高度繁荣,而其中最活跃的就是中药材交易。

明洪武元年(1368年),朱元璋诏令全国药商集结到均州,集散范围扩展到归德、怀庆、祁州、亳州等地。安徽亳州、河北安国、江西樟树、河南禹州便渐渐成为中国四大药都。而药都之首则为亳州。

活跃于亳州的中药材商帮众多,商会林立,最著名的有两广帮、山陕帮、河南帮、两江帮、徽州帮。多数药业行会都在亳州城内设立了会馆,既供与会人员娱乐也供交流。会馆中最知名的是花戏楼,是山陕帮建立的会馆,不但建筑精美还建有戏楼,现在是亳州著名文旅景点。

成书于1700年的《觚賸》一书,是本笔记小说,清人钮琇所作。此书记载了各地的风土人情、世风世貌。关于亳州,书中有这么一段精彩描述:"亳之地为扬豫水陆之冲,豪商富贾比屋而居,

当归

板蓝根

白芷

黄芩

高舸大艑连樯而集。花时则锦幄如云,银灯不夜,游人之至者,相与接席携觞征歌啜茗。一椽一僦一箸之需,无不价踊百倍。浃旬喧宴,岁以为常。"此时亳州之繁华,可与扬州媲美。

亳州帮和"花班子"

亳州城街道在清光绪年间多达146条,其中有四五条街是专做药材生意的,最著名的是里仁街、纸坊街和老花市,这三条街上的药行、药号、药店星罗棋布,多达百余家。来往于亳州的药商以晋、陕、豫、鲁、苏、皖6省人士为主,他们在这里采购中药材发往外地,也带来外地的药材在亳州交易。而亳州药商也活跃在全国各地的中药材市场上,被称为亳州帮。在药业圈内,亳州帮以精通药材而出名。

亳州人以各种形式参与到药品交易中。或种植,或营销,或加工,或运输,或成中介。亳州中药材交易,有药号、药行、药栈,还有药店和"花班子"。药号规模最大,他们还在外埠设有分庄别店。这种药材巨头有20多家,称"号帮"。药行是中间商,是牵线搭桥的。药栈一般自购自销,也兼营批发。

19世纪初,药店开始在亳州

何首乌

石斛

白术

茯苓

亳州芍药花海

出现。"仁寿药店"于1815年率先开业。这家药店独霸市场40年后，芜湖的"张恒春药号"和安庆的"余良卿号"也来到了亳州。7年后，亳州城又多了一家药店"张立达堂"。再一年，闻名徽州的"同德仁药店"也来到亳州。药店竞争进入白热化，好在每家药店都有自己的看家本领。

"花班子"是亳州特有的。因亳州盛产芍药，时人称为"花子"。每到收芍药的季节，七八人自成一班，到田头去收购正在生长的芍药，每棵按大小论价，收获加工后出售；有的代药农收刨、加工，卖出后拿5%至10%的加工费。"花班子"多是本地人。通常经营一个药季即可管全家一年的温饱。

亳州药业的繁荣一直持续到民国初年。陇海铁路通车后，因线路绕开亳州，当地药业开始由盛转衰。直至中国改革开放后亳州药业才迎来又一个春天。

张杲：新安医学第一人

○ 医药

反复再版的《医说》

古徽州一府六邑，地处万山丛中，自古又称"新安"，不但以山水奇秀甲于天下，也以人才众多、文化发达而在明清时期成为一块著名的文化高地。这里的医学亦极其发达，宋以来有文献记载的医家有800多人，其中半数以上的医家著有医书，第一位写医书的张杲，又被称为"新安医学第一人"。

张杲（约1149—1227）字季明，歙县人，南宋时期的著名医学家。他在晚年写成的10卷本《医说》，是中国首部医史传记。《医说》出版后广受欢迎，明代便传入日本和朝鲜。目前发现的《医说》国内版本有宋本1种、明本14种、清本3种，民国以来诸本有25种。国外版本则有日本的刊刻本和朝鲜的活字本2类。版本之多亦可见其影响之大。

张杲出生于名医世家。其伯祖父张扩是北宋时的名医，祖父张挥师从哥哥张扩，张挥再传给儿子张彦仁，张彦仁传给儿子张杲，三代人中出现了4位名医，在新安名医世家中，他们家族医名也最大。

把名医囊括无遗

张氏家族原是中原士族大家，唐朝末年因战乱而迁徙至新安歙县。

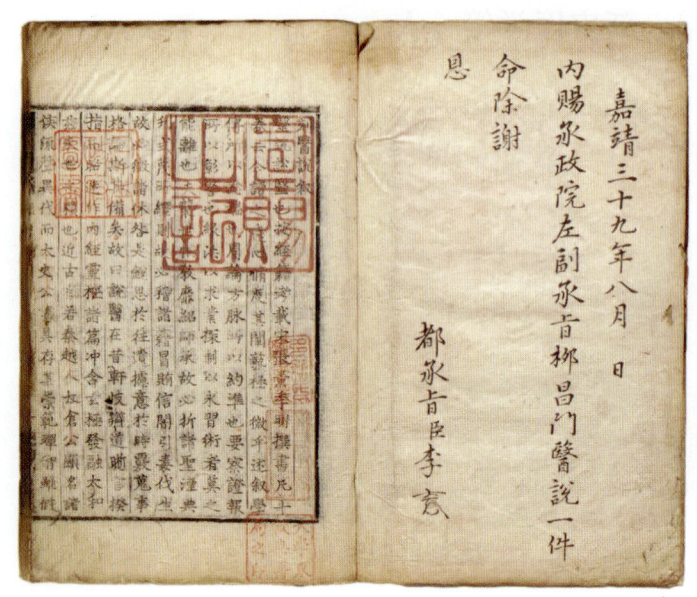

《医说》

　　张杲的伯祖父张扩，出生于富家，从小就喜欢医学，后来跟湖北名医庞安时学医。庞安时被称为"北宋医王"，在历史上大名鼎鼎。张扩跟随学医的时候，庞安时门下学生有60人之多，但他最喜欢的是张扩，可见张扩医学天赋之好。张扩学会庞安时的全部看家本领后，听说四川有位名叫王朴的名医"善脉"，便又前去跟他学技，一年后尽得其秘。学会两家的本领后，张扩游走于开封、洛阳一带，边走边行医，留下了很多传奇故事，他也因此成了京洛一带最有名望的医生。找他看病的既有平民百姓，也有达官贵人。他和他的老师们的行医秘闻、诊疗故事、奇方验方，都被张杲记录在了《医说》一书中。

　　有一个故事是这样说的：张扩在南京时，有位妇人上门求医，当时张扩不在而张挥在，张挥就为她诊治。等张扩回来后，张挥把这个病例及给药情况告知哥哥。张扩说，她吃了张挥给的药会很快治愈的，但她的脉象显示，此人守寡独居已三年，左乳下应该有一颗痣。后来复诊时一验，果然如此。

　　张杲写《医说》的动机最早和整理家族行医资料有关，后来他不断扩大搜寻范围，把历史上的名医都囊括其中。

头号名医世家

《医说》初稿，张杲 34 岁时就写出来了，但他后来又不断地补充修订，直到近 70 岁《医说》才算完成。可见当时搜集历代名医资料的不易。医书少，搜寻极不易，每搜到一个，张杲就如获至宝，记录后再找下一个目标……寻寻觅觅几十年，《医说》才完成。

《医说》记载南宋以前的历代名医一共有 116 人。《四库全书》评价它："取材既富，奇疾险症，颇足以资触发，而古之专门禁方，亦往往在焉。"此书不光说名医们的故事，也说那些奇方验方，把它们整理汇编进一本书中，是历史首创。因为可读性和可借鉴性都很强，《医说》一问世即广受欢迎，不断再版，成为历史上传播最广的医书之一。

张杲因《医说》一书而在中国医学史上留下大名。张氏名医世家也代有传人，从宋元明清到民国时的"张一帖"再到其后人，张氏的传承一直未曾中断，创造了新安医学世代传承的佳话。

汪机：既是名医家，也是出版家

半路改行者

被称为明代四大医家之一的汪机，是新安医家中继张杲后最具代表性的一位医学大家。

汪机（1463—1539），字省之，别号石山居士，祁门人。祖父汪轮、父亲汪渭都是地方上的名医，而其同族晚辈中后来又出了一位名医汪宦，汪宦有个学生很有名，那便是《古今医统大全》的作者徐春甫。故汪机这个家族也是新安医家中一个著名的医学世家。

汪机早年攻读举子业，但他考上秀才后便屡考屡挫。20多岁时，他迎来了命运的转机。有一年，他母亲突然生了怪病，头痛呕吐，连父亲都治不好，汪机便开始研究医学，没想到母亲的这个毛病居然被他治好了。父亲便劝说他放弃科举，汪机这才真正投身于医学。

汪机学医后如有天助，很快入了道，他每天刻苦研究医学，不久就成了当地最有名气的医生。可汪机不满足于只是成为一个地方上的名医，他更感兴趣的是医学研究，只要听说哪里有医书他便上门去求购。有一次，听说休宁有人藏了一本神秘的医书，但这人轻易不给人看，更不卖，他就携带贵重礼物前去请求借看。藏书人被他言行感动，便把宝贝医书拿出来，他就在那里把医书一字一句抄了下来。

获得医书的过程是如此艰辛，汪机便萌生了汇刻出书的念头。

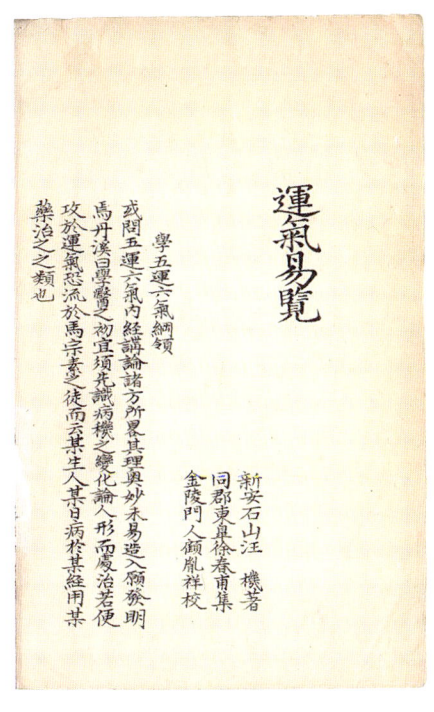

清末钞本《运气易览》

"朴墅斋"家刻医书

汪机在研读医书中发现,很多医书都或多或少存在一些问题,有在传抄过程中出现脱漏字及错字的,有文字艰涩让人不知所云的,有说法离奇荒唐错误的,如此种种。他边读边发现,边订正边整理,就这样,开启了他的学术生涯。

57岁那一年,汪机的第一本书《重集读素问抄》成书刊印。此时的他行医多年,医学经验已然非常丰富。再过三年,他的第二本书《脉诀刊误》成书刊印。五年后,《运气易览》完成。再两年后,《针灸问答》终稿。此时汪机已快70岁了。

这些书都是在汪机家中刻印出来的,这样的书被称为"家刻"。明嘉靖年间,徽州私人刊刻书籍已蔚然成风,有条件的人家则请人上门来刊刻。受此影响,汪机完成书稿后,也请人上门在他自己的监督参与下完成整本书的刊印。因其居住地为祁门朴墅，故其刻书堂号名为"朴墅斋"。"朴墅斋"直至清代仍以家刻重印汪氏医学著作为主，成为医家家刻的一块著名招牌。

汪机刊印每一本书，其实都不容易。他的第二本书《脉诀刊误》完成后，因缺钱一直未能付印。他的弟子许忠，便把这个情况告诉了休宁的程师鲁先生，程氏又告知其亲家吴子用，吴子用便拿出钱来资助汪机，这才将该书刊刻出版。

弃百金如一羽

明嘉靖年间，祁门一带瘟疫流行，死了很多人，全县上下无不惶恐。当此之际，汪机倾尽家中所有的积蓄购买中药材，配制好后免费送给病人服用。他的义举感动了很多人，被他救活的人更是数不胜数。有人赞曰："至义之所当为，视弃百金如一羽。"

汪机就是这样一个人，该用钱的时候绝不吝啬，百金亦是一羽，而他自己则终生布衣蔬食，生活十分简朴。也因此，汪机在当地百姓中享有崇高声望。当他出书遇到困难时，也有人慷慨资助。这也是当时徽州一带的风气。

汪机是一位非常严谨的学者。《伤寒选录》一书，他花了数十年才完成；而《医学原理》一书则用时8年。《医学原理》是一本普及性的通俗读物，为何要写这样一本书呢？汪机在自序中说，要学医，没有20年的工夫是学不好的，古医书的艰涩难懂是一大原因。他花8年时间去写这本普及性的医学读物，就是为了给初学者扫除障碍，所以汪机也是中国古代医学科普作家之一。

汪机著述近20种，存世10余种，被《四库全书》收录的有8种。传入日本的有9种。也有传到朝鲜的。其著作中最有影响的是《石山医案》，他在书中提出的"固本培元"说影响深远，为新安医学的发展作出了重要贡献。

徐春甫：编古今医书，开医会先河

首部医学全书

徐春甫是继汪机之后的又一位新安医学大家，他编撰的皇皇百卷的《古今医统大全》，是中国历史上的第一部医学全书；而他发起成立的医会，在中国科技史上也是创纪录的第一个。

徐春甫（1520—1596），字汝元，号东皋，祁门人。他父亲徐鹤山在襄王府里掌管厨事，是王府的一位小官员，但在徐春甫出生前突然暴病身亡，徐春甫也就成了遗腹子。可能受母亲的情绪影响，徐春甫出生后身体虚弱，经常生病，后来便被母亲安排拜师学医。他的老师就是汪机家族中的那位名医汪宦。

汪宦在京城行医多年，后来考进太医院做了吏目。徐春甫后来在京城行医数年后，也考进太医院做了吏目。他和汪宦师生两代人都能考进太医院，这是新安医家中只此一见的奇迹。

游历与搜书

徐春甫在学医前曾跟太学生叶光山学诗词文章。他天赋好、悟性高，读书很刻苦，还是位搜书迷。30岁后，徐春甫便开始挟书出游。他的游历先江南后北上，每到一地，除游历外便是去书肆里淘书。他还拜访藏书家及医学同行，跟他们交流藏书和行医的经验及秘方、验

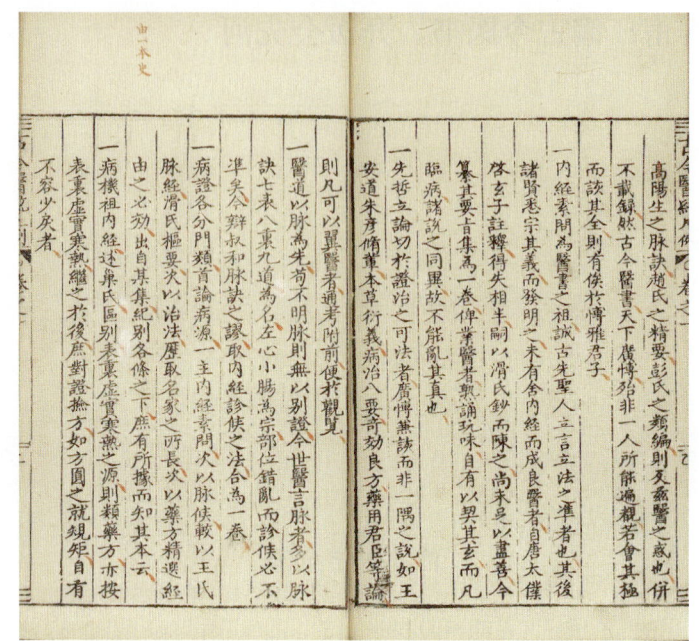

《古今医统大全》

方,当然,路途上碰到病人他也出手治疗。

徐春甫这样时医时游有六七年,37岁那一年,他终于来到京城。定居下来后,徐春甫便开始在闹市区挂牌行医。没想到,他很快就在京城有了知名度,他的诊所里常常挤满了病人。究其原因,一是他的医术好,别人治不好的病他能治;二是他的药店卖出的药特别有疗效。很快,达官贵人碰到难治的病,都来找他治疗了。

三年后,徐春甫考进太医院做了吏目。

医会和编书工程

徐春甫的编书生涯是在京城定居后开始的。

经过六七年的壮游生涯,徐春甫的搜书已达相当规模,定居下来后,他便开始整理那些医书。徐春甫的目标不是只做一名藏书家,而是要把它们编辑成一套全书,贡献给社会。编医学全书是前人从未做过的事,不光工程浩大还费用高昂。但徐春甫特别有耐心,他一卷一卷地编，成熟一卷刊刻一卷。这套书名为《古今医统大全》，全书100卷185万字，前后用时8年。

《新安医籍丛刊》评点此书："融古通今，赅博群籍，搜罗广而取舍精。"该书出版后即在国内广泛流传，多次刊刻，并很快传播到日本和朝鲜。

在编辑该书期间，徐春甫还发起组织"一体堂宅仁医会"，参加人员中有他的老师汪宦，有太医院的同僚，也有京城及各地的医学同行，还有他的学生，共有46人，这是历史上的第一个医会组织，也是中国科技史上的首个学会组织。

徐春甫之所以发起成立这个医会，也和他编书有关。他在编辑这一浩大的医学全书时，迫切需要与同行进行沟通与交流，寻求同行的建议和帮助。一个人的力量毕竟有限，而学会的力量则要大得多。后来《古今医统大全》的校对人员，全部是医会会员，而全书百卷陆续刊刻出版也得到许多人捐资支持。这些支持者中既有徐春甫的病人，也有朝中大臣，可见，徐春甫的编书行为感动了很多人。

徐春甫晚年，还出版了一本普及性的《医学指南捷径六书》。这本书原来只作家传，是写给弟子们看的。书里有不少徐春甫搜集到的秘方和他本人的行医验方。后来，徐春甫决心把它公开出版。他在序中说，让更多人受益要比自己私藏更有价值。这本书影响也很大，还传到日本和朝鲜。因此，徐春甫成了中国医学史上一位影响巨大的医学家。

《野菜博录》和《本草蒙筌》

药植物丰沛的徽州

清人洪玉图在其著作《歙问》中，设有一段精妙对话：

有客问：歙县这个地方环境这么好，物产丰富，让人称道的物产都有哪些？答：砚、墨、纸、茶这几样东西之精美举世皆知，"药则紫术、黄连、昌草、麦冬、黄精、茯苓、白石英、何首乌"。这里提到的这几种中药材，是徽州药材的代表。

徽州出产中药材不光种类多，而且品质好。黟县已发现的药用植物多达 680 种，珍贵药材有 20 种；休宁和它不相上下，也有 677 种。而祁门中药材，更是以质量好而闻名，嘉靖年间徽州进贡的中药材便多产自祁门。祁门白术、徽州贡菊，在历史上都很有名。

由于药植物资源丰富，明清时期徽州有不少学者都致力于研究本草和药物，且著作丰硕。

新安医家共著有 51 部本草著作，可惜 30 部已亡佚，保存至今的 21 部中有两部对当时及后世产生过重大影响。一本是鲍山的《野菜博录》，被推为明四部本草书之一；还有一本是陈嘉谟的《本草蒙筌》，是李时珍写《本草纲目》时的参考书，在药物炮制上尤有影响。

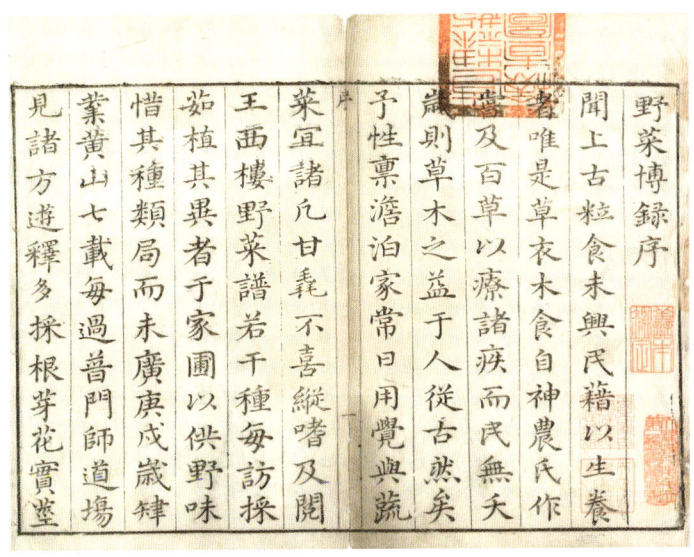

《野菜博录》

鲍山的《野菜博录》

鲍山是徽州人,生活于明万历、天启年间,少游太学,弱冠即归,是位植物迷。他天性喜欢蔬食,不喜纵嗜。

万历三十八年(1610年),鲍山来到黄山,在白龙潭上筑室开始隐居生活。鲍山每每经过附近的道场,见游方山僧们采集植物食用,好奇之下,便叩门索食,并请教植物的烹食方法。山僧们一五一十地告诉他。鲍山听了很兴奋,回去后逐一记录,并绘其图形。从此之后,辨认植物、采食野菜,便成为鲍山每天的主要功课。

但鲍山初始对本草的认识还是很有限的,刚好有朋友看他这么热衷研究野菜花草,便给他看《备荒本草》等书,说是从关中王府得到的抄本,鲍山看过后眼界大开,此后他寻觅野菜的范围不断扩大。12年后,鲍山完成《野菜博录》一书,此书图文并茂,收录野菜多达435种。鲍山认为草木清爽宜人,可以备荒赈饥,"足以广仁爱"。这本书刊印后很快传播开来,并被《四库全书》收录。《四库总目提要》评价这本书说,此书"有备无患,不厌周详……书虽浅近,要亦荒政之一端也"。《野菜博录》也成为后世写本草的重要参考书。

陈嘉谟的《本草蒙筌》

鲍山研究的是可以吃的花草野菜,而陈嘉谟研究的是药物的功用和炮制。

陈嘉谟(1486—1570),祁门人。早年攻读儒学,后因体弱多病而转向医药学的研究。他擅长诗词歌赋和书法,且精研医学,尤擅本草,一生中几度乔迁,从其游者甚众,是位非常有影响的学者。

陈嘉谟于古医书无所不窥,而且喜欢研究。他对药物精研细究了几十年,对中药的加工炮制尤有心得和发现。陈嘉谟从1559年开始撰写《本草蒙筌》,历时7年、五易其稿,在他80岁时才完成。全书12卷,收录药物742味,每一味药都标明产地、收采、储藏、鉴别、炮制、性味、配伍、服法等,且附有按语。其中半数以上的药物还绘有插图,全书图文并茂,让人一目了然。一些后世十分熟悉的中药,如鸡内金、青木香、血余炭等,由这本书首次记录。

陈嘉谟的学生很多,写这本书的初衷是用于教学,故名"蒙筌",是一本普及性的药物学读本。没想到此书在1565年首次刊行后便广泛传播,8年后又再版。正在湖北老家研究药物学的李时珍获得此书后大感兴奋,当即把它置于案头,作为写作《本草纲目》的参考书,他评价该书"颇有发明"。现在公认此书是宋代《大观本草》之后、《本草纲目》之前一部重要的本草学专著。

《本草蒙筌》提出来的炮制方法和炮制理论,对后世的中药炮制影响巨大。中药炮制在明之前有人提出过十七法,但方法太多,可操作性差。陈嘉谟在反复研究后提出简明的分类法,基本概括了所有的炮制方法,可操作性大大提高,有效指导了当时及后世的中药炮制和加工。

之后的常熟名医缪希雍,在其《炮炙大法》一书中,全文辑入了《本草蒙筌》的炮制内容,可见其对这本书的高度认可。《本草蒙筌》后来又很快传到日本,成为一本影响海内外的中药学著作。

江氏父子与《名医类案》

○ 医药

首部医案类奇书

医案是医生看病诊治过程的记录。《史记》中记载了西汉名医淳于意的 25 例医案,这是目前已知中国最早的医案记录。

唐宋时期的医书开始陆续有医案记载,但在明之前,医案只散见于各类医书中,从未有专书出现。直至 1591 年《名医类案》一书问世,这是中国历史上首部医案类书。作者是歙县篁南人江瓘、江应宿父子,刊校者是江瓘的大儿子江应元。

从江瓘 1549 年完成初稿,到这本书的最后问世,整整花了 42 年时间。若从江瓘整理汇编医案算起,时间跨度则近 60 年。通过父子两代人的不断努力,才有了这本书的最终问世,这在古代中国医书的出版史上也是极其罕见的。

《名医类案》问世后便广受欢迎,很快传到日本,并在日本多次刊印。后被《四库全书》收录。这本书现存版本有 20 多种,可见其在历史上影响之大。

医生在行医时会碰到很多病例,但并不会将每个病例都记下来,只有遇到一些有意思的而治疗效果又特别好的病例,为留作纪念或供人学习,或作为自己的研究资料,才会把治疗的整个过程写出来。

在 16 世纪以前,名医的那些奇验医案往往被医生们格外看重,是他们看病时的重要参考。

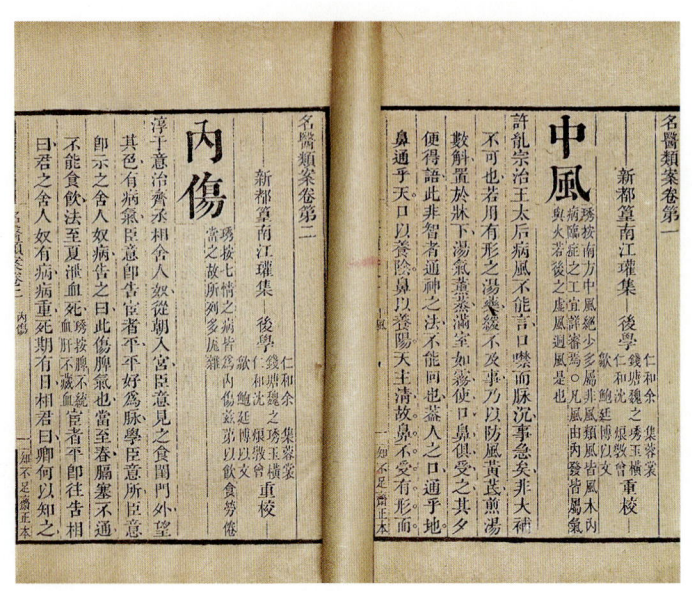

《名医类案》

从医案中得到启发

江瓘（1503—1565）学医很晚，他原来一直被父母督促着攻读举子业。他们家兄弟四人，他居老三，弟弟江珍学习比他还要好，他便觉得很惭愧，因此更加用功。生母郑氏在他14岁时因难产去世，死亡时眼睛睁着，江瓘认为肯定是他们兄弟俩读书不用功母亲才死不瞑目，于是在母亲灵前痛哭发誓，他和弟弟一定好好读书不辜负母亲的希望。也因此，江瓘的整个青少年时期，读书十分用功。

江氏家族原是中原贵族，后因战乱迁到歙县篁南。但到他父亲江才出生时，已家道中落。后在夫人郑氏的支持下，江才经商成功，一度成为当地富商。江瓘初考失利后，也曾奉父命外出经商。21岁那年，他和弟弟江珍被人荐举同时考取秀才后，父亲便弃商回家，亲自督促他们兄弟俩读书。

弟弟江珍在多年后还真考上了进士，但江瓘考运太差，32岁那年，他还未有丝毫进步，身体却因苦读每况愈下，曾一夜呕血数升，情景很吓人。家人给他请了10多个医生都治不好，他便开始研究起医学来，居然很快就把自己的病给治好了。

江瓘初学医就能把自己的病给治好，正是古医书中那些治呕血的成功病例给了他极大的启发。

病好后江瓘又开始专心科举，可一用功病又复发。如此几次后，江瓘终于明白他和科举无缘，从此，他开始正式学医。

父子相继成就奇书

唐人整理的《褚氏遗书》中的一句话"博涉知病，多诊识脉，屡用达药"，给了江瓘深刻的启发。他联系自己反复思考，像他这样身居山野的人，30多岁才学医，见识与经历都十分有限，要"博涉知病"又谈何容易，最有效的方法便是从古今名医留下来的那些医案中去学习。很多医生一辈子看了成千上万的病人，但也只留下几十上百个精彩医案，这些医案何其宝贵啊。于是，江瓘开始搜集各类医案，古代的，身边的，他都去想办法一一搜集到手，然后记录整理，编辑分类，并订正其错误。当然，他自己的有效医案也会整理进去。

江瓘悟性很高，他的诗文在当时便很有名气，后来他又多次出游，眼界之开阔也是同道中少有的。可惜他在医案完成后不久，在赴浙江绍兴给次子江应宿治病归来途中突然去世。

江瓘去世后，尚未刊印的《名医类案》便交到了次子江应宿的手中。江应宿后来行走多地又搜集到不少医案，还把自己的医案也整理了出来，按父亲生前编好的体例，补充到每个病症下面，并加上按语，以"宿案"名之。这样边搜集边整理又花了19年，五易其稿才完成。稿成后交兄长江应元校订，这才有了惊艳问世的《名医类案》。

《名医类案》共辑录明以前历代名医验案2400余例，分205门，每一门类都有各种医案，医案后面还附有江氏父子的精彩点评。

郑氏喉科与《重楼玉钥》

闻名遐迩的郑氏喉科

300多年前,安徽歙县郑村的一对郑氏兄弟,在江西南丰遇到一位治疗喉病的神医黄明生。

这对兄弟本来是陪老父亲来看病的,见到这位神医,便携带礼物上门恳求拜师学医。黄明生断然拒绝,说是祖上明确规定不许外传他氏。但郑氏兄弟反复恳求,黄明生最终同意收他们为徒。

3年后,郑氏兄弟尽得黄氏喉科之秘回到老家,开起了诊所。病人多了后,兄弟俩在紧邻处各造了一座园,一为南园,一为西园。老大郑于丰居南园,老二郑于蕃居西园。园内皆有精美园林并有长廊及楼轩,有大门有正厅,有书房有轿房有厨房,楼有两幢,俱是当地少见的三层多栋砖木建筑的叠摞楼。园内还自建有中药房。外人为区分,分别称之为"南园喉科"和"西园喉科"。

"郑氏喉科"以其治喉神效,很快闻名遐迩。

治愈白喉第一人

清初,中国出现了一种可怕的疾病,叫白喉。其症状是发热、喉咙痛,咽、喉、鼻等处出现不易去除的白色假膜。此病感染性强,死亡率高,尤其是儿童,是历史上最恐怖的流行疾病之一。

在 1775 年至 1787 年间，中国曾有过 4 次白喉大流行。而郑氏兄弟的后人中一位杰出传人郑梅涧（1727—1787），靠从父亲郑于丰手中学到的医术，再加上自己的勤奋钻研，在白喉治疗上屡建奇功，成为中国历史上第一个有文献记载成功治愈白喉的医生。

著名戏曲家、《雷峰塔传奇》作者方成培是郑梅涧的老朋友，他对郑梅涧出神入化的诊疗技术十分敬佩，写下如此文字："余常见有垂毙者，先生刺其颈，出血如墨，豁然大愈。其妙如此，而未尝受人丝粟之报。"快死的人，郑梅涧都能救活，其本领之强由此可见。

郑梅涧在治疗白喉上有什么独特的技法呢？据其后人说，郑梅涧治白喉用的是"养阴清肺"兼"辛凉而散"的治疗法则。他成功研制出了一款有效处方"养阴清肺汤"。他用这个方剂，在 1775 年前后治疗了十来例白喉，全部奏效。而此时国外在白喉治疗上还毫无办法。直至 1891 年，德国人埃米尔·阿道夫·冯·贝林首次成功地用羊血清治愈一例在柏林医院住院的白喉患儿。

治喉奇书《重楼玉钥》

郑梅涧去世前留下一本治疗喉病的奇书《重楼玉钥》，这本书是他在家传秘方的基础上整理完成的。在他去世后，长子郑枢扶、三子郑既均，又对此书作了修订、扩充与完善，尔后这本书在民间先以抄本形式传播，但都不是全本，直至清道光十八年（1838 年），方有完整的《重楼玉钥》刊刻出版。其后 100 多年，《重楼玉钥》分别以不同的版本多次出版，成为中国历史上影响最大的一部喉科专著，专家誉之曰"喉科专家书之传者，无过于《重楼玉钥》"。此书上卷 17 篇，细述咽喉诸病的症状、发病部位、病理、诊断和治疗用药；下卷 39 篇，详论治疗喉病常用的穴位、取穴及进出针等操作方法及针灸原则。上、下两卷密不可分，其实用性及指导性之强，堪称中医喉科第一书。

郑氏先祖元代大教育家郑玉，曾在郑村创办了师山书院，历数百年，培养子弟无数，在学术上形成了著名的"师山学派"。

师山书院一直延续至清末。而在郑梅涧时期，正是其鼎盛时期。郑梅涧在师山书院接受了完整的早期教育。师山书院不远处，则是不

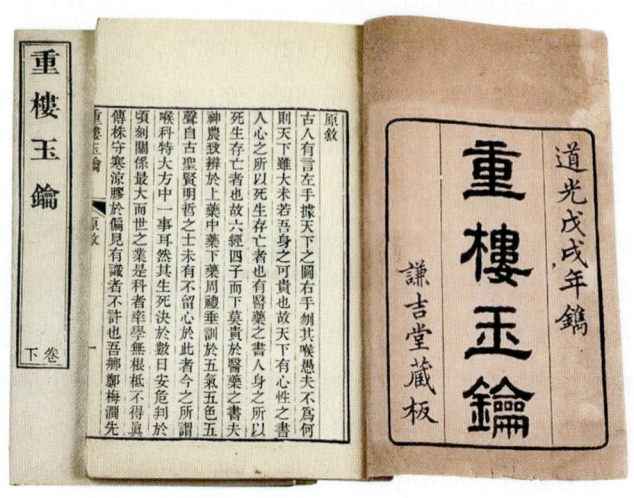

《重楼玉钥》

疏园书院。在郑梅涧读书时期，著名学者江永正在不疏园书院课徒。两家书院各有特色，互相影响，对郑氏子弟影响尤其巨大。

郑氏祖上有经商的、有做学问的、有办教育的、有做官的，是当地最著名的一个文化家族。

16世纪初，郑氏家族中出现第一位医生郑赤山，郑氏兄弟是其家族中的第五代学医人，也是第一代致力喉科的医生，此后其子孙都以喉科名世，迄今已传16世，家族中可以考证的从医者有41人之多，撰写医著多达25部，成为中国医学史上极具传奇性的一个专科家族。

饮食
YINSHI

安徽襟江带淮，地域广袤。丰富的食材种类与缤纷的烹制方法，无不彰显这片土地的厚爱与生活于此的人民的智慧。安徽产好茶，也产好酒。太平猴魁、黄山毛峰、六安瓜片、祁门红茶和古井贡酒、口子窖酒多次获奖，饮誉全球。安徽饮食，声名最盛者为徽菜。以臭鳜鱼、毛豆腐为代表的徽菜，有力扩大了安徽饮食文化的影响。长江、淮河浩渺辽阔，是我国淡水鱼重要产区，长江鲥鱼、巢湖三白等水产久负盛名。至于皖北，符离集烧鸡、葡萄鱼、香炸琵琶虾等闻名遐迩，以酥脆咸香的风味诠释了当地人民的质朴笃厚气质。

祁红屯绿，名扬世界

绿茶大省属安徽

1959年中国"十大名茶"评比会将西湖龙井、洞庭碧螺春、黄山毛峰、庐山云雾茶、六安瓜片、君山银针、信阳毛尖、武夷岩茶、安溪铁观音、祁门红茶列为"中国十大名茶"。其中，黄山毛峰、六安瓜片、祁门红茶产自安徽。

黄山市徽州区的富溪乡是黄山毛峰的核心产地。每年清明谷雨，选摘良种茶树的初展健壮嫩芽，手工炒制。制成后的毛峰外形微卷，状似雀舌，绿中带黄，银毫显现，且带有金黄色鱼叶，冲泡后汤色嫩绿，饮之滋味醇正绵长。两位谢氏族人对黄山毛峰贡献最大。一是谢正安（1838—1910），清同治初年，他在家乡收茶叶加工，销往上海等地。光绪年间，谢正安创立"谢裕大茶行"，经营黄山毛峰，很快便跻身徽州六大茶行之列。二是谢洪范（1885—1929），他自创和总结了一套老谢家茶的制茶秘方，宣统年间把老谢家特制的"珠兰细芽茶"通过"祥馨永"茶号带到清政府农工商部举办的"南洋劝业会"上参展，获得"银牌"，获奖后在广州创立"老谢家茶庄"，专营黄山毛峰。

此外，安徽的名茶还有很多：太平猴魁、霍山黄芽、岳西翠兰、舒城小兰花、泾县特尖、敬亭绿雪、涌溪火青、桐城小花等。尤其是太平猴魁，其知名度和品质，不亚于黄山毛峰和六安瓜片。太平猴魁属于绿茶类尖茶，产于安徽太平县（今黄山市黄山区），为尖茶之极品，久享盛名。太平猴魁两叶抱一芽，不散，不翘，不弯曲。冲泡后茶汤清绿明亮、芽叶成朵壮美、叶底嫩绿匀亮，闻之兰香清爽，品之醇厚回甘。

一般来说，猴坑、猴岗、颜家所产的太平猴魁最正宗。提起猴魁，人们常常说到茶农王魁成（1861—1909），人称王老二。可是猴坑当地人，很少提及王魁成，大家挂在嘴边的都是"三老板"刘敬之（1880—1965）。刘敬之是当地的富商、开明绅士，常年在南京做生意、开茶行，猴坑一带的茶园大多属于他家，王老二就是刘家的帮工。王老二聪明好学，曾加工制作一款"王老二奎尖"，这款茶在南京市场很受欢迎。刘敬之和好友苏锡岱商议一番，为区别其他尖茶，取产地猴坑的"猴"字和茶农王魁成的"魁"字，重新定名为"太平猴魁"。相传，1915年刘敬之和苏锡岱联手将此茶送往在美国举办的巴拿马万国博览会，获得金奖，从此"太平猴魁"盛名远扬。

皖南有不少幽僻的山谷村落以"坑"命名，这些"坑"，又有不少因茶闻名。除了太平猴魁的产地猴坑，还有涌溪火青的产地泾县榔桥镇涌溪村枫坑。涌溪火青，粒粒分明，墨绿油亮，属

黄山毛峰

太平猴魁

祁门红茶

于"珠茶"。早些年,前往枫坑必须弃车用脚,步行四五公里才可抵达,一路上蹚溪水,过石滩,穿竹林。世外桃源也不过如此吧!好茶都生长在优美的环境里。常言"天下名山僧占多",其实茶也占了不少。

说到徽州的茶,还不能不提休宁松萝茶。松萝茶是徽茶始祖,明清两代最有名的徽州茶就是松萝茶。松萝茶有一种特殊香气——橄榄香。史载,明代大方和尚发明松萝茶制法,时人称之为"松萝法",开启了世界绿茶制作工艺的新纪元。松萝茶也被称为"炒青鼻祖"。

相传,大方和尚从休宁到了歙县,又创制了一款"老竹大方"茶。老竹大方因为外形与龙井相似,常被不良茶商冒充龙井销售。最新研究发现,老竹大方具有改善血液循环,防止人体胆固醇升高的功效,对消肥减胖有特效。老竹大方的极品为"顶谷大方"。

此外,像祁门凫峰炒青、休宁茗洲炒青、歙县滴水香等,均是茶中逸品,尽管没有毛峰、猴魁名气大,但格调不俗。绩溪还产一款小众绿茶"金山时雨",新文化运动领袖之一的胡适就偏爱此茶。

就绿茶的名品数量而言,安徽位列全国第一。

屯溪绿茶与"祁门香"

提起安徽的茶叶,离不开这四个字——祁红屯绿。什么是屯绿?古徽州地区的休宁、歙县、绩溪、黟县、祁门、婺源等县采制的绿茶,当年都在屯溪茶市总经销转口,故称为"屯溪绿茶",简称"屯绿"。这样的统称,可能是为了方便出口外销,实际上,"屯绿"在国际市场的名气一直远远大于国内。祁门县凫峰镇所产炒青绿茶简称"凫绿",是"屯绿"中的极品。

但在国内,不会有人说喝什么"屯绿","屯绿"渐渐成了虚化的、笼统的符号,不像太平猴魁、黄山毛峰、六安瓜片、霍山黄芽,指涉明确。

与"屯绿"齐名的当数"祁红"。早在1915年巴拿马万国博览会列出的中国十大名茶中,祁门红茶就榜上有名。

祁门红茶是著名的工夫红茶,自1875年问世以来,多次荣获国际金奖,四度蝉联国家金质奖,是中国红茶的首席代表。1875年,黟县人余干臣从福建罢官回徽州，仿"闽红"创制"祁红"，并在祁门县历口、闪里等地分设茶庄，鼓励制绿茶的茶农改制红茶。因所制红茶品质优良，各地茶商接踵而来，竞相收购，很快从国内销往海外。

不仅如此，祁门红茶在欧洲尤其在英国也大名鼎鼎，与印度大吉岭、斯里兰卡乌瓦所产的红茶并称红茶中的三大极品。19世纪末，"祁红"外销到英国人经营的东印度公司。英国王室开始饮用祁门红茶，并视为珍品。在英国，"祁红"还有一个名称"群芳最"。

好的"祁红"在冲泡后汤色红艳明亮，表面浮有金圈，叶底红亮匀嫩，品饮滋味醇厚，具有独特的"祁门香"，似花似果似蜜，给人特别的美感和芳香。

安茶远销东南亚

祁门安茶，也称"六安茶"。这里所说的安茶或六安茶，并非产自安徽六安，而是产自祁门芦溪乡。这是一种用竹篓装的半发酵紧压茶，属黑茶类，或称"旧六安茶"。安茶，有药用价值，能除瘴、消暑、解渴，早年远销到广东、香港及东南亚。安茶兴旺于民国年间，后来一度停产。二三十年前，祁门芦溪乡开始恢复制作安茶。现在东南亚一些国家的茶行仍有老安茶销售，特别是马来西亚霹雳州怡保、金宝一带的矿区。当年马来西亚锡矿的劳工下矿前都要喝安茶，上矿后也喝。安茶和广西六堡茶一样，曾经风靡马来西亚的矿区。

皖西茶：瓜片、黄芽与翠兰

蝙蝠洞：瓜片原产地

皖西山区也是安徽省重要的产茶区，有六安瓜片、霍山黄芽、岳西翠兰等名品。

金寨齐头山蝙蝠洞是六安瓜片的原产地之一，此地所产瓜片为六安瓜片之极品。瓜片采摘，只取其嫩梢壮叶，是绿茶中唯一不采梗不采芽只采叶的单叶片茶。茶称瓜片，是因为其叶形似瓜子。《红楼梦》里提及的"六安茶"，就产自六安地区。

六安瓜片

和清雅的黄山毛峰相比，六安瓜片"口味偏重"。与江南的茶文气横溢不同，瓜片产自皖西的金寨等地，茶汤略带豪迈。梁实秋在《喝茶》一文里写道："有朋自六安来，贻我瓜片少许，叶大而绿，饮之有荒野的气息扑鼻。"确实，六安瓜片的香气更加朴实醇厚，余味无穷。现在的人性子急，偏爱明前茶，其实明前茶也就图个新，未必最好。六安瓜片在此就不占优，因为它不采芽，只用叶，所以就会迟一些，4月中旬才开园采摘，通常要4月15号以后成品才能上市，时间上就慢了一拍。

霍山黄芽与黄大茶

霍山黄芽的核心产区在霍山县大化坪镇金鸡山。

霍山黄芽本属黄茶，黄叶黄汤，味道独特。现在的黄芽基本上是按绿茶方式制作的，少了"闷堆"工艺。究其原因，一者，"闷堆"工艺复杂，时间需四五天；再者，大多数人追求茶叶和茶汤的新鲜碧绿，懂得欣赏黄茶的人少了，懂得"闷堆"工艺的师傅也少了，久而久之，霍山黄芽慢慢趋为绿茶了。

皖西除了霍山黄芽，还有一种黄大茶，产自霍山、金寨一带。其叶大、梗长，汤色浓重，具有锅巴香，也有称"老火香"。黄大茶是黄茶的一种，据中国茶叶泰斗陈橼在《安徽茶经》中记述，安徽霍山、岳西、金寨、六安，浙江平阳、东阳，湖北英山等地出产黄茶，其中以霍山县和金寨县的黄茶最为著名、产量最多。这里所说的黄茶就包括霍山黄芽和黄大茶。

黄大茶主要销往北方，在山东和山西尤其受欢迎。

小兰花与翠兰

小兰花为舒城所产的名茶，已有数百年历史。因茶叶冲泡后形如兰花开放且具兰花清香而得名。20世纪80年代前，茶农以户为单位手工制作，工序为杀青、烘焙（初烘、复烘、壮火）；此后出现机制兰花茶，并在传统工艺基础上开发出白霜雾毫、皖西早花等新品。

明　丁云鹏《煮茶图》

1987年，白霜雾毫、皖西早花被评为安徽名茶。

岳西翠兰产于大别山腹地的岳西县。岳西县境内千峰竞秀，万壑藏云，常年云雾缭绕，具备出产好茶的地理环境。岳西翠兰的历史不长，1985年岳西县组织技术力量，在舒城小兰花的工艺基础上研制出了岳西翠兰，还开发了高端翠兰"翡冷翠"，此茶多次作为国礼馈赠外宾。

岳西翠兰有两个主要产地：一个是包家乡石佛村，另一个是竹山。竹山，位于岳西县姚河乡香炉村，海拔 800 米。翻过竹山山头，就是舒城小兰花的核心产地白桑园村。一座山，一边是岳西翠兰的产地，一边是舒城小兰花的产地，翻过去倒过来，都是好茶。

《煮茶图》与《浮槎山水记》

古代文人喝茶颇为讲究，对茶叶、用水、器具、人数、环境等均颇注意。我们可以从陈洪绶《烹茶图》、唐寅《煎茶图》、文徵明《煮茶图》，尤其是皖籍画家丁云鹏的《煮茶图》等画作里，领略当时的场景。丁云鹏（1547—1628），明代画家，休宁人，最擅人物画，尤以画佛像、观音、罗汉闻名。他还是一个茶痴，其存世的几幅茶画，为后世研究明代的饮茶空间和茶器陈设提供了第一手资料。

丁云鹏的《煮茶图》，画面右上方是一棵盛开的白玉兰，中部有一假山，玲珑剔透。其下设榻，左角置一竹炉，一中年人安坐榻上静观煮茶，低头沉思。旁立一红衣老仆，手中捧一斗笠状器具。前有石案，上设壶杯、盆景、书籍等。从这幅画可知，玉兰花和茶，是搭在一起的，玉兰花开之际正是春茶上市之时。从画面上的陈设，也可得知明代文人户外饮茶的空间布局。

说到泡茶的水，宋代大文豪欧阳修写过一篇《浮槎山水记》。浮槎山位于合肥肥东。时任庐州太守李端愿发现山中泉水清洌，便把泉水装罐，千里迢迢运到京城送给懂水爱茶的欧阳修品尝。欧阳修尝后，大为叹服，写下这篇《浮槎山水记》答谢李端愿。从此，浮槎山一举成名，浮槎水源远流长。

对酒当歌,水果飘香

酒与文人雅士

早在新石器时代中期,我们的祖先就开始酿酒。在夏商周时期,饮酒风气逐渐盛行,古代青铜器中就有很多酒器,如爵、觚、觯、角、壶等。酒和茶一样,与老百姓生活息息相关。

酒,也是历代文人雅士的"助缘"。在酒的作用下,诗、词、歌、赋、书、画呈现出精彩的效果和成就,譬如张旭和怀素酒后狂草,"李白斗酒诗百篇",等等。

曹操曾"青梅煮酒论英雄",还留下了"对酒当歌,人生几何"的豪迈诗句。这八个字,干净利落,豪放透彻,对人生有深刻的领悟。曹操不愧为一代枭雄。

"竹林七贤"喝酒纵歌,肆意酣畅,其中嵇康、刘伶是安徽人。刘伶是七贤中最善饮酒的,并写有《酒德颂》一篇。他们借饮酒追求一种随心所欲、纵意所如的生活态度。

"西不入川,东不入皖"

现代国内白酒行业有"西不入川,东不入皖"的说法。安徽人爱喝高度酒,口味以浓香型为主。据考证,东汉建安年间,曹操将家乡亳州的"九酝春酒"及酿造方法进献给汉献帝,献帝大加赞赏,下令将其作为宫廷用酒。从此，亳州一带酿酒作坊如雨后春笋般发展起来。到了宋代，亳州减店集（今古井镇）成为遐迩闻名的产酒地，人们便将此处所产之酒称为"减酒"，至今流传着"涡水鳜鱼苏水鲤，胡芹减酒宴贵宾"的说法。明代万历年间，"减酒"进入朝廷，万历皇帝饮后连声叫好，钦定为贡品，从此成为贡酒。1963 年，全国第二届评酒会评出八大名酒，古井贡酒名列其中，其后古井贡酒又四次蝉联全国评酒会金奖。淮北濉溪的口子窖酒也是源远流长。战国时期，韩非子周游列国来到濉溪，看到此地"酒旗高悬，迎风招展，酒香四溢"，明代相山隐士任柔节的诗句"隔壁千家醉，开坛十里香"，可谓口子窖酒悠久历史的见证。2018 年，淮北市濉溪县长丰街发现明清时期酿酒作坊遗址，证实了口子窖酒几百年来不断精进的酿酒工艺。除了古井贡酒和口子窖酒，安徽还有迎驾贡酒、高炉家酒、宣酒、金种子酒、文王贡酒、明光酒、皖酒、沙河王酒、横望山米酒、古南丰酒、三河米酒等美酒。

清代李汝珍小说《镜花缘》第 96 回中，列举了山西汾酒、浙江绍兴酒、无锡惠泉酒、琉球白酎酒等海内外名酒 55 种，其中就包括徽州甲酒。徽州甲酒，又名夹酒、家酒。甲酒用糯米酿制而成，酒色淡黄清澈，入口微甜，存放时间愈久愈醇，烫热后饮用更佳。据《胡适家书》所记，胡适婚宴上所用即为甲酒。1917 年 11 月 28 日，也就是胡适婚礼的前两天，胡适在给母亲的信里写道："里中无有大轿，不知他村有之否？吾乡无好酒，可到绩溪县挑些酒来，县中之'甲酒'，甚不恶也！"胡适是绩溪上庄村人，"吾乡无好酒"，意为村里买不到好酒，需去绩溪县城购买。胡适好酒，对徽州甲酒更是情有独钟。

安徽境内还存有一些造酒小作坊，皖南休宁的"五城米酒"就是由作坊所造。民国时期，休宁五城古街上单是酒坊就有一二十家，从街首到街尾，酒香扑鼻。时至今日，五城古镇上尚有几家传统正宗米酒作坊。这些酒坊大多是家庭作坊，规模不大。五城米酒夏饮凉爽消暑，冬喝取暖祛寒。《舌尖上的中国》介绍过休宁米酒，令人过目难忘，垂涎欲滴。

砀山梨园

果香飘江淮

安徽地处暖温带过渡地区，以淮河为分界线，北部属暖温带半湿润季风气候，南部属亚热带湿润季风气候。主要特征是气候温和，日照充足，季风明显，四季分明，适合各种作物的生长。受气候影响，安徽省逐步形成了淮河以北落叶果树区、江淮都市果树区、沿江高效果树区、皖南常绿果树区、皖南皖西山地果树区等"五大果树产区"的地理格局。

安徽种植的水果包括梨、桃、枇杷、枣、石榴、苹果、草莓、猕猴桃、杏、葡萄等。其中怀远石榴、砀山酥梨、金寨猕猴桃、安庆杨桥朱红橘、歙县金橘、三潭枇杷、宣州木瓜、水东蜜枣、歙县富岱杨梅、萧县葡萄、长丰草莓、三十岗西瓜等，畅销省内外，名声远播。

怀远石榴是安徽省怀远县的特色产品，栽培历史悠久，明清时期即被作为贡品送入宫廷。怀远县有着优越的自然环境，雨量适中，非常利于石榴的生长。怀远石榴皮薄粒大，肉肥核细，味道甘甜，含有维生素、蛋白质和多种矿物质，营养丰富，还具有美容养颜的功效。怀远石榴为我国五大名贵石榴品种之一，而玉石籽石榴在怀远石榴中名列首位。怀远石榴以其独特的品质畅销国内，并远销欧亚。2010年，怀远石榴被列为国家地理标志保护产品。

砀山酥梨简称"砀山梨"，盛产于宿州市砀山县，被誉为"优梨之冠"。其果实大、色黄亮、皮薄、肉多、脆酥、汁丰富、味甘甜，具有润肺止咳的功效。与河北鸭梨、山东莱阳梨、库尔勒香梨并称我国四大名梨。每年梨花盛开时节，砀山梨园也是赏花胜地，一年一度的"砀山梨花节"推动了当地的经济、文化、旅游发展。

皖北有砀山酥梨，皖南则有徽州雪梨。徽州雪梨产于歙县，因颜色如雪而得名，早在1934年举行的国际博览会上就获得银质奖章。

三潭，是指皖南歙县境内新安江沿岸的漳潭、绵潭和瀹潭3个自然村。此地冬暖夏凉，终年云雾缭绕。三潭特有的气候，为枇杷的生长提供了得天独厚的条件。三潭枇杷，形如丸，体积小，最大的也不过乒乓球大小，但味醇，九分甜一分酸，这一分酸更凸显了九分甜。

水东蜜枣产于素有"枣乡"之称的宣城市宣州区水东镇。早在300多年前，水东青枣即以个大、核小、皮薄、肉厚、脆甜而闻名于世。经加工制成的蜜枣光艳透明，甜润可口，其中以特级无核"天香"蜜枣最名贵。水东蜜枣色泽金黄如琥珀，缕纹如金丝，不仅畅销国内市场，而且远销东南亚及欧美40多个国家和地区。

长丰草莓是安徽省水果的后起之秀。合肥长丰县举全县之力，通过引进试种、示范推广、规模形成、产业发展、质量提升五大阶段，推动草莓产业发展。如今，长丰已成为全国最大的草莓生产基地之一，拥有"中国草莓之都"的美誉。长丰草莓呈圆锥形，皮色红润光滑，果肉芳香、细腻、润滑，具有品相好、品种优、口感甜等特点。近年来，长丰县每年的草莓种植面积稳定在20万亩以上，年产量超过35万吨，全产业链产值和品牌价值双双突破百亿元。

徽菜：中国八大菜系之一

徽商崛起与徽菜

受自然地理因素影响，安徽各地菜式大不相同。皖北及沿淮地区近中原，菜式爽脆咸鲜接近鲁菜，烹饪上擅长烧、炸、熘等技法，喜用芫荽、辣椒佐味。沿江流域和巢湖一带，菜式接近淮扬菜，以烹调江鲜、河鲜、家禽见长。"菜花甲鱼菊花蟹，刀鱼过后鲥鱼来。春笋蚕豆荷花藕，八月桂花鹅鸭肥"，这个顺口溜鲜明体现了沿江地区饮食特点。皖南以徽菜为主，徽菜讲究火功，善于保持原汁原味，并习以火腿佐味、冰糖提鲜、料酒除腥，不少菜肴都是用木炭慢火炖煨，原锅上桌。

徽菜即徽州菜。以前徽州包括歙县、休宁县、黟县、祁门、绩溪和婺源六县。经济发展对饮食特征的形成和品位提升有很大作用。

徽商崛起和徽州当地特色食材是徽菜兴起的主要因素。徽菜，为中国八大菜系之一，起源于徽州歙县，据清康熙《徽州府志》记载，宋朝徽州府（府治在今歙县）就已形成徽菜的最初式样。南宋及明清，随着徽商的崛起与拓展，为商业交流服务的饮食业也兴盛起来，哪里有徽商，哪里就有徽菜馆。南宋时，京城临安（今浙江杭州）的徽商想吃家乡风味，每年命人从徽州歙县问政山挖笋送入京城。他们将笋块放入砂锅，用炭炉文火清炖，昼夜兼程，船到临安，笋也熟了，开锅即食，笋味微甜，脆嫩可口，如同鲜笋一样。这便是徽菜"问政山笋"的由来。

徽菜虽源于歙县，却是被绩溪县伏岭村的"徽帮厨师"发扬光大的。徽菜大厨出自绩溪，绩溪伏岭村，被誉为徽菜之乡。民间俗语有"无徽不成镇，无绩不成馆"之说，绩溪人开设的徽菜馆遍布全国，1949年之前，仅在上海，伏岭人就开设徽菜馆120多家。徽菜对上海菜影响极大，早期上海菜的"浓油赤酱"，就带有徽菜的特色。上海菜最著名的一道"腌笃鲜"，也从徽菜演变而来。

曾朴的章回小说《孽海花》第二回提到上海的馆子说："京菜有同兴、同新，徽菜也有新新楼、复新园。若英法大餐，则杏花楼、同香楼、一品香、一家春，尚不曾请教过。"清末民初之际，徽菜馆与京馆、扬馆、甬馆、粤馆并列上海滩五大帮菜馆。

臭鳜鱼

毛豆腐

臭鳜鱼与桃花鳜

说到徽菜,很多人首先想到臭鳜鱼。据《中国名菜谱·安徽风味》记载:"约在200多年前,沿江一带的贵池、铜陵、大通等地商贩每年入冬将长江名贵水产鳜鱼以木桶装运至山区出售(至今祁门一带仍称'桶鱼')。商贩在途中为防止鲜鱼变质,采取摆一层鱼洒一层淡盐水的办法,并经常上下翻动。如此七八天才抵达屯溪等地,此时鱼鳃仍是红色,鳞不脱,质未变,只是表皮已散发出一种似臭非臭的特殊气味,但是洗净后经热油稍煎,细火烹调,非但没有异味,反而鲜香无比,成为脍炙人口的美味延传下来,至今盛誉不衰。"说"没有异味",这不符合事实;称"鲜香无比",那是真的。臭鳜鱼绝对是有"异味"的,否则也不会叫臭鳜鱼了。但它闻上去臭,吃起来香,用筷子拨开,经过发酵的鱼肉如同蒜瓣,骨刺鱼肉分离,颜色温润如玉,吃一口,妙不可言。

中国菜里的"臭味"或"异味",是中国味道的重要组成部分。如臭鳜鱼、毛豆腐、臭豆腐、霉苋菜梗、螺蛳粉等,少了这些特殊的味道,中国菜也就缺了一角,不成全貌。

现在交通发达,运输方便,不需要像当初商贩一样长途跋涉、木桶贩鱼了。但为了品尝这一鲜美古味,徽州人模仿当年商贩的做法,将新鲜鳜鱼用淡盐水腌渍在25摄氏度左右的室内,几天后,鱼体便散发出一种似臭非臭的气味。臭鳜鱼也被称为"腌鲜鳜鱼",强调一个"鲜"字,鳜鱼要新鲜,否则那就是真正的"臭"鳜鱼了。老百姓爱叫它的俗称"臭鳜鱼",从这两个名称就可体会其"鲜臭"的特点。

徽菜里的鳜鱼,有多种做法,除了臭鳜鱼,还有红烧桃花鳜、火烤鳜鱼、以鳜鱼为原料的方腊鱼等。桃花鳜,生长在山区溪间石缝中,在徽州山区桃花盛开时最肥美,故名"桃花鳜"。桃花鳜体形比江河鳜鱼稍长,背色稍黑,有花纹条,肉质细嫩。徽州人红烧桃花鳜,会加入笋丁、猪肉丁,鲜到极致。唐代诗人张志和的《渔歌子》有"西塞山前白鹭飞,桃花流水鳜鱼肥"两句,一般认为写的是湖州,但也有人认为,张志和晚年居住祁门,这两句诗写的是祁门景致,"桃花流水鳜鱼肥",就是指徽州的桃花鳜。

从南到北，特色美味

安庆胡玉美

安徽的南北各地，拥有众多的地方特色饮食。这些美味具有广泛的群众基础，可以一窥安徽饮食的文化底蕴。

胡玉美蚕豆辣酱是安庆市地方名产，成品呈鲜艳的绛红色，味香细腻，风味独特，可开胃助消化，是理想的佐餐小菜和调味品。它改良了四川辣酱"过辣"的成分，微辣带甜，更符合长江中下游地区人们的口味。

"胡玉美"品牌始于1830年。19世纪末20世纪初，随着业务的发展，胡玉美酱不仅在安庆设立多处分店，还在上海、南京、汉口等地设立经销处。胡玉美酱于1911年至1929年期间荣获巴拿马万国博览会、西湖博览会、南洋劝业展览会等金银奖章9枚，名声大振。

安徽人口味"重"，爱吃酱，除了胡玉美，还有马鞍山"金菜地"虾酱、合肥"京龙"牛肉酱。

除了胡玉美，安庆美食还有麦陇香和柏兆记（清真）的糕点，品质优良，也是闻名天下的中华老字号。

芜湖耿福兴与蚌埠雪园

沿江城市芜湖，商业繁荣，曾有"小上海"之称。芜湖人爱吃也懂吃。耿福兴和四季春,是芜湖两家有着百年历史的老字号。

耿福兴的前身是始于清光绪年间的耿福兴饺面馆。小笼汤包、虾籽面、酥烧饼是耿福兴传统小吃"三大件",是芜湖人一饱口福或大宴宾朋的必备名点,更成为芜湖传统美食的标志。

《舌尖上的中国》推介了芜湖虾籽小刀面:"盛夏的江城,小刀面旺火煮沸,拌葱花、酱油,再加上大骨高汤,100克面条,10克虾籽。虾籽和高汤的相逢,色白、汤清、味浓。虾籽小刀面,正是芜湖溽热的苦夏,给予当地人的最佳补偿。"

除了芜湖虾籽面,安徽的面还有太和板面、涡阳干扣面、当涂大肉面、炉桥手擀面、淮北烫面、铜陵大肠面等。

雪园小吃,是蚌埠的老字号,始创于20世纪五六十年代。雪园小吃誉满淮上,是蚌埠市为数不多的传统饮食名品,特色小吃有雪园酒酿四色元宵、大碗鲜肉馄饨等,配方独特,用料考究,厨艺精到。雪园小吃,融合了北方面点和南方粉类的制作工艺及口感特点,其产品在具有北方美食味真、实惠特色的基础上同时具有南方美食的精细风格。

宿州䐈汤与符离集烧鸡

䐈汤中"䐈"字也有写作"撒""潵""糁""啥"等的。不仅宿州,皖北很多地方都有䐈汤,主要原料有老母鸡、鸡蛋、牛骨或羊骨、猪肋排、麦仁、香菜、虾米、胡椒粉等,各地也有一些差别。

䐈汤属于皖北菜,实际上,谈皖北菜,还是要参照山东菜和河南菜。以䐈汤为例,它是黄淮海地区最流行的小吃,不仅皖北有䐈汤,山东临沂、枣庄,河南濮阳、商丘甚至驻马店都有。

符离集烧鸡是宿州市的传统特色名菜,为"中国四大名鸡"之一。符离集烧鸡以当地的麻鸡为原材料,属特有品种形成的特有风味。色佳味美,香气扑鼻,肥而不腻,肉烂脱骨,嚼骨而有余香。符离集烧鸡诞生于20世纪初,最盛时期,符离集制作烧鸡的铺子多达百余家。1951年,政府正式将符离集各家制作的烧鸡统一命名为符离集烧鸡。符离集烧鸡在1956年的全国食品展销会上大放异彩、深受推崇。

符离集烧鸡

符离集烧鸡最风光的时代，也就是绿皮火车风靡的时代。火车停靠符离集时，乘客们会从车窗探出头来，从站台小贩手上买只烧鸡，或在车里吃得满嘴飘香，或作为礼物捎带回家。逢年过节，这烧鸡便是团圆餐桌上的一道大菜。

说到安徽的家禽类美食，还有亳州地锅鸡、无为板鸭、庐州烤鸭、口袋鸭、吴山贡鹅等。

颍州枕头馍与寿县"大救驾"

颍州，现在是阜阳的一个区。颍州西湖曾令宋代大文豪欧阳修、苏轼流连忘返。在饮食上，此地以枕头馍最著名。

淮北平原盛产小麦。在颍州，小麦很幸运地遇到了擅长用蒸汽烹饪食物的制馍高手。颍州枕头馍，状大如枕，堪称馍中之王。相传宋金"顺昌（阜阳）之战"期间，当地百姓为支持宋军抗金，做出形如枕头的大馍送至军营，宋军饿时削来充饥，困时当枕而眠。

枕头馍，面香浓郁，柔韧劲道，切上一片，馍瓣洁白，层层相包，松柔而又耐嚼。香辣的黄豆酱，最能衬托馍的甜香。"大馍蘸酱豆，越吃越长寿。"

寿县糕点"大救驾"，色香味形俱佳，已有千年历史。相传赵匡胤被困南唐时，由于操劳过度而病倒，不思茶饭。这时军中一位厨师向寿县有经验的糕点师傅请教后，精心制作了一种带馅的圆形点心，送进帅府。赵匡胤闻香见状，动了食欲。一连吃了许多，顿觉有了力气，很快就恢复了健康，率领军队连续打了几个大胜仗。赵匡胤黄袍加身、成为宋朝的开国皇帝后，仍对在寿县吃的这款点心念念不忘。他说："那次鞍马之劳，战后之疾，多亏它从中救驾呢。"于是这种糕点被称为"大救驾"。

"大救驾"的外皮层层叠起，宛如条条金丝盘绕，中间如急流旋涡状，因用油煎炸，色泽金黄，香味扑鼻。内馅主要原料有猪板油、金橘饼、核桃仁、青梅、青红丝、冰糖、白糖、桂花。寿县"大救驾"于2016年入选"首届中国金牌旅游小吃"。

八公山豆腐及豆制品

淮南王刘安与八公山豆腐

豆腐是我国独创的一种副食品,是将大豆磨细,煮成浆,再加入少量盐卤,使豆浆中的蛋白质凝结,然后压去过剩水分而制成的。豆腐营养丰富、滋味鲜美且价格低廉,是一种大众化食品。而且,豆腐和任何食材一起烹饪,都能吸收其他食材的优点,又不失自身原有的风味。安徽位于华东腹地,南北方饮食在此交流,安徽饮食如豆腐一样兼容并蓄、博采众长。

安徽八公山是淝水之战的古战场,也是豆腐发明地。宋代朱熹《咏素食》诗自注:"世传豆腐本为淮南王术。"李时珍在《本草纲目》中记载:"豆腐之法,始于前汉淮南王刘安。"相传淮南王刘安非常喜欢炼制丹药,以求长生不老。他在城北的八公山炼丹,偶然之间把豆浆和石膏混合在一起,形成了豆腐。

豆腐是否由刘安发明,宋以前没有任何记载支持此说,单凭朱熹的诗注和李时珍《本草纲目》,并不足以证明。不过,大家还是愿意相信这一说法。

八公山地处淮南与寿县交界处,故寿县和淮南两地都有制作豆腐的好手艺,制作的豆腐细、白、鲜、嫩,令人赞叹。八公山豆腐,原料选自八公山黄大豆和玛瑙泉。经过泉水浸泡、磨浆、挤浆、煮浆、杀浆、点卤、压单,制成的豆腐水晶晶、亮晃晃、颤巍巍,棱角分明,不散不碎。

淮南八公山豆腐宴，包括蜂窝豆腐、寿桃豆腐等各色豆腐几十种，是该市的一张饮食名片。

精彩纷呈豆制品

除了豆腐，豆制品家族还有豆干、千张、腐竹、豆浆、腐乳等。

安徽省还有一款"朱洪武豆腐"，又称"凤阳酿豆腐"，是沿淮地区的传统名菜。此菜以豆腐为主料，辅以猪肉、虾仁、鸡蛋等食材制作而成，虽炸犹嫩，色泽奶黄，咸香可口。相传，明太祖朱元璋幼年家贫，少年时靠乞讨为生。一日，他来到凤阳西南20里处一位姓黄的厨师门口乞食，这位黄厨师见此少年衣衫褴褛、骨瘦如柴，顿起恻隐之心，便将刚出锅的一块"酿豆腐"给了他。朱元璋在饥寒交迫之际，得此美味果腹，遂终生难忘。朱元璋当了皇帝后，常常想到这块"酿豆腐"。他令御厨如法烹制，可是御厨都不会做，于是就降旨差员特诏黄厨师进京，并封他为"御膳师"，专门做"酿豆腐"。以后宫中每逢琼林宴，"酿豆腐"就成了必不可少的一道佳肴。

六安著名的早点"卤千张包油条"：用卤过的千张皮将现炸的油条包起来吃，油条香与豆腐香混合，既美味又顶饱。沿淮一带，还用豆腐做皮，包以各种馅心，制成饺子，其味不同于面皮包的水饺。因豆腐色白如玉，故豆腐饺又名"白玉饺"。

茶干是安徽的又一特色美味。现在超市里各地生产的茶干，多以麻辣等重口味揽客，豆干的本味被忽略，甚是遗憾。徽州休宁的"五城茶干"，可能是少有的例外，它保留了豆干的原汁原味。其中，五城龙湾"黑豆茶干"尤佳。

休宁县五城镇早在唐代，就有生产豆腐干的记载。明太祖朱元璋及清乾隆帝更是将"黑豆茶干"誉为江南一绝，列为朝廷贡品。五城老街商家百余家，豆腐坊就占了两成之多。

马鞍山采石矶茶干也是上品。相传采石矶翠螺山下一对卖茶为生的老夫妻，发明了这种佐茶的小吃。采石矶茶干也可配以蔬菜清炒或凉拌。此外，铜陵茶干也享有一定的声誉。

养生珍品：石斛与葛根

"天下第一仙草"

皖西和皖南均多山。山有山珍，如木耳、蘑菇、笋干、竹荪、蕨菜等，不一而足，种类繁多。其中广为人知的，是霍山的石斛和黄山的葛根。

石斛始载于《神农本草经》，关于霍山石斛最早的历史记载是西汉《范子计然》中的"石斛出六安"。清代《百草镜》云："石斛，近时有一种形短只寸许，细如灯心，色青黄，咀之味甘，微有滑涎，系出六安州及颍州府霍山县，名'霍山石斛'。"

霍山石斛是石斛中的极品，道家经典《道藏》将其列为"中华九大仙草"之首，古代民间称其为"救命仙草"，现代人称之为"中华仙草之最""健康软黄金"。以霍山石斛的茎为原料制成的石斛枫斗更被尊为"枫斗之王"。《增补本草备要》说它"甘平，解暑、养胃、生津止渴、清虚热，功过金石"。在由国家药典委员会委员撰写的《中华仙草之最：霍山石斛》中，前言写道："如果说世界上确有什么仙草的话，我们认为这种仙草应当是霍山石斛。"用石斛花泡水，饮用后可疏肝解郁，缓解紧张的情绪；饮用鲜嫩的石斛全草所榨之汁，可缓解工作疲劳感。

霍山石斛属多年生草本植物。叶子较薄，呈长圆形；花朵较大，呈多边形，红色，略有青草香气；根较细，嫩白色，表面光滑。花期

石斛

为每年 5 月至 6 月，果期在每年 7 月至 8 月。霍山石斛生性奇特，喜荫蔽，怕阳光直射，偏好温暖多雨、云雾弥漫的山谷，多生于避风、背阴的山沟峭壁上。根不入土，常年受云雾雨露的滋润。古人常悬索于崖壁或通过射箭采集。由于石斛生长条件十分苛刻，自然产量极为稀少，再加上它常年得天地之灵气，吸日月之精华，更显无比珍贵，自古以来深受王公贵族的青睐。帝王们追求长生不老而以霍山石斛为药引炼制长生丹，新贵们则争先到原产地抢购这一养生保健珍品。

霍山石斛是中国的特有植物，野生霍山石斛属于国家一级保护植物。2004 年 4 月 30 日，野生霍山石斛被世界自然保护联盟濒危物种红色名录评估为"全球范围内极危物种"。如今，随着人工种植实现规模化、产业化，霍山石斛已从大山深处飞入寻常百姓家。

葛根

地下无尽宝藏

与霍山石斛的"贵若黄金""寥如晨星"相比,野葛就显得平淡无奇了,但正是因此,葛根才能自古以来被寻常百姓视为养生珍品。

皖南山区,地势高峻,气候温和,植被茂盛,这为野葛的生长提供了得天独厚的条件。野葛缠绕他物而生,生命力极强。葛根因富含淀粉,在饥荒年代,野葛很自然地成为人们的盘中餐,有效补充了谷物的不足。

野葛的根茎具有悠久的药食两用历史,有"亚洲人参"的美誉。《神农本草经》说它"味甘平,主消渴""起阴气,解诸毒"。明代《本草汇言》载:"葛根,清风寒,净表邪,解肌热,止烦渴,泻胃火。"

从葛根中用传统手工方法提取的淀粉,纯天然无污染,高钙高铁,营养价值高,为药食同源的佳品。经过加工,棕色的葛根变成了透着淡淡清香、洁白无瑕的葛根粉，再用沸水冲泡，一碗晶莹剔透的独特饮品就诞生了。葛根粉中除含有淀粉、蛋白质、糖类、纤维素、脂肪、果胶等成分外，还含有多种人体必需的微量元素、氨基酸以及具有保健作用的各种成分，有调节内分泌、帮助抗癌、清痢解热、祛痰止咳、生津止渴、抗菌解毒、降血压等作用。此外，饮用干葛根泡的水可以驱邪退热、通经活络、缓解眩晕。

葛根粉也可以入菜。葛根脆饼是徽州地区的一道小吃，在葛根粉中加入肉丁、鸡蛋和葱花做成，外皮酥脆，内里却带着葛根的筋道绵软，奇妙的口感深受人们的喜爱。葛粉圆子则是将猪肥膘、白糖等做成圆球状馅心，先滚上一层葛粉，如此三四次，然后上笼，蒸至外皮呈黑色、发亮并有小泡时即成。葛粉圆子质地柔韧有劲，味香甜，有清心明目、解酒之效。

随着葛根的营养及药用价值不断被发现，葛产品越来越受到欢迎，市场需求不断扩大。因此，皖南山区很多乡村成立了种植园、合作社，开始规模化种葛，大大提高了葛的经济效益。

宗教民俗

ZONGJIAO MINSU

安徽省有佛教、道教、伊斯兰教、天主教、基督教5种宗教。伊斯兰教在唐朝传入安徽，天主教、基督教则在清朝末年传入安徽并建立教堂，但影响最广者当数佛教、道教。南北朝时，二祖慧可将禅法带到安庆一带，开始禅法的中国化，故有"禅源安庆"之说。九华山作为地藏菩萨道场，跻身中国佛教四大名山之列。杨文会、赵朴初、周叔迦与周绍良等安徽籍著名居士，在近现代佛教史上可谓高峰耸立。道教在安徽萌芽、生根，陈抟、李鹏飞、陈撄宁等知名道人为道教的发展作出了重大贡献。齐云山有"江南第一道教名山"之美誉。安徽民俗文化保留了大量吴楚遗风，又受地理影响，南北有异，丰富多彩，表现了江淮儿女对自然和人生的极大崇敬与美好愿望。

中国禅宗的发源

慧可接法

菩提达摩,出生于印度,南北朝时期来到中国,到处以禅法教人,成为中国禅宗的初祖。他在河南嵩山将代表禅法的衣钵传给慧可,慧可便成为中国禅宗的二祖。

慧可(487—593),虎牢(今河南荥阳)人。他继承达摩的衣钵后,来到北周繁华的邺城(今河南临漳县)传法。但这种西来的禅法,并不为时人所接受,甚至被污为"邪教",还有人要夺他性命。慧可不得不流落乡间,通过民谣的方式传播禅法,渐渐有了弟子。如何让世人接受禅法,特别是让禅法进入上层社会,成为慧可不得不思考的问题,但当时的环境不允许他去解决这个问题。当时,北朝佛教表面浮华,占据大量的财富,引起朝廷的不满。慧可或有先见之明,派他的弟子僧璨先下南朝皖公山,也就是现在的天柱山一带,以防不测。

早在东汉初年,佛教就由楚王刘英传至皖南。至两晋,安徽已有很多寺院和名僧住持。当时,南朝历代皇帝都崇信佛教。梁代国师宝志禅师于皖公山与白鹤道人奉旨斗法得胜而建山谷寺,名声远传。到南朝去弘扬禅宗,成为慧可的行愿。

如慧可所料,北周建德三年(574年),武帝发起"周武灭佛",寺院收归国有,佛像被毁,僧人被勒令还俗。为了保护一线禅脉,已近九旬的慧可毅然决定千里南下,去找他的弟子僧璨。

禅源安庆

慧可来到当时属南朝陈国的太湖县，他接受在北方传法的教训，不入大城市，而来到乡村。

由于年代久远，史书对慧可经历记述甚略，而在《太湖县志》等地方史料中，还是有许多记载，可以推想慧可的行踪：慧可先在太湖县城旁建观音寺，稍作休息；然后沿长河北上，往大别山里去，见狮子山形如卧佛，大有瑞像，便作为卓锡之地，在山上建石头禅堂；后来，慧可又上司空山，依托石洞建禅刹，并与弟子僧璨于山上相会，将衣钵传给僧璨，僧璨便成为中国禅宗的三祖。

巍峨的大别山延伸到皖西南，已是边缘地带了，山势平缓且温柔了许多，显出千姿百态。山中溪河纵横，云雾缭绕，美不胜收。而在南朝，这里不仅保持着尊重佛教的传统，对以玄学为主的各种文化思潮也持包容态度。也只有在这样美好、安宁的环境中，慧可才能真正安下身心，对弘扬禅法作深入的思考，将禅法中国化，即与中国传统文化、与当时当地的社会生活进行融合。达摩祖师初来中国，其禅法与中国传统佛教格格不入，他独住山洞，罕与人交。而慧可到了太湖县，与当地百姓打成一片，将禅法与中国传统佛教相融合，认可供僧、布施之功德，和百姓一起建立禅堂、禅刹，这些都有利于弘扬禅法。

二祖在今安庆一带完成了对禅法的初始的中国化，使印度禅开始转变为中国禅，所以说"禅源安庆"。"周武灭佛"之后，慧可返回北方继续弘禅，于隋开皇十三年（593年）圆寂，享年107岁。

太湖县狮子山至今保留着二祖禅堂、二祖面壁石等古迹。岳西县司空山至今保留着二祖禅刹、传衣石等古迹。

僧璨及其《信心铭》

关于三祖僧璨（？—606），其早期生平资料极其鲜见。慧可离开南方后，僧璨一直隐居在天柱山、司空山一带山中。直到隋开皇十年（590年），僧璨正式驻锡山谷寺，公开弘扬禅法。今潜山境内建有三祖寺。

僧璨继承慧可禅学，结合南方玄学，写出了著名的《信心铭》。该作品用诗体写成，146句，每句4字，共584字。《信心铭》强调，众生必须相信自有的佛性，若失去这个信心，向身外或远方驰求，就会劳而无功，离佛性越来越远。《信心铭》是中国禅宗的经典著作，禅法由此逐渐为社会所接受，并受到上层关注。

隋大业二年（606年），僧璨在寺前法会上说法结束后，居然站着圆寂了。山谷寺因僧璨在此传法而改名三祖寺，这里至今仍保留着与三祖相关的觉寂塔、解缚石等古迹。

僧璨传衣钵于四祖道信，再传五祖弘忍，再传六祖慧能。慧能著有《坛经》，将禅法构成成熟的思想体系，正式开创中国禅宗，并使禅宗成为中国佛教八大宗派之一。中国禅宗于大别山南发源，悠悠流来，渐成大江大河，汇成浩瀚禅海；又如一灯初燃，分成千灯万灯，光照人间。

董其昌书禅宗三祖僧璨《信心铭》（局部）

点亮临济禅的灯盏

守端来到白云山

中国禅宗有"一花开五叶"之说,达摩祖师是一花,五叶则是指禅宗后来分成的五个流派:沩仰、临济、曹洞、法眼、云门。临济宗又分成杨岐和黄龙两派,故也称"五家七派"。

唐代,在皖西南、皖南,司空本净在舒州司空山,投子大同在舒州投子山,黄檗希运在宣州广教寺、宝胜寺,南泉普愿在池州南泉寺,都是名震一方的禅门巨匠。黄檗希运有弟子临济义玄,得法后,往镇州(今河北正定)建临济院,开创了临济宗。临济宗风就是棒打喝骂,机锋峻烈,如铁锤击石,似五雷轰顶,使学者对禅顿然省悟。

临济宗传至石霜楚圆门下,又分出杨岐派、黄龙派。杨岐派由江西杨岐方会开创,传至弟子守端(1025—1072)。守端是衡州(今湖南衡阳)人,离开方会后,在江西游历一番,受舒州太守之请,住进了太湖县白云山海会寺。

白云山海会寺环境清幽,白云绕山,清流过寺。守端在此进一步发扬了临济宗重自悟、反教条的特色,注重思维的内在性、随机性、突发性、意会性。守端的到来使白云山海会寺名声远传,守端也被称为白云守端,圆寂后葬于寺前木鱼包,今保存有其墓塔石。

太湖县白云山海会寺

法演引来新风

法演（1024—1104），绵州（今四川绵阳）人，读过许多佛教经典，认为都是拘泥于名相不得解脱之作，便遍访名师于江南，经人介绍，来到了白云山海会寺。

法演一见到守端，就向守端请教有关南泉普愿关于摩尼珠的公案。论起年龄，守端比法演还小一岁。听说法演打听这个公案，守端就把法演喝骂了一顿，让法演当下就有所省悟。随后法演向守端呈上一首偈子："山前一片闲田地，叉手叮咛问祖翁。几度卖来还自买，为怜松竹引清风。"这里的"闲田地"，指人的本心因为迷失，如同卖了一样；禅悟，就是要买回这颗"卖"了的本心。守端看后，非常赞赏，认为他已经开悟。

法演给临济宗引来了新风，他进一步发扬了守端的禅法，随机答问，因事举物，特别善于让学人在生活中悟得妙处。同时，重视对弟子品德、能力的培养。这一天，住持潜山太平寺的弟子慧勤来看望师父。法演问慧勤："今年舒州的水稻获得丰收了吧？"慧勤答："大丰收呢！"法演又问："太平寺的水稻也丰收了吧？"慧勤答："大丰收呢！"法演再问："那么，你再告诉我，寺里共收了多少水稻？"慧勤一时回答不出。法演正色厉声地教训弟子："你作为一寺之主，事无大小，都应了然于心。稻谷是常住一年的家计，你都不知道，其余琐事不必说便可知了。"这使慧勤深受教育。

法演曾住太湖、潜山多个寺院，晚年住湖北黄梅东山寺。他的接法弟子很多，最著名的弟子有佛果克勤、佛鉴慧勤、佛眼清远三人，时称"三佛"，又称"演门三杰"。

杨岐派名扬天下

"演门三杰"都是当时名僧，住持一方，他们真正给杨岐派这盏灯添油续焰，使其光照天下。

克勤的弟子大慧宗杲，是宣州宁国人，开看话禅之先河。宗杲爱国爱教，曾因反对秦桧的投降政策，被发配边地达十余年，虽死而不悔，为禅门后辈树立了楷模。

从守端到法演到"演门三杰"的近百年间，在皖西南地区，临济宗派呈现一个发展的高潮。全国禅人云集而来，包括以王安石、黄庭坚为代表的士大夫群体，把禅宗进一步推向社会，使禅宗进入了文化和政治层面。

禅宗"五家七派"都在安徽地域活动过。与法演同时代的投子义青，接曹洞宗衣钵，使曹洞宗走出长期不振的低谷。在临济宗的杨岐、黄龙二派中，黄龙派后来消亡了，杨岐成为临济正宗。"五家七派"流传至今，所存主要为临济、曹洞二宗。

灵山开九华

李白取名"九华山"

九华山最早叫九子山,九华山这个名字是大诗人李白取的。

相传唐天宝十三载(754年)的一天,李白来到九子山西麓的夏侯迴家做客,恰好韦权舆、高霁也在。文人雅聚,酒助诗兴,几人相约联句。李白先来,他吟出二句:"妙有分二气,灵山开九华。"大意是,九子山阴阳二气玄妙无尽,灵秀之态如九朵莲花开放。诗仙奇句,让人赞赏不已。于是,人们就把九子山改叫九华山了。

李白还有诗《望九华山赠青阳韦仲堪》:"天河挂绿水,秀出九芙蓉。"李白眼里的九华山,就如九朵莲花开放。

金乔觉卓锡九华

李白不知道的是,就在他和朋友于九华山麓喝酒吟诗之时,有一位高僧就在那如莲花状的山峰之中修行。李白改了山的名称,而这位高僧则使九华山名扬天下。他俗名金乔觉(696—794),是新罗国(今位于朝鲜半岛)王族近亲。当时,中国佛教之大乘气象,吸引了周边国家有志佛子纷纷来华学佛。相传金乔觉"项耸奇骨,躯长七尺,而力倍百夫"。他24岁时削发为僧,携白犬善听,来到九华山,住在东崖峰的岩洞里,过着十分清苦的禅修生活。这个岩洞,后人称之为"地藏洞"。

九华山天台寺

唐至德二年（757年）的一天，九华山下老者诸葛节等数人结伴登山游玩。到了东崖，见岩洞中金乔觉孑然一身，闭目端坐，旁边放一折足瓦鼎，鼎中盛有少量白米掺杂观音土煮的剩饭。竟然还有如此苦修之人！诸葛节一行肃然起敬，共同筹划为他在山下兴建寺院。唐建中二年（781年），池州太守张岩对金乔觉非常仰慕，施舍甚厚。九华山中原有一座化城寺，后废，张太守奏请朝廷将化城寺旧额移于专为金乔觉所建之寺。郡内官吏豪族，纷纷皈依金乔觉。新罗国僧众闻说，也相继渡海来华随侍。

唐贞元十年（794年），金乔觉99岁。一天，金乔觉把寺中众人叫到一块，和大家告别，跏趺圆寂。相传其圆寂后，肉身不坏，人们根据佛经相关记载，认定金乔觉就是地藏菩萨示现人间，遂建塔安奉其肉身，尊其为金地藏。

跻身四大名山

经过历代僧人的建设，九华山寺院达百余座。九华山名寺林立，高僧辈出，晨钟暮鼓，声震四方。

九华街中的化城寺，为九华诸寺之冠，清康熙帝赐额"九华圣境"，乾隆帝赐额"芬陁普教"；神光岭头的肉身殿里，安奉着金地藏的肉身，明万历帝赐额"护国月身宝殿"；插霄峰顶的百岁宫，建于悬崖峭壁，有如古堡，明代百岁高僧无瑕法师圆寂于此，世称百岁公；九华街入口处的祇园寺，历代香火鼎盛，清代曾是九华山四大丛林（甘露寺、祇园寺、东崖禅寺、百岁宫）之首。

金乔觉被佛门认为是地藏菩萨示现，使佛经中的地藏信仰进一步具象化、中国化。历朝皇家的敕封，文人雅士的赞颂，特别是经过唐代不空法师、明末蕅益大师等人的阐释和丰富，还有数不清的佛子在九华山的践行，再加上与民间风俗相融，九华山作为地藏道场高高树立起以"大愿、孝慈、救渡、奉献"为内涵的地藏信仰，于明代跻身中国佛教四大名山之列。地藏菩萨誓言愿行"地狱未空，誓不成佛""众生度尽，方证菩提""我不入地狱，谁入地狱"。地藏信仰的树立，完全是在佛教中国化过程中完成的。

高峰耸立的居士佛教

"近代中国佛教复兴之父"杨文会

在江苏省南京市淮海路上，有一座看上去有些古老而简朴的院落——金陵刻经处。这个院落，是世界上规模最大的汉文木刻佛教经像版收藏中心，收藏珍贵经版12.5万余片、佛像版18种，还完整保存了我国古老的木刻雕版印刷技艺，是世界汉文木刻雕版佛经的出版中心。而创造这些的，就是杨文会居士。

杨文会（1837—1911），字仁山，号深柳堂主人，石埭（今石台东北）人。他出身于官宦之家，自幼好读书，但不喜科举。太平天国战争爆发后，杨文会随家人漂泊杭州，因在杭州有一段无果的情缘而受到打击。相传他一日在西湖边书肆里发现一本《大乘起信论》，爱不释手，由此与佛结缘。

由于太平天国战争对佛教破坏巨大，当时的学佛者想找一本佛经都很困难。清同治五年（1866年），杨文会在南京约集10多位同仁，设立金陵刻经处，遍寻佛经而刻之。光绪年间，杨文会随曾纪泽出访日本，托请日本友人南条文雄在日本代为搜购佛经。金陵刻经处刻印流通经书100余万卷，佛像10余万张。经杨文会亲手校订的，在2000卷左右。杨文会还在刻经处内创办祇洹精舍，使金陵刻经处成为近代佛学复兴的摇篮。临终前，杨文会将刻经处私宅全部捐出。

杨文会门下人才辈出，而他自己在佛学上也造诣深厚，极大促进了近代中国佛教的复兴，被誉为"近代中国佛教复兴之父"。

金陵刻经处版片

"杰出的爱国宗教领袖"赵朴初

1907年金秋,在安庆天台里赵府,一个男婴呱呱坠落。长辈为他取名朴初,谱名荣续。

4岁时,赵朴初回到老家太湖县寺前河状元府,接受启蒙教育。14岁时,母亲将他送到上海接受新式教育,后考入东吴大学,因病未完成学业。在其大舅关絅之的带领下,赵朴初进入上海佛教界工作,从此掀开他波澜壮阔的"佛教人生"。

赵朴初年轻、能干,负责慈善工作。1937年淞沪抗战打响,赵朴初冒着日军的轰炸,为大批难民觅地安置。后来,他负责建设难民所50多个,安置难民50多万人。他还冒着极大的风险,将大批青壮难民送往皖南、苏北地区加入新四军。抗战胜利后,他积极参加争取民主、反对内战、解救民众的运动。1945年,他追随马叙伦等进步人士,发起成立中国民主促进会。1949年,他作为佛教界代表,出席中国人民政治协商会议第一届全体会议,参加了开国大典。

中华人民共和国成立后,赵朴初与全国高僧大德共同发起成立中国佛教协会,长期担任副会长兼秘书长,率领佛教徒投身爱国和平运动,积极开展与周边国家的佛教文化交流。"文革"之后,他曾任全国政协副主席、中国佛教协会会长等职,积极协助党和政府落实宗教政策,迅速恢复中国佛教。他提出"人间佛教"思想,把佛教的教义圆融于党和人民的各项伟大事业中,引导佛教与社会主义社会相适应,为中国佛教的健康传承作出了重要贡献。

赵朴初

2000年5月21日,赵朴初逝世,享年93岁。

"佛学大家"周叔迦、周绍良父子

安徽东至周氏系文化世家,周叔迦(1899—1970)和周绍良(1917—2005)父子是其中的杰出代表,他们都曾担任过中国佛教协会的副会长。作为佛学大家,他们对于中国佛教的学术研究、文化弘扬功不可没。

周叔迦20多岁时开始潜心佛学。他参与了中国佛教协会的成立筹备工作,曾代表中国佛教界到锡兰(今斯里兰卡)参加释迦牟尼涅槃2500年纪念大会,并在大会上提议编纂"佛教百科全书"。回国后,他又参加房山石经的拓印工作,开展对全国佛教石窟的调查工作。他一生佛学著述甚丰,有《周叔迦佛学论著集》。

周绍良在担任中国佛教协会副会长兼秘书长期间,积极协助赵朴初贯彻落实宗教信仰自由政策,推动中国佛教协会各项事业的开展,在加强佛教自身建设、教育和培养佛教人才、推动佛教文化研究、促进对外友好交流等方面做了大量工作,特别是对组建中国佛教图书文物馆和中国佛教文化研究所倾注了极大心血。周绍良不仅是佛学家,还是著名的红学家、敦煌学家、文史学家、收藏家、文物鉴定专家。

追求太平与长生的道教

《太平经钞》与《三元延寿参赞书》

道教是土生土长的中国宗教。汉末道教诞生后,安徽涡阳人老子被尊为道教教主,其著作《老子》(《道德经》)被奉为道教经典。

东汉顺帝时,山东琅琊人宫崇来到京师洛阳,向朝廷献上一部"神书",言说此书乃其师于吉在曲阳泉水上所得,有170卷,名曰《太平青领书》,又称《太平经》,为太平道经典。

到唐代,舒州宿松出了个道士叫作闾丘方远(约839—902),从小就特别聪明,16岁通经史,后往庐山学习易经。34岁时,他又到天台山从著名道士叶藏质处接受法策。为使世人知晓《太平经》,他将该书精选节录,编成《太平经钞》。

宋代,亳州人陈抟(约871—989年)对道教的发展贡献巨大,他是从外丹转向内丹修炼的关键人物。他在华山创作了阴阳相抱的"太极图",是儒、道两家共同认同的世界观和价值观,成为中国传统思想文化的一个象征。

元代,池州人李鹏飞(1222—约1295),自号九华澄心老人,是著名的道教医家、养生家,著有《三元延寿参赞书》。他所提出的养生思想具有很强的系统性和综合性。他将天元房中养生、地元起居养生、人元饮食养生紧密结合起来,强调养生从日常生活入手,注重日常养生和以德养生,具有很强的实用性和操作性。他的一些养生观念在现代仍然适用,譬如他提出:起居要按时,饮食要节制;不能"久行""久立""久坐""久卧";不要频繁沐浴;一日一梳头发,可以通气脉,散风湿;穿衣应该"下厚上薄,养阳收阴,继世长生";等等。

"仙学巨子"陈撄宁

安庆自古以来宗教文化厚重,民间信仰丰富,特别是道教和佛教,在这里广泛传播,出现了众多宗教人才。在当代,安庆产生了两位宗教领袖:一是中国佛教协会会长赵朴初,一是中国道教协会会长陈撄宁。

陈撄宁(1880—1969),道号圆顿子,祖籍怀宁县,世居安庆苏家巷。10岁那年,偶然读《神仙传》,即萌生学仙之念。1916年定居上海,遍访高道,炼制外丹,并利用《扬善》月刊,大力提倡"仙学"。陈撄宁提倡的仙学是他根据自己多年的研修心得,提炼出来的一门关于人类健康长寿的养生学,更侧重于内丹。他希望以此挽救中华仙道的绝学,利益社会人生。他指出:"仙学乃实人、实物、实情、实事、实修、实证,与彼专讲玄理之事不同。"在修炼实践上,仙学重视依照常人的情理健身养生,以顺欲节欲为准则,反对纵欲,但也不主张夺欲绝欲。陈撄宁因此有"仙学巨子"之誉。

正如《陈撄宁先生传略》中所述:"这就是陈撄宁先生,他不求生西方,不求生天堂,却发愿要永远长住在这个世界上,要管闲事,要改造这个世界。他认为今人胜过古人,后人还要胜过今人。"

齐云山：江南第一道教名山

天下无双胜境

齐云山距休宁县城10余公里，因遥观山顶与云平齐而得名，又名白岳。自唐朝开始成为道教名山。作为中国道教四大名山之一，它是道教的"桃源洞天"，有"江南小武当"之美誉，清乾隆帝称之为"天下无双胜境，江南第一名山"。

步行上山，走"九里十三亭"，登三座天门，便至月华街。月华街由数十户人家与道观共同构成，散落在半圆形的半山腰，构成了一弯"新月"，有"中国道家第一村"之誉。月华街正对香炉峰，山峰独立挺拔，形似香炉，故名。传说顶上的铁亭、香炉是明太祖朱元璋所赐。每当雨后初晴、云雾缥缈之时，香炉峰或隐或现，美不胜收。

齐云山以山奇、水秀、石怪、洞幽著称。有奇峰36座、怪岩44处、幽洞18个、飞泉洞27条、池潭14方、亭台16座、碑铭石刻537处、石坊3个、石桥5座。历代修建有太素宫、三元宫、玉虚宫、静乐宫等道观祠庙30余座。

道教在齐云山的发展

唐乾元年间，道士龚栖霞云游至齐云山，隐居于天门岩，后人将其所居岩洞称为栖真岩。

休宁齐云山太素宫

南宋宝庆年间，有方士余道元，号天谷子，从黄山云游至齐云山，觉得"宜我室此"，便在齐云山岩建佑圣真武祠。崇拜道教的信徒居士纷纷献地捐钱，筑祠建观，香火渐旺。

到明朝，齐云山道教活动日趋兴盛，扩建了许多道观。明嘉靖十一年（1532年），由龙虎山道教正一派龙虎宗第四十八代天师张彦𫖯上奏，朝廷敕修佑圣真武祠，并改名为玄天太素宫。位于月华街的太素宫，为齐云山较大的道观，现存建筑及遗址占地面积达1600平方米，宫分三进，均为木石结构。太素宫整体建筑规划周密奇巧，匠心慎微精湛，体现了建设者高超的艺术才智和深厚的道学素养。

玉虚宫位于紫霄崖下，由明代正德年间养素道人汪泰元创建。宫前建四柱三层楼阁式石坊一座，坊高17米，以红色砂岩镌成，古朴典雅，独具特色。宫左现存明画家唐寅撰书《紫霄宫玄帝碑铭》。

真武信仰及其世俗性

齐云山从唐朝开始主祭真武大帝。

真武大帝又称玄天上帝、玄武大帝、佑圣真君玄天上帝、荡魔天尊、九天荡魔祖师、无量祖师，全称真武荡魔大帝，是中国神话传说中的北方之神，为道教神仙中赫赫有名的玉京尊神。

齐云山的道教信仰有着典型世俗化的特征，真武信仰吸收了许多民间信仰，诸如保命延寿、求福悔罪等，以满足世人的功利性需求。在这里，全真与正一两派并存，山民与道士杂居，使道教文化与民间风俗天然融合在一起。道教信仰中也夹杂着儒佛信仰，如真仙洞府用佛教的十八罗汉作为护卫神。太素宫原有一联曰："中国有圣人，是祖是师，咄咄西来东土；名山藏帝子，亦仙亦佛，元元北镇南天。"正是三教和谐相处的写照。

宫观道院是道教徒修道和举行宗教仪式的场所。安徽自古道观遍布，但因为种种原因，大多受到破坏。现在依然保存并对外开放的除齐云山诸道观外，还有当涂的禹王宫、凤台的茅仙洞、涡阳的天静宫、金寨的双河观、寿县的帝母宫、舒城的慈母宫等。

欢天喜地：年味与婚俗

恭贺新禧

过新年，是安徽民俗中最重要最热闹的岁时节令。

腊月二十三，为"送灶日"。灶神全名"九天东厨司命灶君"，又称"灶王"。淮北一带，送灶前，在锅台上要贴灶王像，像旁贴对联："上天言好事；下界保平安"，横批："一家之主"。送灶时，烧香点蜡烛，还要摆上用糯米熬制的"祭灶糖"，意为以糖粘住灶神的嘴，不让他说不吉利的话。马鞍山当涂一带，要把祭灶糖粘在灶门口，再供一块正方形的豆腐，意为"刀切豆腐两面光"，请灶王上天多言好事。

腊月二十四（有的地方是腊月二十三）为小年，晚间要"接祖"，由家长率全家男性成员摆香案，迎接祖先回家。民间有谚语："长工短工，廿四满工。"在外打工的，这一天都要辞别东家，回家过年。家家户户忙年开始，准备各种年食。皖南人做糯米年粑；皖北人蒸大馍，还要蒸上一个一尺见方的大饼，称作团圆饼。

除夕这天，算是真正的过年。

皖西南地区，要举行"还年"，也叫"酬年"。一般以屋场为单位，在公堂举行，请屋场中德高望重的老人主持，表达感恩祝福之愿。

年夜饭，为一年中最为隆重的一餐。皖中、皖南一带，年夜饭极其丰盛，多为十大碗或二十大碗，表示十全十美。皖南绩溪年夜饭称

祭社

为"十碗八",就是十个热菜、八个凉菜。第一道菜必须上鸡,最后一道上鱼,寓意大吉大利、年年有余。年夜饭,合家团聚,晚辈要向长辈敬酒,长辈要给晚辈发压岁钱。为图吉利,不能乱说话,红烧肉要称为"元宝",鸡爪要称为"拿钱爪"等。吃过年夜饭要守岁,每个房间都要点亮灯盏,通宵不灭。皖西南一带人家守过十二点,要到门口放鞭炮,迎接新年,谓之"出天方"。

皖北宿州地区会在除夕夜捏面扁食,作为初一的早饭,素馅,以青菜末、粉食末作为原料,包制时放些硬币进去。扁食做好后,会有一位自愿守岁的家人照看。初一早饭时,谁吃到包在扁食里的硬币,就代表谁在这一年会财运亨通。

正月初一,淮北一带,家家早起迎春,小孩提灯笼,先给老年人"拜早年"。皖西山区,一些男人吃过早饭就上山砍柴,谓之"发财"。淮北有的地方,人们会套上牲口去犁一圈地,祈祷新年有个好收成。

初二,有的地区是初五,皖西、皖中大小商店要迎财神,在财神像前点烛焚香,鸣放鞭炮。在农村,专门有人送"财神",将财神像印在红纸上,送到人家,向主人讨得一些喜钱。亲戚、朋友开始互相

绩溪乡村婚礼

拜年，送上酒、糖、糕，主人家要回赠一些礼品。外孙或女婿等新亲戚第一次来拜年，谓之"上门"，要备隆重酒宴，还要为新亲戚准备新衣、新鞋。

过完元宵节，日子又恢复了平常的状态。但过年留下的美食，还有很多，可以慢慢享受；亲人团聚的欢乐，还留在心头，可以慢慢回味。

琴瑟和鸣

皖西南一带，在迎亲前一天，男方要给女方家送"辞家礼"，又称"香火礼"。新娘出嫁前，要请婚姻幸福、子女双全的"全福人"为其开脸，即用白细线绞去脸上的汗毛，搽上粉和胭脂，使新娘面目一新，也意味着新娘告别少女期。新娘离家前，要哭嫁，所谓"越哭越发"。砀山产梨，母亲要削一只梨，让女儿吃。母亲同时念："吃了梨，离了娘，两口日子蜜样甜。"之后，母亲又把两只石榴放在女儿荷包里，又念："离了娘，去婆家，实心实意留婿家。"

婚礼当天，到了男方家，新娘下轿，也有许多讲究。合肥地区，地上要放三个布袋,新娘踩着布袋进入婆家,谓之"传宗接代"。萧县一带,开轿门后,男方家先来两个中年妇女,送一把用红布扎盖的酒壶,交新娘双手抱在胸前,叫"抱壶";接着是四至八个青年未婚女子,捧着胭脂粉,一个个走到新娘面前,叫"添胭粉",都是表达祝福的意思。

"拜堂"是传统婚俗的重要仪式,一般都在堂屋举行。新郎在右,新娘在左,司仪主持,一拜天地,二拜祖宗,夫妻互拜。"拜堂"毕,进入洞房,新郎要用秤杆挑去新娘的盖头。望江县请"全福人"代挑盖头,边挑边说:"秤杆挑起,公婆欢喜。"还有一套文绉绉的祝词:"良缘凤缔,佳偶天成,宜家宜室,同德同心,鸳鸯比翼,鸾凤和鸣。"新郎、新娘同坐床沿,家人把帐子放下,遮住两位新人,有人捧两碗红鸡蛋,每碗四个,从帐门缝中塞到新人手里,请他俩吃"合欢蛋"。

婚后第三日,谓之"三朝"。新娘在新郎的陪伴下,要"回门",即回娘家省亲。回门要准备丰盛的礼品,分赠娘家长辈和亲友。娘家要准备米粑或饼子,让新娘带回,分发村里每户人家。

淮河船民还有些特别的婚俗。如婚后三天,新娘下厨,由"全福人"陪同,要用三刀切出八块豆腐,以示新娘心灵手巧。"全福人"还会撒一把筷子在案板上,让新娘右手一次性抓筷子,寓意快生孩子。

随着时代的进步,国家提倡自由恋爱、移风易俗,许多婚姻旧俗被不断简化、消除,但结婚之喜庆、对新人的祝福是相同的。

形形色色的节会

"惊蛰会"和"禹王庙会"

在安徽民间,有着形形色色的节会。这些节会不仅表达了人们的情感与愿望,也成为人们在生活中的放松与娱乐。

在怀远县的淮河两岸,有峻耸的荆山、涂山。尧舜时代,相传荆山岩洞中有水怪,名无支祁,无恶不作,经常致洪水泛滥。为根治水患,大禹"左准绳,右规矩""沐甚雨,栉疾风",在涂山大会诸侯,劈山导淮,留下了"三过家门而不入"等千古佳话。农历三月廿八,大禹治水成功,捉住水怪。淮河流域民众为纪念大禹,每年都要举办"惊蛰会"和"禹王庙会"。

农历三月十五,正是莺飞草长、春意盎然之时,怀远县百姓敲锣打鼓,载歌载舞,来到县城外的涂山,举行盛大的"惊蛰会",寓意驱走蛟怪。

从明万历年间开始,淮河两岸每年要举行三祭大禹的盛大庙会。一是在农历三月廿八举行朝禹大会,纪念大禹治水成功。二是在农历六月初六大禹生日这天,举行祭祀大会,会期一天,地方官(州、府或县)及县衙各司人员均来祭拜。三是在农历九月初九重阳节举行登高小庙会,涂山周围民众登高怀古,颂扬禹德,喜庆丰收,会期一天。禹王庙会成为淮河流域史料记载最早、规模最大、参与人数最多的盛会,流传至今。

全椒"走太平"

万众"走太平"

正月十六一早,在全椒县,人人穿戴一新,扶老携幼,走出家门,步行到县城北的襄河太平桥上,谓为"走太平"。从早至晚,在烟花鞭炮声中,人流如潮,摩肩接踵,以此祈祷风调雨顺、平安吉祥。整个场景甚是壮观。

自东汉开始,全椒"走太平"就成为一个节日,延续不衰。《汉书》载有"澄日太平"之谚,此为全椒"走太平"之肇始。南北朝宗懔《荆楚岁时记》对这一习俗有专门描述,谓之"走百病",因桥谐音"瞧",走桥即"瞧病",是为了消灾祛病。全椒"走太平"还和三个历史人物有关:东汉清官刘平,隋朝开国大将军贺若弼,明朝都御史陈瑛。

"走太平"作为全椒县独特的民俗,影响越来越大。全国各地都有人专程到全椒"走太平"、祈好运。一些国际友人也结伴前来。如今每年参与这项活动的已达 40 万人次。

盛大"花朝会"

　　花朝,即农历二月十五,百花盛开,莺歌燕舞,古人称这天为百花神的生日。在绩溪县,每年要办盛大的花朝会,由登源河畔的 11 个村庄轮流举办。

　　登源是唐初越国公汪华的家乡,隋末动乱,汪华保护了六州百姓的安全。而农历二月十五,也是汪华的生日,从唐至今一直举办的花朝会,也为纪念汪华。

　　登源各村都有万年台,飞檐翘角,雕梁画栋,用作花朝会期间演戏的戏台。因花朝会各村 12 年才轮一回,主事的"斋官"们都以搭"花台"、演"对台戏"为荣。"花台"用几百匹布扎成,正台上下三层,彩壁画屏,两侧的凉亭台阁,都抹上油漆,极其富丽堂皇。同时请徽班剧社来演出,演员都在百人以上。

　　花朝会从农历二月十五开始,一直要持续到二月底,戏日夜演个不停,远近村镇百姓云集而来,到处是一片欢乐的海洋。

后　记

安徽历史悠久，文化厚重。亘古以来，生息繁衍在这片土地上的人们，创造了丰富璀璨、瓜瓞绵延且颇具特色的地域文化，在历史长河中尽显风流。

中共安徽省委十一届五次全会提出加快建设繁荣兴盛的文化强省，是贯彻习近平文化思想、落实习近平总书记关于安徽工作的重要讲话重要指示精神的具体体现，是奋力走出新时代安徽高质量发展新路的重要举措。坚持党委有声音、政协有响应，党委有部署、政协有跟进，安徽省政协决定编纂一本全面梳理安徽文化脉络和人文优势的普及读物，以宣传安徽文化的丰富内涵和深厚底蕴，增强安徽文化认同感归属感，为全面建设现代化美好安徽提供强大的精神力量和文化支撑。

安徽文化多姿多彩、内涵丰富。加快建设繁荣兴盛的文化强省是一份沉甸甸的历史责任，但讲好安徽文化故事实属不易。本次，我们采取了一种全新的写法，即抓住安徽文化中最具特色的内容和亮点，尽量用典型的文化符号进行阐释，讲出安徽文化的内在意味，彰显安徽文化的时代价值。《安徽文化读本》按照文化门类划分为15个专题，每个专题分别选择若干个最具代表性的文化标识（文化人物、文化事件、文化成果等）进行阐释，展示有特色、有亮点、有影响的地域文化精华；同时，引言以综述形式对安徽文化进行归纳总结，提炼出安徽文化的典型特征。

本书定位为普及性的安徽文化读本，是集体创作的结晶。执行主编与相关专题撰写人由省内外知名文化学者担任。其中，钱念孙、唐跃、朱良志任执行主编，引言、学术篇、文学篇由钱念孙执笔，音乐舞蹈篇、考古篇由唐跃执笔，资政篇由潘小平执笔，革命篇由李传玺、钱念孙执笔，戏剧篇由李春荣执笔，书画篆刻篇由季永执笔，建筑篇由朱永春执笔，传统工艺篇由胡迟执笔，科技篇由何冰凌执笔，商业篇由莫幼群执笔，医药篇由马丽春执笔，饮食篇由何华执笔，宗教民俗篇由余世磊执笔。执行主编分别对全书进行了审读、统筹与完善。

　　本书的完成得益于有关方面的高度重视和积极支持。安徽省政协主席唐良智，副主席孙云飞、陶仪声，秘书长张岳峰亲自审定编纂方案，多次听取编纂工作汇报。特别是唐良智主席，从选题策划开始就提出"思维创新、体例创新、方法创新"和"讲精华、讲融合、讲认同"的明确要求。安徽省政协文化文史和学习委员会、安徽出版集团始终坚持这一原则积极推进编纂工作。中共安徽省委宣传部对编纂工作进行具体指导，并列入"打造新时代徽风皖韵文化标识"相关工作规划；安徽省文旅厅、安徽省文联提供了一批精美的图片，使本书大为增色。本书的编撰，我们也参考了大量学术文化类著作，并吸收了不少最新研究成果。对于所有给予本书关注、帮助和支持的单位和同志，在此一并致谢。

　　编写《安徽文化读本》是一次全新的尝试，我们自觉力所不逮，但仍尽心为之。由于时间仓促，疏漏之处在所难免，真诚欢迎广大读者和专家学者不吝指正。

编者
2023 年 12 月

说 明

本书个别照片从相关书籍与网络中选取,特向拍摄者致谢。由于客观条件限制,尽管我们多方努力,仍未能寻找到照片作者。请有关作者与我们联系,并提供足够的证明材料,以便及时支付稿酬、寄送样书。